朱瑞熙　著

朱瑞熙文集

第四册

上海古籍出版社

嫪城集

序　言

一

　　早在三十多年前,也就是1961年至1965年的近四年时间里,我有幸受业于先师蒙文通先生的门下。蒙先生是一位中外闻名的史学大师,而我是初出茅庐,刚从大学毕业的青年人,所以蒙先生最初对我并不中意,他几次说过他理想中的研究生,年龄应在四十岁左右,彼此有较多的共同语言,可以切磋学问。我作为蒙先生的一位"关门弟子",初学宋史,所知甚少,自然毫无学术见解可与蒙先生"切磋",只有诚惶诚恐地向蒙先生求教,接受蒙先生的教诲。

　　蒙先生学识渊博,著述丰富。他指导学生孜孜不倦,循循善诱。我始终记得他关于做学问"要开阔眼界"的精辟见解,他说过:"学问贵成体系","做真学问者必须有此气魄。"在他的启发下,我对宋代社会产生了广泛的兴趣,不仅对其社会经济和政治史,而且对当时的典章制度、文学艺术、科学技术、宗教迷信等都加以关注。当然,要对宋代社会有全面的了解,并非一朝一夕就能做到。宋代的历史文献浩如烟海,必须持之以恒,方能逐步有所发现。如此日积月累,在对宋代社会的各个方面基本了解的基础上,才可能对整个社会有一些规律性的认识,从而在宋史研究领域内触类旁通,使宏观研究和微观研究较为有机的结合起来。事实上,穷尽一生之精力研究宋朝三百二十年的历史,知识面原已受到局限,而要在宋史范围内更深地研究其中的某一方面,看来更是艰难。

在复旦和川大求学期间,与其他学友一样,我精读了一些马列主义著作。通过以后长期的研究实践,我相信历史唯物主义和辩证唯物主义是指导自己宋史研究的基本观点和方法。不过,我不是史学理论家,我的宋史研究还是应以史实为基础。于是,我的治学方法尤其重视史料的搜集和整理。有鉴于当时接二连三地开展政治运动,学习和研究工作时断时续,从老师和同学处得知最好的积累资料方法是摘录卡片,然后经过整理,分类保存。记得早在1960年,我着手撰写大学学年论文,自己裁纸制作卡片,摘录有关宋史的资料。从此,一发不可收拾,到川大攻读研究生后,更是离不开卡片。1965年5月离开川大到北京中国科学院近代史研究所报到时,我已积累了几千张卡片。近代史所的工作条件十分优越,可以说是国内首屈一指的,所里不仅有标准的白卡片供给研究人员使用,还配备了导片和盛装卡片的大小盒子。此外,近代史所图书室藏书丰富,一墙之隔的中国科学院图书馆借阅图书也极其方便。尽管从1965年9月到1972年10月,我曾经去江西丰城参加农村"四清"运动、在近代史所参加"文革",又下放"五七"干校,但仍然因参加续编《中国通史》之需,阅读了一些宋代史籍,抄录了许多资料卡片。1972年10月,回到《中国通史》编写组,在蔡美彪同志领导下,参加《中国通史》第五、六、七册的编写工作,继续摘录卡片。这样,至今为止,估计积累的卡片约有二、三十万张。

最初,我在宋史方面,对经济史最有兴趣。从1972年起,因《中国通史》续写工作的需要,又系统探讨宋代的政治史、思想文化史和经济史,逐步对唐、宋之际的社会变化产生了一些想法,认真思考应该如何估计宋代在中国历史上的地位。"文革"结束后,接连参加《中国历史大辞典·宋代卷》和《中国大百科全书·辽宋西夏金史》的编写工作,按照分工,我承担了当时国内较少有人问津的宋代铨选、科举、学校、刑法、官制(部分)等条目。从此我对这些内容开始系统的探索,经历了一个由入门到基本掌握的过程。在"文革"的"批林批孔"以及编写《中国通史》第七册哲学思想部分过程中,我阅读了各种哲学史、思想史的专著,精读了《朱子语类》等典籍,对宋、金、元的思想史有了初步的了解。随后,应中华书局之邀撰写介绍宋代官制的系列文章,开始对此系统摸索,虽然这些探索不能说十分深入,但至少奠定了比较扎实的基础。接着,参加编写宋代政治制度史。正因为有了这点基础,使我在编写时驾轻就熟,减少了在官制方面出现的失误。

1979 年,我开始撰写宋代社会新特点的论文。随着从社会经济到阶级斗争共十部分的逐步完成,发现要写的内容太多,篇幅已非一篇论文所能容纳。1980 年,适逢上海师大(时称上海师院)召开中国宋史研究会成立大会,我就将此文的提要写出,在学术报告会上宣读。此文后来由中州书画社编入"宋史研究丛书",作为一册著作出版。该书名为《宋代社会研究》,其实只讲了半个宋代社会,其他诸如赋役制度、职官和铨选制度、风俗习惯、宗教信仰、文学艺术、学术、民族关系、科学技术等另外十个问题都未论及,有待日后补齐。(设想补写的篇幅,加上已经出版的部分,总字数控制在二十五万左右,目的是方便初学宋史者阅读。)

在七十年代和八十年代初期,我曾对宋代农民起义有兴趣,一则因为参加编写《中国通史》需要这些内容,二则自己对其中几次农民起义已有研究心得,所以陆续写了好几篇论文。

时间进入八十年代,我在宋史研究方面开始有了升堂入室、得心应手之感,觉得有很多问题可写文章,只是越来越感到时间不够了。

总结我三十多年宋史研究的历程,我始终牢记蒙先生"学问贵成体系"的教诲,尽力探究宋代的方方面面,期望最终在宋史研究上自成体系,有所建树。

二

三十多年来,我在各种报刊上发表了大大小小的文章约一百余篇。此次限于字数,精选二十六篇,编入本集。归纳起来,大致分为五类,为八股文的起源,朱熹等人思想,王安石、范仲淹及其新法,各项政治制度,湖南经济开发等,其余社会风俗、农民起义、书评和序文等只能割爱。在各类文章中,尽量按照发表时间的先后顺序和类型排列。

我在决定文章的取舍时,主要从学术质量考虑,同时也考虑到自己的兴趣等等。具体的想法如下:

1963 年,我在《光明日报》发表了处女作《宋代的科配不是差役》一文。随后的两年中,在《史学月刊》和《历史教学》陆续发表了四篇论文。那时,正处于"文革"的前夜,国内政治气氛已逐渐向"左"转,阶级斗争之弦正在紧绷。在这种情势下,自己的文章尽管主要内容在探讨学术,但结尾部分有时不免对别人"上纲上线"地批评。现在读来颇感汗颜,不过在当时却是一件严肃认真之事,且报刊也鼓励作者这样做。以上五篇文章,本集均未收入。

十年浩劫中,一些特殊的原因促使自己仍稍有时间从事宋史研究。起初是参加中国农民战争史的编写,接着是参加范文澜同志《中国通史简编》的续写工作,得以在 1966 年至 1968 年动荡不定的环境中稍稍腾出时间钻研宋史,阅读了一些史籍,摘录了许多卡片。1971 年 9 月林彪一伙在蒙古粉身碎骨后,正在河南息县的原哲学社会科学部"五七"干校的阶级斗争气氛逐渐减淡,大家开始攻读外语和专业书籍。自己取出带下干校的南宋真德秀文集进行标点,并摘录卡片。1972 年 7 月,在周恩来总理的关怀下,全学部同志从干校搬回北京。随即,我回到了近代史所的《中国通史》编写组,在蔡美彪同志领导下参加《中国通史》辽宋金元部分的编写工作。

也许因为自己的天赋本身缺乏一种在疾风暴雨之中纵横驰骋的勇气和能力,所以在"文革"中未在报刊上发表过一篇"大批判"的文章。正因为如此,此次编选论文,就省去了剔除"糟粕"的麻烦,不免留下了一生中 1966 年至 1976 年的十年空白。不过,在 1975 年初,自己曾应原学部《思想战线》杂志编辑部之约,撰写历史上宋江的文章。定稿后,编辑部打印出来,并拟刊用。不料,风云突变,"四人帮"刮起一股"批邓"的妖风,《思想战线》编辑部被打成"反革命复辟"的舆论阵地,这篇文章就此搁浅。"四人帮"垮台后，该文发表在《中国农民战争史论丛》第一辑（山西人民出版社 1978 年版），题为《论北宋末年梁山泊农民起义和宋江》。该文认为历史上的宋江不仅最后投降，而且参加镇压方腊起义。1977 年，在吴泰等同志与邓广铭先生争论宋江问题时，我觉得争论双方所持观点均有不足，关键之处都缺少史实依据，往往推而论之，所以又撰《历史上的宋江是否投降尚难定论》，发表在上海人民出版社出版的《中国农民战争史研究（集刊）》第一辑（1979 年版）。该文提议双方进一步发掘史料。如今，邓先生和吴泰同志都已仙逝，宋江最后投降也成定论，当然仍遗留一些枝节问题如宋江是否参与征讨方腊、宋江是否复叛等尚待进一步探讨。以上两篇文章此次也未选入。

在续写《中国通史》的过程中，由于工作的需要，我深入探讨了宋代的一些问题。诸如对于朱熹，尽管当时社会上"四人帮"正在大批特批，但我在重新系统阅读《朱子语类》和《朱文公文集》时，发现"四人帮"的"批判"往往歪曲朱熹的原意，采取了断章取义的手法，攻其一点，不及其余。其实，在抗金方面，朱熹一生前后有三种主张，但不失为爱国者。在内政方面，他一直主张"通变"，并提出了改革中央和地方政治的具体主张。这些想法在当时不可能写进《中国通史》，也没有胆量写成文章。直到"四人帮"垮台，我才动笔，写了关于朱熹政治主张的论文，送《历史研究》。编辑部采用了论文中朱熹主张抗金部分，题为《朱熹是投降派、卖国贼吗？》，发表在该刊 1978 年第 9 期。该文是"文革"后中国大陆第一篇实事求是评价朱熹并为朱熹平反的文章。十年后，我将该文进一步修改和补充，题为《一论朱熹的政治主张》，发表于武夷山朱熹研究中心编《朱熹和中国文化》（学林出版社 1989 年版）。有关朱熹改革内政的主张，写成《二论朱熹的政治主张》，刊登于武夷山朱熹研究中心编《朱熹与闽学渊源》（上海三联书店 1990 年版），该文分为朱熹的"通变"理论、对改革时弊的具体主张、政见的实践情况等三个部分。稍后，读到广东王越先生所撰题为《南宋反道学的斗争》的一篇长文。该文旨在"肃清封建意识形态的流毒","批判封建残余的意识形态",应该说出发点是好的,但作者在宋史研究方面显然不深,因此错误俯拾即是。为此,我写成《评〈南宋反道学的斗争〉》一文(载武夷山朱熹研究中心编《朱子学新论》,上海三联书店 1991 年版),对王文所述朱熹的一些问题逐条加以澄清。以上三篇文章,因字数较多,此次亦未收入。

在 1977 年至 1983 年间,我的文章主要是通过指出别人论文的缺失来阐述自己的见解。如前述《朱熹是投降派、卖国贼吗?》。又如《再谈宋墓出土的太学生牒》、《关于江阴北宋墓的墓主孙四娘子》,也是纠正文物工作者在解释有关出土文物方面出现的某些错误。再如《两宋时期的台湾》,也是指出有的学者在宋朝与台湾关系的论述方面存在的不足之处,与之商榷。从 1984 年起,我开始正面论述宋代的一些制度、社会阶级、风俗习惯等。这一趋向以撰写《宋代幕职州县官的荐举制度》、《官僚政治制度的产物——复杂多变的宋朝官制》二文为起点。前文写于 1984 年,是为参加同年 12 月在香港中文大学召开的国际宋史研讨会而写,后文是应《文史知识》之约为初学宋史者而写。后文共六篇,约四万字,因字数太多,此次亦未收入。

1989 年,我撰写《宋元的时文——八股文的雏形》一文,近三万字。该文以确凿的证据,证明经过有宋一代知识分子的共同努力,到南宋中期已基本形成文章的八股体式,这是科举和学校考试的客观需要,是不以人们的意志为转移的。该文经删节后,发表在 1990 年的《历史研究》上。我至今还认为,该文是在宋代科举制度史和教育制度史、文学史方面的一个新的突破,是我的一篇得意之作。当然,这个问题还有进一步深入研究的余地。

三

作为一名历史学工作者,研究宋史多年,深悉必须尊重历史。对于自己的宋史研究史,同样应该尊重历史,尊重事实。同时,人贵有自知之明。一个人的生命是有限的,精力是有限的,而宋代社会近三百二十年,涉及的内容实在太丰富,几乎是无限的。自己决非才情卓越之辈,只是由于刻苦自励、勤奋读书,笨鸟先飞,舍得花时间去找书、抄录卡片、思考问题,才有今天的点滴成绩。但是,我不可能穷尽宋代社会的所有方面;加上自己的学术水平有一个随着知识的积累和研究方法的不断改进而由浅入深、由狭到广的发展过程,在文章中难免百密一疏,存在错误和缺点。所以,为了如实地把自己的研究成果介绍给读者,我对此次入选的文章,一般不予改动,只在遇到确实排错的字句时,始加改正。

四

在我的治学生涯中,有相当长的时间是十分艰难的。1970 年即婚后的次年,就奔赴河南息县的原学部“五七”干校,爱妻郭玉琴便独自挑起了抚育第一个女儿的重担。1973 年,生了第二个女儿。随后,除每月给我母亲寄生活费外,岳母不幸身患重病,日子更苦。在 1974 年至 1977 年这四年里,由于家庭负担增重,妻子不得不变卖自己的衣物以及我的一些尚值几钱的书籍。这时,还没有稿费收入,两人的工资加在一起不到一百二十元,日子达到了捉襟见肘、瓮飧不继的程度。在这种情况下,她任劳任怨,全力支持我的研究工作。为了增加一点收入,她在单位坚持做夜班,清晨回家后立即操持家务,直至下午才睡四五个小时,这样的景况几近十年,直到 1984 年底我调到上海师大工作,才有所好转。

夫妻患难与共,相濡以沫。正是有了她的全力支持,使我无后顾之忧,研究工作才得以顺利进行。因此,我在宋史研究方面所取得的每一项成绩,都包含着她的一片心血。

五

1988 年,庐山白鹿洞书院恢复建制,召开了成立大会,我受荐担任了院长。1990 年,孙家骅同志担任书院管委会主任,提出要尽可能给作出特殊贡献的专家学者出版一册书。事隔八年,家骅同志调任江西省文物局领导之职,他依旧不忘此事,电告计划由书院资助出版我的论文集。得此喜讯,我立即着手选编此书。编成后,几经斟酌,拟以《嘭城集》①为名,藉此报答故乡嘉定父老的养育之恩。同时,在此谨向家骅同志和书院现任领导闵正国、高峰同志及书院全体同志表示诚挚的谢意。

1998 年 5 月 2 日写于

上师大新邨 22 宿舍

---

①　上海市嘉定区原名嘉定县,别称"嘭城"。

目　　录

宋 元 的 时 文
——八股文的雏形

宋元时期的时文,是专供贡举和学校考试使用的一种特定的文体。时文在宋代屡经变化,最后定型为十个段落的体式,类似明清时期的八股文。最初,时文使用于贡举"三题"①之一的"论",神宗熙宁年间王安石贡举改革后,扩大使用到经义。后来又推广到医学考试的脉义和假令论方义。于是经义和论、脉义、假令论方义等都开始使用这种特定的时文文体。

时文的文体,宋初使用骈文,仁宗嘉祐前流行险怪奇僻之体,从嘉祐开始推广古散文体。南宋前、中期,学者讲求文章的章法、句法等,评点之学兴起,散文写作技巧日趋严密,终于形成了一种近似明清时期八股文的新文体——十段文。

一、北 宋 的 时 文

八股文是糅合散文的章法、骈文的排偶和近体诗的格律而构成的"三合一"新文体。这种文体虽然正式确立于明宪宗成化年间(1465—1487年),但实际上早在宋代已形成了它的基本格式。

从宋太祖起,沿袭隋唐以来分科考试、选举人才的制度,并逐步创

---

① 据《文献通考·选举四》,在宋神宗熙宁四年前,进士科殿试共考诗、赋、论三项,称为"三题"。

立了三年一试和三级考试（殿试、省试和乡试）、别头试、考卷实行糊名弥封、誊录、特奏名法等，使之不断完善。从仁宗起，正式建立太学，逐步取代了国子学；各类各级学校也大量兴建。神宗和徽宗时的两次兴学运动，基本建立了三舍考选制度。从此，朝廷的三级贡举考试和太学的三舍考选制度同时实行，互为补充，成为国家主要的取士途径。

宋初以后，时文的文体屡经变化。宋初沿袭晚唐五代的靡丽之风，流行四六骈体文，称为"时文"。真宗时，杨亿、刘筠提倡以"雄浑奥衍"的文字革除其弊①，但堆砌典故，辞藻繁缛，依然华而不实，号为"西昆体"。仁宗天圣初（1023年），欧阳修应举时，见学者"务以言语声偶撷裂，号为时文，以相夸尚"②。仁宗景祐初（1034年）后，太学士人"各出新意，相胜为奇"。"以怪诞诋讪为高，以流荡猥琐为赡"，称"太学体"。庆历间（1041—1048年），朝廷多次下诏"丁宁戒饬"③，但收效甚微。嘉祐二年（1057年），欧阳修知贡举，极力排抑"太学体"。欧阳修倡导不受对偶、声韵和典故约束的古散文体，树立了平易流畅的文风。神宗时期的贡举改革，士人考经义和论，又逐步形成了一种新体的时文。这种文体主张"推明义理之学，兼老、庄之说"④。

嘉祐二年正月，苏轼参加省试，所撰《刑赏忠厚之至论》，第二段用"有一善"开头，紧接着对以第三段："有一不善，从而罚之，又从而哀矜惩创之，所以弃其旧而开其新。"以下又连用两行对句。过接几句散语后，再接连两行对句。三月，苏轼参加殿试，所撰《重巽以申命论》⑤，文中用了许多字数多少不定的对句，而且出现了"官题"（考官出的题目）的痕迹。不过，苏轼并没有完全按照成格，而是自出机杼，充分表达了自己的思想。所以各篇大义的写法并不雷同。

宋神宗时期，对贡举制度进行了改革。从熙宁四年（1071年）起，

① 宋祁：《景文集》卷59《石太傅墓志铭》。
② 欧阳修：《居士集》卷41《苏氏文集序》。
③ 《续资治通鉴长编》卷158，庆历六年二月己卯。
④ 赵彦卫：《云麓漫钞》卷8。
⑤ 《宋会要辑稿》选举7之17，载仁宗御试，亲出《重巽命论》题。

进士科停考诗赋、帖经、墨义，改考经义，以便"除去声病偶对之文，使学者得专意经术"。士人各治《诗经》、《尚书》、《周易》、《周礼》、《礼记》一经，兼习《论语》、《孟子》。每次分四场考试，第一场考本经，第二场考兼经大义十道，第三场考论一首，第四场策三道。中书门下撰"大义式"颁行①。经义程文每篇不得超过 500 字②。同时，由王安石撰《字说》，王雱和吕惠卿、吕升卿等撰定《诗》、《书》、《周礼》义（即《三经新义》），刻板颁行全国，凡士子应试，"自一语以上，非《新经》不得用"③。哲宗元祐间，禁引用《字说》，改设经义和诗赋两科，停试律义④。

为了配合贡举改革，王安石特撰一些经学小论文，作为"经义式"即士子考试经义的答卷标准。《古今图书集成·文学典》载有王安石"经义式"，收录了《里仁为美》、《五十以学易》、《参也鲁》、《浴乎沂》、《非礼之礼、非义之义，大人弗为》、《可以与、可以不与，与伤惠；可以死、可以无死，死伤勇》等六篇。其中最后两篇，均见于王安石的文集，改名《非礼之礼》和《勇惠》⑤，正文个别文字也有所改动。以《非礼之礼》为例，该文第一段："古之人以是为礼，而吾今必由之，是未必合于古之礼也。"紧接着就对一个第二段："古之人以是为义，而吾今必由之，是未必合于古之义也。"⑥然后又以"盖知向所谓义者，义之常，而汤、武之事……使汤、武暗于君臣之常义，而不达于时事之权变，则岂所谓汤、武哉"？与下一段"盖知向之所谓礼者，礼之常，而孔子之事……使孔子蔽于制礼之文，而不达于制礼之意，则岂所谓孔子哉"？两两相对。而且不论破题、承题，照样使用对偶句式。

宋哲宗元祐间，张庭坚、马涓等四人擅名太学，号为"四俊"。张庭坚，字才叔，其经义程文尤为当代推崇。南宋吕祖谦编《宋文鉴》时，收

---

① 《续资治通鉴长编》卷 200，熙宁四年二月丁巳。
② 《宋会要辑稿》选举 3 之 53。
③ 《三朝名臣言行录》卷 8《吕公著》。
④ 《宋史》卷 155《选举一》。
⑤ 《王文公文集》卷 28。
⑥ 《古今图书集成》收录此文时，可能为符合八股格式，删去了第二段，因为破、承不宜用对偶句。

入张庭坚的两篇经义,一篇题为《自靖人自献于先王》,另一篇题为《惟几惟康其弼直》①。明人(佚名)编《经义模范》一书,也收入他的《恭默思道,梦帝赉予良弼》等经义。尤其是《自靖》一篇,被后人视为经义的范文之一②。《自靖》中,出现了明显的官题:"此其相戒之言曰:'自靖人自献于先王。'"然后转入原题:"盖于是时纣欲亡而未癙也……"《恭默思道》中,第一段写道:"静而虑者诚之至,感而通者诚之形。"以此作为破题,而且第一、二句为句法相同的对句。也出现了明显的官题:"'恭默思道,梦帝赉予良弼',载于《说命》上篇。"然后转入原题。

从王安石、张庭坚的经义和苏轼的论,可以看出从仁宗到哲宗时期,还没有整齐严谨的八比,不强求对仗排偶,不完全禁止引证比喻,但已经出现了数量不等的比以及破题、承题、官题、原题等格式。这些格式是移植当时诗、赋破题等程式的结果。近体诗发展到唐代,日趋定型,在形式上要求句数和字数一定,某些句子必须对偶。应举诗中还出现了破题、颔比、颈比、腹比、后比、结尾等名目③。北宋的论和经义不能不受到影响,逐步引入这些程式。嘉祐年间后,论开始用古散文体撰写;熙宁年间后,经义也加入这一行列。与此同时,论和经义又开始移植骈文的对偶句式,移植近体诗的破题、颔比等程式。三者逐渐结合一起,开始了一种新文体的形成过程。

二、南宋前期和中期的时文

南宋前期和中期,是指高宗到宁宗时期。这一时期的贡举考试制度与北宋末年有所不同:高宗建炎二年(1128 年),改用哲宗元祐之制,设诗赋进士和经义进士两科;同时,略加改革,各以四场试士。诗赋进

---

① 《宋文鉴》卷 111。
② 见倪士毅:《作义要诀》。《经义模范》录宋张庭坚、姚孝宁、吴师孟、张孝祥等四人经义十六篇,其首为《自靖》一篇。
③ 王构:《修辞衡鉴》卷 1《诗体》。

士,第一场考六经经义一道,《论语》或《孟子》义一道。经义进士,第一
场考《周易》、《诗经》、《尚书》义三道,《论语》义一道;第二场考《周
礼》、《礼记》、《春秋》义三道,《孟子》义一道。这两类进士第三场各考
论一首,篇幅限在500字以上。《绍兴重修通用贡举式》还规定了论和
经义的体式:试卷出现以下各项中的任何一项,即义题答非所问,漏写
或错写道数,论漏写题目,论少写50字,忘写"奉试"和"谨对"(义卷的
首尾)、"论曰"和"谨论"(论卷的首尾),为"犯不考"式。论少写20
字,或连用本朝人文集10句,即犯一"抹",五抹便降为下等;少写10
字,即犯一"点",五点算为一抹。经义和论的试卷,开头一行写"奉"
字;第二行写"试某经义"或"试某论",列出试题;第三行经义写"对
云",论写"论曰"两字开头;全篇最后,经义写"谨对",论写"谨论"两
字结束①。

　　这一时期时文的文体有较多的变化。高宗时,学者推崇苏(轼)
文,极力仿效。孝宗时,出现了"乾(道)、淳(熙)体"②,其代表人物是
叶适、陈亮等。他们师法苏轼,才辩纵横,尤其发展了政论文体。光宗
绍熙年间,改崇程颐和程颢,称为"洛学"。宁宗庆元四年(1198年),已
经出现了经义"全用套类",即使用现成章法、格式的现象③。

　　许多学者还进一步探索文章的章法、句法等,出现了评点之学,散
文写作趋向规范化。其代表作为吕祖谦《古文关键》。该书《论作文
法》篇,提出了写散文的原则和方法,比如认为一篇文字中,必须有几
行整齐处,又有几行不整齐处,或缓或急,或显或晦,缓急、显晦相间。
又提出"常中有变,正中有奇","意思新、转处多则不缓,结前生后",等
等。该书收录韩愈、柳宗元、欧阳修、三苏、曾巩等人的论、说、书、叙,逐
篇从构局、造意进行条分缕析,使读者领会开合、波澜、抑扬、反复、转

①　丁度等:《贡举条式》。《苏轼文集》卷6《三传义》保存了当时经义的格式,正文开头皆书写"对"字,
　　最后写"谨对"。
②　周密:《癸辛杂识》后集《太学文变》。
③　《文献通考》卷32《选举五》。

换、变化、起伏、缴收等手法。魏天应编选《论学绳尺》卷首《论诀·诸先辈论行文法》中,也收录了吕祖谦、陈亮等人的写"论"之法。吕、陈两人是从写散文体的角度,讲述做"论"的技巧。吕祖谦提出,论有各种体式,或者壮健,或者清快,不可一律看待。看论必须先看"主意"(中心思想),然后看过接处。作论要首尾相应,过接处要有血脉。论的片段或多,必须一开一合,方有收拾。又说:"题常则意新,意常则语新。意深而不晦,句新而不怪。笔健而不粗,语新而不常。"这些话同样也见于《论作文法》。由此足证散文写作规范与论的定格有着密不可分的关系。陈亮认为作"论","不必作好语言,意与理胜,则文字自然超众",强调以思想内容为主,不必追求"诡异之体"和"险怪之体"。

这时,文章的章法和句法,与骈文的排偶、近体诗的格律,三者进一步结合,到宁宗时期终于形成了一种新的时文体式。这一体式在论方面,集中体现在《论学绳尺》一书中;在经义等方面,体现在《太医局诸科程文格》一书中。

《论学绳尺》卷首《诸先辈论行文法》,收录了南宋前期尤其是中期的许多文人关于撰写论的经验,其中有陈傅良、陈亮、戴溪、冯椅、欧阳起鸣、吴琼等人。

陈傅良等人认为,冒头(又称论头、冒子)是一篇时文的"纲领"。冒头中用语"最忌圭角,忌重滞","贵简劲明切、圆活警策,不吃力,不费辞,不迁"。冒头中第一个段落称破题。破题是冒头的"纲领",概括全篇的大意。用一句、两句做破题最佳,其次用三句,再次用四句。破题所用字,都是"一篇之骨","无虚下者,后面亦须照应"。句法要严整,"有浑厚气象"。"论之去取,实系于破题。破题不佳,后虽有过人之文,有司(按指考官)亦不复看"。破题只能用题目上字,不能外求字代替;否则,难得合适,而且有妨下文的回顾。第二个段落是承题(接题)。承题要写得开阔,"欲养下文渐下,莫说尽为佳","欲抑先扬,欲扬先抑,最嫌直致、无委曲"。如果提掇得合适,"后面自不费力","这里差了,便一向费力"。第三个段落是小讲。小讲写时"最怕紧、怕繁絮"，最宜"径捷去得快"，但"不得苟简"；"又怕几句叠文字，每结句'之、乎、者、也'。"要斟酌详略，照应前后，不可重复。如果是实事题，开头便要"入题"；前面和后面既已详述，入题处便用"省文法"；不详，则"入题处却不可略"。中间部分是官题，照抄考官所出考题。后面部分的第一个段落称原题。原题处于官题之后的"咽喉之地"，"推原题意之本原"。如果题下有气无力，则全篇的水平可想而知。具体写法有多种，"或设议论，或便说题目，或使比喻，或使故事"。总之，以有新意为贵。第二个段落称"讲题"。讲题又称"论腹"，用语"贵乎圆转"，在刚入讲的地方，"最要过度（渡）精密，与题下浑然"，使人读起来不感到这就是讲题。写到实事之处，要反复铺叙，又要时时"缴归题意，方得紧切"。讲题的内容以赡博为一贵。另一个段落是结尾。结尾是一篇论的"关锁之地"，尤其要"造语精密，遣文顺快"，精密则有"文外之意，使人读之而愈不穷"；顺快则见"才力不乏，使人读之而有余味"。

《太医局诸科程文格》共九卷，是宁宗嘉定五年（1212 年）判太医局何大任带领本局教官，搜集从前合格的程文，从中"拔颖取尤"，编辑而成。所有程文，依照徽宗"崇宁之制"，分为墨义、脉义、大义、论方、假令、运气共六类。其中脉义、大义、假令论方义都采用与"论"和经义相同的体式，仅答卷首尾写"对"和"谨对"，与论的答卷首尾写"论曰"和"谨论"稍异。脉义、大义和假令论方义的正文，分为破题、承题、小讲、官题、原题、讲题、原经、结尾等段落。

首先，各道脉义的破题都写四句，其中两句与另两句对偶。承题用"盖"字或"且"字开头，句数和句式可与破题相同，也可写三句。官题的格式都是"经曰……"照抄题目，再写"其意若此"、"大意如此"或"厥理若是"。原题大都用"尝谓"、"且夫"或"原夫"两字开始，讲题大都用"今也"两字开始，原经都写明"经曰"或其他医学著作的名字，结尾大都用"以此推之"或"即此推之"四字开始。这些脉义的每篇字数，多者 651 字，少者 440 字。

其次，各道大义的破题大都写四句，四句中两句与两句对偶；少数只写两句,互为对偶。承题以"盖"字或"且"字开始,也用偶句。小讲、大讲都写成多段偶句。大讲很多以"今夫"两字开始。原经一般自己发问,如"何以证之"、"何则"等,然后据引多种医典和相关段落,只用散行。结尾常用"由是证之"、"即此观之"开始,一般写三、四句,少数写两句或五句,大都用散行,少数写成偶句。这些大义的每篇字数,多者有 777 字,少者 358 字。

再次,假令论方义的破题都用四句,其中两句与两句对偶。承题大都用"盖"字开头,少数用"夫"或"且"、"何则"开头,都写成偶句。小讲参用偶句和散行。官题以"伏承明问"或"今观前问"四字开始,然后照抄题目。原题常用"尝观"或"尝谓"开头,也有用"大哉,……窃原"开头。讲题常有"今夫"开始,写成多段偶句。原经则引经据典,只写散行。结尾用"以此言之"、"由是推之"开始,也有用"噫"字或"吁"字开头的;句数较多,也有只写四、五句的;偶句或散行皆可。这些假令论方义的每篇字数,多者有 1 471 字,少者 866 字。

文学家杨万里替士子们写了十篇论,编成《程试论》①。这十篇论均按《贡举条式》规定,开头用"论曰",最末用"谨论"。在官题处,没有死板地照抄题目,而是用题目的出处引出官题。如《汉文帝有圣贤之风论》,用"魏文帝曰:'汉文帝有圣贤之风。'有才之主与有德之主,二者同日而论之,未可也"。又如《陆贽不负所学论》,用"陆宣公自谓'不负于所学',其果不负所学耶?"显得比较自然,没有太明显的痕迹。另一位文学家张孝祥,撰写了不少时文,明代人(佚名)所编《经义模范》一书,收录了他的五篇经义,如《俾以形旁求于天下》、《我心之忧日月逾迈》、《作归禾作嘉禾》等,均不见于《于湖居士文集》。《俾以形旁求于天下》一文,破题用"贤者之在天下,虽以德而不以形"两句。冒头最后用"盖示吾爱贤之诚意尔"一句作为缴结。紧接着是照抄官题,然后以"尝谓按图不可得骏马"进入原题。思想家陈亮也有四篇论,

---

① 《诚斋集》卷 90《程试论》。

题为《谢安比王导》、《王珪确论如何》、《扬雄度越诸子》、《勉强行道大有功》①。其写法几乎与杨万里如出一辙。如最后一篇，用"天下岂有道外之事哉！"一句破题，在冒头结束后，转入官题："汉武帝好大喜功，而董仲舒言之曰：'勉强行道大有功。'可谓责难于君者矣。请试申之。"接着，又以"昔者……"进入原题。

　　大约从宋孝宗时开始，在考试六经时，考官想方设法出难题和怪题，摘取大旨相近的两段合为一题，称"关题"。或者摘取上下经文不相连的段落为一题，称为"断章"②。如《尚书》义题，用"璇玑玉衡，以齐七政"，关"舞干羽于两阶，七旬，有苗格"为题，实际这两段是判然两事，略不接近，根本不相关。如《周易》义题，用"时乘六龙，以御天也。云行雨施，天下平也"。至此当断，但考官又摘取下文"君子以成德为行"一句，相连为题。实际"君子以成德为行"与下句"日可见之行也，潜之为言也"相连③。宁宗初年，为防止士子预猜试题，朝廷允许考官在六经本经内，摘出文意相似、不致牵强的两段，合为一题。允许考官任意选择合题或全题④。嘉泰元年（1201年）稍前，考官在命题时，往往因"显然浑成"的关题，"多已经用"，乃搜索新奇，用几段"意不相属，文不相类"而实际十分牵强的句子，当做"关题"。或者割裂上下文句，当做"断章"。所以，朝廷在该年一度加以禁绝⑤。嘉定四年（1211年），再次禁止命题断章⑥。十五年，又一次禁止考官"强裂句读，出其所不拟，专务断章，试其所难通"，但允许出关题，而且要求考官"惟意所择，不必尽拘每举句之多寡、求其字之对类，惟务明纲领而识体要"⑦。尽管考试增加了难度，有效地防止士子预猜试题，但士子为了应考，"惟

①　《陈亮集》卷9《论》。
②　《宋会要辑稿》选举1、5。
③　《宋会要辑稿》选举1之21。
④　《宋会要辑稿》选举5之20。钱大昕：《十驾斋养新录》卷10《春秋合题》载元、明、清初经义题，仅《春秋》有合题，将两件甚至五六件事合为一题。合题与单题相对。清乾隆初，始禁合题。
⑤　《宋会要辑稿》选举5之25。
⑥　《宋会要辑稿》选举6之10。
⑦　《宋会要辑稿》选举6之42。

务遣文,不顾经旨",因此有些目光敏锐的官员也认识到这不是学者的过错,而是"有司实启之"①。

三、南宋后期的时文

南宋后期指理宗和度宗时期,文体又出现了几次变化。理宗端平间(1234—1236年),江万里习《周易》,"自成一家",士子向慕,"文体几于中复"。淳祐四年(1244年),徐霖以《尚书》学夺得省试状元,"全尚性理,时竞趋之,即可以钓致科第功名"。从此,非《四书》、《东、西铭》、《太极图》等"不复谈矣"。到度宗咸淳末年,江东李谨思、熊瑞等人"倡为变体,奇诡浮艳,精神焕发,多用庄、列之语,时人谓之'换字文章'"。此种文体,延续到宋亡②。

这一时期,为满足士人应举的需要,民间编印了大批程文的汇编。陈振孙《直斋书录解题》卷15,即载有五种程文汇编:《指南赋笺》五五卷,《指南赋经》八卷,是书坊编纂的两部赋集,所选内容限于宋光宗绍熙年间(1190—1194年)以前。《指南论》一六卷(另本四六卷,分为前、后两集),所选内容限于孝宗淳熙年间(1174—1189年)以前。《擢犀策》一九九卷,《擢象策》一六八卷,前书所选内容从哲宗元祐(1086—1093年)到高宗绍兴初年(1131年),后书所选内容则只限于高宗绍兴末年。陈振孙指出:"大抵科举场屋之文,每降愈下,后生亦不复识前辈之旧作,姑存之以观世变。"

此外,还有谢叔孙编《诗义断法》五卷,只列拟题③。林骉编《古今源流至论》前集、后集、续集各十卷,黄履翁编别集十卷。章如愚编《山堂考索》前集六六卷、后集六五卷、续集五六卷、别集二五卷。谢维新《古今合璧事类备要》前集六九卷、后集八一卷,等等。当时乡塾陋儒,

---

① 《宋会要辑稿》选举5之25。
② 周密:《癸辛杂识》后集《太学文变》。
③ 陶福履:《常谈·经文》。

分类编纂,排比联贯,荟萃成书,以供场屋采掇之用。福建麻沙书坊刊本最多。这些书籍中以《古今源流至论》、《山堂考索》、《合璧事类》等最为精博,至今尚有较高的价值。

南宋末年,魏天应编选和林子长笺解《论学绳尺》十卷,是一部指导时文之一"论"写作的专书。魏天应,号梅野,建安人,乡贡进士,曾受业于谢枋得。林子长,号笔峰,福建人,曾任京学教谕。此书收录宋室南渡以来省试中选的优秀的论,共356篇,每两篇立为一格,共178格,如以天立说格、顺题发明格、驳难本题格、体用贯题格、立说贯题格、题外生意格、就题发明格等。每篇程文先写清属于何格,再列题目和作者,然后说明本题的出处和立说大意、评语,有时还在正文后说明本篇与他篇的关系。正文一般都用"论曰"两字开头,最后用"谨论"两字结束。正文几乎逐句进行笺解,分析大意和前后呼应关系以及所属格式、句法等。根据各篇的笺解,可知这时论的格式,顺次为破题、接题(承题)、小讲、缴结、官题、原题、大讲(讲题)、余意、原经、结尾等十个段落。其中又以破题至缴结四个段落,总称冒头(冒题、冒子)。破题大都写三句或两句,有时也写四句,皆不用偶句。承题常用"夫"字或"盖"字开头,多者写十来句,少者写几句,一般不用偶句。小讲参用偶句和散行。冒头结束后,再写一次题目(官题),然后自己发问或提出下文的任务,如"孰能……""请得而绎其说"、"请申之"、"请因其意而申之"、"请申论之"等。官题后,都空一字,表示进入原题。不少程文的原题用"尝谓"、"愚尝求"、"尝试"、"尝读"、"尝因"、"尝考"等开头,参用偶句和散行。大讲则常用"今夫"、"今观"等开头,皆用偶句,各段偶句间或用散行过接。结尾大都用散行,少数用偶句。

值得注意的是,各论的逐句笺解中,使用了"股"、"脚"等字。如陈傅良撰《为治顾力行如何》题,正文有一段写道:

　　王恢严助之策未施,而邀功之隙未开。文成五利之技未售,而神仙之好未盛。相如枚皋之赋未奏,而文章之习未胜。张汤杜周桑弘羊孔仅之徒未并进,而赋敛刑法尚文景之旧也。

笺解云:"以上数人皆言利之徒,见《食货志》。以上四股,皆是武帝后来事,只将数个'未'字斡归初年意。末句长,方承得上三句起,此作文之法也。"①这是将四行句式相同,命意的轻重、文字的长短(仅第四句较长,笺解也作了说明)、声调的缓急、助词和语气词的安排等均两两相对的一组散体长联,称为"四股"。再如朱有进撰《天职天功天情如何论》题,正文原题部分写道:

> 尝谓荀子之论天,其谓有形之天邪? 其谓无形之天邪?
> 如谓其无形,则以何物为言职,以何事而言功? (笺解云:交股反难天职天功。)
> 如谓其有形,则上天之载,无声无臭奚其情? (笺解云:交股反难天情。)

这里以"如谓"开始的一组排句,各称为"交股"。所谓交股,乃指交错对偶之法。《锦绣万花谷》前集卷21《诗律》记载"交股法"说:

> 王介甫诗云:"春残叶密花枝少,睡起茶多酒盏疏。"惠洪谓"多"字当作"亲"字,盖欲以少对密、疏对亲。江朝宗谓惠洪不晓古人句格,此一联以密对疏、以少对多,正交股用之所谓蹉对也(《艺苑雌黄》)。

以前一句诗的第四字与后一句的第七字相对,又以前一句诗的第七字与后一句的第四字相对,这种诗歌对仗中对应词参差为对的手法,称为"交股法"。

---

① 《论学绳尺》卷7。

此外，王质撰《尧仁如天》题，高山撰《圣人成书成言》题，纬焯撰《邹鲁守经学》题，冯椅撰《周礼尽在鲁》题，郭拱朝撰《天道善胜如何论》题等，都有"三股"、"两股"、"一股"（必与另一股排偶）的用词。

这时还使用"脚"字，也代表对偶的一方。如林昌谦撰《书诗春秋出于史》题，正文中有一段如下：

> 《书》出于古史，圣人因而定之尔。《诗》出于国史，圣人因而删之尔。《春秋》出于鲁史，圣人因而修之尔。圣人固尝曰"述而不作，信而好古"。夫述而不作，则《书》定可也，《诗》删可也，《春秋》修可也。

笺解云："总上三脚文，曰定，曰删，曰修，见得非夫子自作。"这是将一组互相对偶的排句之一称为一"脚"。从句子的长短看，与股的第一例并无差异。正文接着又写道：

> 析因夷隩，民安其业，常如唐虞之治。持盈守成，歌舞太平，常如凫鹥之世。礼乐征伐，会盟朝聘，常如三代之盛时。则《书》可无定也，《诗》可无删也，《春秋》可无修也。

笺解云："总上三脚，应前定、删、修三字。"①又是将一组互相对偶的排句之一称为一"脚"。以上总共为六"脚"。此外，黄镛撰《汤文孔子闻知如何》题，李雷奋撰《上圣道德仁义如何》题，乔应旂撰《帝王文武德威如何》题，黄道深撰《郭林宗何如人》题等，其笺解中均用了"三脚"、"二脚"等词。

从以上"股"、"脚"的用法，完全看不出两者之间有多少区别，也与排句的长短了不相关。如果说用"脚"字的排句比用"股"字的要短一

---

① 《论学绳尺》卷9。

些,但陈傅良撰《为治顾力行如何》题中被称为"四股"的四个排句也并不长。所以,"股"和"脚"看来可以互相通用。这说明开始用"股"来表示排偶的一方(一段或一行)的时候,尚无严格规定,所以不时代之以"脚"字。这些称为"股"或"脚"的文字,虽属排偶,但不是骈文,不用四六,也不求押韵。

元人倪士毅在《作义要诀》序中说,宋代经义程文"其篇甚长,有定格律:首有破题,破题之下有接题(接题第一接,或二、三句,或四句,下反接,亦有正说而不反说者),有小讲(小讲后,有引入题语,有小讲上段;上段毕,有过段,然后有下段),有缴结。以上谓之'冒子'。然后入官题,官题之下有原题(原题有起语、应语、结语,然后有正段,或又有反段,次有缴结),有大讲(有上段,有过段,有下段),有余意(亦曰后讲),有原经,有结尾"。接着又说:"篇篇按此次序。其文多拘于捉对,大抵冗长繁复可厌。"表明南宋后期的时文,分为破题至结尾等十个段落,而且大多用对偶文句,篇幅较长。《作义要诀》还引述曹泾撰《宋季书义说》的许多内容。曹泾(1234—1315年),号宏斋,歙县人。度宗咸淳四年(1268)登进士第,曾讲授于丞相马廷鸾家,其子马端临等皆承曹泾之学①。《宋季书义说》记载,原题的写法是"其文当图,其体当似"。"慷慨之体,中间最不要露圭角,又不要成段对文"。"大抵是唤起之后,便应一应,结一结,然后正一段,反一段,又总缴结。此为正体,其反说者不必多,比正段宜减大半"。又记载余意"乃是本题主意外,尚有未尽之意,则于此发之。须是意新,又不背主意,仍于主意有情乃可"。原经的写作方法"须是说这个题目,其来历次第如何,或是谁人做底事,他这事是如何;或是谁人说底话,他这话是如何,要推寻来因究竟,下稍结煞"。开头多是引证,中间唤出出处,然后分析来龙去脉,最后加以小结。结尾的写作,"也要识体格",不仅仅是"用事证题"而已。具体有多种格或定格,此处不一一列举。倪士毅在《论冒题》篇,引用

---

① 《宋元学案》卷 89《介轩学案》。

有的人所说,破题是"一篇之纲领,至不可苟","句法以体面为贵,包括
欲其尽"。如果题目句多,则融化而"不见其不足";如果题目字少,则
敷演而"不见其有余"。接题是承接破题之意,要全部见于两三句之
中,"尤不可不用工也"。还认为冒头好像人的脸面,"着不得十分多
肉","肉多则嫌有肥气,不雅观也"。

四、元代的时文

元代前期,尚未实行科举取士制度。直到元仁宗延祐元年(1314
年),才正式开科取士。是年各地举行乡试,次年二月在礼部会试。此
后,科场每三年开试一次。以《大学》、《论语》、《孟子》、《中庸》为四
书,以《周易》、《尚书》、《诗经》、《礼记》、《春秋》为五经。规定蒙古和
色目人第一场试"经问"五道,汉人和南人第一场试"明经"、"经疑"
二问,限300字以上;以及经义一道,限500字以上,不拘格律。题目
均摘自《四书》,考生就题命意,依朱熹《四书章句集注》作解。《诗
经》也以朱熹注为主,《周易》以程颐、朱熹说为主,《尚书》以蔡沈注
为主,《春秋》允许用《三传》和胡安国传注,《礼记》用古代注疏(比
如汉郑玄注)[①]。

倪士毅撰《作义要诀》,专述撰写时文之一"义"的方法。倪士毅
(1303—1348年),徽州路休宁县人。他在该书《序》中说,宋朝写经义,
有破题、接题、小讲等"次序",而且"拘于捉对","大抵冗长繁复可厌"。
虽然"今之经义,不拘格律",但也应该分为冒题、原题、讲题、结题四大
段落。所以,该书的内容也按此顺序论述。冒题中还包括破题、接题
等,原题中包括起语、应语、结语。讲题后,还有余意和考经(又称原
经)两个段落,他认为"今日固不拘此"体式,但"遇可用处,亦宜用之,
但不必拘泥"。每篇经义中的各个段落"接头"之处,要"转得全不费

---

① 陶福履:《常谈·四书》;《续文献通考》卷34《选举一》。

力",而且要想出"新体",不要老用"寻常套子",使人"不见痕迹"。

另一位元人王充耘,撰有《书义矜式》六卷。王充耘,吉水路吉水州人,元顺宗元统二年(1334年)以《书经》登第,授承务郎,同知永新州事。后弃官养母,著书授徒①。《书义矜式》一书,是在《书经》每篇中摘取数题,撰出程文,作为标准,实际是一部提供士人参加贡举考试的经义程式之书。虽然在经旨方面没有什么发明,但作为一时的场屋之体堪称最工。如该书将《书经·虞书》,按《尧典》、《舜典》、《大禹谟》、《皋陶谟》等顺序,各列数题,题下便是正式程文。各篇程文的格式,按照破题、承题、小讲、缴结、官题、原题、大讲、余意、原经、结尾等十个段落顺序。破题可以用两句或四句对偶,也可以不用对偶。承题常用"盖"、"夫"等字开头。官题一般照录题目,用"云云"两字代替,再写"其旨如此"。紧接着是原题。有些原题开头用"或谓"、"尝谓"、"夫"、"昔者"等词。有些大讲开头则用"今夫"、"今焉"、"今也"等词,与原题的"昔者"、"尝谓"等对应。少数程文不录官题,就不写"云云"两字。这些程文基本具备了八比的格式,原题、大讲、余意、原经四个段落均各用两股互相排偶的文字,过接处则仍写成散行。

王充耘《书义矜式》,后代学者认为此书如同清代的"程墨"。另一元人陈悦道的《书义断法》,则被认为如同清代的"讲章"。《书义断法》共六卷,是当时"科场备用"的书籍。书中不全部照录经文,只摘录可以命题的段落,再逐句加以诠解,说明作此题的要点。

五、宋元时文的特点

从北宋开始,直到明代成化年间,经过整整五个世纪士大夫们的共同努力,时文终于走完了演变为八股文的历史过程。宋元时文虽然尚未长足成明清式的八股文,但可以肯定已经具备了八股文的基本格式。

---

① 《四库全书总目》卷12《经部·书类二》。

宋元时文的特点表现为：

第一，它是散文的章法，骈文的排偶和近体诗的格律三者结合的产物。在宋代，三者的结合经历了很长的时间，所以，时文的文体屡经变化。直到仁宗嘉祐初年后，逐步流行古散文体。这种文体不受对偶、声韵和典故的约束，文句随自然而短长；同时，为了加强文章的气势和力量，又经常运用一些骈文的对偶句式。苏轼、王安石的论或经义，都反映了这一发展趋向。南宋前期和中期，主要崇尚苏文，并由叶适、陈亮等发展了政论文体。南宋中期，终于形成了一种专供考试使用的新文体。

第二，它逐步形成了一种比较固定的格式。首先是破题。苏轼所撰论和经义中，大部分破题没有用双行排比文字，但小部分已用偶句①。王安石的经义《非礼之礼》题，以两个"古之人"排句为破题（见前）。张九成《横浦日新》，记载有人作《健而说》义，破题云："君子有胜小人之道，而无胜小人之心。"清代学者钱大昕认为，宋神宗熙宁中，以经义取士，虽改变了五、七言之体，而士大夫"习于排偶，文气虽疏畅，其两两相对，犹如故也"②。宋宁宗庆元元年（1195 年），朱熹撰《学校贡举私议》，指出当时学校和科举所试经义"仍作两句对偶破题"。同年，福建邵武军秋试进士，《春秋》义题的两份试卷，破题皆写四句，两两对偶③。到南宋后期，破题不再准许使用偶句，而只能使用散语。《论学绳尺》所收 356 篇论的破题，没有一篇写成偶句，是最好的证明。其次是接题，最初没有使用散语或对句的规定。苏轼参加省试时所写《刑赏忠厚之至论》，接题即用"有一善"和"有一不善"一正一反两个排句④。南宋后期，从《论学绳尺》的各篇考察，接题已不再写成对句。小讲一般也是如此。总之，整个冒头一般都改用散行了。至于官题、原题等段落，南宋中期，陈亮所撰《谢安比王导》等论⑤，都已写出官题，证明

---

① 《苏轼文集》卷 6。
② 《十驾斋养新录》卷 10《经义破题》。
③ 《朱文公文集》卷 69《学校贡举私议》；洪迈：《夷坚支戊》卷 7《邵武秋试》。
④ 《苏轼文集》卷 2《论》。据倪士毅《作义要诀·自序》，"有一不善"正是一种"反接"的格式。
⑤ 《陈亮集》卷 9。

官题已成为在小讲后必定的段落之一。进入原题以后,各个段落便必须排偶。如李雷奋撰《上圣道德仁义如何》论,原题起语用两个"尝求"偶句,笺解说"以上两脚是反证"①。欧阳起鸣撰《太宗之美几成康》论,原题起语也用两个"史臣"偶句,笺解云"以本文治二股比并说"②。诚然,原题排偶不一定从起语开始,到应语、结语才用偶句也是可以的。至于大讲、余意、原经使用长句排偶,则已成为定规。结尾仍然使用散行。总之,到南宋后期,时文实际上已形成一定的格律,即从破题到结尾十个段落。把十段文与明清的八股文比较,可见只是大同小异而已,所以十段文正是明清八股文的雏形。元代依旧沿袭十段文的格式,只是冒头部分更多使用偶句,如破题大都写偶句,承题和小讲也参用偶句,又回复到了南宋后期以前的体式。

以下为十段文与八股文的对照表:

顺序	十 段 文		顺序	八 股 文
1	冒头(冒题、冒子)	破题	1	破题
2		接题(承题)	2	承题
3		小讲	3	起诉(小讲、原起)
4		缴结	4	领题(入题、入手、领上)
5	官题			
6	原题		5	起股(提比、起比、提股、前股)
			6	出题
7	大讲(讲段、讲题、论腹)		7	中股(中比)
8	余意(后讲、从讲)		8	后股(后比)
9	原经(考经)		9	束股(束比)
10	结尾		10	落下

---

① 《论学绳尺》卷 3。
② 《论学绳尺》卷 4。

第三，它使用的范围前后有所变化。宋神宗熙宁四年以前，只使用于论，且字数每篇限 500 字以上。熙宁四年改革贡举制度后，时文使用的范围扩大到经义和医学的脉义、假令论方义、大义等。直到宋末，据不断修订的"贡举条式"，论仍限定为 500 字以上，经义的字数则不得超过 500 字。经义虽然限定了每篇的最高数字，但士子往往突破规定，所以出现了倪士毅所说的"冗长繁复"的现象。元代规定经义在 500 字以上，明经和经疑每道为 300 字以上，都没有限制最高数字。

第四，以本朝或前朝著名学者的经学著作作为时文的主要内容。神宗时，《三经新义》和《字说》成为学校的教科书和贡举的出题范围、答题标准。哲宗元祐二年（1087 年），因士子治经"专守一家，不识诸儒传记之说"，乃决定禁用《字说》和佛经，"以救文弊"。绍圣元年（1094 年），又解除《字说》之禁，专用经义试士①。南宋前期，王学一度盛行，不久，准许通用古今诸儒议论，以及自出己意，而"毋拘一家之说，务求至当之论"②。南宋后期，开始以朱熹《四书集注》以及《东、西铭》等作为时文的主要内容。元代更规定只据《四书》出题，限用朱熹《四书集注》等。

六、宋元时文演变的原因及其利弊

宋元时文屡经变化，直至定型为十段文，完全是适应贡举和学校考选的需要而产生的结果。

随着宋代人口的不断增多和应举范围的扩大，参加贡举的士人逐步增加。但是，录取的名额总是有限的。元祐三年，礼部试进士平均九个半人录取一人。宣和六年，礼部试进士平均近十二个半人录取一人。乡试的录取比例更低。国家虽对参加各州乡试的人数不作限制，只要符合规定，都可报名应试，但录取的人数甚少。

---

① 《文献通考》卷 31《选举四》。
② 《建炎以来系年要录》卷 111，绍兴七年六月丙辰；《文献通考》卷 32《选举五》。

由于录取的名额有限，必然在考试程式上逐步增加难度。十段文加上规定的排偶、字数限制等，写作时较为繁杂，稍一疏忽，便有被黜落的危险。宋代出现许多皓首穷经而终身布衣者，就与此有关。这是时文使用十段文体的原因之一。

诗和赋的考题可以杂出六经和诸子、历代史籍，所以极少重复。经义的题目则相反，士人专治一经，一经中可以命题的内容则是有限的。为了防止士人揣摩试题，增加考试难度，因而各地、各级考官想方设法扩大命题的范围。于是出现了断章、合题、关题等新的题式。这些题式，是与十段文同步形成的一对孪生子。这是时文使用十段文体的原因之二。

考官的学问和见解往往参差不齐，如果批阅试卷无一定的标准，录取或黜落的任意性必然十分严重。为了克服这种弊病，朝廷在"贡举条式"中规定了试卷"犯不考"式、"犯点抹"式等，又规定了论的最低字数和经义的最高字数，以及命题和答题的范围，但这显然还不够，因此又规定了十段文体，这样，使考官的判分标准有了一定的规范，减少了判分的随意性。这是时文使用十段文的原因之三。

时文的这种新文体早在逐步形成的过程中，便反映出它利弊参半。在熙宁四年贡举改革前，贡举考试的"三题"之一论，已经逐步采用一定的格式。从熙宁四年起，经义也参照这一格式。于是，一直到南宋末年，论和经义都逐渐演变为十段文体。与熙宁四年以前的帖经和墨义相比，采用经义和论，无疑是贡举考试方法的一次革新，应予肯定。顺便提及，有些学者认为熙宁经义开创了八股文，又有一些学者认为八股文与王安石贡举改革无关。笔者认为，以上事实证明这两种观点都不尽准确：从宋仁宗嘉祐初年采用"论"题，并改用古文撰写开始，就意味着迈上了向着十段文和八股文过渡的路程。熙宁四年改考帖经、墨义为经义，只是加速了这一进程。

十段文要求士人精通几部儒家经典，掌握一定的文史知识和基本文法，答题时不致漫无程式，所以，如果不是发生由别人代笔或预知试题等舞弊,足以测出士人学问的功底。对于考官,十段文在文章的款式和格调方面提供了一个更加客观的标准,判分难以随意上下其手。再者,朝廷指定了考试的范围,明确规定了答题的内容,使士子在准备考试时有一定的范围,不致漫无目标。贡举制度的发展本身要求评卷客观化和考题标准化,十段文初步达到了这个要求。

当然,十段文也带来一些弊病。主要是重章法而忽视士子的思想见解。在王安石以经义试士不久,这种弊病就开始显现出来。士子竞趋时好,"专以《三经义》为捷径,非徒不观史,而于所习经外,他经及诸子无复有读之者",对于古今人物、时世治乱兴衰的事迹茫然不知①。士子只专一经,不通他经,不懂史学,不求新知,所以王安石晚年也发觉其过失。感叹说:"本欲变学究为秀才,不谓变秀才为学究。"②北宋末年,欧阳澈在《上皇帝第三书》中指出经义之弊,是"学者专守一经,而不该古今;务为黄、老之虚词,不究经史之实录。至于历世兴亡治乱,例以为祭终为刍狗、雨后之土龙,而略不经意"。有的士人撰"尧典"二字,洋洋十多万言,实在是"荒唐虚无,不务根本"③。南宋末年,方回也说:"今之进士曰经义者,流弊已极,冗腐穿凿,不古也,不工也,甚者巧而已矣。"④士子难以发挥自己的见解,程文往往空洞无物,废话连篇。这是十段文的弊病之一。

十段文一旦形成,不仅内容空虚,而且形式僵化死板,只能用于贡举考试和学校考试,除此以外毫无实用价值。官员的奏章、公文、书信、著作,不论记事或说理、抒情,都无法使用。相反,四六文体却得到了广泛应用,朝廷的制诰、官员的表启,"犹不免作对",即使欧阳修、曾巩、王安石、苏轼等大儒,"皆奋然为之","终宋之世不废",称为"敏博之学",又称"应用"。士大夫们正当"游场屋"参加科举考试,"即工时

---

① 朱弁:《曲洧旧闻》卷3。
② 《三朝名臣言行录》卷6《王安石》。
③ 《欧阳修撰集》卷3。
④ 《桐江集》卷4《跋程君时文赞卷》。

文”,等到金榜题名,即“舍时文”,改“工四六”;不懂得四六,便称不上文士①。十段文成为一种考试文体,不切实用。这是十段文的弊病之二。

十段文到明清时发展为八股文,从内容到形式都搞成固定的模式,其弊病显得更加突出,毋怪乎顾炎武指出:“八股之害,等于焚书,而败坏人才,有甚于咸阳之郊。”②这自然不是危言耸听。

（载《历史研究》1990 年第 3 期。瑞熙附语:宋、
元的时文,除诗、赋、论、经义外,还包括策）

---

① 刘勋:《隐居通议》卷21《骈俪一·总论》。
② 《日知录集释》卷16《拟题》。

朱 熹 对 时 文

——八股文雏形的批判

宋代的时文是指时髦文体或当时流行的文体,人们使用此词时,往往带有贬意。这种文体只应用于贡举考试和学校考试,所以也可称为时髦的考试文体或当时流行的考试文体。宋代贡举考试和学校考试的科目,先后有诗、赋、策、论、经义等,这些科目在某一时期流行的文体,都可称为"时文"。宋神宗时期改革贡举考试制度后,经义和论成为主要的考试科目,最受重视,人们心目中的"时文"便主要指当时经义和论的时髦文体。朱熹生活的时代,时文仍然主要是指正在形成中的经义和论的十段文体式,而在朱熹的论述中,则单指经义和论的这种文体。

本文首先简单介绍宋代时文的十段文体式的形成过程,说明它最后具有八股文的雏形;其次叙述朱熹对时文的批判和改革主张;再次叙述清代有人伪造所谓朱熹专讲时文作法的书籍;最后论述朱熹主张的实践情况。

一、时文——八股文的雏形

在中国封建社会中期,与贡举制度的确立和学校教育的发展同步行进的是八股文的逐步形成。这是从中唐开始的新兴的官僚地主阶级选拔人才方面的三项重要措施。以往,学术界大都认为中国的八股文始于明代中叶以后。因为,明末著名学者顾炎武在《日知录》卷16《试文格式》中已经做了结论:"经义之文,流俗谓之八股,盖始于成化以后。……天顺以前,经义之文不过敷衍传注,或对或散,初无定式,其单句题亦甚少。成化二十三年会试,《乐天者保天下》文,起讲先提三句,即讲'乐天'四股;中间过接四句,复讲'保天下'四股;复收四句,再作大结……故今人相传谓之'八股'。"认为八股文始于成化二十三年(1487年)。顾炎武的这一结论影响深远,信者甚众。直到近代,陈东原在《中国教育史》一书中指出,成化十一年,状元谢迁在应试时所作《责难于君谓之恭》一文,正是一篇八股形式的程文,该文较顾炎武所说成化二十三年要早十二年。似乎八股文应该从成化十一年(1475年)开始。不过,笔者发现清代方苞在所编《钦定四书文》中已把八股文的开始时间提前到明代初年。方苞在该书中指出"明人制义"即八股文的体式"屡变",自明太祖洪武(1368—1398年、1402年)、成祖永乐(1403—1424年),至宪宗成化(1465—1487年),孝宗弘治(1488—1505年)的一百多年间,"皆恪遵传注,体会语气,谨守绳墨,尺寸不逾"。到明武宗正德(1506—1521年)、世宗嘉靖(1522—1566年)间,"作者始能以古文为时文,融液经史,使题之义蕴隐显曲畅,为明文之极盛"。明穆宗隆庆(1567—1572年)、神宗万历(1573—1620年)间,"兼讲机法,务为灵变,虽巧密有加,而气体荼然矣"。最后到明熹宗天启(1621—1627年)、思宗崇祯(1628—1644年)间,"诸家则穷思毕精,务为奇特,包络载籍,刻雕物情,凡胸中所欲言者,皆借题以发之,就其善者可兴可观,光气自不可泯"。所以,方苞将明人的八股文分编为成化、弘治前一集,正德至嘉靖间为一集,隆庆至万历间为一集,天启至崇祯间又为一集①。这表明八股文从明代初年就已经存在了,而且此后的体式还多次变化。可见顾炎武和陈东原关于八股文始于明代成化年间以后的结论是站不住脚的。

———————————

① 见方苞:《钦定四书文·凡例》。

据笔者研究,八股文不仅早在明初已经存在,而且元代也已出现,更早一点的是早在宋代已经形成它的基本格式。拙作《宋、元的时文——八股文的雏形》①,比较详细地探讨宋、元时期的"时文",指出时文是专供贡举和学校考试使用的一种特定的文体。时文在宋代屡经变化,最后定型为十个段落的体式,类似明、清时期的八股文。从宋初开始,时文主要使用于"贡举"三题(进士科殿试时,共考诗、赋、论三项)之一的"论",宋神宗熙宁(1068—1077 年)年间王安石贡举改革后,扩大使用到经义。后来又推广到医学考试的脉义和假令论方义。于是经义和论、脉义、假令论方义等都开始使用这种特定的时文文体。时文的文体,宋初使用骈文。宋仁宗嘉祐(1056—1063 年)前,流行险怪奇僻之体,属于古文运动中的一股逆流。从嘉祐间开始,推广古散文体。南宋前期和中期,学者讲求文章的章法、句法等,评点之学兴起,散文写作技巧日臻严密,终于形成了一种近似明、清时期八股文的新文体。这种新文体是散文的章法、骈文的排偶和近体诗的格律三者结合的产物。这种新文体规定每篇经义或论一般均须分为两个部分,由十个段落组成,依次为破题、接题(承题)、小讲、缴结(以上总称冒头或冒题、冒子)、官题、原题、大讲(又称讲段或讲题、论腹)、余意(又称后讲或从讲)、原经(又称考经)、结尾。到南宋后期,这种新文体——十段文的破题和接题、小讲等都不得使用偶句,而只能使用散语,与明清时期八股文的体式毫无二致。进入原题后,各个段落必须排偶;大讲、余意、原经还使用长句排偶。结尾则仍使用散行。原题相当于明清八股文的起股,大讲相当于明清八股文的中股,余意相当于明清八股文的后股,原经相当于明清八股文的束股。可见十段文与明清的体式只是大同小异而已。南宋后期,十段文还使用"股"或"脚"字来表示排偶的一方(一段或一行)。这些被称为"股"或"脚"的文字,虽然属于排偶,但不是骈文,不用四六,也不要求押韵。

---

① 载《历史研究》1990 年第 3 期。

宋代时文最后定型为十段文，完全是适应当时贡举和学校考选的需要，而经过无数的官员和学者包括欧阳修、王安石、苏轼、吕祖谦、张孝祥、杨万里、陈亮、陈傅良、张庭坚、戴溪、冯椅等人共同努力的结果。这是不以个人的意志为转移的。因为，贡举制度和学校考选制度的发展本身要求考官评阅试卷客观化和考题标准化，十段文则初步达到了这个要求。所以，十段文也有值得肯定的地方。但与此同时，十段文也带来一些弊病，主要是过分重视章法而忽视士子的思想见解。士子拘于一定的格式，难以发挥自己的见解，程文往往空洞无物，废话连篇。同时，不仅内容空虚，而且形式僵化死板，只能用于贡举考试和学校考试，除此以外毫无实用价值。官员的奏章、公文、书信、著作，不论记事或说理、抒情，都无法使用。

二、朱熹对时文的批判

朱熹是在十九岁即宋高宗绍兴十八年（1148 年）考中进士的，名列第五甲第九十人。应该说，他的贡举考试成绩并不优异，所以名次偏低。为了应付贡举考试，朱熹不免也曾花许多时间去钻研时文的写作。他自己说过："某少年时，只做得十五六篇举业，后来只是如此发举及第。人但不可不会作文字，及其得也只是如此。今人却要求为必得，岂有此理！"①主张士子要学会写作时文，但不能要求必得科第。

尽管朱熹本人出身进士，也写过时文，但他对时文是十分轻视的。众所周知，宋代人们习惯把士子所撰经义（又称"大义"）和论的程文称为"时文"。他说："如今时文，取者不问其能，应者也不必其能，只是盈纸便可得。"又说："不知时文之弊已极，虽乡举又何尝有好文字脍炙人口？若是要取人才，那里将这几句冒头见得？只是胡说！今时文日趋于弱，日趋于巧小，将士人这些志气都消削得尽。……只看如今秤斤注

---

① 　王懋竑：《朱子年谱》卷之 1 上。

两,作两句破头,如此是多少衰气。"①按照现成的章法或格式做成的时文,十分注重冒头特别是破题的写法,但仅靠不多几句,即使"秤斤注两",怎能衡量全篇的水平呢? 所以,他认为时文日趋于弱,日趋于巧小,而且还将士子们的志气都消蚀干净了。依靠考查时文,实在很难选拔到有真才实学的士子,也很难找到脍炙人口的好文章。他对时文中的经义几乎持完全否定的态度。他说:"今人作经义,正是醉人说话。只是许多说话改头换面,说了又说,不成文字。"又说:"今人为经义者,全不顾经文,务自立说,心粗胆大,敢为新奇诡异之论。"他从理学的角度,认为士子们所做经义的程文都是乱说,一点不符合古代经典的本意。同时,他充分认识到考官出怪题和偏题的危害性。他说,考官们"出题目定不肯依经文成片段,都是断章牵合,是甚么义理! 三十年前,人犹不敢如此。只因一番省试出'上天之载,无声无臭,仪刑文王'三句,后遂成例。当时人甚骇之,今遂以为常矣。遂使后生辈违背经旨,争为新奇,迎合主司之意,长浮竞薄,终将若何,可虑! 可虑! ……今为主司者,务出隐僻题目,以乘人之所不知,使人弊精神于检阅,茫然无所向方,是果何法也!"②原来,《毛诗·大雅·文王》云"上天之载,无声无臭;仪刑文王,万邦作孚。"省试考官出经义的考题时,故意删去第四句"万邦作孚",使这段话的意思未完而止,这明显是割裂文句。当时称这种题目为"断章"。朱熹对这种出题方法极其反感,指出这种做法已经带来了严重的恶果:士子们"弊精神于检阅,茫然无所向方"。他听说朝廷对"牵合破碎出题目"的考官加以惩处,并不感到高兴。他说:"某常说不当就题目上理会","这个都是道术不一,所以如此"。即使王安石时行《三经新义》和《字说》,"说是一道德,同风俗",但王安石"真个使得天下学者尽只念这物事,更不敢别走作胡说,上下都有个据守。若是有才者,自就他这腔子里说得好,依旧是好文字"。可是"今人却务出暗僻难晓底题目,以乘人之所不知,却如何教他不杜

撰,不胡说得"!① 朝廷在学术上没有统一的见解,考官又出怪题或偏
题,毋怪乎士子们只能杜撰、胡说八道了。

朱熹清楚地看到了当时时文的种种弊端,并且予以严厉的批判。
同时,他不仅仅停留在批判的角度,他在宋宁宗庆元元年(1195 年)所
撰《学校贡举私议》(据《朱子语类》卷 109《朱子六·论取士》载,朱熹
在乙卯年即夫元元年"作《科举私议》一通")中,还提出了一系列改革
的主张。这些主张中,除均定诸州解额、创立德行科、分年考试诸经子
史时务外,还有:第一、士子治经,必专家法。他认为:"近年以来,习俗
苟偷,学无宗主,治经者不复读其经之本文与夫先儒之传注,但取近时
科举中选之文,讽诵摹仿,择取经中可为题目之句,以意扭捏,妄作主
张,明知不是经意,但取便于行文,不暇恤也。"在诸经中,以《春秋》最
为严重,主考官不仅不知道士子们所撰的荒谬,"乃反以为工,而置之
高等"。于是"习以成风,转相祖述,慢侮圣言,日以益甚。名为治经,
而实为经学之贼;号为作文,而实为文字之妖"。这种风气"不可坐视
而不之正"。今天要纠正这种歪风邪气,必须讨论诸经之说,各立家
法,而皆以注疏为主。如《易》则兼取胡瑗、石介、欧阳修、王安石、邵
雍、程颐、张载、吕大临、杨时的解说;《书》则兼取刘敞、王安石、苏轼、
程颐、杨时、晁说之、叶梦得、吴棫、薛季宣、吕祖谦的解说;《诗》则兼取
欧阳修、苏轼、程颐、张载、王安石、吕大临、杨时、吕祖谦的解说;《周
礼》则兼取刘敞、王安石、杨时的解说;《仪礼》则兼取刘敞的解说;二
《戴礼记》则兼取刘敞、程颐、张载、吕大临的解说;《春秋》则兼取啖助、
赵正、陆淳、孙明复、刘敞、程颐、胡安国的解说。《大学》、《论语》、《中
庸》、《孟子》则以集解等书为主,而兼采苏轼、王雱、吴棫、胡寅等人的
解说。士人应试时,必须各占两家以上,在家状内和经义试卷的第一行
声明以后答义以本说为主,而旁通他说,以辨别其是非。诸经的解说既
然已经明白规定,应试的士子便不敢妄作主张牵强附会己意了。

---

① 《朱子语类》卷 109《朱子六·论取士》。

第二、主司命题，必须依照章句。他认为："今日治经者既无家法，其穿凿之弊已不可胜言矣。而主司命题又多为新奇，以求出于举子之所不意，于所当断而反连之，于所当连而反断之。大抵务欲无理可解、无说可通，以观其仓卒之间趋附离合之巧。"主司这样提倡，举人也随声附和，"平居讲习，专务裁剪经文，巧为斗钉，以求合乎主司之意。其为经学贼中之贼、文字妖中之妖，又不止于家法之不立而已也"。今天既然各立家法，这一弊端"势当自革"，但惟恐主司"习熟见闻，尚仍故态，却使举人愈有拘碍，不容下笔"。应当命令各路转运司戒饬所差考试官，今后出题，必须依照章句，不得妄加附益或者剪裁。如有故违，准许应试的举人依照经义直接回答，以驳斥其谬见。仍然经过本州和转运司申诉，将命题的考官重重惩处。各州申报到的试题，也命令礼部国子监正、副长官审查，"纠举谴罚"，"则主司不敢妄出怪题，而诸生得守家法，无复敢肆妖言矣"。

第三、士子解答经义题目，必须通贯经文，条陈诸家之说，而后断以己意。他认为："今日经学之难，不在于治经，而难于作义。大抵不问题之小大长短，而必欲分为两段，仍作两句对偶破题，又须借用他语，以暗贴题中之字，必极于工巧而后已。"其后试卷写到两三千字，没有什么新意，只是反复敷衍破题的两句而已。这样，"不唯不成经学，亦复不成文字"，反而迫使学者"卒岁穷年，枉费日力，以从事于其间，甚可惜也"。如果要革除此弊，必须改变经义试卷的格式：首先"明著问目之文，而疏其上下文，通约三十字以上"。其次"列所治之说，而论其意"。再次"旁列他说，而以己意反复辨析，以求至当之归"。只令士子直论圣贤的原意及其施用之实，不必像今天的经义试卷那样分段、破题、对偶、敷衍的体式。还规定每道限写五六百字。

第四、使治经术者通古今，议论者识原本。他认为："旧例，经义禁引史传，乃王氏末流之弊，而论子、史者不复订以经旨，又俗学卑近之失，皆当有以正之。"所谓王氏，乃指王安石。朱熹主张改变王安石的办法，允许经义的试卷引用史传，论子史的试卷引用经旨。目的是使治经者懂得历史,论子史者也懂得古代经典。

三、清代出现伪造的朱熹"讲时文作法"的书籍

清圣祖康熙壬午(四十一年,1702 年),突然出现陈彝则家刻本《或问小注》三十六卷,题为朱熹撰,明代徐方广增注。但人们立即发现:宋以来诸家书目从未著录过此书;朱熹的各代门徒也没有一人提到过。所以,此书的来路不明,值得怀疑。但二十年后,即康熙六十一年,郑任钥又为重刻,并作《后序》,反复力辨,肯定为朱熹的著作。比如卷首载朱熹与刘用之书和序四篇,《朱文公文集》中不载,则解释为文集中偶佚;朱熹年谱没有记载写过此书,则解释为年谱遗漏。此书"多讲时文作法",郑任钥则"以为制义始王安石,朱子亦十九举进士,必善时文"。清高宗时纂修《四库全书》,找到安徽巡抚采进本,经过考订,肯定此书"为近人依托无疑"。理由极其充分,一、此书解《中庸》"其至矣乎"一节、"道之不行也"一节,"皆剽《四书大全》所载双峰饶氏语";"射有似乎君子"一节,"全剽《四书大全》所载新安陈氏语"。二、郑任钥称朱熹此书写于《四书集注》之后,但在《孟子》"万物皆备于我矣"一章,却于第三条下附记说:"此条系《语类》说,第八条系《或问》说。前辈多疑此为未完之说,在《集注》之前。"这样,此书又写在《四书集注》之前,"不亦自相牴牾耶"? 三、此书所载《中庸》原序,称"淳熙己酉冬十月壬申",但《宋史·孝宗本纪》是月有庚子和壬寅两天,如果以庚子为初一,则下推三十二天为壬申;如果以壬寅为三十日,则上推三十一天为壬申,都不可能在十月。四、马端临《文献通考》记载朱熹的话说:"《四书集注》后来改定处多,遂与《或问》不相应,又无工夫修得。"说明《四书或问》尚无暇修改,又哪来时间去撰《或问小注》一书? 五、陈振孙《直斋书录解题》说:《论语通辑》十卷,黄干撰,"其书兼载《或问》,发明妇翁未尽之意"。如果朱熹果真写了《或问小注》,他的女婿黄干又有什么必要再去"发明"呢? 六、王懋竑撰《白田杂著》,有此书的《跋》,

称郑任钥刻此书后，"自知其谬，深悔为汤友信所卖"，声明此书的序和各篇论"皆友信之笔"，而郑任钥本人"未尝寓目"①。这证明《或问小注》一书纯粹是清人汤友信的伪作，而此书中所载所谓朱熹讲述时文的写作方法，更与朱熹无关。前面已经说过，朱熹考中进士前，曾花许多时间去钻研时文的写作，他自己也承认这一点。但反过来说朱熹"多讲时文作法"，似乎朱熹曾经大力指导士子们去撰写时文，则又与他对时文的批判态度相悖了，这显然不符合事实。

四、朱熹主张的实践情况

十段文体式的时文，是有宋一代官僚地主阶级的集体创作。当时的文学家、政治家以及无数的士人们，都曾经为这种文章体式的逐步形成作出过或多或少的贡献。没有欧阳修知贡举时大力提倡不受对偶、声韵和典故约束的古散文体，就不会有后来的十段文；没有王安石和宋神宗革新贡举制度，改考经义，以及王安石所撰"经义式"，就不会有后来的十段文；没有吕祖谦的《论作文法》和陈亮、陈傅良、戴溪、冯椅、欧阳起鸣、吴琼等人提出的写"论"的方法，就没有后来的十段文；没有宋代其他官员和学者的文学实践，也就不会有后来的十段文。欧阳修、王安石、宋神宗、吕祖谦、陈亮、陈傅良等人在十段文形成过程中的作用和地位是如此，这是不以他们个人的意志为转移的，他们不可能预料若干年后会形成如此体式的考试文体。就他们的主观意图而言，他们的做法完全是正当的。如欧阳修倡导古散文体，树立了平易流畅的文风，此举难能可贵。王安石和宋神宗决定停考贴经和墨义，改考经义和论，是贡举考试制度的一次革新，应予肯定。吕祖谦等人指导士子们把古文和论写得更好，也无可厚非。但他们的这些活动，无不为十段文的最终形成起了推波助澜的作用，这也是客观存在的事实。

---

① 《四库全书总目》卷37《经部·四书类存目》。

在宋代,从不同方面批判和抵制各种文体的时文的,曾经有许多官员和学者。矢熹只是其中的一员。如宋仁宗天圣初年(1023年—),"学者方为四六,号'时文'"①。柳开、王禹偁、穆修等人则提倡古文,对这种文体加以抵制。到嘉祐间,欧阳修又痛革一种"搜奇抉怪,雕镂相尚"的新"时文"文体,即"太学体"古文②。宋神宗时,流行王安石的"新学",后来人们称之为"时学",又称这时流行的文体为"时文"。宋哲宗元祐三年(1088年),苏轼知贡举,"尽废新学,凡经学尽守注疏,(士子)不敢自立怪说,文体一变"③。从徽宗到南宋时期,新的考试文体不断出现。在一段时间里,人们把这些新文体视为模式,加以运用。同时,随着参加贡举考试和学校考试的人数日益增多,这种模式逐渐被充实内容,并固定下来,以便保证考题的标准化和阅卷评分的客观化。在南宋后期,程、朱理学虽然被定为官方哲学,但朱熹所提出的改革时文即考试文体的四点主张却大多无人理会,或被歪曲原意。诸如他主张士子应该学习古代经典的原著和各家传注,每种经典至少要以两家的注疏作为"本说",而后"旁通他说"。但从宋理宗淳祐四年(1244年)开始,朝廷规定贡举考试时命题和诠解都离不开《四书》和程、朱学派的著作,而其他古代经典和一批朱熹认为应读的非程、朱学派著作则受到冷落。这完全违背了他的初衷。他主张命题必须依照章句,不得出怪题。但朝廷只是禁止考官断章出题,而又允许考官出关题。至于实际情况,则又进了一步:考官普遍"断章截句"出题,出关题和依照章句出题者反而极少。他不赞成士子回答经义题目都要写成两大段,也不赞成破题都要写成两句对偶和借用其他的话来暗示官题里的字。但南宋后期形成了更为严格的经义和论的写作程式,每篇依旧分为两大段,仅仅破题由偶句改为散语,仍要暗示官题里的字。如此等等,说明到南宋后期,朱熹虽然被崇奉为圣贤,但他的这些主张照样没有得到实

① 《欧阳修全集》附录《事迹》。
② 杨杰:《无为集》卷13《故刘之道状元墓志铭》。
③ 林驹:《古今源流至论》前集卷4《欧苏之学》。

行,有的还被歪曲原意。总之,宋代贡举考试制度和学校考试制度的发展潮流,要求考题标准化和阅卷评分客观化,因此即使十段文有一些短处,但最终还是得到社会的公认,因为它毕竟也有一些长处,而且在朝廷政治局面比较稳定的时候,它的长处多于短处。正因为如此,朱熹的这些主张最终没有付诸实践。

（载《朱子学刊》1991 年第二辑。又载朱瑞熙主编:《朱熹·教育和中国文化》,北京燕山出版社,1991 年 12 月版）

朱熹是投降派、卖国贼吗?

自从叛徒江青出于罪恶的政治动机编造了"法家爱国,儒家卖国"的谬论以后,不少历史人物被凭空戴上了卖国贼的帽子。朱熹便是其中最典型的一个。两校大批判组说:"以朱熹为代表的反动的道学家们","完全是一帮媚敌求荣的无耻的投降派!"①广东某教授,在1962年版的《简明中国思想史》中,曾认为,"朱熹极力主张抗金,反对投降派","表现了他很有民族气节",但到1975年5月出版的《简明中国哲学史(修订本)》中,也一反旧说,大骂朱熹"吹捧投降派的秦桧","散播失败主义情绪,认为抗金可以导致亡国,充分暴露出一副投降主义的反动嘴脸"。

朱熹真的是"投降主义者"、"大卖国贼"吗?

在宋、金的长期对立中,宋朝统治阶级在对待金朝的态度方面,不外乎分为抗战、主守和投降三派。

作为宋朝理学家的朱熹,他在对待金朝侵掠者的态度和主张方面,前后出现过很大的变化,这一变化可以分为三个阶段。

第一阶段,即宋孝宗即位初年,他积极主张北伐,站在抗战派的行列。

宋孝宗即位初年,起用抗战派首领张浚,并为被投降派秦桧杀害的抗金名将岳飞昭雪,开始作北伐金朝的准备,同时要朝内外陈述时政缺

---

① 北大、清华"大批判组":《论爱国主义者王安石——兼论历史上儒法之间卖国与爱国两条路线的斗争》,《北京大学学报(哲学社会科学版)》1974年第4期。

失。这时，朝野上下，群情振奋。朱熹跟许多士大夫一样，赞同"恢复"中原故土，激烈反对与金朝议和。绍兴三十二年（1162 年）八月，朱熹应诏上书，正式提出他的政见。在奏书中，他指出宋朝的形势是"祖宗之境土未复，宗庙之仇耻未除，戎虏之奸谲不常，生民之困悴已极"。现在已经到了决定"国家盛衰治乱之机、庙社安危荣辱之兆"的关键时刻，陛下（指宋孝宗）应该做三件事：一是熟讲帝王之学。即必须首先"格物致知"，以掌握世上事物的变化，使"义理所存，纤微毕照"，这样，就自然意诚心正，能够妥善处理天下的事务。二是定计（方针）。今天的"计"不外乎"修政事，攘夷狄"。朝廷所以不能及时定"计"，原因是被讲和之说所疑惑。金朝于宋有不共戴天之仇，则与金朝不能讲和，义理十分明显。希望罢黜和议，追还使人，任贤使能，立纪纲，厉风俗。数年之后，志定气饱，国富兵强，然后衡量自己力量的强弱、金朝寻衅的程度，"徐起而图之"，"中原故地不为吾有，而将焉往？"三是正朝廷。希望任用忠臣贤士，使各尽其才，以修明政事①。朱熹的这封奏书，既向宋孝宗宣讲了儒家的《大学》之道，又表明了他自己反对与金朝议和的立场。

这一时期，朱熹在写给陈俊卿的信中还痛斥与金议和的主张。他指出：阻碍国家恢复大计的，是讲和之说；破坏边陲备御常规的，是讲和之说。对内违背我民忠义之心，对外断绝中原遗民之望，是讲和之说；虽然现在可免日坐愁城，但养成今后的"宴安之毒"的，也是讲和之说。他在信中还说："祖宗之仇，万世臣子之所必报而不忘者。"如果决定与金朝讲和，就会使三纲沦丧，万事废弃②。

第二阶段，即隆兴初年张浚北伐失败至宋、金达成和议以前，他从积极主战改变为主张"合战、守之计以为一"。

宋孝宗隆兴元年（1163 年），抗战派首领张浚任枢密使、都督江淮军马，开始北伐。张浚派兵进入金境，十分顺利地攻占了虹县、灵璧和

① 　朱熹：《朱文公文集》卷 11《壬午应诏封事》。
② 　朱熹：《朱文公文集》卷 24《与陈侍郎书》。

宿州等地。但由于宋军将领间不和,坐失战机,反而被金军在符离击败,宋军损失惨重。宋孝宗在金朝重兵的威胁下,屈辱求和。

张浚北伐的失败,使朱熹对宋朝主动出击劲敌金朝、收复失土的决策产生了动摇。这一年,他在《垂拱奏札》之二中,分析当时社会上人们应付金朝的三种对策。他认为:"战,诚进取之势,而亦有轻举之失。"表明他对张浚这一次北伐的评价是准备不足,以致失败。"守,固自治之术,而亦有持久之难。"担心对金朝采取守势难以持久。至于和议,他则尤其深恶痛绝。他说:"和之策则下矣!而主其计者,亦以为屈己爱民,蓄力观衅,疑敌缓师,未为失计。"他从天理人欲和三纲五常的理论出发,反驳朝廷上"主计者"(决策者)的谬论,指出"今日所当为者,非战无以复仇,非守无以制胜,是皆天理之自然,非人欲之私忿也"。如今与金朝"释怨而讲和",不是屈己,而是违背"天理"。己可以屈,"天理"岂能违背!违背"天理",其危害将使"三纲沦,九法斁,子焉而不知有父,臣焉而不知有君"。他主张立即停止与金朝讲和,使全国都知道朝廷复仇雪耻的本意,然后"表里江淮,合战、守之计以为一,使守固而有以战,战胜而有以守"。这样,持以岁月,"以必复中原、必灭胡虏为期而后已"。这些言论表明,朱熹已经从积极北伐复仇,改变为"合战、守之计以为一"的主张。

在《垂拱奏札》之三,朱熹进一步讲述周宣王"侧身修行,任贤使能,内修政事,外攘夷狄"的"周道",认为"制御夷狄,其本不在乎威强,而在乎德业;其任不在乎边境,而在乎朝廷;其具(备)不在乎兵食,而在乎纪纲"。所以,应以开纳谏诤、黜远邪佞、杜塞倖门、安固邦本等四件事为急务,其余诸如国威未振、边备未修、仓库未充、士卒未练等不足为忧[①]。显然,朱熹在主张"合战、守之计以为一"的同时,又开始把内修政事放在外抗金朝之上,认为必须治理好宋朝内政,才能与金朝相抗争。

---

① 《朱文公文集》卷13《垂拱奏札》二、三。

　　第三阶段,即隆兴初年宋、金和议达成后,他主张固守南宋国土,反对主动北伐,变为十分坚决的主守派。

　　宋孝宗隆兴元年稍后,南宋与金朝达成了和议。南宋作为战败者,被迫将唐、邓、海、泗、商、秦六州之地割给金朝。金朝也作了一些让步,允许南宋皇帝对金不再称臣,改称"侄皇帝";"岁贡"改称"岁币",每年减少十万,仍为二十万。

　　所谓隆兴和议的签订,使朱熹对宋朝"恢复"中原故土失去了信心。一方面,他对和议极其"愤叹",另方面又认为和议一经成立,"南北再欢,中外无事","所谓万世必报之仇者,固已无所复发其口矣"①。所以,从此以后,直到淳熙十五年(1188年)前,他不再公开谈论"复仇"或"恢复"之事,一意著书讲学,逐步完成了他的理学体系。这时,他在治理宋朝内政和对抗金朝方面也形成了固定的看法。

　　淳熙十五年,宋孝宗召见朱熹,朱熹乘机上疏详细阐述自己的政治主张。在内政方面,他提出宋朝的"急务"是辅助太子、选任大臣、振举纲维、改变风俗、爱养民力、修明军政等六件事。而比这六件事更急需去做的是建议皇帝要"正心"。唯有克去心中的"人欲之私",才能存下"天理之公"。这样,朝廷百官、六军、万民就"无敢不出于正,而治道毕也"。在"恢复"中原故土方面,他提出隆兴初年不该仓促罢兵讲和,致使"宴安酖毒之害日滋日长,而坐薪尝胆之志日远日忘"。近年以来,"纲维解弛,衅孽萌生,区区东南事犹有不胜虑者,何恢复之可图乎"!现在朝夕谈论"恢复",实际只是空话,取快一时。真正有志于"恢复",不在于"抚剑抵掌"之间②。朱熹既反对隆兴初年与金和议,又反对当时仓促出兵北伐,认为不先治理好内部政事,增强国势,就谈不上"复仇"。这里,他把治理宋朝内政放在首位,作为恢复中原故土、打败金朝的前提。

　　如果说在奏疏中必须把自己的政见说得面面俱到,以致观点不够

① 《朱文公文集》卷75《戊午谠议序》。
② 《朱文公文集》卷11《戊申封事》。

明确的话,那末,在朱熹与弟子的随便言谈之间,他的主张就表达得最清楚不过了。《朱子语类》一书中记录了他谈论"恢复"的好几条语录,其中最能代表他的主张的是:"今朝廷之议,不是战便是和,不和便战。不知古人不战不和之间,亦有个且硬相守底道理,却一面自作措置,亦如何便侵轶得我! 今五六十年间,只以和为可靠,兵又不曾练得,财又不曾蓄得,说恢复底都是乱说耳。"①表明他既反对向金朝屈辱讲和,又反对主动出兵"恢复",主张在不战、不和之间坚守南宋国土。朱熹的这一主张,直到他死前,没有多大的变化。

根据以上分析,可以看出,朱熹在早期曾经是积极的抗战派,但时间很短;中期曾主张"合战、守之计以为一",但时间也不长;后期即在他逐步建立理学体系以后,直到死去以前,始终主张固守南宋本土,所以他是十足的主守派。

朱熹为什么会成为十足的主守派呢?

首先,是因为在宋孝宗以后相当长的一段时间内,南宋社会的阶级矛盾即地主阶级和农民阶级的矛盾成为主要的矛盾。在宋高宗前期和宋孝宗初年,虽然民族矛盾曾经占据主导地位,但自宋孝宗以后,情况就完全变了。这时,金朝的女真族已经完成了封建化,女真贵族作为封建地主,主要依靠剥削汉族佃客、收取地租为生,对外掳掠已不再是一件"荣誉的事情"。金朝统治者的对外掠夺性正在日益减退,并且正在步宋朝地主阶级的后尘,逐渐变得腐朽无能;同时,金朝内部阶级矛盾逐步尖锐化,这一切都使他们无力和无意对宋朝作大规模的侵掠。所以,金世宗即位不久,就表示愿意与宋朝"修旧好"②。这一时期,宋、金两朝统治者最关注的是如何巩固他们各自国内的统治。这就意味着金朝无力大举南侵,宋朝也无力全师北伐,双方互取守势,固守既有的疆域。以后到宋宁宗初年,虽然抗战派韩侂胄大展宏谋,主动出兵北伐,但由于军事上准备不足,缺乏得力的将领,最后仍然归于失败。

---

① 《朱子语类》卷133《本朝七·夷狄》。
② 《金史》卷107《高汝砺传》。

其次，是因为朱熹把儒家的保守思想和中庸的理论作为自己的信条。朱熹说过："常人之学，多是偏于一理，主于一说，故不见四旁，以起争辩。圣人则正中和平，无所偏倚。"①他在和、战之间采取了不和、不战的主守立场，正好表明他力求实行"正中和平，无所偏倚"的信条。

再次，是跟朱熹哲学上的形而上学观点也有关。朱熹虽然继承了北宋哲学家们提出的"无独有对"的命题，并发展了这一具有辩证法因素的思想，认为"就一言之，一中又自为对"。还列举了事物互相对立的许多例子②。但是，他又否认事物的对立面双方在一定的条件下可以互相转化，认为对立的双方由"天理"的安排互相依赖、永世存在。所以，在宋、金的关系上，他力求维持既成的局面，固守南方。

两校"大批判组"信口开河，胡说以朱熹为代表的道学家是"一帮媚敌求荣的无耻的投降派"。"四人帮"控制的一些报刊所发表的论述朱熹的文章，也随声附和，说"朱熹及其一伙""宣传投降主义"。似乎理学家及其信徒必定要成为投降派。其实，这都是无稽之谈。

我们不妨以民族斗争最为尖锐激烈的南宋末年为例。南宋末年，确实曾经有不少理学的信徒纷纷向蒙古统治者投降，但是，当时也有很多理学的信徒，如著名的文天祥、陆秀夫、徐应镳、李成大等人誓师抗敌，最后不屈殉难③。南宋后期的大理学家真德秀，也没有因为信仰理学而成为投降派，相反地，他的"忧国念君之忠"常常溢于言表。他多次提醒宋朝皇帝"宗社之耻不可忘"，并备陈"待敌"之策，尤其反对与蒙古侵掠者讲和。这些都证明他坚持民族气节，伸张民族正义，在南宋后期的大臣中是一位有远见卓识的政治家，而不是投降派。从南宋的整个时期看，在宋与金、蒙的斗争中，当民族矛盾比较缓和的时候，理学家和理学的信徒大多数人是主守派，只有少数人主战或者主和；当民族矛盾十分尖锐激烈，特别是面临亡国的危险时刻，主守派就会迅速分

---

① 《朱子语类》卷8《学二·总论为学之方》。
② 《朱子语类》卷95《程子之书一》。
③ 《宋史》卷451、452《忠义传》。

化,有些人动摇、妥协,最后向金、蒙侵掠者投降,有些人则跟侵掠者作不屈不挠的斗争。不难看出,在民族斗争中理学家并不一定都要成为可耻的投降派。所以,在理学家和投降派之间画等号,是十分荒谬的。

"四人帮"控制的报刊所发表的一些论述朱熹的文章,把朱熹说成是南宋"投降派的理论家",把朱熹的理学说成是投降派的"反动理论根据"。这也与历史事实不符。儒家学说一贯宣扬"尊王攘夷"的大一统和排外主义的理论。儒学演变为宋朝的理学后,仍旧包含着这些内容。儒家的经典《春秋》,是当时理学家立论的重要依据。北宋孙复、胡瑗针对唐末、五代十国藩镇割据的混乱局面,阐发《春秋》中孔丘的"微言大义",声讨"无王"之罪,极力提倡"尊王"[1]。南宋胡安国面对金人的不断侵掠,申明《春秋》"讨贼复仇之义",主张"用夏变夷"[2]。南宋初年,不少主战派都引用"《春秋》之法",谴责投降派头子秦桧"倾心黜虏","力专误国之谋"[3]。这些事实说明,理学同样也提倡"尊王""爱国"。当然,这里的"国"是指宋朝封建国家,而"王"是指宋朝地主阶级的总代表皇帝。

朱熹反对与金朝订立屈辱的和议,跟孙复、胡安国等人一样,也是从《春秋》"尊王攘夷"的观念出发的,不过他又进一步结合纲常的学说来论证。他说:"君臣、父子之大伦,天之经,地之义,而所谓民彝也。故臣之于君、子之于父,生则敬养之,没则哀送之,所以致其忠孝之诚者,无所不用其极,而非虚加之也。以为不如是,则无以尽乎吾心云尔。然则其有君父不幸而罹于横逆之故,则夫为臣子者,所以痛愤怨疾而求为之必报其仇者,其志岂有穷哉?"他引用儒家的经典说:"记礼者曰:君父之仇,不与共戴天;寝苦枕干,不与共天下也。"由此,他进一步阐述:"国家靖康之祸,二帝北狩而不还,臣子之所痛愤怨疾,虽万世而必报

① 孙复:《春秋尊王发微》。
② 胡安国:《春秋胡氏传》《序》;卷3,隐公十一年十一月壬辰"公薨"条。
③ 《三朝北盟会编》卷191,卷187。

其仇者,盖有在矣。"①尽管他后来根据宋孝宗时的宋、金关系,认为谈论"复百世之仇者"是"乱说"。理由是"只要乘气势方急时便做了方好,才到一世、二世后,事便冷了。"②实际上认为事过境迁,难以"复仇"。但是他仍然从"爱国"的立场出发,主张坚守南宋的国土。同时,必须看到,他建立整个理学体系的目的,是为了使宋朝的封建统治永远继续下去,用他的话来说,就是依靠"朝廷三纲五常之教","使天下国家""长久安宁"③。这里自然也包含有"爱国"的意思。不难看出,理学照样也宣传"爱国主义",虽然它的"爱国主义"是地主阶级的、封建主义的,其目的也是为了维护宋朝地主阶级的长远利益。所以,在理学和投降、卖国之间画等号,也是十分荒谬的。

在宋朝与金、蒙的长期斗争中,投降派确实也曾利用儒家思想或理学体系的某些方面,为其卑鄙行为辩护。如宋高宗初年,投降派的头子汪伯彦和黄潜善坚主和议,迫害抗战派,他们打出"忠君"的旗号,提出"非和则所以速二圣之祸"④。言下之意,不向金人投降,就会增加被金人俘去的徽宗和钦宗的生命危险。实际上,他们的逻辑是投降才能忠君,忠君必须投降。秦桧当宰相后,与宋高宗勾结一起,也利用"忠"、"孝"的说教为其投降活动辩解。宋高宗一再宣称他"不惮屈己,以冀和议之成",是因为被金人所俘的皇太后"春秋已高,朕朝夕思念,欲早相见"。秦桧更把宋高宗的投降理论提到"孝"与"忠"的高度,他说:"陛下不惮屈己,讲和夷狄,此为人君之孝也;群臣见人主卑屈,怀愤愤之心,此为人臣之忠也。君臣之用心,两得之矣。"⑤即使从儒家的思想来看,秦桧等人所喋喋不休地谈论的"忠"和"孝"也是缺乏根据的,但是他们毕竟厚颜无耻地利用了。不过,这一罪责主要应由投降派自己来负。

---

① 《朱文公文集》卷75《戊午谠议序》。
② 《朱子语类》卷133《本朝七·夷狄》。
③ 《朱文公文集》卷23《乞放归田里状》。
④ 《建炎以来系年要录》卷20,建炎三年二月乙丑条。
⑤ 《三朝北盟会编》卷223,万俟卨《皇太后回銮事实》。

　　综上所述,我们认为,在宋、金的斗争中,朱熹既不是抗战派,也不是投降派和卖国贼,而是一位主守派。虽然他在前期力主北伐"复仇",但随着他的理学体系的逐步建立,他改变主意,变成了固执的主守派。

　　"四人帮"的御用写作班子挖空心思地要把朱熹打扮成一个"投降派"和"卖国贼",妄图借此证明他们所捏造的所谓"法家爱国,儒家卖国"的"规律",徒见其心劳日拙而已!

(载《历史研究》1978 年第 9 期)

论朱熹的公私观

在中国封建社会伦理思想史上,朱熹的公私观是比较系统的,也是他的庞大的思想体系的一个组成部分。在此以前,人们尚未对它进行专门的研究,所以现有的研究还不够深入。本文将探讨朱熹公私观的含义,公私观与君子、小人的区分,提倡官员秉公从政等。不当之处,请专家学者指正。

一、朱熹公私观的含义

由于朱熹是在讨论"公"与"正"、"公"与"仁"的关系时阐述公私观的,因此我们首先介绍他对"公"与"正"、"公"与"仁"关系的主张。

朱熹在解释《论语·里仁篇》孔子曰"唯仁者能好人,能恶人"时,说:"唯之为言独也。盖无私心,然后好恶当于理,程子所谓'得其公正'是也。"①当门人萧景昭问及何以引用程子所谓"得其公正",朱熹回答说:"程子只著个'公正'二字解,某恐人不理会得,故以'无私心'解'公'字,'好恶当于理'解'正'字。有人好恶当于理,而未必无私心;有人无私心,而好恶又未必皆当于理。惟仁者既无私心,而好恶又皆当于理也。"②这里,朱熹简单明了地指出"公"就是没有私心,"正"就是好与恶皆合于"理"。他进一步分析公与正的关系,说:"今人多连看'公

① 《四书章句集注·论语集注》卷2。
② 《朱子语类》卷26《论语八》。

正'二字,其实公自是公,正自是正,这两个字相少不得。公是心里公,正是好恶得来当理。苟公而不正,则其好恶必不能皆当乎理;正而不公,则切切然于事物之间求其是,而心却不公。此两字不可少一。"指出"公"就是"心里公","公"与"正"密不可分,"两字不可少一",如果"公而不正"或"正而不公",都不"当乎理"。他还分析"惟公然后能正,公是个广大无私意,正是个无所偏主处"①。指出"公"是"正"的前提,有了"广大无私意"的"公",才有"无所偏主处"的"正"。

自孔子以来,儒家逐渐建立起一个以"仁"为核心的道德规范体系。朱熹自然地把公私观纳入了这一体系。他反复向门人解释:"公不可谓之仁,但公而无私便是仁。仁是爱底道理,公是仁底道理。故公则仁,仁则爱。""公是仁的方法,人身是仁之材料。"又说:"公却是仁发处。无公,则仁行不得。"②指出公与仁不全相同,仁是实质、源头,公是形式、方法、末梢。当门人追问公与仁的区别时,他回答说:"仁在内,公在外。""惟仁,然后能公。""仁是本有之理,公是克己工夫极至处。故惟仁然后能公,理甚分明。故程子曰:'公而以人体之。'则是克尽己私之后,只就自身上看,便见得仁也。"说明仁是存在内心本有的理,公是克尽自己私欲以后表现在外的思想和行为。朱熹还说,当人们"做到私欲净尽,天理流行,便是仁"③。这就是说,当人们克尽自己的私意或私欲的时候,即达到了"公"的境界,在自身上"天理流行",于是就是"仁"了。所以,作为"仁之材料"的"人身",必须从内心深处的"仁"出发,彻底消除一己的私意或私欲,不再被私意或私欲遮蔽,这就是"公";人们不去实现"公","仁"也就无法实现或无从体现;人们内心"不仁",则都"是私意,故变诈百出而不一也"④。

根据朱熹以上的论述,可见他的"私"常常是指"私欲"、"私意"、

---

①　《朱子语类》卷26《论语八》。
②　均见《朱子语类》卷6《性理三》。
③　《朱子语类》卷6《性理三》。
④　《朱子语类》卷97《程子之书三》。

"私心"。那末,他的"私欲"、"私意"又是指什么呢? 当门人提出这个问题时,他答道:"私意是心中发出来要去做底。今人说人有意智,但看此'意'字,便见得是小,所以不广大。私欲是耳目鼻口之欲,今才有欲,则昏浊沉坠,即不高明矣。"接着,还说:"某解此处,下这般字义,极费心思。"①不过,他并没有把人们的"耳目鼻口之欲"或"一言一语,一动一作,一坐一立,一饮一食"一概归之于"私欲"、"私意",其间还划分为是与非等。他说过:"一言一语,一动一作,一坐一立,一饮一食,都有是非,是底便是天理,非底便是人欲。如孔子'失饪不食,不时不食,割不正不食,不多食',无非天理。如口腹之人,不时也食,不正也食,失饪也食,便都是人欲,便都是逆天理。如只吃得许多物事,如不当吃,才去贪吃不住,都是逆天理。"②在他看来,人们的耳目鼻口的"欲",人们的言动、动作、坐立、饮食等,要区分是与非,正当与不正当,正常与不正常,凡属是的、正当的、正常的就属天理;凡属非的、不正当的、不正常的就属人欲。尽管如此,他对这种是的、正当的、正常的可以作为"天理"的"欲"仍然持保留态度。有人问他:"人心、道心,如饮食、男女之欲,出于其正,即道心矣。又如何分别?"他答道:"这个毕竟是生于血气。"③这样,即使被看成出于"道心",但仍然算不上是纯粹"义理上发出来底"的"浩然之气",而是"不由义而发"的"血气"④。他有时还将"人欲"分为好的、不好的、很不好的三类。他说:"欲是情发出来底。心如水,性犹水之静,情则水之流,欲则水之波澜。但波澜有好底,有不好底。欲之好底,如'我欲仁'之类;不好底,则一向奔驰出去,若波涛翻浪;大段不好底欲,则灭却天理,如水之壅决,无所不害。"⑤这些都说明他的"私"是指人们不对的、不正当的、不正常的"私欲"或"私意"。

至于他所主张的"公"是指什么呢？如前所述,他把"公"解释为"无私心"、"广大无私意"、"私欲不萌",是"仁底道理"、"仁的方法"。有时,他直接把"公"解释为"公理"。他说:"盖人撑起这公作骨子,则无私心而仁矣。盖公只是一个公理,仁是人心本仁。人而不公,则害夫仁。故必体此公在人身上以为之体,则无所害其仁,而仁流行矣。"①同时,他还界定了"公"的范围。他在解释《论语·子罕篇》"仁者不忧"句时,说:"仁者,公下之公。私欲不萌,而天下之公在我,何忧之有!"②说明他的"公"是具有普遍意义的境界无限的公,不仅仅是指一个地域或一个国家、一个群体等。

二、公私观和君子、小人的区别

朱熹认为人们应该明确区分公与私,并且消除私心,充实公心。他提出人们"只要是无私,无私则理或无蔽"。但是,"今人喜也是私喜,怒也是私怒,哀也是私哀,惧也是私惧,爱也是私爱,恶也是私恶,欲也是私欲。苟能克去己私,扩然大公,则喜是公喜,怒也是公怒,哀、惧、爱、恶、欲莫非公矣。此处煞系利害"③。指出一个人如果出于私心,他的喜、怒、哀、惧、爱、恶、欲都充满私意;如果"克去己私,扩然大公",则他的喜、怒、哀、惧等必然都充满公意。在他看来,公与私正是划分君子和小人的标准。他在《论语集注·为政篇注》中解释孔子"君子周而不比,小人比而不周",提出"周"是普遍之意,"比"是"偏党"即结为宗派之意。"周"与"比"都有"与人亲厚之意",但"周公而比私耳"。又进一步提出:"君子、小人所为不同,如阴阳昼夜,每每相反。然究其所以分,则在公私之际,毫厘之差耳。"④君子和小人的所作所为不同,他们

---

① 《朱子语类》卷95《程子之书一》。
② 《朱子语类》卷37《论语十九》。
③ 《朱子语类》卷117《训门人五》。
④ 《四书集注·论语集注》卷1《为政第二》。

的区分只在公与私之间,相差仅在毫厘之间。当门人向他请教"何谓毫厘之差"? 他答道:"君子也是如此亲爱,小人也是如此亲爱。君子公,小人私。"①

对于君子,朱熹认为不能过于苛求,因为君子难免也要犯错误,但只要他出于公心,就仍然是君子。他提出:"君子之于人,非是全无恶人处,但好善恶恶,皆出于公。"②在他看来,君子也难免有"恶人处",但这与小人出于私心而作恶有根本的不同。

朱熹还列举北宋的一些事例,以证明他的见解。有的门人问他:"'君子和而不同',如温公与范蜀公议论不相下之类。不知'小人同而不和',却如谁之类?"温公即司马光,范蜀公即范镇。他认为司马光与范镇曾出现政见的歧异,但他们均从为国为民的目的出发,所以是君子之间的分歧,属"和而不同"。接着,他答道:"如吕吉甫、王荆公是也。盖君子之心,是大家只理会这一个公当底道理,故常和而不可以苟同。小人是做个私意,故虽相与阿比,然两人相聚也便分个彼己了;故有些小利害,便至纷争而不和也。"③吕吉甫即吕惠卿,王荆公即王安石。吕惠卿在宋神宗时曾积极协助王安石推行新法,后因意见不一,又激烈攻击王安石,南宋士大夫往往把他看作"小人"。当然,朱熹在更多的场合是肯定王安石及其学术的,认为"他本是正人","可惜后来立脚不正坏了"④。

三、提倡官员秉公从政

朱熹的公私观主要是对士人即一般读书人和士大夫即官员们提出的。他要求他们树立正确的公私观,鼓励大家去做君子,而不要成为小

---

①②　《朱子语类》卷 24《论语六》。

③　《朱子语类》卷 43《论语二十五》。

④　详见拙作:《二论朱熹的政治主张》,载武夷山朱熹研究中心编:《朱熹与闽学渊源》,上海三联书店 1990 年版。

人。他还提倡官员做事都要讲"公"字。他说："官无大小,凡事只是一个公。若公时,做得来也精彩。便若小官,人也望风畏服。若不公,便是宰相,做来做去,也只得个没下梢。"①不论官位高下和官职大小,做事都要讲一个"公"字。官员能够秉公从政,便做事精彩,即使小官,也让人敬服。而那些做得不公,即使是身居要职的宰相,最后也落得个晚节不终。

朱熹还认为官员能否秉公从政,影响极大。他在为门人阐述君子能够"好善恶恶皆出于公"时,进一步说："用一善人于国,则一国享其治;用一善人于天下,则天下享其治。"②作为"善人"的君子,能从"公"出发治政,必定惠及所管辖的全部地区。这也是儒家历来所主张的学者应该修身齐家治国平天下的理想。

由此可见,朱熹并没有把他的公私观停留在理论上,而是希望贯彻到士大夫的政治实践中去,因此他的公私观成为他将道德与政治融为一体的新的伦理思想体系的一个重要方面。

四、朱熹利用了传统的思想资料

正如古今中外的思想家一样,朱熹的公私观,是利用了中国古代传统的儒家理论作为自己的思想资料而建成的。孔子、程颢、程颐等人的有关论述成为他的公私观的基本资料。

诸如前引孔子说："君子周而不比,小人比而不周。"朱熹据此提出君子与小人的区分在于公与私之间,仅有"毫厘之差"。孔子说："惟仁者能好人,能恶人。"程颐释为"得其公正是也"。朱熹据此对"公正"作了如前的解释。孔子说："知者不惑,仁者不忧,勇者不惧。"朱熹解释说："仁者,天下之公。私欲不萌,而天下之公在我,何忧之有!"又说:

---

① 《朱子语类》卷112《朱子九·论官》。
② 《朱子语类》卷24《论语六》。

"仁者通体是理,无一点私心。"①又如程颐说:"仁道难名,惟公近之,不可便以公为仁。"朱熹解释说:"公之为仁,公不可与仁比并看。公只是无私,才无私,这仁便流行。程先生云'惟公为近之',却不是近似之'近'。才公,仁便在此,故云近。……仁自是原有,只被私意隔了,才克去己私,做底便是仁。"②认为公与仁不同,两者不可相提并论,但公与仁相"近",只要做到"公","仁"就在那里了。再如程颐说:"非是以公便为仁,公而以人体之。"朱熹依此阐发说,这是要求学者"克尽己私之后,只就自身上看,便见得仁也"③。在此,朱熹还引用程颐的话"只是一个'公'字。"说学者向程颐问"仁",程颐"则常教他将'公'字思量。此是(程)先生晚年语,平淡中有意味"④。程颢说:"君子之学,莫若扩然而大公,物来而顺应。"朱熹再三解释"扩然大公"的含义,指出:"这是说已成处。且如今人私欲万端,纷纷扰扰,无可奈何,如何得他大公? 所见与理皆是背驰,如何便得他顺应?"又说:"'扩然大公',只是除却私意,事物之来,顺他道理应之。……圣人自有圣人大公,贤人自有贤人大公,学者自有学者大公。"⑤

朱熹对有些前辈学者的公私观也并不完全赞同。比如有人问他:尹和靖即尹焞《语录》有两段言"仁",一云:"某谓仁者公而已。伊川曰:'何谓也?'曰:'能好人,能恶人。'伊川曰:'善涵养。'"又云:"某以仁,惟公可尽之。伊川曰:'思而至此,学者所难及也。天心所以至仁者,惟公耳。人能至公,便是仁。'"朱熹答道:"'人能至公,便是仁',此句未安。然和靖言仁,所见如此。"⑥按照朱熹的公私观,"公"不等于"仁","公"只是"仁"的方法和材料,所以他认为程颐(伊川)所说"人能至公,便是仁"不妥。这说明朱熹对前辈学者的见解采取了批判吸收的做法,并没有一概接受。

---

① 《朱子语类》卷37《论语十九》。
② 《朱子语类》卷6《性理三》,卷117《朱子十四》。
③ 《朱子事类》卷6《性理三》。
④⑤ 《朱子语类》卷95《程子之书一》。
⑥ 《朱子语类》卷97《程子之书三》。

五、余　　论

从中唐以后,中国封建社会进入了新的发展时期,即中国封建社会中期。在这一时期,社会经济、科学技术继续发展。社会阶级结构也出现了重大的变化,在统治阶级方面,新兴的官僚地主阶级替代了从前的门阀士族。适应新时期的需要,逐步形成了新的儒学体系即理学。在封建伦理思想方面,肩负着集理学之大成的朱熹还为官僚地主阶级提出了公私观。他将伦理道德与政治融为一体,在强调士大夫及其后备力量——士人道德修养的自觉性的同时,又强调士大夫和士人道德实践的自觉性。毋庸讳言,朱熹的这一理论包含了反对道德形式主义的合理因素。这是应予充分肯定的。

朱熹的公私观促使中国封建伦理学说中关于个体与群体、国家、社会之间关系的论说进一步深化。朱熹主张学者应懂得公与私的不同,明确区分公与私,然后消除私心,树立公心;他提倡士人和士大夫要做无私的君子,不做自私的小人;提倡官员不论大小,都要秉公从政。在这种伦理学说的培育下,南宋后期曾经出现了一批勤政清廉、有远见卓识的政治家和英勇抗敌、杀身成仁的民族英雄,如真德秀、黄震、文天祥、陆秀夫、张世杰等。这表明这一学说曾经在历史上起过积极的作用,而对今天来说也还有一定的借鉴意义。

当然,朱熹的公私观在理论上还是有缺陷的。这主要在阐述他的伦理学说时更多地宣讲"明天理,灭人欲"或"惩忿窒欲"、"克己复礼"等。如他与陈亮争论义利和王霸问题时说:"圣人之教,必欲其尽去人欲,而复全天理也。"①又如他对门人们说:"圣贤千言万语,只是教人明天理,灭人欲。"②这不免使"公"与"天理"、"私"与"人欲"完全等同,消除私心、树立公心就是"灭人欲",而"灭人欲"未免被视为要消除头脑

---

① 《朱子文公集》卷36《答陈同甫》之八。
② 《朱子语类》卷12《学六·持守》。

的一切欲念,因此难免带有禁欲主义的倾向。同时,他将"天理"运用到社会学说上,把三纲五常说成是"天理"的"流行",而"公"也就是三纲五常的实行,于是他的伦理学说实际上变成了官僚地主阶级维护封建等级制度的工具。尽管这种学说对于某些逾越封建道德规范的统治阶级成员具有一定的约束作用,但对于广大被统治阶级而言,则是一副沉重的精神枷锁①。

（载《上海师范大学学报(社科版)》1995 年第 4 期。

又载《朱子研究》第 2 期,1995 年 10 月）

---

① 　沈善洪、王凤贤:《中国伦理学说史》下卷,浙江人民出版社 1988 年版。

宋代理学家唐仲友

宋孝宗淳熙年间(1174—1189年),学术界发生了一桩轰动朝野的公案:两浙东路提点刑狱、大理学家朱熹连上六次奏状,按劾知台州、理学家唐仲友,措辞之激烈,揭露之彻底,颇为空前。立刻,朝廷上下舆论哗然,唐仲友自然不甘示弱,也驰奏辩白,并且指责朱熹执法违法。据说,孝宗对于朱、唐之争一时难以判别是非,没有加罪唐仲友,只是撤销其江南西路提点刑狱的新的任命。嗣后,历代的文人学者或是尊朱抑唐,或是抑朱尊唐,莫衷一是。八百年后的今天,笔者试图在了解唐仲友的生平事迹及其理学的基础上,探究他与朱熹争论的原因和实质,同时,判明一些宋代笔记小说记载的失实之处。

一、唐仲友生平事迹

有关唐仲友的经历,由于《宋史》不为立传,后人所撰唐仲友传或简历等错讹甚多。首先,唐仲友的出生地问题。一般史书肯定他是婺州(治今浙江省金华市)人。宋代婺州的治所在金华县,所以也可说他是婺州金华县人。周必大撰《帝王经世图谱序》说"金华唐仲友",正是指此。陈骙《南宋馆阁录》卷7《官联上》和陈耆卿《嘉定赤城志》卷9《秩官门二》,都说唐仲友是"东阳人"。这一东阳并不指东阳县,而是指婺州的郡号"东阳",所以"东阳人"就是指"婺州人"。朱熹在按劾唐仲友的奏状中,也多次提到唐仲友"本贯婺州"、"婺州邻人"、"婺州住宅"等①。清代黄金声等纂《道光金华县志》卷 4《宅墓》记载，"吕祖谦宅旧在光孝观西，即今儒学址。……唐仲友故宅在其侧。"还记载仲友墓在"县南二十五里宝华寺前沐尘山原"。清代张莐等纂《康熙金华府志》卷 23《丘墓》也记载唐说斋仲友墓在金华县南宝华寺。可见唐仲友是婺州金华县人无疑。

其次，唐仲友进士科登第的时间问题。现有两种说法：一是陈骙《南宋馆阁录·官联上》，肯定唐仲友是"张孝祥榜进士出身，治《诗》"。张孝祥在高宗绍兴二十四年（1154 年）三月考中殿试状元②，说明唐仲友也是在这一年进士登第的。陈骙几乎与唐仲友生活在同一时代（比唐早生晚卒近二十年），应该相信他的记载是最为可信的。二是《康熙金华府志》卷 18《科第》和《道光金华县志》卷 6《选举表》，一致记载唐仲友是"绍兴辛未（案即二十一年）赵逵榜"进士登第的，在二十四年张孝祥榜登第的则是唐仲友之兄唐仲温。清代全祖望在《宋元学案》卷 60《说斋学案》中，认为唐是"绍兴二十一年进士，兼中宏辞"，将进士科和宏词科中第的时间放在同一年。陆心源《宋史翼》卷 13《唐仲友传》、《宋人传记资料索引·唐仲友》（第 1785 页）也采用此说。笔者觉得前一记载出自唐仲友的同时代人，是比较可靠的，而后一记载较为晚出，姑且不信。顺便提及，唐仲友进士登第后，担任衢州西安县的主簿或县尉，官阶是左迪功郎。《宋会要辑稿》选举 12 之 14 记载，绍兴三十年（1160 年）二月七日，唐仲友以"左迪功郎、衢州西安县主簿"的身份参加博学宏词科考试，及格。李心传《建炎以来系年要录》卷 184 却作"西安尉唐仲友"。究竟是西安县主簿，还是县尉，暂难定论。

第三，唐仲友担任建康府通判的问题。唐仲友博学宏词科考试合格后，得到"减二年磨勘"的优待，在绍兴三十一年（1161 年）十月以从事郎的官阶出任建康府（治今江苏南京市）府学教授，至孝宗隆兴二年

---

① 朱熹：《朱文公文集》卷 19《按唐仲友第四状》。
② 《宋史》卷 31《高宗八》。

（1164 年）正月任满。在绍兴三十一年（1161 年）十月至三十二年
（1162 年）二月期间，黄石也充任教授①。唐仲友在绍兴三十二年
（1162 年）二月离任时，撰《送同官黄教授序》说："时永嘉黄君圯老方
为金陵泮宫师，仆始忝同僚，从容言及之。"②更能证明唐仲友这时的职
任。《康熙金华府志》卷 16《人物二》和《道光金华县志》卷 7《列传》都
记载唐仲友"累官判建康府"。《宋元学案·说斋学案》也认为唐仲友
考中博学宏词科后立即"通判建康府"。《宋史翼·唐仲友传》、《宋人
传记资料索引》、《中国历史大辞典·宋史卷》（第 399 页）均沿袭此说，
都搞错了。其实，在这段时间里，担任建康府通判的是苏师德和
葛祺③。

第四，唐仲友担任馆职问题。孝宗隆兴元年十二月，唐仲友应诏赴
临安府参加馆职召试，成绩合格④。次年十二月，被任以秘书省正字。
乾道元年（1165 年）二月监南岳庙。六年十一月，又任正字；八年五月，
迁著作佐郎⑤。其间七年二月，以秘书省正字身份被朝廷委派，充任铨
试、公试、类试的考校点检试卷官⑥。同年七月，兼任实录院检讨官⑦。
八年正月，唐仲友再次以正字职与吕祖谦、蔡戡任礼部试点检试卷
官⑧。《宋元学案·说斋学案》认为，唐仲友在孝宗时"召试，除著作
郎"。《宋史翼·唐仲友传》、《中国历史大辞典·宋史卷》沿袭此说，都
是不对的。其实，著作郎是从七品官，著作佐郎则正八品，两者不可
混淆。

第五，唐仲友出知信州和台州的时间问题。唐仲友充当著作佐郎
约三个月左右，于乾道八年（1172 年）八月出知信州（治今江西上饶

---

① 周应合：《景定建康志》卷 28《儒学志一》。
② 唐仲友：《悦斋文钞》卷 9。
③ 《景定建康志》卷 24《官守志一》。
④ 《宋会要辑稿》选举 31 之 22。
⑤⑦ 陈骙：《南宋馆阁录》卷 8《官联下》。
⑥ 《宋会要辑稿》选举 20 之 21。
⑧ 《宋会要辑稿》选举 20 之 22。

市）。事见《南宋馆阁录·官联上》。在信州，曾推荐迪功郎郑建德"堪应贤良方正能直言极谏科"①。在信州任满后，唐仲友肯定待阙过数年或改任他职，因为直到淳熙六年（1179年）十二月，他才以"朝奉大夫"阶充任知台州。《嘉定赤城志·秩官门二》记载，唐仲友是在淳熙七年"十二月二十四日以朝奉大夫知"台州，"九年八月十八日，除江西路提点刑狱"。但据他所撰《重修台州郡学记》，他是在淳熙庚子（七年）孟春至首夏主持重修台州州学的工程，这时已"奉命假守至郡"。又据他所撰《新建中津桥碑记》，他"以淳熙庚子来守"台州，四月开始主持建桥工程②。由此推断，唐仲友必定是在淳熙六年十二月二十四日受命知台州，而到七年（庚子）初赴台州上任的，所以《嘉定赤城志》说他七年十二月才知台州，实际迟记了一年。另外，《嘉定赤城志》说他以"朝奉大夫"知台州，也有问题，朝奉大夫实际是朝奉郎之误。唐仲友在淳熙八年七月十七日因去年修举荒政，受到升转一官的嘉奖③。同年十一月甲申，他在所撰《唐杨倞注〈荀子〉后序》中自署为"朝请郎、权发遣台州军州事"④。朝奉大夫比朝请郎高一阶，朝请郎比朝奉郎高两阶。如果唐仲友在知台州之初官阶是朝奉大夫，升转一阶便是朝散大夫，不可能反而降低一阶变为朝请郎。所以，只能是最初以朝奉郎知台州，后来陆续晋升两阶，才达到朝请郎。

　　第六，唐仲友受命江南西路提点刑狱的时间问题。前引《嘉定赤城志》记载，唐仲友在淳熙九年八月十八日"除江西路提点刑狱"。但据《宋会要辑稿》职官72之37记载，同月十七日，"知台州唐仲友放罢，以浙东提举朱熹按其催科刻急、户口流移故也"。可见前一日已被"放罢"，何来新的任命呢？再据朱熹《辞免江西提刑奏状》说："……八月十八日三省同奉圣旨，除臣江南西路提点刑狱公事，填见阙。"⑤可见八

---

① 《宋会要辑稿》选举11之32。
② 唐仲友：《悦斋文钞》卷9。
③ 《宋会要辑稿·瑞异》2之25。
④ 唐仲友：《悦斋文钞补》。
⑤ 《朱文公文集》卷22。

月十八日朝廷任命朱熹为江西提刑,《赤城志》却改成任命唐仲友,显然是不对的。唐仲友确实一度受命担任江西提刑之职,时间则在七月。朱熹在七月二十七日所撰《按唐仲友第三状》中说:"近侍贵臣或未知其(按指唐仲友)所为,犹以故意期之,以至交章论荐,上误宠擢。"在八月十二日所撰《按唐仲友第五状》中又说:"仲友近日又为吏部尚书、侍御史所荐。"两天后,又在《乞罢黜状》中指出:"其台州守臣唐仲友既已改除江西提刑"云云①。可见唐仲友受荐改任江西提刑是在七月二十七日稍前,八月十七日因为朱熹的按劾而朝廷撤销了这一任命,八月十八日乃改命朱熹充任此职。

第七,唐仲友的生卒时间。宋宁宗嘉泰元年(1201年),周必大在《帝王经世图谱序》中指出,"孝宗深奇其(案指唐仲友)才,不幸得年仅五十三。"②肯定唐仲友只活了五十三岁,但周必大没有说明具体的生卒年月。从唐仲友所撰《重建学校记》,可以知道他直到淳熙十五年(1188年)十一月三十日还健在。因为到这一天,婺州浦江县学再次重建竣工,学职于瑑邀请唐仲友为此事撰记,于是唐仲友写下了这篇文字③。唐仲友以后的活动由于记载阙如,不得而知。《宋人传记资料索引》和《中国历史大辞典·宋史卷》唐仲友条,一致把他的生卒年份定为公元1136年至1188年,不知以何为据?

二、唐仲友的理学

唐仲友是一位偏重经制的理学家。以往,人们在研究他的学术体系时,众说纷纭,莫衷一是。元代学者黄溍,首先把唐仲友归入"经制之学"。他在《送曹顺甫序》中说:"盖婺之学,陈氏(亮)先事功,唐氏尚

---

① 《朱文公文集》卷18、19。
② 唐仲友:《帝王经世图谱》卷首。
③ 《悦斋文钞补》引《光绪浦江县志稿》卷4《学校》。

经制，吕氏（祖谦）善性理。"①另一位元代学者戴良，又把唐仲友说成是"事功之学"者。他在《送胡主簿诗序》中说："异时吾婺（州）文献，……龙川陈氏（亮）、悦斋唐氏（仲友），则又以事功之学而致力焉。"②把唐仲友与陈亮一起，归入"事功之学"派。清代全祖望在《宋元学案·说斋学案》中，采用了黄溍的见解，他说："乾（道）、淳（熙）之际，婺学最盛，东莱兄弟（案即吕祖谦等）以性命之学起，同甫（案即陈亮）以事功之学起，而说斋则为经制之学。"清代还有一些学者认为，唐仲友"虽以不附和道学得罪，此书（案指唐所撰《愚书》）却有《道学篇》；其言不必求合洛、闽，而醇正笃实、有体有用，为洛、闽之学者或莫能先焉。"③《宋元学案·说斋学案》也提到唐仲友在孝宗时"疏陈正心诚意之学"。似乎想把唐仲友与理学联系一起。

笔者认为，有宋一代，特别到唐仲友生活的时期，思想界只存在理学一家。当时唯有属于理学的各个派别，不存在一个所谓反理学的学派。这正如当今人们都讲哲学，哲学领域存在着如唯心论、唯物论等许多流派，而没有人专门去创建反对哲学的反哲学派。同样，唐仲友也是一位理学家。他不仅大谈理气性命，而且有自己的一套基本理论。同时，他并不赞成功利之说。在《馆职备对札子二》中，他提出："伏望陛下远师三代，近法祖宗，进用道义之言，抑退功利之说；专讲治安之策，不急富强之计。使德泽流洽，政教修明，下慰人心，上当天意。"明确表示"功利之说"无益有害，不然，国家"中兴"遥遥无期④。所以，将他列入功利或事功学派也不甚合适。不过，他与其他理学家相比，又有自己的特点，即偏重经制。他的代表作《帝王经世图谱》十六卷，"凡天文、地志、礼乐、刑政、阴阳、度数、兵农、王霸，皆本之经典，兼采传注，类聚群分，旁通午贯，使事时相参，形声相配，或推消长之象，或列休咎之证，

---

① （元）黄溍：《黄文献公集》卷5。
② （元）戴良：《九灵山房集》卷7。
③ （清）张作楠：《〈愚书〉跋》。
④ 《悦斋文钞》卷1。

而于郊庙、学校、畿疆、井野尤致详焉。各为总说附其后,始终条理,如指诸掌"。该书的编写宗旨是"折衷于圣人,示适治之路","学者能因之广记备言,精思博考,守以卓约,则他日见诸行事,岂不要而有功也欤"①? 一言以概之,即要为帝王和士大夫提供为治的理论和方法。此外,他还撰有《六经解》一百五十卷、《孝经解》一卷、《九经发题》一卷等,大都已经失传。在他的现存著作中,可以看出,除了讲求经世之道外,还探讨理气、性命、天人关系等,表明他是一位偏重经制的理学家。

唐仲友的理学的基本观点是这样的:首先,他提出万事万物的根本是"气",是"五行"。他说:"五行之理,广大悉备,汉儒未举其一隅,而况尽之乎? 且五行,万物之本也。"又说:"天地之与人,其势辽绝而不通,其所以相为感召者,惟一气耳。一气播而为五行,降而在人为五事。"指出天、地与人"同禀乎"具有物质性的"一气",所以三者可以互相作用。②他还提出了对理与气和道与太极等关系的见解。他说:"一念之中,万物无不包覆者,理也。一气不顿进,一形不顿亏者,理之寓于势也。"③认为物与理紧密结合,不可分离。又说:"道者,事之理;事者,道之实。"④说明"道"是事物的道理,事物是"道"的实体。他进一步指出:"道散乎形气之间,无乎不在。"⑤"道在太极之先,生生不穷,亘万世而无弊,孰知其始? 孰知其终?"⑥认为道即理具有绝对性和永恒性,存在于"太极"之前,无始无终。

唐仲友在人对于事物的认识方面,提出了"心"在认识上的作用、"心"的本质、消除物欲等主张。他说:"百体运动,心虚于中;列星回环,辰居其所。心以其虚,为运动之主;辰以其居,为回环之枢。"⑦又

① 周必大:《帝王经世图谱序》。
② 《帝王经世图谱》卷3。
③ 唐仲友:《唐氏遗书·九经发题》。
④ 《唐氏遗书·愚书·道学篇第五》。
⑤ 《悦斋文钞》卷8《道艺论》。
⑥ 《九经发题·易》。
⑦ 《愚书·君臣篇第一》。

说："人之心本虚而静,反观内融,道将安往? 惟窒于物,则失其所谓虚;惟诱于知,则失其所谓静。本心一丧,道非我有矣。"①认为心是人体的中枢、运动的主宰,人心的本质是虚而静的。由于外物的干扰和引诱,才使心失去"虚"和"静"。如果"外物不干,天理自见,私心何自而萌"②? 所谓外物的干扰,便是指人欲。他说:"倘吾方寸之中,若天道之公,无人欲之累,湛然虚明,洞见物理,虽天地犹将鉴之,而况于人乎?"③人心之中,按照天理的自然,无外物的干扰即人欲的牵累,便能保持虚静状态,可以洞察事物的理。他承认"道"的可知性,并且告诫学者不能为了要认识"道"而废事。他说:"谓道为难,若涂若川;谓道为易,如天如渊。谓易,轻而失;谓难,畏而止。勿畏勿轻,学而已矣。"既不要害怕"道",也不要轻视"道",只要学习,就能了解和掌握"道"。他又说:"于道默而识之,于事敏而求之,不以道而废事,不以性而废学,其惟圣人乎?《(论)语》曰:'子入太庙,每事问。'"④主张人们在平时去思考"道",遇事去求"道",不因为要认识"道"而影响做实事。

　　唐仲友在人性问题上,提出了人性的先天性和可变性说,并赞同孟轲的性善说。什么是性呢? 他说"天下之易知者莫若性,难言者亦莫若性。性者,生之质,人所受之于天者也。性不可见而寓于心,隐于吾心而求之,性岂难知哉! 然性之端甚微,而其动则杂出于情欲之间,自其外而观之,性与欲殆不可辨,此言性之所以难也。"指出性即人性,是天生的本质,寄存、隐藏在人的心中,无形无影。性处于静止状态,头绪极微,一旦发动后,与情欲杂出,性、欲往往难以分辨。因为人性的来源是相同的,人性本来应该一致;又因为知觉有先后,人性又不可能完全相同。他说:"人受天地之中以生,均有是极,而建用皇极,其责在君。均有是中,性不得为异;觉有先后,性不得为同。故曰:'性相近也,习相

① 《悦斋文钞》卷8《颜曾论》。
② 《帝王经世图谱》卷3。
③ 《悦斋文钞》卷8《子思论》。
④ 《唐氏遗书·愚书·道学篇第五》。

远也。'性柜近而不同,性之所无,不可强也。尽性者圣,复性者贤,建用皇极者善。民之习而复其性也,复能使之近,不能使之同。"①通过后天的学习,可以使人性接近,但不可能使它完全相同。"圣"人可以"尽性","贤"人可以"复性"。他还说:"知觉,性也;见闻,学也。上焉者,先知觉而后见闻;下焉者,先见闻而后知觉。及其知觉,一也。"②把知觉列入先天的人性的范围,见闻列入后天学习的范围。同时,把人分成"上"、"下"两等,上等者先天具备知觉,然后接触事物而有所见闻;下等者只能先接触事物而有所见闻,再理解知觉。等达到了知觉的境界,上等或下等便毫无二致。依据这个理论,在孟轲、荀卿、扬雄、韩愈等四种人性理论中,他选择了孟轲的性善说。他说:"吾于四子之说,窃有取于孟子,故不得不助孟子,而与三子辩。"他反驳韩愈的性三品说,指出:"今见人之有智、愚、中人,因谓性有三品,然则水、木之性复有几品乎?"又反驳扬雄的善恶混说,指出:"今见人之有不善,遂以为善恶混,然则水、火之性亦上下混乎?"他最反对荀卿的性恶说,认为"为害尤大"③,指出:"卿之言性曰人性恶,其善者伪也。夫善之可以伪为,则仁义礼信何适而非伪? 四者既出于伪,何适而非霸者之心? 其去王者不亦远乎? 吾以是知卿之用必为霸者之佐也。"④用人性本善、出自天赋,来驳斥性恶说。还提出人性经过后天的学习,会发生变化。他说:"由恶近善,蓬生于麻;由善近恶,丝涅于墨。日改月化,遂移其质,习可不审耶?"⑤这里的"质",就是天生的人性。经过学习,促使人性"日改月化"。

　　唐仲友在天、人关系上,提出由于"气"的作用,天人"相为感召",人应该"修人事以奉天道",帝王应该畏天。如前所说,他主张天地与人之所以"相为感召",是因为"一气""流行上下"的缘故。"天非屑屑

①　《悦斋文钞》卷5《建极说》。
②　《唐氏遗书·愚书·圣贤篇第六》。
③　《悦斋文钞》卷8《性论》。
④　《悦斋文钞》卷8《荀卿论》。
⑤　《唐氏遗书·愚书·道学篇第五》。

以是应人,人非区区以是感天,同禀乎一气,机械之相关,此动而彼随,桴鼓未足喻其速也。"①他进一步提出人与天的依存关系:"人不天不成,岁月、日时、星辰,天之所为而人所不能违也。天不人不因,历数,人之所推而天所不能违也。"所以,人要"修人事以奉天道","钦天道而治人事"②。根据这一原则,他提出"人君"(帝王)要有"三畏":畏天命,畏民心,畏辅相之臣。只要"畏其一",就"无不畏也"③。他特别指明,"人君"一定要畏天,藉此防止"以启小人无忌惮之说"④。这是吸取了北宋后期蔡京利用王安石"三不足说",而引导徽宗胡作非为的历史教训的结果。蔡京曾极力宣扬"人言不足恤"的理论⑤,还隐瞒灾变,只谈祥瑞⑥。

　　以上只是介绍唐仲友理学的主要观点。与程颐、朱熹等人相比,唐的理学的范畴、逻辑结构和基本理论,与他们几乎是相同的。当然,他的理学比不上朱熹那样严密、深刻,显得有些粗糙,或许是因为他传世的文献不足的缘故吧!

三、唐仲友和朱熹之争

　　唐仲友和朱熹的争论,原来是因为学术思想的分歧而引起的,应该说是属于学术思想领域的一场争论。但在宋孝宗淳熙九年,由于朱熹向朝廷公开按劾唐仲友,从而变成了他们两人在政治领域的争斗。

　　唐仲友和朱熹虽然同样都在探索理学,但在具体见解上又出现许多歧异。清人张作楠在唐仲友《九经发题》跋语中,已经约略指出了这些歧异。现依照这一线索,详叙如下:

　　第一、在《周易》方面。朱熹比较肯定邵雍创建的象数学,认为"自

---

① ④　《悦斋文钞》卷5《五行五事庶徵感通说》。
②　《悦斋文钞》卷5《五纪说》。
③　《唐氏遗书·愚书·君臣篇第一》。
⑤　周辉:《清波杂志》卷2。
⑥　《宋史全文》卷11《神宗一》。

有《易》以来,只有康节(案即邵雍)说一个物事如此整齐"。还用"先天卦位"来解释"天地定位"章,指出:"邵子(案即邵雍)'天地定位,否泰反类'一诗,正是发明先天方图之义。"①唐仲友则不然,他说:"国朝《易》家,大抵本王(弼)注、孔(颖达正)义,参以己说。象数之学,始自陈抟,稍复派别,更相诋訾,学者罕传。初,扬雄拟《易》作《太元》,后儒复有《洞极(真经)》、《元包》、《皇极经世》、《潜虚》之属,虽参差不齐,皆《易》之支流余裔。夫《易》道深矣,人更数圣,辞、变、象、占四者具焉。去圣既远,传者失其本真,术数烦碎,学者厌弃,所尚止辞而已。"②对陈抟、邵雍的象数学评价极低,视为《易》的"支流余裔",并且"术数烦碎",被学者"厌弃"。

第二、在《尚书》方面。朱熹对《尚书》大小序持怀疑态度。他估计大序不是孔安国所作,因为该序文字细腻、软弱无力,不像西汉文章"浑厚近古"、"粗枝大叶",而且直"至东晋方出",所以"疑是晋、宋间文章"。他又断定小序不是孔子所撰,"只是周、秦间低手人作"③。唐仲友则反之,他说:"夫《书》,政事之记文,虽《尔雅》要之,上下相敕,主于开谕,据经文反覆之,坦然明白,虽传注章句亡缺,孔学独存,而《书》之大义略可睹矣。庶事万几,细大毕举,固未可一言谈,至于奉顺天地、敬育民物、反身修德、任贤去邪、作民父母,以为天下王者帝王一辙,而君臣更相责望之意,大抵在是。以序文观之,思过半矣。"④认为《尚书》虽然"传注章句亡缺",仍然"独存""孔学",同时从序文考察,更加显而易见。

第三、在《诗序》方面。朱熹力攻小序,认为小序"皆是妄生美刺,初无其实","不可信",估计是汉代"山东学究等人"所做,"不是个老师宿儒之言"⑤。唐仲友则完全肯定《诗序》。他说:"《诗序》先儒谓子夏

---

① 《朱子语类》卷100《邵子之书》。
② 《九经发题·易》。
③ 《朱子语类》卷78《尚书一·纲领》。
④ 《九经发题·书》。
⑤ 《朱子语类》卷80《诗一·纲领》。

所作,毛公、卫宏颇加润色。近世诸儒议之不一。自欧阳修论《诗》,颇疑《序》有舛误,苏辙独存《大序》。夷考其说,鲜不本《序》义者。……盖古者采诗以达下情,岂不纪所为作者之意!至于《雅》、《颂》,乃祭祀燕飨所奏乐章,安得不明着其义!子夏、毛、卫之传,盖有所授之矣。舍《序》义而言《诗》,犹适千里而无向导也。……在心为志,《诗序》一言而尽作诗之本。"①不赞成人们对于《诗序》的怀疑,认为《诗》与《序》浑然一体,不可分割。在有些《诗》的主旨的理解上,他也提出了与朱熹不同的见解。

第四、在《左传》方面。朱熹认为《左传》所记春秋之事较详,但作者"见识甚卑","是个猾头熟事、趋炎附势之人","好以成败论人","只知有利害,不知有义理"②。唐仲友则全盘肯定《左传》,他说:"《左氏》载事得实,《春秋》之案牍也。譬诸用法,后人莫得其意,得案牍而考之,犹庶几焉;舍案牍而臆测之,岂无偶合于用法之意,而其事已不可考,是则《公(羊)》、《穀(梁)》而已矣!"③不赞成脱离《左传》而寻求《春秋》的"微言大义",否则就好像审案子的人毁弃案牍的文字、灭证左的口那样。他还说:"至于象数变现视为偶然者,反以《左氏》所记为'淫巫瞽史'之说而不加省,亦可悲矣。"④反对把《左传》所记当作"淫巫瞽史"之说而不予重视。

第五、在《大学》、《中庸》方面。朱熹高度评价《大学》,认为:"《大学》一篇乃入德之门户,学者当先学习,知得为学次第规模,乃可读《(论)语》、《孟(子)》、《中庸》。先见义理根原体用之大略,然后徐考诸经,以极其趣,庶几有得。"⑤朱熹还把《中庸》一书当作"孔门传授心法"之作。唐仲友则不赞成突出《大学》、《中庸》两篇。他说:"本朝诸儒《礼》学不名一家,而行于世者郑(玄)注、孔(颖达)义而已。至胡翼之（瑗）、程颐、吕大临、杨时专以《中庸》、《大学》二篇传授，谓之精义，而制度文为之学寖以微绝。盖《礼记》之书，杂出诸儒，其师传或异，故有两存之说。……《中庸》、《大学》诚为入道之门，此外四十七篇之书（案马融编为四十九篇）孰非道者？视为土苴绪余，则学者将荡而无守。思而不学则殆，《礼记》之书与注义，或几乎息矣！"①指出专讲《大学》、《中庸》，将使"制度文为之学"失传，学者也将"荡而无守"。

第六，在《孝经》方面。朱熹怀疑《孝经》是"圣人之言"，估计由战国时期人缀辑而成，不可全信②。唐仲友则从《孝经》的成书、出现和传播，指出："孔子为曾参言孝道，门人录之为书，谓之《孝经》。……本朝邢昺增损之，为正义、训诂，引证详矣。先正司马公光、范公祖禹皆为《古文指解》，所发明益以通畅。夫孝，百行之本，学者所当先。圣人之言，简严易直，而天人备，固非一家所能究其说。"③完全肯定《孝经》为孔圣人的话，不容置疑，后世任何一家不可能透彻理解它的深刻意义。

第七，关于《四书集注》方面。朱熹十分重视《大学》、《论语》、《孟子》、《中庸》，撰成《四书集注》一书。他声称该书的写作，"添一字不得，减一字不得"，"如称上称来无异，不高些，不低些"，"其间有一字当百十字底"④。唐仲友则提出："学者能以心会，于一言有所悟解，即为入道之门，所到浅深，则视力之勤怠、心之作辍。汉儒数十家，大抵训诂通而已。以圣道深远，未易以言语发明，略着大义，使学者自求之，而自得之也。近世释者极力探讨，各以己意为说，以为圣人之道尽在是，他所说者皆非，则过矣。"⑤唐骧在此篇跋语中指出：此段"为《集注》而发"，还认为"如'道未始私于圣人'云云，则笃论也"⑥。虽然在唐仲友生前，《四书集注》尚未最后定稿，但《论语集注》和《孟子集注》已于淳熙四年（1177 年）写成，《中庸章句》也可能定稿较早，所以唐仲友至少

---

① 《九经发题·礼记》。
② 《朱子语类》卷 82《孝经》。
③ 《九经发题·孝经》。
④ 《朱子语类》卷 19《论语一》。
⑤⑥ 《九经发题·论语》。

是针对《论、孟集注》而发的。

　　唐仲友和朱熹之间学术见解的分歧，在当时是正常的现象。朱熹和陈亮，朱熹和陆九渊、吕祖谦，都曾用书信往来或讨论会的形式，进行过激烈的学术争论，但都没有扩大到政治上的你死我活的争斗。朱、唐之间的矛盾后来之所以会发展到这样的尖锐程度，与其他人的从中挑唆不无关系。宋孝宗淳熙九年（1182年），朱熹按劾唐仲友事件发生后，有些士大夫认为吕祖谦曾经与唐仲友"有隙"，朱熹"主吕，故抑唐"。对此，南宋后期学者周密不以为然。事实是吕祖谦已在淳熙八年去世。周密根据当时的大臣周必大和宰相王淮的"日记"，指出：唐仲友"平时恃才"轻视朱熹，而陈亮"颇为朱所进，与唐每不相下"。陈亮游历至台州，曾嘱唐为一名官妓脱籍，唐将陈家境实情告诉官妓，官妓不肯从陈。于是陈认为"为唐所卖"，立即去见朱熹。朱熹问："近日小唐云何？"陈答道："唐谓公尚不识字，如何作监司？""朱衔之，遂以部内有冤狱，乞再巡按。既至台，适唐出迎少稽，朱益以陈言为信，立索郡印，付于次官，乃摭唐罪具奏，而唐亦作奏驰上。时唐乡相王淮当轴，既进呈，上问王，王奏：'此秀才争闲气耳。'遂两平其事"①。陈亮在朱、唐之争中所起的作用，在他淳熙十年写给朱熹的一封信中透露："台州之事，是非毁誉往往相半，然其震动则一也。世俗日浅，小小举措已足以震动一世，使秘书（案指朱熹）得展其所为，于今日断可以风行草偃。……去年之举，《震》九四之象也。以秘书壁立万仞，虽群阴之中亦不应有所拖带。至于人之加诸于我者，常出于虑之所不及，虽圣人犹不能不致察。奸狡小人虽资其手足之力，犹惧其有所附托，况更亲而用之乎！物论皆以为其平时乡曲之冤一皆报尽，秘书岂为此辈所使哉！为其阴相附托而不知耳。"这段话表明：一、当时士大夫们对朱、唐两人，"是非毁誉往往相半"。二、在朝野引起了震动。三、陈亮实际站在朱熹一边，认为朱熹按劾唐仲友不过是朱的"小小举措"；还反驳"物论"，指出物论

---

① 周密：《齐东野语》卷17《朱唐交奏本末》。

说朱熹把唐仲友平时的"乡曲之冤"全部报尽，朱熹怎么会受唐的"乡曲"指使呢！陈亮接着又说："亮平生不曾会说人是非，唐与正乃见疑相谮，是真足当田光之死矣。"①表明当时唐仲友确曾怀疑陈亮从中挑唆诬陷，而陈亮极力辩白。由此判断，陈亮在朱、唐之争中起到了挑唆的作用，促使一场学术之争变成了政治纠纷。朱、唐之争的实质，正如当时宰相王淮所说，不过是"秀才争闲气"而已，归根到底，还是学者之间因为学术见解的分歧而引起的。

四、严蕊其人

朱熹经过周密的调查和紧张的审讯，掌握了唐仲友在台州的大量不法行为的详细情况，案件牵连到数百人。根据当时朱熹和唐仲友的地位和处境，朱熹不可能凭空捏造唐仲友的罪行，这就是说，朱熹六篇奏章中所说的都符合事实。但是，这些不法行为在官场中屡见不鲜，士大夫们司空见惯，并不感到惊讶。所以，宰相王淮认为只是"秀才争闲气"，孝宗也"笑而缓唐罪"②。在朱熹所揭露的唐仲友不法行为中，涉及台州官妓严蕊，她成为案件的一个重要人物。后来的南宋文人不惜笔墨，替严蕊立传，把她描绘成一位多才多艺、坚贞不屈的奇女子。但其中有一些情节不符合事实。

最早记载严蕊的，是洪迈在宋宁宗庆元二年（1196 年）所撰《夷坚支庚》卷 10《吴淑姬、严蕊》。该篇记载："台州官奴严蕊，尤有才思，而通书究达今古。唐与正为守，颇属目。朱元晦提举浙东，按部发其事，捕蕊下狱。杖其背，犹以为伍伯行杖轻，复押至会稽，再论决。蕊堕酷刑，而系乐籍如故。岳商卿霖提点刑狱，因疏决至台，蕊陈状乞自便。岳令作词，应声口占云：'不是爱风尘，似被前身误。花落花开自有时，总是东君主。去也终须去，住也如何住。若得山花插满头，莫问奴归

---

① 　《陈亮集》卷 20《又癸卯秋书》。
② 　叶绍翁：《四明闻见录》乙集《洛学》。

处.'岳即判从良."宋末元初人邵桂子撰《雪舟脞语》也记述:"悦斋眷官妓严蕊奴,晦庵捕送图圄。提刑岳商卿霖行部疏决,蕊奴乞自便,宪使问:去将安归? 蕊奴赋《卜算子》,末云:'住也如何住,去也终须去。若得山花插满头,莫问奴归处.'"(载《说郛》卷57)内容与《夷坚支庚》大同小异。另一位宋末元初人周密,在《齐东野语》卷20《台妓严蕊》中更详细地描写"天台营妓"严蕊,"色艺冠一时,间作诗词有新语"。唐仲友知台州时,酒边,曾命严蕊赋《如梦令》、《鹊桥仙》等词。"其后,朱晦庵以使节行部至台,欲撼与正之罪,遂指其尝与蕊为滥。系狱月余,蕊虽备受棰楚,而一语不及唐,然犹不免受杖。移籍绍兴,且复就越置狱,鞫之,久不得其情。狱吏因好言诱之曰:'汝何不早认,亦不过杖罪。况已经断,罪不重科,何为受此辛苦邪?'蕊答云:'身为贱妓,纵是与太守有滥,科亦不至死罪。然是非真伪,岂可妄言,以污士大夫!虽死不可诬也.'其辞既坚,于是再痛杖之,仍系于狱。两月之间,一再受杖,委顿几死,然声价愈腾,至彻阜陵(案即孝宗)之听。未几,朱公改除,而岳霖商卿为宪,因贺朔之际,怜其病瘁,命之作词自陈。蕊略不构思,即口占《卜算子》云:'不是爱风尘,似被前缘误。花落花开自有时,总赖东君主。　去也终须去,住也如何住。若得山花插满头,莫问奴归处.'即日判令从良。"①明代凌濛初还将严蕊的故事,编成《硬勘案大儒争闲气,甘受刑侠女著芳名》,收入《二刻拍案惊奇》卷12。

　　在以上几种宋人笔记小说中,严蕊其人其事被大加渲染,形象越发高大,不过离开事实也越发遥远。第一、严蕊在狱中的表现并不那么词色凛然、坚强不屈,并非"一语不及"唐仲友。如朱熹在《按唐仲友第四状》中说,据严蕊招供:"每遇仲友筵会,严蕊进入宅堂,因此密熟,出入无间,上下合干人并无阻节。今年二月二十六日宴会,夜深,仲友因与严蕊逾滥。""五月十七日,仲友贺转官燕会,用弟子只应,仲友复与严蕊逾滥,仲友令严蕊逐便"。"高宣教与弟子行首张婵,曾在书

① 曹嘉撰《严蕊传》(载《绿窗女史·青楼部志节》)的内容与此全同。

院逾滥。"严蕊还供认了她利用与唐仲友的关系，"交通关节，受纳财赂"等情况①。宋代官府在庆祝良辰佳节或招待宾客时，可以征召官妓承应，负责劝饮和表演歌舞，但不允许命她们私侍寝席。严蕊招供自己与知州唐仲友多次"逾滥"，这无疑增加了唐仲友的罪状，显然对唐仲友是不利的。但《齐东野语》记述严蕊在狱中"虽备受棰楚，而一语不及唐"，甚至回答狱吏说"虽死不可诬也"，似乎从未招认过什么。对照朱熹的奏状，这些记述显然与事实不符。

第二、严蕊并没有写过《卜算子》那样脍炙人口的词。从《夷坚志》、《雪舟脞语》到《齐东野语》，都记载严蕊在岳霖面前"应声口占"《卜算子》词，藉此证明严蕊确有不同凡响的才华。但据朱熹的上述奏状，严蕊供认："至五月十六日筵会，仲友亲戚高宣教撰曲一首，名《卜算子》，后一段云：'去又如何去，住又如何住。但得山花插满头，休问奴归处。'"把高宣教所撰《卜算子》与《夷坚志》等书所载严蕊"口占"《卜算子》相比，不难看出，这首词的最初作者是高宣教，《齐东野语》等书所载《卜算子》词肯定已经过一些文人的加工，决计不是严蕊创作的。高宣教是唐仲友的表弟，其名不详，宣教是他的官阶宣教郎的省称。高与唐关系甚为亲密，《卜算子》词是他在五月十六日参加的一次宴会上撰成的。朱熹《按唐仲友第三状》说："又其间婺州亲戚，如妻之亲兄何知县……其表弟高宣教者甚多，止宿郡斋，争受关节。"②清楚地说明了高宣教与唐仲友的关系。

《东轩笔录》等有关严蕊事迹的记载，提醒我们对宋代笔记小说中的许多资料要进行去伪存真、去粗取精的科学鉴定工作，不可轻信。

五、结　　语

唐仲友，婺州金华县人。宋高宗绍兴二十四年，登进士第，任衢州

---

① 《朱文公文集》卷19《按唐仲友第四状》等。
② 《朱文公文集》卷18。

西安县尉或主簿。绍兴三十年,参加博学宏词科考试,及格。次年至隆兴二年初,任建康府学教授。隆兴二年十二月,任秘书省正字。乾道元年,监南岳庙。乾道六年十一月,再任秘书省正字;八年五月,迁著作佐郎。乾道八年八月,出知信州。淳熙六年十二月,知台州。淳熙九年七月,调任江南西路提点刑狱,尚未赴任,被浙东提刑朱熹按劾,罢任。

唐仲友是一位偏重经制的理学家。他反对急功近利,但又主张经世制用。他提出了一系列关于理气、人性、天人关系等的理论,与同时的理学家基本一致。但他在对于邵雍象数学的评价,《尚书》大、小序的真伪,《诗序》的作者和主旨,《四书集注》的评价,等等,都与朱熹相左,有些甚至是针对朱熹而发的。

宋孝宗淳熙九年,唐仲友和朱熹之间出现的一场政治上的纠纷,是陈亮从中挑唆的结果。纠纷的实质是"秀才争闲气",即学术见解的歧异。

有关唐、朱纠纷中的重要人物之一严蕊的事迹,宋代一些笔记小说的记载有渲染、失实之处。严蕊在受审过程中,并不像描写的那样坚强不屈或者拒不招认与唐仲友的关系;一唱三叹的《卜算子》词,出自唐仲友表弟高宣教之手,不是严蕊的作品。

(载《刘子健博士颂寿纪念宋史研究论集》,

日本同朋舍出版,1989 年 9 月)

岳飞思想述论

八百多年来,宋朝民族英雄岳飞的抗金斗争历史和故事,已经在中国各族人民中广为传诵,几乎家喻户晓。但是,人们很少注意到传统思想对岳飞的影响。其实,岳飞一生的丰功伟绩和过失以及他最终的不幸遭遇,无不与他头脑中的传统思想紧紧相连。

岳飞并不是一位思想家,也不是一位政治家,而是一位杰出的军事家。但他与赳赳武夫们不同,他既有武略,又有文才,不愧为中国历史上的一员"儒将"。因此,他的种种思想也值得我们作一些研究。

一、岳飞的诗文反映了他的思想

刘子健先生在《从儒将的概念说到历史上对南宋初张浚的评论》(载陶希圣先生九秩荣庆祝寿论文集编委会编《国史释论》下册)一文中,提出中国历史上的儒将可以划分为泛颂、军师、准儒将、典型儒将等四种类型。归纳起来,全是指运筹帷幄、指挥军队的文人或文臣,没有涉及带兵打仗而又有文才的一些武将。笔者认为,儒将的概念中不妨增加一部分较有文才的武将,像岳飞这样具有文才武略的武将也完全可以归入儒将之列。

人们或许要问:岳飞既然出身贫苦,他接受过学校教育吗? 岳飞戎马一生,他有文才吗? 现存《岳忠武王文集》的诗文,都出自岳飞的手笔吗?

　　岳飞幼年时确实家境贫困,不得不参加体力劳动,但贫穷并没有减少他求知的欲望。《忠武王遗事》记载,岳飞"天资敏悟,幼读书强记。家贫,拾薪为烛,达旦不眠"①。稍长,他到邻县安阳的韩琦子孙家中充当佃客②,以耕田为生③,一度还在安阳的商市上做过"游徼"(巡查员)。李心传说他"尝为人佣耕,去为市游徼,使酒不检"④。徽宗宣和末年,岳飞多次投军,充当"效用士"。高宗建炎元年(1127年)六月,张所受命为河北路招抚使,屡经挫折的岳飞决定投奔张所,立刻得到张所的赏识,委任为阁门宣赞舍人,充中军统领。不久,又升为统制官⑤。

　　岳飞从幼年到长大后多次从军而升为统制官的这段经历,说明他没有接受过学校的教育。但是,这不足以证明岳飞毫无文才。相反,岳飞勤勉自学,即使从军成为主将以后,也不忘学习古代经典和史传。岳飞之孙岳珂在《经进家集序》中说:"先臣飞刻意于学,涉猎经史"。《忠武王遗事》也记载:"王尊贤礼士,食客所至常满,一时名人杰士多归之。王每出则戎服弁首治理军务,入则褒衣缓带讨论经史,恂恂若书生,雅歌投壶,俱极精致。"⑥同时,岳飞勤奋习字,他的书法在当时还小有名气。高宗绍兴年间,薛弼对高宗说:"臣虽在幕中,然初不预闻。昨到九江,但见鹏(按即岳飞)习小楷,凡密奏,皆鹏自书耳。"⑦宋理宗时,方岳撰《跋岳武穆帖》,指出:"王之讨杨幺也,过师吾里,留题东松庵壁上,老墨飞动,忠义之气煜如。"题墨中提到"因邀后军王团练",方岳认为就是后来诬告张宪和岳飞的王俊⑧。宋孝宗时,诗人姜夔撰《登乌石寺,观张魏公、刘安成、岳武穆留题刘云侍儿意真奉命题记》⑨,说明岳

① ⑥　《岳忠武王文集》卷末。
②　《朱子语类》卷132《本朝六·中兴至今人物下》。
③　《三朝北盟会编》卷207引《岳侯传》。
④　《建炎以来系年要录》卷8,建炎元年八月乙亥。
⑤　《岳忠武王文集》卷2《奏乞以恩例补张所男宗本文资状》。
⑦　岳珂:《宝真斋法书赞》卷27《朱文公〈储议帖〉》。
⑧　方岳:《秋崖小稿》卷38。原文作王贵,误。
⑨　《白石道人诗集》,载《南宋六十家集》。

飞也善长书法,所经之处常留下墨迹,时人深信不疑。南宋末人谢枋得家中珍藏着岳飞的墨迹,他还考证一方背刻有"持坚守白,不磷不淄"八字的端砚为岳飞生前所用之物,其根据是砚上的铭字与岳飞的书法相似①。当然,宋朝以后也有一些文人雅士托伪的作品,实际上根本不出自岳飞之手。如清人王昶已怀疑《送紫岩张先生北伐》诗和"墨庄"题字不是岳飞所写,因为署款不像宋人的体制,而且与史不合,估计出自"明人伪托"②。但不能由此推论岳飞不会书写文字或者文字拙劣,或者断定传世的岳飞墨宝都不是真迹。再者,岳飞申报上司或朝廷的奏章大都由自己动笔,特别是属于重要机密的奏章更必定亲自书写。薛弼说"凡密奏,皆鹏自书",因为薛弼亲眼看到岳飞练习小楷的情景。岳珂认为,岳飞"中心所蕴,谋略所施,往往见于表奏、题跋、吟咏之间,随笔敷露。如《出师》一奏、《谢敕》一表,天下士至今传颂,以未睹全文为恨"③。清初沈凤来也指出:"独岳忠武王智谋仁勇,固已冠绝当时,而犹以倥偬之余,时亲翰墨。旧传称其笺表奏疏无不出自手裁,至今读之,激昂沉郁,凛凛俱有生气。"④可见岳飞的诗文大都是他自己执笔书写的,当然,作为一军的主帅,由于军务繁忙,他的有些奏章难免由其幕僚们代拟或代写,但最后必定经过岳飞审定,因此这些奏章也不可能不反映了岳飞自己的思想。如绍兴九年正月的岳飞谢讲和敕表,即由其幕属张节夫起草⑤;绍兴十年,岳飞又一谢表,是沈作喆代撰的⑥。

由此,笔者认为,凡属岳飞所撰的奏状、公牍、表、跋、檄、题记、书启、诗词等,除非确系伪作而外,都充分表达了岳飞自己的思想。

---

①　梁绍壬:《两般秋雨庵随笔》卷5《岳忠武砚》。
②　《金石萃编》卷148。
③　《岳忠武王文集》卷末《经进家集序》。
④　《岳忠武王文集》沈凤来《后跋》。
⑤　《三朝北盟会编》卷192,绍兴九年正月。
⑥　沈作喆:《寓简》卷8。

二、岳飞论忠义和孝道

忠和孝,是中国古代人们的最高伦理道德规范。要求人们忠诚于自己的国家和君主,对尊长尽心奉养和顺从。凡是达到了忠和孝标准的忠臣和孝子,不仅受到当时人的推崇,而且名垂青史,留芳万古。如果能够忠、孝兼备,更能受人崇敬。

岳飞在向朝廷要求辞去加官、终制、声讨伪齐、出师等札子中,主张"事君以能致其身为忠,居官以知止不殆为义"①。认为臣民替皇帝做事要有献身精神,这就是"忠";官员在职应永远知道满足,这就是"义"。岳飞提出:"好生恶死,天下常情。若临大难而不变,视死如归,则非忠义之士有所不能。"以直龙图阁张所为例,张所"以忠许国,义不顾身,虽斧钺在前,凛然不易其色,终能以全节自守而不屈"。岳飞主张为了使"天下忠义之士""皆知所劝",建请朝廷对已故的张所"特与优加褒异"②。认为忠义之士应该以身许国,在国家危难的关键时刻挺身而出,视死如归,保持全节,至死不屈。不能像常情那样贪生怕死。发扬忠义的目的,是为了全国忠义之士"皆知所劝"。岳飞又提出:"忠臣之事君,计功而受赏,量力而受官,不为苟得,以贪爵禄。"③认为忠臣在接受朝廷的赏赐时,对爵禄不要贪多务得,而要衡量自己所立的功劳和能力。这说明岳飞主张的忠和义,包括两方面的内容,一是在国家出现严重困难的时刻,矢志不移,甚至为国捐躯;二是不贪图爵禄,懂得满足。

绍兴七年,岳飞向高宗建请出师北伐。他在《奏乞出师札子》中说:"臣自国家变故以来,起于白屋,从陛下于戎伍,实有致身报国、复仇雪耻之心。"他提出了捕捉刘豫和消灭金军的方略,指出这是"为陛

---

① 《岳忠武王文集》卷5《奏乞解军务札子》。
② 《岳忠武王文集》卷6《申省乞褒赠张所札子》。
③ 《岳忠武王文集》卷5《奏辞少保第三札子》。

下社稷长久无穷之计"，以便"异时迎还太上皇帝、宁德皇后梓宫，幸邀天眷，以归故国，使宗庙再安、百姓同欢，陛下高枕万年无北顾之忧"①。表示他"致身报国"的根本宗旨，是保证赵家"社稷""长久无穷之计"。岳飞还从忠义和正统出发来斥责伪齐。在《奉诏移伪齐檄》中，他义正词严地说："伪齐僭号，窃据汴京。旧忝台臣，累蒙任使。是宜执节效死，图报国恩，乃敢背弃君父，无天而行。以祖宗涵养之泽，翻为仇怨，率华夏礼义之俗，甘事腥膻。紫色余分，拟乱正统。想其面目，何以临人？"②揭露伪齐国主刘豫叛国背君，企图破坏宋朝正统，泯灭作为臣子的"忠义之尤"的种种罪行。岳飞一度为宋高宗迟迟不生儿子而忧心如焚。据记载，他以"国步多艰，人主春秋鼎盛，而皇嗣未育，圣统未续"为忧，常对自己的家属哭泣。听说此事的人不免嘲笑他过于迂阔。后来，岳飞在北伐之前，首建高宗立皇嗣之议，"援古今，陈利害，虽犯权臣之忌而不顾"③。岳飞的"忠心"，还表现在从不把战功归于自己，而处处声称"臣将天威而远讨，致敌垒之一空，妙策奇谋，悉遵圣训；破坚却敌，咸得士心。臣实何能，辄膺殊赏"④？把一切功劳归结为皇帝正确的决策和将士们的齐心协力。这就是岳飞忠于国事、忠于王室的一系列主张和实践。

岳飞对孝道没有做过专门的论述。他在向朝廷乞求服侍老母、为亡母终孝等札子中，谈到了他对孝道和忠义关系的看法。他说："臣孤贱之迹，幼失所怙，鞠育训导，皆自臣母。……重念为人之子，生不能致菽水之欢，死不能终衰绖之制，面颜有腼，天地弗容。且以孝移忠，事有本末，若内不克尽事亲之道，外岂复有爱主之忠？"⑤主张人臣以尽孝道为第一步，以尽忠义为第二步。唯有内尽孝道，才能外尽忠义，将孝心移于忠义。反之，如果在家不能对尊长尽孝，出外做事就不会对国家和

---

① 《岳忠武王文集》卷2。
② 同上卷8。
③ 同上卷末《忠武王遗事》。
④ 同上卷4《奏辞镇南军承宣使第三状》。
⑤ 《岳忠武王文集》卷4《奏乞终制札子》。

君主效忠。岳飞"天性至孝"。在河北沦陷后,岳飞念念不忘在敌人铁蹄下备受煎熬的母亲姚氏,连续十八次派人去访寻,终于将姚氏接到南方。即使军务繁忙,岳飞也尽量在一早一晚探视母亲,亲自"尝药进饵",检查衣服和器用的干湿冷热。遇到出师,必定严饬家人细心侍养。及至母亲去世,岳飞痛不欲生,三天粒食不进,"每恸如初,毁瘠几灭性"。自己和长子岳云"跣足扶榇归葬,不避途潦蒸暑"。落葬后,又"庐于墓,朝夕号恸"①。

岳飞以模范行为实践了自己的主张,成为一员忠孝双全的武将。他所指挥的军队受他的影响,"将和士锐,人怀忠孝"②。缘此,他屡次受到高宗的褒奖,高宗称他"忱诚忠谠"③,同时也得到社会上人们的广泛称赞。

多年来,中国史学界在岳飞是否愚忠的问题上意见不一。主张岳飞愚忠者,认为岳飞既要忠君,对忠君有所迷信,就难免有愚忠的一面,不必隐讳岳飞的愚忠。还有人甚至认为岳飞的忠君是一种"糟粕",应予否定。持反对意见者,用岳飞反对高宗与金议和等事实,证明岳飞并不愚忠。笔者支持后一种说法,认为"愚忠"的提法本身不能成立。如果把中国封建时代的忠臣义士不分青红皂白,一律以阶级和时代局限为由,贬为"狭隘的""愚忠",也不符合事实。在封建时代,人们效忠的最高对象只能是国家和君主,因为君主是封建国家的总代表,君主拥有至高无上的权力,君主与国家、君权与政权结合在一起,所以效忠君主就是效忠封建国家,忠君和爱国难以分开,忠君的思想和行为自然被看成是爱国的表现。同时,爱国的行动必须取得君主的支持,不然,难以取得成功。不过,君主和封建国家两者并不绝对等同,忠君和爱国也有发生分离和矛盾的时候。关键是要看君主是否英明,他的行为或决策是否符合国家和民族的根本利益。如果不管君主是否昏庸荒淫和苟安

① 《岳忠武王文集》卷末《忠武王遗事》。
② 《宋史》卷 365《岳飞传》。
③ 岳珂:《经进家集序》。

卖国,为人臣者对其一味盲目迷信,那末,他们的这种无限的忠心就该被看作愚忠。如果自觉或不自觉地抵制或反对君主的一些错误行为或决策,那末,他们的忠就不应该视为愚忠。在封建时代的一般情况下,更毋须用是否愚忠来评价那些政治家或文人武将了。

自金军入侵以后,岳飞立志致身报国,收回失地,雪民族耻,复国家仇。特别在绍兴七年以后,岳飞坚决反对高宗和秦桧向金人乞降的政策,直到他最后惨遭杀害。其间,岳飞接二连三地向高宗上奏章反对议和。绍兴八年九月,岳飞在奏札中说:"不可与和,缘虏人犬羊之性,国事隙深,何日可忘!臣乞整兵,复三京陵寝;事毕,然后谋河朔,复取旧疆,臣之愿也。臣受陛下深恩厚禄,无一时敢忘。"①绍兴九年正月,岳飞上谢讲和赦表说:"臣幸遇明时,获睹盛事。身居将阃,功无补于涓埃;口诵诏书,面有惭于军旅。尚作聪明而过虑,徒怀犹豫以致疑;谓无事而请和者谋,恐卑辞而益币者进。愿定谋而全胜,期收地于两河。唾手燕云,正欲复仇而报国,誓心天地,当令稽首以称藩。"②他名义上庆贺和约签订并且谢赦,实际上却表示反对高宗和秦桧向金朝以"卑辞"和"益币"求和。绍兴十年,金军撕毁和约,再次南侵。岳飞违背了高宗"不可轻动"的"圣旨",领兵北上抗击③。正当岳家军节节取胜、准备渡河收复失地时,高宗连下十二道诏书,命令岳飞"班师,赴阙奏事"。这时,岳飞向高宗建议:"契勘金人重兵尽聚东京,屡经败衄,锐气沮丧,内外震骇。闻之谍者,敌欲弃其辎重,疾走渡河。况今豪杰响风,士卒用命,天时人事,强弱已见,功及垂成,时不再来,机难轻失。臣日夜料之熟矣,惟陛下图之。"④岳飞的这一奏札,显然是对高宗"班师"诏书的一种强硬的抵制。绍兴十一年,岳飞升迁枢密副使,他对高宗放弃新收复的河南州县极为不满,对人说:"所得诸郡,一旦都休。社稷江山,

---

① 《三朝北盟会编》卷 207,绍兴十一年十二月二十九日癸巳。
② 《三朝北盟会编》卷 192,绍兴九年正月。
③ 《三朝北盟会编》卷 202,绍兴十年六月二十二日乙丑。
④ 《岳忠武王文集》卷 2《奏乞止班师略》。

难以中兴；乾坤世界，无由再复”①。公然与高宗既定的国策唱反调。秦桧党羽、右谏议大夫万俟卨等纷纷弹劾岳飞违旨的种种"罪行"，他们说："以飞平日，不应至是，岂非忠衰于君耶？"②他们把岳飞不附和议斥为"怀奸"，把深入奋讨斥为"轻敌"，把恢图远略斥为"不量彼己"，等等③。岳飞对于高宗、秦桧等投降派强加给他的罪名，始终不予承认，他在供状上写了八个大字："天日昭昭，天日昭昭！"④这八个字表明岳飞已经不把弄清自己冤案的希望寄托在高宗身上，而寄托在高不可攀的上天和太阳。这正证明岳飞改变了对高宗的态度。

不难看出，岳飞主张"忠于王室"、"以忠许国"，必要时为国捐躯；不贪图官职和享受。在绍兴七年以后，他屡次抵制高宗的投降政策，并且因此而遭到杀身之祸，他以实际行动表明他的忠并非对皇帝的盲目的无条件的愚忠。

三、岳飞的公私观和正己自治说

岳飞处处以国家为念，以恢复中原为重，在一些奏状或札子中提出了自己对公私、名分、知止、正己自治等见解。他委婉地谢绝了朝廷给予长子岳云升转三官的赏赐，在奏札中说：岳云现任本司书写机宜文字，"自有本职功状内合乞推恩等第，若更叨冒今来恩数，似出无名，非所以示将士大公至正之道也"⑤。主张在将士中发扬"大公至正之道"，不仅仅为个人谋取利益。他对本军提举事务刘康年没有经过他的同意，擅自代他向朝廷陈乞母亲姚氏、次男岳雷等人的恩泽，极其生气。在要求朝廷黜责刘康年的奏状中，他说："方当国家多事之际，陛下宵衣旰食，亲御六师，经理戎政。臣虽至愚极陋，岂不知捐身效命，少图补

① 《三朝北盟会编》卷207，绍兴十一年十二月二十九日癸巳。
② 《建炎以来系年要录》卷141，绍兴十一年八月甲戌。
③ 岳珂：《吁天辨诬录》。
④ 曾三异：《因话录·岳武穆狱案》。
⑤ 《岳忠武王文集》卷5《奏辞男云转三官札子》。

报,况复敢以私门猥琐,希求恩宠！臣若不披露肝胆,身为辨雪,天下其谓臣何？"①主张把国家的利益放在首位,反对私门希宠。

岳飞提出应该正确对待朝廷的爵禄。他说:"爵赏者,人君所以为厉世磨钝之具。人臣得之,所以荣耀乡里,而显贵宗族也。谁不欲贪多而务得哉？然得所当得,固以为荣;受所非受,反足为辱。"②敏锐地指出爵赏的实质和功用以及人臣正确对待它的态度。他在另一奏札中进一步说:"爵以驭其贵,禄以驭其富。爵禄者,人君驭天下英豪,而使之富贵也。人孰不欣受而愿享之？然名器假人,为《传》所讥;无功受禄,为《诗》所刺,则君不可以轻予,臣不可以妄受。"③指出君主不应该随便赐给人臣爵禄,人臣则不应该随便接受赏赐。他认为自己替皇帝效力,"义无有已","若夫贪慕爵禄,务荣一身,而不以国家为念,则非臣之所忍为也"④。

岳飞主张"正名分"和"安分"。他时时以出身寒微自警,不在自己的名分以外有所要求。如在一份要求朝廷追还特赐其母姚氏国夫人的封号的奏札中,他说:"臣以猥琐之资,曲荷天地广大之恩……臣奋迹单微,今来滥厕承流,于法母已是当封淑人,遭际陛下,实为荣幸。岂敢逾分,过有邀求！"又说:"伏望圣慈洞察,怜巨勤恳之诚,俯从所欲,将臣母特封国(夫人)号事,速赐追还,以正名分。"⑤他严格要求自己安分守己,藉以端正名分。在一些辞免加官晋职的奏札中,他再三提出自己"赋资凡下,才不逮人"等,要求高宗"追还恩命","稍安愚分"、"庶安愚分"或"以安微分"等⑥。

岳飞主张"知止"和"正己"。他在辞谢朝廷迁官、给予恩泽的奏札中,说:"臣虽无他长,粗知义命,平居服食器用,每安于弊陋,正恐绵薄,

① 《岳忠武王文集》卷4《奏劾刘康年伪奏乞恩状》。
② 《岳忠武王文集》卷5《奏辞开府第三札子》。
③ 《岳忠武王文集》卷5《奏辞少保第四札子》。
④ 《岳忠武王文集》卷5《奏辞少保第五札子》。
⑤ 《岳忠武王文集》卷4《奏乞寝罢刘康年伪乞恩泽札子》。
⑥ 《岳忠武王文集》卷4《奏辞建节札子》等。

不堪禄赐之厚,徒取衅眚。……伏望圣慈特回天听,收此误恩,全臣知止之节,臣实幸甚。"①提出要从认识"义"和"命"出发,进一步懂得"知止"的道理。又说:"正己然后可以正物,自治然后可以治人。"认为首先要做到"正己而自治",然后以此"服众"和"率人"②。岳飞的这些话,显示他主张在粗知义和命的基础上,懂得有所满足;对自己严格要求,做出榜样,然后才可以要求别人和管理别人。

四、岳飞的安内攘外说

岳飞根据当时国内外的局势,提出了安内攘外的主张。在安内方面,他首先注意到平定"内寇",其次注意到"正国本,以安人心"。

岳飞所谓内寇,乃指农民起义军和南宋初年流窜各地的一些叛军、游寇、土匪等。他说:"内寇不除,何以攘外? 近郊多垒,何以服远? 比年群盗竞作,朝廷务广德意,多命招安,故盗亦玩威不畏,力强则肆暴,力屈则就招。苟不略加剿除,蜂起之众未可遽殄。"③主张停止实行对群盗的招安政策,改为略加剿除;唯有消灭了"内寇",才能抵抗外敌,才能在全国树立起威信。但在具体策略上,有时也主张审时而动。他分析杨么、李成、金军主力三者之间的关系,说:"惟善观敌者,当逆知其所始;善制敌者,当先去其所恃。今外有北虏之寇攘,内有杨么之窃发,俱为大患,上轸宸襟。然以臣观之,杨么虽近为腹心之忧,其实外假李成以为唇齿之援。今日之计,正当进兵襄阳,先取六郡,李成不就絷缚,则亦丧师远逃;于是加兵湖湘,以殄群盗,要不为难,而况襄汉六郡,地为险要,恢复中原,此为基本。"④认为先要消灭或赶跑金军的爪牙李成及其所部,然后镇压洞庭湖畔的杨么起义军,最后打败金军和收复中

---

① 《岳忠武王文集》卷5《奏辞太尉第四札子》。
② 《岳忠武王文集》卷5《奏辞男云特转恩命第四札子》。
③ 《岳忠武王文集》卷1《奏招曹成不服乞进兵札子》。
④ 《岳忠武王文集》卷1《奏乞复襄阳札子》。

原，这样，"中兴之功"便能"次第而致"①。他对平定"内寇"并不重视。他在平定"游寇"曹成后，十分感慨地写道："痛念二圣远狩沙漠，天下靡宁，誓竭忠孝。赖社稷威灵，君相贤圣，他日扫清胡虏，复归故国，迎两宫还朝，宽天子宵旰之忧，此所志也。顾蜂蚁之群，岂足为功！"②认为平定"内寇"是区区小事，算不上功劳，而他的最终目标是战胜金军，光复国土，迎还徽宗和钦宗。这一思想在他的一些诗中也有所流露。他在《题翠严寺》诗中写道："山林啸聚何劳取，沙漠群凶定破机。行复三关迎二圣，金酋席卷尽擒归。"

　　岳飞所谓国本，乃指皇太子。他在《奏乞定储嗣札子》中说："今欲恢复，必先正国本，以安人心。然后陛下不常其居，以示不忘复仇之意。"③指出皇帝有了可靠的接班人，人心安定，然后皇帝不要停居一地不动，藉以向全国军民表示不忘复仇雪恨的意思。归根结底，他的立足点仍然在向金人报仇雪耻。

　　在攘外方面，他反对逃跑，反对定都杭州，反对消极的"自守"，主张主动北上抗金，恢复中原，再振宋朝。建炎元年（1127 年），他在南京（治今河南商丘）上高宗书中，指出时相"不能承陛下之意，恢复故疆，迎还二圣，奉车驾日益南，又令长安、维扬、襄阳准备巡幸，有苟安之渐，无远大之略，恐不足以系中原之望"。要求"车驾还京，罢三州巡幸之诏，乘二圣蒙尘未久、敌垒未固之际，亲帅六军，迤逦北渡，则天威所临，将帅一心，士卒作气，中原之地，指期可复"④。他多次向朝廷上奏札，反对定都杭州。他说："钱塘僻在海隅，非用武之地。臣请陛下建都上游，用汉光武故事，亲勒六军，往来督战，庶将士知圣意之所向，人人用命。臣当仗国威灵，鼓行北向，殄灭北虏，则中兴之功即日可冀。"⑤他反对高宗消极被动的自守策略，主张北向恢复。他说：陛下"虽尝分命

---

① 《岳忠武王文集》卷 1《奏乞复襄阳札子》。
② 《岳忠武王文集》卷 8《永州祁阳县大营驿题记》。
③ 《岳忠武王文集》卷 2。
④ 《岳忠武王文集》卷 1《南京上皇帝书略》。
⑤ 《岳忠武王文集》卷 2《奏乞移都节略》。

将臣鼎峙江汉,而皆仅令自守以待敌,不敢远攻而求胜。是以天下忠愤之气,日以沮丧;中原来苏之望,日以衰息。岁月益久,污染渐深,趋向一背,不复可以转移。"表示自己愿意向高宗"上禀成算,不烦济师,只以本军进讨,庶少塞鳜官之咎,以成陛下寐寤中兴之志"①。绍兴四年六月,他分析当时敌我双方的形势,认为"金人累年之间,贪婪侵陵,无所不至,今所爱唯金帛、子女,志已骄堕;刘豫僭臣贼子,虽以俭约结民,而人心终不忘宋德"。提出"攻讨之谋,正不宜缓"。如果迁延岁月,"使得修治城壁,添兵聚粮,而后取之,必倍费力"。他愿意"以精兵二十万,直捣中原,恢复故疆。民心效顺,诚易为力,此则国家长久之策也"②。他只把及早恢复中原故土看为国家的"长久之策"。

五、岳飞论历史人物

岳飞十分崇拜已故著名政治家司马光,誉为"先正"。他说:"先正司马光有言,德胜才谓之君子,才胜德谓之小人。"他据此加以阐释说:"论人者,能审于才、德之分,则无失人矣。"③主张评价人物的标准,应该是审察其才和德两个方面,才不致错看了人。

岳飞在历史人物中,特别推崇诸葛亮和关羽、张飞,贬低曹操。他认为曹操和诸葛亮都实行过屯田,能够"知重本务农,使兵无艰食,其谋猷、术略皆不在人下,才有足称者"。但曹操"酷虐变诈,鉴申商之法术,虽号超世之杰,岂正直中和者所为乎"! 而诸葛亮能"开诚心,布公道,邦域之内,畏而爱之"。"观亮素志,欲龙骧虎视,包括四海,以兴汉室,天不假以年,遽有渭南之恨"。他把诸葛亮作为自己的学习榜样,"要使忠信以进德,不为君子之所弃",而后"辅明天子,以享万世无疆

---

① 《岳忠武王文集》卷2《奏乞本军进讨刘豫札子》。
② 《岳忠武王文集》卷1《奏画守襄阳等郡营田札子》。
③ 《岳忠武王文集》卷8《御书屯田三事跋》。

之休"①。他曾对其部下说："使某得进退禀命于朝廷,何功不立? 一死乌足道哉! 要使后世书册中知有岳某之名,与关(羽)、张(飞)辈功烈相仿佛耳。"②后人往往把岳飞与诸葛亮相比,以为岳飞的"精忠大节"与诸葛亮"相埒",岳飞的文章也与诸葛亮的《出师表》"后先辉映,并垂千古"③。

岳飞对司马光、诸葛亮等人的评价,实际是从不同的角度表达了他的一些历史观。他虽然肯定司马光、崇拜司马光,但实际上又不赞同司马光在《资治通鉴》中提出的以曹魏为正统的观点,而赞成以刘蜀作为三国时代的正统。

六、岳飞的思想渊源

岳飞生活的时代,是王安石的"新学"受到宋朝统治者的大力推崇而广为传播的时期。宋徽宗崇宁、大观(1102—1110 年)后,蔡京等人极力推崇"新学","新学"被抬到无以复加的地步。在各级学校中,"非三经义、《字说》,不登几案"④;并且以此"取科第","用其说者入官,不用其说者斥落"⑤。当时,"三舍士人守得荆公学甚固"⑥,许多"名流"长期受到"新学"的"熏染",如程颐的门人游酢以及江公望、彭汝砺、邹浩、陈瓘等人,也不自觉地"大段说去"⑦。"新学"成为学术、思想的新的正统。宋室南渡,大多数士大夫对"新学"的信仰开始发生动摇,程颢、程颐的理学因长期被禁而传播不广,统治者尚未找到一种比较符合需要的思想理论体系。秦桧入相后,他"阴佑""新学",虽然他表面上

---

① 《岳忠武王文集》卷8《御书屯田三事跋》。
② 《岳忠武王文集》卷末《忠武王遗事》。
③ 《岳忠武王文集》卷末,清初人沈凤来《后跋》。
④ 《建炎以来系年要录》卷87,绍兴五年三月庚子。
⑤ 《靖康要录》卷7,靖康元年六月二日。
⑥ 《朱子语类》卷130《本朝四》。
⑦ 《朱子语类》卷97《程子之书三》。

不加以提倡,但暗中却崇尚此学,并对程学明令禁止①。在这段时间,许多士大夫继续信奉"新学"。

在这种历史条件下,岳飞提倡忠义,主张臣民事君要有献身精神,宁死不屈;做官要知足,不贪爵禄。岳飞主张卑幼事亲要恪尽孝道,内尽孝道后,才能外尽忠义。但岳飞并不完全愚忠,当君主对外实行投降政策,违背国家根本利益时,他作了许多抵制,并最后为此献出了生命。岳飞提倡大公至正,主张以国家利益为重,克制私欲;主张安分守己、知止正己。岳飞提倡安内攘外,主张在平定"内寇"的基础上,抵御外敌,但平定"内寇"不是主要目的,而战胜金军才是最终目标。岳飞崇拜司马光、诸葛亮、关羽和张飞,贬低曹操。如此等等。这一切说明岳飞的思想与"新学"没有什么联系。

然而,任何时代的每一个人都难免以前朝或同时代人的学说或见解作为自己的思想资料,加上自己的知识积累,从而形成自己的思想或见解。从宋神宗到高宗时期,"新学"主要依靠学校教育和科举考试这两个途径进行传播,对宋朝的思想理论界发生深刻的影响。但岳飞从来没有接受过学校的教育,也没有参加过科举考试,所以,他无从受到"新学"的影响。他自幼刻苦学习,涉猎经史,尤其爱好《左传》和孙、吴兵书。《左传》是先秦学者解释儒家经典《春秋》的"三传"之一,偏重于叙述史事。它提倡德义,主张从成败中见教训;夸扬霸业,推尊中央王朝,排斥"夷狄"。岳飞受《左传》等书的影响,加上自幼耳濡目染,接受了传统的儒家思想。他提出"事君以能致其身为忠",其实取自《论语·学而篇第一》:"子夏曰:'贤贤易色;事父母,能竭其力;事君,能致其身……'"进而发挥子夏的见解,提出这就是"忠"。他提出"居官以知止不殆为义",其实取自《论语·微子篇第十八》:"子路曰:'不仕无义。……君子之仕也,行其义也。'"由此引申以"知止不殆"作为"义"的具体内容。他提出忠臣能够"临大难而不变",事君"计功而受赏,量

① 《建炎以来系年要录》卷173,绍兴二十六年六月乙酉。

力而受官,不为苟得,以贪爵禄"。其实取自《礼记·曲礼上第一》:"临财毋苟得,临难毋苟免。"他提出"以孝移忠","若内不克尽事亲之道,外岂复有爱主之忠?"其实取自《礼记·祭说第二十五》:"忠臣以事其君,孝子以事其亲,其本一也。上则顺于鬼神,外则顺于君长,内则以孝于亲,如此之谓备。"明确地阐释孝与忠的关系。他在论述如何正确对待朝廷的爵禄时,提出"名器假人,为《传》所讥"。其实取自《礼记·缁衣第三十三》:"子曰:'政之不行也,教之不成也,爵禄不足劝也,刑罚不足耻也,故上不可以亵刑而轻爵。'"又取自《左传》鲁庄公十八年:"王命诸侯,名位不同,礼亦异数,不以礼假人。"他提出"无功受禄,为《诗》所讥。"其实引自《毛诗·伐檀序》:"伐檀,刺贪也。在位贪鄙,无功而受禄,君子不得进仕尔。"他要求自己保持"知止之节",其实取自《礼记·大学第四十二》:"大学之道……知止而后有定"。他提出"正己然后可以正物",其实取自《孟子·尽心章句上》:"孟子曰:'……有大人者,正己而物正者也。'"他提出安内攘外的战略,其实取自《毛诗·小雅·车攻序》:"宣王复古也,宣王能内修政事,外攘夷狄,复文武之境土……"

　　以上情况说明岳飞的思想渊源于传统的儒家学说。在充分吸收儒家思想的基础上,他因时代的需要,提出了自己的忠义观、孝道观、公私观、正己自治说、安内攘外说等,并以实际行动,积极抗击金朝侵略军,积极抵制宋高宗和秦桧的卖国投降政策,直到最后为国捐躯于冤狱之中。

(载岳飞研究会选编:《岳飞研究论文集》第二集,

中原文物特刊,1989 年版)

正确理解经典作家对王安石的论述

　　王安石是宋代著名的改革家、文学家和思想家。由于他一生著述丰富,后人在作文赋诗时,总喜欢引用他的精辟的言论或脍炙人口的诗句。同时,近几年来,有一些学者喜欢引用马克思主义经典作家对王安石评论的语句,但常常忽视经典作家的原意,甚至不去仔细查对,以致出现了张冠李戴的错误。比较典型的是《解放日报》1985 年 8 月 29 日第 4 版刊载的杂文《杂谈〈古已有之〉》,该文在引用王安石的"三不足"说和《上仁宗皇帝言事书》时,指出王安石"被马克思称之为中国最伟大的改革家"。这种说法是不正确的。

　　第一、马克思从来没有评论过王安石,在马克思、恩格斯的著作中都找不到王安石的名字。因此,说马克思称王安石为中国最伟大的改革家是没有根据的,实际上是张冠李戴。

　　第二、真正评论过王安石的是列宁,不过列宁对王安石也没有冠之以"最伟大"三字。列宁在《修改工人政党的土地纲领》一文的注中说:"普列汉诺夫同志在《社会民主党人日志》第 5 期中警告俄国不要重蹈王安石的覆辙(王安石是中国 11 世纪时的改革家,实行土地国有未遂),并力图证明,农民的土地国有思想,按其根源来说是反动的。这种论据的牵强性是一目了然的。⋯⋯"①从列宁的这段注文,结合正文,可以知道,普列汉诺夫提出王安石曾经推行过土地国有的措施,后

———————————

① 《列宁全集》第十卷,第 152 页注②。

来遭到失败,因而警告俄国不要走王安石的老路。列宁严厉批评普列汉诺夫的这一观点,指出农民的土地全民所有制的思想固然含有许多反动空想的成分,但是不能否定整个农民运动的一般革命民主主义性质。很清楚,列宁以为王安石确曾实行过土地国有的措施,因此肯定王安石是"中国十一世纪时的改革家"。其实,在宋神宗时期,在王安石推行的所有新法如青苗、免役、保甲、市易等法中,都没有涉及土地制度问题,更没有实行过土地国有之法。

宋神宗熙宁三年(1170年)和熙宁四年,王安石和宋神宗曾有两次谈及解决土地问题的办法。第一次,王安石和宋神宗从光禄寺丞、崇文院校书范育的《复田役书》谈起,宋神宗问道:"范育如何?"王安石答道:"育言地制事,亦不全为迂阔。"又说:"臣见程颢云须限民田,令如古井田。"宋神宗说:"如此即致乱之道。"王安石进一步讲"王莽名田为王田事。"神宗说:"但设法以利害殴(驱)民,使知所趋避则可,若夺人已有之田为制限,则不可。"王安石答道:"今朝廷治农事未有法,又非古备建农官、大防圩埠之类,播种收获、补助不足,待兼并有力之人而后全具者甚众,如何可遽夺其田以赋贫民? 此其势固不可行,纵可行,亦未为利。"①从君臣间的这段对话,可以看出,宋神宗和王安石都不赞成由封建国家来剥夺兼并有力之人即地主富豪的田产而分配给贫苦农民耕种,认为贫苦农民的经济生活要靠地主富豪周济才能"全具"。王安石更明确提出,当时的形势根本不允许这样去做,即使这样去做了,对国家也没有好处。

第二次,王安石和宋神宗讨论唐代的租庸调法,他们都认为这是"善"法。王安石说:"此法近于井田。后世立事,粗得先王遗意,则无不善。今亦无不可为者,顾难以速成尔!"神宗问其原因,王安石答道:"今百姓占田,或连阡陌,顾不可夺之,使如租庸调法,授田有限。然世主诚能知天下利害,以其所谓害者制法,而加于兼并之人,则人自不敢

---

① 李焘:《续资治通鉴长编》卷213,熙宁三年七月癸丑。

保过限之田;以其所谓利者制法,而加于力耕之人,则人自劝于耕,而授田不敢过限。然此须渐乃能成法。"①王安石充分肯定唐代的租庸调法,认为此法接近于古代的井田制度。但是,他又认为现时没有条件实行该法,原因是现时有的百姓占田接连阡陌,国家又不能剥夺他们,所以贤明的君主如果能够洞悉天下的利害,就从兼并之家危害国家方面来制订法律,使之不敢占据超过限额的田产;从农民有利国家方面来制订法律,则农民乐意耕作,同时授(受)田也不敢超过限额。不过,王安石提出,如果要实行该法,就不能"速成",而只能逐步进行。不难看出,王安石甚至连唐代的租庸调法也认为不可能在当时实行,更不用说去实行古代的井田制度了。他认为最多由国家立法,对地主富豪的占田数量加以限制,对农民耕种的土地数量也加以限制,而且主张缓慢地实行。在这里,王安石并没有提出过土地国有的主张。

因此,必须指出,王安石在土地问题上根本没有提出过土地收归国有的主张,也没有推行过土地国有的新法。列宁虽然根据普列汉诺夫所说王安石曾经实行过土地国有法并遭到失败,而提出王安石是"中国 11 世纪时的改革家"的论断,但历史事实证明,王安石与土地国有法了不相关,因此列宁关于王安石的论断也成了无本之木、无源之水。

对于马克思主义经典作家的具体指示,应该本着马克思主义的从既有的事实出发的基本原则。如果仅仅因为列宁说过王安石是改革家,而不管历史事实如何,便断定王安石是改革家,那不是历史唯物主义的研究方法。如果历史事实足以证明王安石确实是改革家,那末引用或者不引用列宁对于王安石的上述评论也不是至关重要的,因为关键在于王安石本来就是改革家,而列宁对于王安石评论的根据原是不正确的。

(载《光明日报》1986 年 2 月 19 日第 3 版《史学》

第 408 期,又载《新华文摘》1986 年第 4 期)

---

① 《续资治通鉴长编》卷 223,熙宁四年五月癸巳。

范仲淹“庆历新政”行废考实

范仲淹(989—1052年)是中国历史上一位能够突破因循保守、提倡革新的杰出政治家和文学家。他在宋仁宗时期，主持了改革弊政的“庆历新政”，虽然这次改革历时不久，但他的遗志在十多年后，即在王安石和宋神宗主持的变法中得到实现，他的爱国胸怀、苦学精神、廉洁操守、宏伟抱负，永远值得人们景仰和学习。

近年来，范仲淹领导的庆历新政颇受史学界的重视，出现了较多的研究成果。但在庆历新政各项措施的行废问题上，各种著作提出了不同的看法，使读者莫衷一是。本文试图对庆历新政各项措施的实行和废罢进行专门的探讨，以期找到比较符合史实的结论。

一、庆历新政各项措施的实行问题

宋仁宗庆历三年(1043年)八月，范仲淹升任参知政事(副宰相)。九月，他根据宋仁宗的要求，草拟了十项革新纲领，这就是著名的《答手诏条陈十事》，从而揭开了庆历新政的序幕。

范仲淹在这一奏疏中指出：“历代之政，久皆有弊，弊而不救，祸乱必生。”“我国家革五代之乱，富有四海，垂八十年，纲纪制度，日削月侵，官壅于下，民困于外，夷狄骄盛，寇盗横炽，不可不更张以救之。”根据古代经典《易经》关于“穷则变，变则通，通则久”的理论，结合当时国家的形势，他认为必须进行“更张”，以便“法制有立，纲纪再振”，而达到"宗社灵长,天下蒙福"的目标。他所陈十事是:(一)"明黜陟"。即改变文官三年一迁和武官五年一迁的磨勘法。由主管机构负责在官员任满后"明具校定考绩","结罪闻奏"。官员中有"大功大善"或"高才异行"者可破格升迁,"事状猥滥"或老病愚昧者另作处理。(二)"抑侥幸"。重定贵族和高、中级官员子弟依靠"恩荫"做官的办法,禁止为子弟申请馆阁的职事,藉以革除滥赏和减省冗员。(三)"精贡举"。即改革专以辞赋和墨义取士的旧制,着重策论和经旨;先取履行,后取艺业,藉以"正教化之本,育卿士之才"。(四)是"择官长"。严格选差各路转运使、提点刑狱和各州、县的长官,废除"循例差除"制,改为逐级推荐制,用以"正纲纪,去疾苦,救生民"。(五)是"均公田"。地方官依照差遣等级给足"职田",使之丰足,藉以"责其廉节",防止贪赃枉法。(六)是"厚农桑"。每年二月各地开河渠,修筑堤堰和陂塘,"以救水旱,丰稼穑,强国力"。(七)是"修武备"。依照唐代府兵制,京师召募卫士五万人,使之"三时务农",用以捍卫朝廷。以后逐渐推广到各地。(八)是"减徭役"。裁并州县建置,减少职役轮差人数,使部分农民回乡务农,做到"人自耕作,可期富庶"。(九)是"覃恩信"。朝廷敕书宣布的恩典,三司和各地官衙必须执行;前朝的欠负,一律免除。(十)是"重命令"。改变朝令夕改的旧习,慎重立法,执法必严。

范仲淹所提十事,除厚农桑属于发展农业生产的措施外,其他各项都是属于政治改革的措施:其中明黜陟和抑侥幸、精贡举(培养选拔官员)涉及人事行政制度;择官长和均公田涉及澄清吏治;修武备涉及军事制度;覃恩信和重命令则要保证改革方案的贯彻。

范仲淹看到当时的内忧外患相逼而至,再不革新,国本就会动摇。在内忧和外患之间,他认为内忧引起外患,改革内政便可免除外患。所以,在他的十项建策中,有九项涉及内政的改革,仅一项即修武备是与边防有关。同时,他认为,弊病不是一朝一夕形成的,改革也不可一朝一夕完成。他说:"事有先后,久安之弊,非朝夕可革也。"①所以,在他

————————
① 《宋史》卷314《范仲淹传》。

看来,这十项建策实际上只是初步的,也是宋仁宗手诏中所提出的"当世急务"。经过大臣们的集议和宋仁宗的批准,这十项建策大部分陆续颁布施行,仅"修武备"一项由于"辅臣"们的一致反对而没有实行①。

可能因为宋人记载的纷乱,导致今人研究出现了许多歧异的见解。范仲淹的积极支持者富弼在所撰范仲淹墓志铭中提出,范仲淹的奏议被"阻而不行者,十(之)八九;行者又即改废不用,兹所以重主忧,而生民未得安也"。认为十分之八九的建议没有实行。张唐英所撰《文正公(即范仲淹)传》认为:"凡所措置,十未行一,而权势者大恶之。"他描述庆历新政实行之初,由于受到阻力,改革措施推行极少。不过,他虽然没有进一步说明改革继续推行的情况,但与富弼所说新政措施十分之八九被保守派阻碍而不能进行的情况比较相符。

受此影响,近年的一些专门著作出现了不同的说法。较早一点的是《中国通史》第五册,该书仅写"只是第一、二两项付诸实行,便由于侵犯到贵族官员的政治利益,遭到强烈的反对"。以下就没有进行交代②。陈荣照先生《范仲淹研究》一书认为,范仲淹的十大纲领中,第一、二、三、四、五、八各条"已略有实行"。又认为"二府如果选到好的地方官吏,对第六、九、十各项也会注意,只有第七项'修武备',除了陕西营田之外,好像并未经办"③。程应镠先生《范仲淹新传》认为:"庆历三年至四年,这十项建议先后由朝廷颁布,付诸实施。"又说:"皇帝(宋仁宗)对于他的请求、建议,一律付诸实施。"④《中国大百科全书·中国历史·辽宋西夏金史》"从庆历新政到王安石变法"一节,主张:"范仲淹、富弼提出'厚农桑'、'修武备'等建议则并未实施。"⑤真是众说纷纭。

根据宋人李焘《续资治通鉴长编》卷143以及《宋史·范仲淹传》

①　《续资治通鉴长编》卷143,庆历三年九月丁卯。
②　蔡美彪、朱瑞熙等:《中国通史》第五册,人民出版社1979年版,第130页。
③　陈荣照:《范仲淹研究》,三联书店香港分店1987年版,第155页。
④　程应镠:《范仲淹新传》,上海人民出版社1986年版,第126页和第132页。
⑤　《中国大百科全书·辽宋西夏金史》,中国大百科全书出版社1988年版,第33页。

的记录,范仲淹的十项建请,宋仁宗都"以诏书画一,次第颁下。独府兵、辅臣共以为不可而止"。明确提出十项建请中仅"修武备"没有实行。李焘在第一至第五项、第八项等后注明实行的日期:第一项"明黜陟"后,注明"十一月壬戌施行"。第二项"抑侥幸"后,注明"十一月癸未试馆职,丁亥减任子"。第三项"精贡举"后,注明"明年三月乙亥,施行贡举新制"。第四项"择官长"后,注明"十月丙午施行"。第五项"均公田"后,注明"十一月壬戌施行"。第八项"减徭役"后,注明"明年五月己丑施行"。李焘最后写明"余六、七、九、十并未详"。根据其他史籍,我们可以断定当时第六、九、十项还是初步实行的。

首先,第六项"厚农桑"。据《宋会要辑稿》记载,可以知道庆历三年十一月七日,仁宗曾依从范仲淹的提议,下诏说:"访闻江南旧有圩田,能御水旱,并两浙地卑,常多水灾,虽有堤防,大半隳废。及京东西亦有积潦之地,旧常开决沟河,今罢役数年,渐已埋塞,复将为患。宜令江淮、两浙、荆湖、京东、京西路转运司辖下州军圩田并河渠、堤堰、陂塘之类,合行开修去处,选官计工料,每岁于二月间未农作时兴役,半月即罢。仍具逐处开修,并所获利济大小事状,保明闻奏,当议等第酬奖。内有系灾伤人户,即不得一例差夫骚扰。如吏、民有知农桑可兴废利害,许经运司陈述,件析利害,画时选官相度,如委利济,亦即施行。"①将这一诏书与范仲淹的"厚农桑"加以对照,这一诏书显然依照范仲淹的"厚农桑"改写而成,显然是为了推行"厚农桑"而颁布的。庆历四年正月二十八日,仁宗又下诏,要求各地将陂塘、圩田和堤堰、河渠可备水灾的,或能够创置开决的,或能够兴复的,统计所需工料多少和利益广狭,申报朝廷。又规定了对地方官在兴修水利、课督农桑、开辟田畴和增加户口方面的奖惩原则,成绩显著者给予改转官资或者升迁差遣、循资、给予家便差遣等奖赏;提点刑狱、转运判官今后官衔中都带兼本路劝农,等等②。

---

① 《宋会要辑稿》食货7之11。

② 《宋会要辑稿》食货1之25—26。

其次,第九项"覃恩信"。范仲淹在《奏为赦后乞除放祖宗朝欠负》疏中,说得十分清楚,经仁宗批准,派杨日严和王质与三司一起"详定不系侵欺、盗用、该赦欠负",还进一步要求仁宗批准将"祖宗朝天下欠负,更不问侵欺、盗用,并与除放"①。这是"覃恩信"初步推行的有力证明。

最后,第十项"重命令"。据《宋会要辑稿》记载,庆历四年五月十二日,司勋员外郎吕绍宁建议朝廷将现行的编敕年月以后续降宣敕,命令大理寺检法官依照律的门类,分成十二卷,颁行全国,以便检阅,防止出入刑名。仁宗采纳了这一建议②。这是推行"重命令"方面的措施之一。

以上说明范仲淹的十项建策没有全部"先后由朝廷颁布,付诸实践",认为一律实施是不对的,因为第七项"修武备"根本没有付诸实施。同时,认为第六项"厚农桑"、第九项"覃恩信"和第十项"重命令"没有怎么实行也是不对的,因为这几项当时都陆续实施了。

二、庆历新政各项措施的废罢问题

近年来,论及庆历新政的各种史学著作,大都认为在庆历五年正月范仲淹和富弼分别被罢去参知政事和枢密副使之职后,各项建策便被推翻,一切恢复旧制,庆历新政宣告失败。诸如陈荣照先生《范仲淹研究》认为:"他的新政是由庆历三年十月开始实施,到庆历五年正月,他罢知邠州时便全部废弃,前后不过一年零三个月。"③《中国大百科全书·辽宋西夏金史》"庆历新政"条,也认为:"(庆历)五年初,范仲淹、韩琦、富弼、欧阳修等人相继被排斥出朝廷,各项改革也被废止。"④我

---

① 《范文正公集·奏议》卷上。
② 《宋会要辑稿》刑法1之5;《续资治通鉴长编》卷149,庆历四年五月癸酉。
③ 陈荣照:《范仲淹研究》,第164页。
④ 《中国大百科全书·中国历史·辽宋西夏金史》。

认为,不能将庆历新政的失败和范仲淹十项建策的大部分被推翻混为一谈。庆历新政是一项政治改革运动,随着它的领导人范仲淹、富弼、韩琦等人退出朝廷中央,从总体上看,它是失败了。但是,它的各项措施并没有全部立即废除。这一点往往被人们忽略。

范仲淹的十项建策,除"修武备"没有实施而无需废罢外,其他九项的遭遇不完全一样。最受贵族官僚痛恨的"抑侥幸"一项,本来包括好几方面的内容,被废罢时也是逐个方面陆续进行的。首先,在庆历五年三月己卯,朝廷下诏宣布:依靠恩荫得官的选人,自今只由吏部流内铨遇参选的时候,适当考试所习艺业注官,庆历三年十一月(丁亥)的"条制"停止执行①。这一"条制"原来对这类选人规定了担任差遣的最低年龄、严格的考试方法,还规定了不参加考试和没有三名京朝官担保,便永远不能担任实职("永不预选")②。废罢这一"条制"的诏令颁布后,也曾遭到有的大臣的反对。如监察御史包拯,向仁宗上疏,提出自从限制奏荫选人注官后,"天下士大夫之子弟莫不靡然向风,笃于为学"。最近臣僚上言要求撤销这个限制,这是"未之熟思尔"。或许"条制"还有不够尽善尽美的地方,希望"只令有司再加详定,依旧施行"③。说明包拯反对废除这一"条制"。其次,在庆历六年四月,朝廷下诏停罢庆历四年范仲淹所订限制大卿监以上圣节陈乞恩泽的"新制",宣布"并依旧者"。这时,一度反对过范仲淹的权御史中丞张方平表示异议。他说:范仲淹的"新制"中有难以实行的部分,如国子监、尚书省等事,现在都已冲改;仅"恩例"部分仍照此执行。不妨将范仲淹的建请"略从裁损,考之理道,已是适宜"。其中臣僚恩例,请求"且依新制为便","不可以人废言"④。几天后,朝廷又下诏恢复部分高级武官的"奏荐班行恩例"(指当时使相、节度使以下,正刺史、殿前都指挥使至龙神

① 《续资治通鉴长编》卷155。
② 《续资治通鉴长编》卷145。
③ 《续资治通鉴长编》卷155,庆历五年三月己卯。
④ 《续资治通鉴长编》卷158,庆历六年四月壬子。

卫四厢都指挥使、带遥郡团练使以上）；其他武官"依前后条贯施行"，即遵照庆历新政以来颁布的条贯执行①。李焘在编写到这段历史时，特意注明：这或许与张方平所说"不可以人废言相关"。这说明武官的恩荫待遇只有一部分恢复旧制，另一部分仍然执行改革后的新制。再其次，在庆历八年九月，殿中侍御史何郯向仁宗提出："近年大臣罢两府任，便陈乞子弟召试充馆职或出身，用为恩例。望自今后，馆阁不许臣僚陈乞子弟外，其陈乞及奏举召试出身，候有科场，与免取解及南省试，令赴御前与举人同试，以塞私幸。"这里的"恩例"是指庆历新政以前的旧制。朝廷经过大臣们商议，下诏："今后臣僚奏子孙弟侄等乞出身及馆职，如有合该恩例者，类聚一处，候及三五人，送学士院试诗、赋、论三题，仍弥封、誊录考试。其试官，令中书具学士姓名进呈点定。仍精加考试，候定到等第，临时取旨。"②我们不妨将何郯的奏疏和这一诏书（以下简称"后诏"）与庆历三年十一月癸未依照范仲淹的建议而颁发的诏书（以下简称"前诏"③）相比，"前诏"一律不准现任和前任两府和大两省以上官员为其子弟、亲戚申请馆职和读书等；何郯仍然坚持"前诏"的原则，不过也作了让步，提出准许官员为其子弟申请和奏举召试出身，在科举年份，给予免解和免省的优待，与其他举人一起参加御试；"后诏"则作了更多的让步，改为凑满三五人，送学士院严格考试，然后取得出身或馆职。可见虽然何郯的建议没有得到朝廷的采纳，但官员的子弟获得馆职或出身还要经过严格的考试，这一点仍然要比庆历以前的旧制严格一些。再其次，在皇祐二年（1050年）八月，新任知汉州何郯再次上疏，提出"朝廷向来已曾更改资荫条制，然而亲子孙亦以限年厘革，是致人心嗟怨，遂即复故"。这是指在庆历新政过程中实行减少官员任子优待的条例，但因遭到反对而被迫停罢。他进一步建议区分官员亲属的亲疏，凡逢圣节（即乾元节）可荫补亲属的官员，

---

① 《续资治通鉴长编》卷158，庆历六年四月戊午（八日）。
② 《续资治通鉴长编》卷165，庆历八年九月己未。
③ 见《续资治通鉴长编》卷145。

子孙依照旧制荫补,期亲逢郊祀荫补一名,其他亲属须两次郊祀荫补一名;凡逢郊祀可荫补亲属的官员,子孙依照旧制荫补,期亲须两次郊祀荫补一名,其他亲属须三次郊祀荫补一名。其中沿边守臣和路分应得恩例,照旧不变。何郯希望"如此等级裁减,一年内可省入官数十人";同时,对官员的"疏属"(远亲)"止以年月远近为限",也"不尽隔绝,酌于众心,计亦无怨"①。两年后,即皇祐四年九月,由御史中丞王举正和两制、台谏官议定,仁宗下诏规定:凡逢圣节可荫补亲属的官员,期亲依照旧制荫补,大功亲逢郊祀荫补一名,小功以下亲须两次郊祀荫补一名;凡逢郊祀可荫补亲属的官员,子孙依照旧制荫补,期亲须两次郊祀荫补一名,大功以下亲须三次郊祀荫补一名②。此后,朝廷还停止了圣节时的奏补③。由此可见,范仲淹的"抑侥幸"措施并没有完全被推翻,旧的恩荫制度也没有完全恢复。在范仲淹和富弼离朝之后,还有一些官员曾经出来支持"抑侥幸"的措施,又有一些官员曾经提出对"抑侥幸"措施稍作修改,以便减少阻力。

　　受到贵族官僚激烈反对的另一项改革措施即"明黜陟",在被废罢的过程中,也出现过一些波折。庆历八年二月,翰林学士张方平上奏札,重新提出旧的官员磨勘叙迁制度存在弊病,人们对此已经"习以为常,皆谓本分合得,无贤不肖,莫知所劝"。他要求仁宗"稍革此制"。其中理应磨勘叙迁的官员,一定要有劳绩值得褒扬,或者朝廷特敕择官荐举的官员,才准予迁转。如果没有劳绩,又不因荐举的官员,则应再延长年考④。仁宗是否采纳他的建议,不得而知。但这证明废除"明黜陟"也不是一帆风顺的。

　　"精贡举"一项,本来包括改革贡举考试制度和兴办学校两个方面。庆历五年二月己卯,仁宗下诏"礼部贡院,进士所试诗赋,诸科所

---

①　《续资治通鉴长编》卷169,皇祐二年八月己未。

②　《续资治通鉴长编》卷173,皇祐四年九月甲辰。

③　《续资治通鉴长编》卷169,皇祐二年八月己未。此指嘉祐元年(1056年)四月丙辰事,见《玉海》卷117《选举·庆历定任子令》和《续资治通鉴长编》卷182,嘉祐元年四月丙辰。

④　《续资治通鉴长编》卷163,庆历八年二月甲寅。

对经义,并如旧制考校"。这是采纳了知制诰杨察关于恢复贡举考试旧制的提议的结果。庆历八年二月,御史中丞鱼周询答仁宗手诏所问说:"愿陛下特诏进士先取策、论,诸科兼通经义,中第释褐,无令过多。"他试图恢复"精贡举"中改革贡举考试的措施,减少冗员①。至于兴学养士方面,自从重建太学以后,即使保守派官员,也没有提出过撤销太学的建议,尽管太学一度处于极不景气的境地。各地州县纷纷创办学校,"往往有学舍、官田、房廊之利",使"学校之盛,侔于汉、唐矣"②。

　　"厚农桑"一项,自从实行以后,从来没有人提出过异议。庆历五年九月,两浙路提点刑狱宋纯等人还向仁宗上疏说,凡官员能够擘画开修水利,都必须事先具所见利害,画成地图,申报本属州军和转运司或提刑司;确系本官衙选派部下官员,亲赴该地考察;确系应该开修,可以获得长期利益,当地乡耆调查落实后,差官具保,申报转运司和提刑司审查允当,才下达本属州县,计算民夫和材料、粮饷的数量,设法劝导得益人户自愿提供。李纯等还说:"仍依元敕,于未农作时兴役半月,不得非时差扰。候毕,具元擘画官,依近诏保明施行。"最后还声明,如果官吏擅自开修,不预申本属,"不得理为劳绩"等等。仁宗批准了这一建议③。这说明"厚农桑"措施仍在继续推行,只是强调在开修水利前要充分调查研究,保证有"经久利济",避免盲目动工。其中提到的"元(原)敕",就是庆历三年十一月七日颁布的诏书。此后,我们也没有看到宋朝统治者宣布废罢这一"元敕"的任何诏令。

　　"择官长"一项,在被废罢过程中,也有一些波折。庆历五年二月,曾有一名官员上疏,攻击"择官长"措施是"不唯上侵宰执之权,又下长奔竞之路","遂令端士并起驰骛"。要求仁宗"特罢此诏,一切令依旧"。欧阳修立即上奏状,指出这名官员所说"悉涉虚妄",对这名官员

①　《续资治通鉴长编》卷163,庆历八年二月甲寅。
②　赵汝愚:《国朝诸臣奏议》卷80,孙觉:《上神宗论取士之弊,宜有改更》。
③　《宋会要辑稿》食货7之12—13。

的这些谬论逐条加以反驳。他说："驰骛自是小人,岂名端士? 至如自来举官之法多矣,岂能尽绝小人干求? 况自颁新敕以来,何人旧是端士,顿然改节? 驰骛于何门而得举?"要求仁宗让这名官员说出"驰骛"者的姓名,如果说不出姓名,"则其欺妄可知也"。他还要求仁宗"审察爱憎之私,辨其虚实之说,凡于政令,更慎改张"①。庆历八年二月,御史中丞鱼周询在回答仁宗手诏所问时,重新提出荐举州军长官问题,认为"改弦易辙,正在此时"。要求选派两制和台谏官推荐两任的通判担任知州军事(必须是京朝官);如果这些通判"治状尤异",便允许他们直升省府判官、转运使副或提点刑狱。原来按照"常例"升迁知州等,"并一切停罢"②。显然,鱼周询实际上是主张继续执行"择官长"中荐举州军长官的措施。

　　以上说明,随着范仲淹、富弼等人的离朝,庆历新政从总体上说是失败了,他们提出的一些改革措施大部分被废罢,但有一些措施或有一些措施的某些方面并没有完全被废除,有的还在继续执行,有的还被进一步完善。

(载《学术月刊》1990 年第 2 期)

---

① 《续资治通鉴长编》卷 154,庆历五年二月乙卯。
② 《续资治通鉴长编》卷 163,庆历八年二月甲寅。

范仲淹与泰州捍海堰

宋代杰出的政治家范仲淹在担任幕职州县官期间,曾经参与修筑泰州的捍海堰。堰筑成后,有效地阻挡住海水的冲击,保护了大批农田,因而当地外逃的农民纷纷返回家园。后人为了表彰范仲淹的功绩,将这段捍海堰称为"范公堤"①。甚至泰州兴化县(今江苏兴化市)百姓"往往以范为姓"②。但是,泰州捍海堰是何时动工兴建的?何时完工的?范仲淹在兴筑过程中起了何等的重要作用?等等。目前,各种有关范仲淹的传记和研究著作,各有各的回答。为了厘清这些问题,本文首先探讨范仲淹在宋仁宗天圣元年到六年的任官经历,然后探讨泰州捍海堰的修筑过程,进而探讨范仲淹在整个工程中的作用以及捍海堰的规模和功效等。

一、范仲淹天圣元年到六年的宦历

南宋人楼钥所撰《范文正公年谱》中,有关范仲淹在宋仁宗天圣元年到六年,尤其天圣元年的宦历,最为不确。楼钥把范仲淹担任泰州西溪镇盐仓监官、知兴化县和监楚州粮料院都系于天圣元年,次年迁大理寺丞。但这与富弼所撰范仲淹《墓志铭》显然不合。富弼和范仲淹一起主持过"庆历新政",毫无疑问,富弼的这一记录比楼钥要更加可靠。《墓志铭》说:

① (明)陈应芳:《鰲集图》。
② 司马光:《涑水记闻》卷10。

制置使举监泰州盐廪，以劳进大理丞。又举知兴化县、建州关隶，以吴国老疾辞，监楚州粮料院，丁忧去官①。

这里，范仲淹是在任监泰州西溪镇盐仓时，由淮南、江浙、荆湖制置发运司使推荐而改官为大理寺丞的。在改官以前，范仲淹的官阶为权集庆军节度推官，属于幕职州县官（选人）之列；改官后，升为大理寺丞（相当于神宗元丰改制后的宣教郎阶），就意味着进入京官的官阶了。这是范仲淹一生中重要的转折点之一，可惜各家研究著作都没有注意到这一点。此其一。随后，按照宋朝的铨选法，官员初次改官，"须入"为知县。所以，范仲淹又经荐举，担任泰州兴化县知县。接着，朝廷任命他为建州关隶县知县，他因生母谢氏老病辞去此职。建州关隶县（今福建政和县）地处南方，离泰州较远，而谢氏年迈病重，自然难以长途颠簸。所以，他要求辞职。这一点也为各家研究著作所忽略。汤承业先生《范仲淹研究》把范仲淹的这段经历理解成知兴化县和修筑泰州捍海堰时发生的事情，说范仲淹"寻以母疾，去职，监楚州粮料院"②。陈荣照先生《范仲淹研究》也理解为范仲淹在天圣二年"又被保举知兴化县，寻以母疾，去职"③。这显然是不对的。此其二。范仲淹在楚州任职期间，老母谢氏去世。这一点也常常容易搞混。程应镠先生《范仲淹新传》认为，范仲淹是在泰州与淮南转运使胡令仪当面研究捍海堰工程时"因母丧，丁忧离去"的④。把范仲淹丁忧时在楚州任职，误解为在泰州。此其三。所以，范仲淹这段时间的经历，应该以该《墓志铭》为准，其先后顺序是先改官为大理寺丞，再知泰州兴化县和建州关隶县，最后为监楚州粮料院，在楚州丁母忧而解职。

根据范仲淹的这一任官顺序，参照其他资料，可以知道范仲淹这段

① 载《范文正公集·褒贤集》。
② 汤承业：《范仲淹研究》，台北编译馆中华丛书编审委员会 1977 年版，第 53 页。
③ 陈荣照：《范仲淹研究》，三联书店香港分店 1987 年版，第 71 页。
④ 程应镠：《范仲淹新传》，上海人民出版社 1986 年版，第 15 页。

时间任官的比较准确的时间。第一、在仁宗天圣元年,他仍旧担任泰州海陵县西溪镇盐仓监官。在他自己所撰《宋故卫尉少卿、分司西京胡公(令仪)神道铭》中说:"初,天圣中,余掌泰州西溪之盐局日……"①这证明范仲淹在天圣元年还在西溪任职。

第二、在天圣二年,范仲淹以监西溪盐仓的劳绩,由淮南等六路制置发运司荐举,改官为大理寺丞。前引富弼撰范仲淹《墓志铭》说得十分清楚,其具体时间则依楼钥撰《范文正公年谱》。

第三、范仲淹在改官后,必定先任泰州兴化知县。范仲淹撰胡令仪《神道铭》说,范仲淹在西溪时,看到秋潮浸害海陵和兴化两县农田,"旧有大防,废而不治","余乃白制置发运使张侯纶,张侯表余知兴化县,以复厥防"。泰州捍海堰工程是天圣二年秋开始动工的(见后),所以范仲淹任兴化知县,也必然从这个时候开始。

第四、范仲淹在天圣三年四月二十日《奏上时务书》中,向刘太后和宋仁宗提出救文弊、复武举、重三馆之选、赏直谏之臣等建议。在这份奏疏中,他自称"文林郎、守大理寺丞"②。按照当时官员的结衔习惯,如果范仲淹仍然担任著差遣的话,他不会故意漏掉差遣名称而只写文散官和阶官。唯一正确的解释,只能是这时他以母亲老病为由,辞去了派他去建州关隶县的新任命,这正是他辞去关隶新任,而尚未接到朝廷委派他为监楚州粮料院的更新任命的期间。

第五、范仲淹担任楚州粮料院监官必定在天圣二年八月和天圣三年四月二十日以后。因为天圣二年八月,宋仁宗采纳淮南、江浙、荆湖制置发运使司的请求,下诏审官院,"今后勾当真、楚、泗州粮料院,须是选差曾经历任、谙会钱谷京朝官充③。范仲淹在这一年改为京官,具备了担任楚州粮料院监官的条件。同时,在天圣三年四月二十日前,他辞去了关隶知县的新任,而新的任命尚未下达。所以,他担任楚州粮

---

① ② 《范文正公集》卷7。
③ 《宋会要辑稿》职官5之66。

料院监官只能在天圣三年四月二十日之后。

　　第六、范仲淹生母谢氏去世的时间。《范文正公年谱》说天圣四年"丁母夫人忧"。范仲淹撰《求追赠考妣状》说：

　　　　伏念臣自蒙恩改授京官，到今七年，除持服月日外，亦以四年余两个月，不敢俵求磨勘①。

从范仲淹改为京官起，往后整整七年，其中实际任职四年零两个月，其余两年十个月是持服的时间。宋代官员遇父母丧时，按规定要解职持服三年，实际共二十七个月②。范仲淹持服虽然不到三年，但也超过了二十七个月，而达到了三十一个月。范仲淹是天圣六年"服除"的，同年十二月四日，由御史中丞晏殊保荐，经翰林学士院考试，"策稍优，论优"，从大理寺丞晋升为"秘阁校理"③。范仲淹最迟到天圣六年十一月丁忧期满，那么往前推算二十七个月，就是天圣四年八月，这也就是谢夫人去世和范仲淹开始持服的时间。当然，这不是十分准确的时间，如果范仲淹像其他官员一样持服二十七个月，那么谢夫人去世和他开始持服的时间就要提前到天圣四年四月。同时，据宋理宗绍定二年（1229年）九月二十二日朝请大夫丁黼所撰《池州范文正公祠堂记》记载，范仲淹之"母终于楚"，表明这段时间范仲淹及其母亲都在楚州。由此可见，范仲淹之母谢氏是在范仲淹担任楚州粮料院监官时期去世，时间在天圣四年四月到八月。

二、泰州捍海堰的修筑过程

　　泰州捍海堰，位于宋代泰州海陵县（今江苏泰州市）东北。原来是

---

① 《范文正公集》卷18。
② 《中国历史大辞典·宋史》"丁忧"条。
③ 《宋会要辑稿》选举31之27—28。

唐代宗大历年间（766—779 年）黜陟使李承修筑的捍海堰的一段。李
承所筑的堰"自楚之盐城，南入扬州，绵亘通、泰之境，不惟蔽遮民田，
亭灶附依，尤利盐事"①。到宋真宗天禧五年，范仲淹去泰州担任监西
溪镇盐仓之职。西溪镇（今江苏东台县西南）地处海滨，镇外东部不远
就是大海。他发现这里的捍海堰业已"废而不治"，每年"秋潮之患，浸
淫于海陵、兴化二邑间，五谷不能生，百姓馁而逋者三千余户"。仁宗
天圣元年，范仲淹将这些情况申报制置发运副使张纶。天圣二年，范仲
淹改官后，张纶推荐范仲淹知兴化县，"以复厥防"②。同年秋天，捍海
堰工程开始动工。范仲淹在《泰州张侯（纶）祠堂颂》一文里说得十分
清楚：

> 惟兹海陵，古有潮堰。旧功弗葺，惊波荐至。盐其稼穑，偃其
> 桑梓。此邦之人，极乎其否。公坚请修复，乃兴厥功。横议嚣然，
> 仅使中废。公又与转运使胡公（令仪），再列其状，朝廷可之，仍许
> 兼领是郡，以观厥成。起基于天圣二载之秋，毕工于六载之春③。

范仲淹的这篇颂词，说明以下几个问题：一、泰州捍海堰的修筑开始于
天圣二年秋季，竣工于天圣六年春季。二、经张纶向朝廷坚决请求后，
捍海堰才开始动工。三、兴工后，因遭到"横议"反对，工程一度停顿。
四、张纶与转运使胡令仪再次向朝廷上奏状，要求把工程进行到底，朝
廷给予批准，并且任命张纶兼知泰州，直接对工程进行指挥。范仲淹曾
经是捍海堰工程的指挥者之一，而且写作颂词的时间离工程竣工不远，
因此应该说是最可信的。

　　既然范仲淹说泰州捍海堰是在宋仁宗天圣二年秋季开始修筑的，
那么为何李焘在《续资治通鉴长编》中却再三说是天圣四年八月丁亥

---

① 　楼钥：《攻媿集》卷 59《泰州重筑捍海堰记》。
② 　《范文正公集》卷 11。
③ 　《范文正公集》卷 6。

开始的呢？在该书卷 104 天圣四年八月丁亥条说："诏修泰州捍海堰。先是，堰久废不治，岁患海涛冒民田，监西溪盐税范仲淹言于发运副使张纶，请修复之。纶奏以仲淹知兴化县，总其役。"该书卷 105 天圣五年六月辛卯条和卷 106 天圣六年七月甲午条，也提出在天圣"四年八月丁亥，初修堰"。这是一个疑问。原来，发运副使张纶和转运使胡令仪在捍海堰工程停顿以后，再次向朝廷提出继续动工的要求，"朝廷可之"，便在天圣四年八月丁亥下诏"修泰州捍海堰"。因为这一次是由朝廷直接颁布诏书修筑，不免造成错觉，以为到这时候才开始动工。其实，正如范仲淹所说，工程早在两年以前开始了。

为了使捍海堰工程顺利完成，张纶主动向朝廷提出由他兼任知泰州事，以便亲自领导。李焘在《续资治通鉴长编》卷 105 天圣五年六月辛卯条记载："淮南、江浙、荆湖制置发运副使、文思使张纶兼权知泰州，管勾修捍海堰。"又在底下注明："《会要》在十月，今从《实录》。"据查，《宋会要辑稿》确将此事系在天圣五年十月，并且在张纶兼权知泰州后说明："时是州修捍海堰，故命纶兼领。其本司公事，仍令往来同发遣。"①张纶兼知泰州的时间，在宋代已经有了天圣五年六月辛卯和十月两种不同的记载，如今就更难辨清了。

到天圣六年七月初，泰州捍海堰工程圆满完成。范仲淹所撰张纶祠颂词是一个证据，《续资治通鉴长编》和《宋会要辑稿》也提供了两个旁证。《续资治通鉴长编》卷 106 天圣六年七月甲午朔条说：

> 淮南、江浙、荆湖制置发运副使张纶领昭州刺史，前淮南转运使、主客郎中胡令仪为金部郎中。捍海堰成，故有是命。

同书卷 104 天圣四年八月丁亥条，也记载张纶和胡令仪在天圣六年七月甲午朔，因修堰成功而"迁官"。《宋会要辑稿》食货 8 之 40，天圣六

---

① 《宋会要辑稿》职官 47 之 6。

年七月条记载：

> 淮南发运司兴修泰州捍海堰毕工。诏以发运使兼知泰州张纶
> 领韶州刺史，转运使司胡令仪迁一官。堰内归业人户，免三年差
> 役、税赋。督役三班、壕寨军校，等递（第）支赐有差。

张纶和胡令仪在七月初一日受到朝廷的嘉奖，可见泰州捍海堰最迟到
天圣六年六月竣工。

三、范仲淹在泰州捍海堰工程中的作用

范仲淹在泰州捍海堰的整个修筑过程中发挥了重要的作用。但后
代人在记述他的功绩时，也有一些渲染的成分。

确实，修复泰州捍海堰的建议最早是范仲淹提出的。范仲淹在任
西溪盐仓监官时，发现旧堰年久失修，便向制置发运副使张纶提议修
筑。所以，范仲淹在整个工程中立下了倡议之功。

在受命知兴化县后，范仲淹与泰州军事推官滕宗谅"同护海堰之
役"。范仲淹在所撰《天章阁待制滕（宗谅）君墓志铭》中说：

> 在泰（州）日，予为盐官于郡下，见君职事外，孜孜聚书作文
> 章，爱宾客。又与予同护海堰之役，遇大风至，即夕潮上，兵民惊
> 逸，吏皆苍惶不能止。君独神色不变，缓谈其利害，众意乃定。予
> 始知君必非常之才，而心爱焉。君去海陵，得召试学士院，改大理
> 寺丞、知太平州当涂县①。

这段墓志叙述了三件事：一是范仲淹在泰州担任西溪镇盐仓监官时，与

---

① 《范文正公集》卷13。

滕宗谅共事过。二是滕宗谅与范仲淹曾经一起负责捍海堰的工程,期间突然遇到大风,海潮汹涌而上,滕宗谅镇定自若,抚定兵民。三是滕宗谅离开海陵(即泰州)后,得以召试学士院,改官为大理寺丞,授太平州当涂县(今安徽当涂县)知县差遣。这里便产生了一个问题,即范仲淹与滕宗谅"同护海堰之役",是否正在范仲淹担任西溪镇盐官的期间? 如果回答是肯定的话,那么捍海堰的工程就要提前到仁宗天圣二年范仲淹知兴化县以前,这就与范仲淹自己所说捍海堰"起基于天圣二载之秋"发生了矛盾。否则,就是前面的考订存在不实之处。但是,根据其他史籍,不难发现范仲淹在滕宗谅墓志的这段文字中,扼要地叙述他对滕宗谅的由浅入深的了解过程,叙述时几乎信手写来,不斤斤计较乎时间的精确性。《宋会要辑稿》记载,仁宗天圣五年七月十二日:

前泰州军事推官滕宗谅召试学士院,策稍堪,论稍优,诏为大理寺丞,依前知太平州当涂县①。

由这段文字,可以知道滕宗谅在泰州时任军事推官;离开泰州后,赴太平州任当涂县知县。然后应召赴学士院考试,改官为大理寺丞,依旧回太平州当涂县任职。这段文字与滕宗谅《墓志铭》不太相同:《墓志铭》说滕宗谅离开泰州后,应召赴学士院考试,然后改为大理寺丞、知当涂县,而这接文字则记载滕宗谅在召试前已经担任当涂知县了,召试及格后只是由幕职州县官改为京官的官阶,至于差遣则依旧未变。由此可见,范仲淹在写这篇墓志时,比较笼统地叙述滕宗谅的任官过程,所以在时间上记载并不精确。由此还可推测,范仲淹与滕宗谅"同护海堰之役"不会在范仲淹任泰州盐官的时候,而必定在此事之后。这样,就与范仲淹所说"起基于天圣二载之秋"一致了。

在捍海堰工程进行过程中,遇到了大雨雪,海浪汹汹拍岸,役夫逃

---

① 《宋会要辑稿》选举31之14。

散,工程停顿。朝廷派遣宦官前来检查,准备撤销这一工程。随后,再派转运使胡令仪来泰州调查。据《续资治通鉴长编》卷104天圣四年八月丁亥条记载:"又诏淮南转运使胡令仪同仲淹度其可否,令仪力主仲淹议。"似乎胡令仪来泰州专门与范仲淹商议过工程事宜,胡令仪还支持范仲淹将工程进行到底的意见。但是,这时候范仲淹是否还在泰州,已成疑问。因为,第一、如前所述,范仲淹最迟在天圣三年四月二十日已经离开泰州兴化县。第二、范仲淹在胡令仪《神道铭》中,仅记述胡令仪受命为淮南转运使,"以究其可否",胡令仪"急驰而至,观厥民,相厥地"等,根本没有提及与范仲淹商议一事。我们知道,李焘在编写《续资治通鉴长编》卷104天圣四年八月丁亥"诏修泰州捍海堰"条时,其依据的资料主要是范仲淹所撰的胡令仪《神道铭》和张纶《神道碑》,其中仅最后一段关于捍海堰规模的记载不知何所依据。由此可见,李焘所载朝廷派胡令仪同范仲淹"度其可否",胡令仪"力主仲淹议"云云,并不完全可靠。

　　总结修筑泰州捍海堰的整个过程,范仲淹是工程的倡议者,一度还是工程的负责人之一,离开泰州后他还关怀工程的进展。这是范仲淹在这个工程中的作用。

　　在弄清了范仲淹在捍海堰工程中的作用的同时,也有必要弄清张纶和胡令仪的作用。张纶作为当时的淮南、江浙、荆湖六路制置发运副使,向朝廷提出修复泰州捍海堰的要求,不料遇到"议者难之,谓将有蓄潦之忧",他反驳说:"涛之患岁十而九,潦之灾岁十而一,护九而亡一,不亦可乎?"他要求兼任知泰州之职,亲自筹划这一工程。从天圣五年六月辛卯到次年七月甲午,他总领这一工程达一年之久。淮南转运使胡令仪在工程中也起了重要作用。当工程几乎"中罢"之时,他受命"急驰而至",到现场视察,他感叹地说:"昔余为海陵宰,知兹邑之田特为膏腴,春耕秋获,笑歌满野,民多富实,往往重门击柝,拟于公府。今葭苇苍茫,无复遗民,良可哀耶!"于是"抗章请必行前议",以竟全功。取得朝廷批准后,他与张纶"共董其役,始成大防"。二十多年后,当范仲淹为胡令仪写《神道铭》时,充分肯定胡令仪和张纶的功绩,指出这一工程"二公实成之"。这也有力地说明胡令仪在这个工程中的作用。

总之,正如范仲淹在上述《神道铭》中所说,泰州捍海堰工程是"余始谋之,以母忧去职,二公实成之"。这比较如实地概括了他自己和张纶、胡令仪在整个工程所起的作用。

四、泰州捍海堰的规模和功效

宋代泰州捍海堰只是指泰州境内的一段防海堤,全长一百五十里(宋里),受益者二三千户。范仲淹所撰的三篇文字,足以说明这一情况。一是胡令仪《神道铭》。该文记载,泰州海陵、兴化两县之间,因为秋潮浸溢,"五谷不能生,百姓馁而逋者三千余户"。捍海堰修成后,"亘一百五十里,潮不能害,而二邑逋民悉复其业"。二是张纶《神道碑》。该文记载:"海陵郡有古堰,亘百有五十里,厥废旷久,秋涛为患,公请修复。……堰成,复逋户二千有六百。"三是《泰州张侯祠堂颂》。该文记载,堰成后,"期月之内,民有复诸业射诸田者共一千六百户,将归其租者又三千余户"。此外,李焘《续资治通鉴长编》卷104天圣四年八月丁亥条,还具体记载张纶"筑堰自小海寨东南至耿庄,凡一百八十里……流逋归者二千六百余户"。基本与范仲淹自己的记述吻合。南宋人楼钥撰《泰州重筑捍海堰记》也指出,范仲淹在天圣初年在唐代捍海堰的基础上"又宏之大"、"徙堰少西,以避海涛之冲","是亘一百四十三里有奇,甓其外以为固。置兵五百人,分列五寨,专典缮修"[①]。吕祖谦在宋孝宗淳熙五年(1178年)二月撰《泰州修桑子河堰记》说,泰州东部捍海堰"初作于文正范公,首起海陵,尾属盐城,衡两县间百余里"。还指出"独桑子河以南,迄如皋境,缭许氏庄后,皆文正规略所未

---

① 《攻媿集》卷59。

及。春夏霖雨,海汐暴兴,田庐冒没,版籍日耗"。淳熙四年十月,修堰功成,共长三十五里①;更详细地记录了泰州捍海堰竣工后的日常维修情况,以及范仲淹未及兴复的另一段泰州捍海堰的情况。

然而有些宋人笔记,对泰州捍海堰的规模和功效有记载失实之处。诸如司马光所撰《涑水记闻》卷10说:

> 通、泰、海州皆滨海,旧日潮水皆至城下,土田斥卤,不可稼穑。范文正公监西溪仓,建白于朝,请筑捍海堤于三州之境,长数百里,以卫民田。朝廷从之,以文正为兴化令,专掌役事。又以发运使张伦兼知泰州,发通、泰、楚、海四州民夫治之。既成,民至于今享其利,兴化之民,往往以范为姓。

这里把泰州一州的捍海堰,夸大为连贯通州和泰州、海州三州之境的捍海堰,长度也由一百五十里增加到数百里;又把由范仲淹和滕宗谅两人"同护海堰之役"变为范仲淹一人"专掌役事",把张纶写成张伦,把他的差遣"发运副使"写成"发运使"。这些都说明司马光的这则记载,并没有以准确的史料为依据,而是记录了一些道听途说的内容,因此出现了不少误差。

再如范镇《东斋记事》卷3说,泰州捍海堰大功告成后,"复租户万二千七百"。比范仲淹当时的记录多了整整一万户。这显然是失于考查的结果。

五、结　语

范仲淹在宋仁宗天圣元年,继续担任泰州西溪镇盐仓监官,向淮南、江浙、荆湖制置发运副使张纶建议修复泰州捍海堰。天圣二年,经

---

① 《东莱集》卷6。

磨勘改官为大理寺丞,由张纶推荐,任泰州兴化县知县,与泰州军事推官滕宗谅一起主持捍海堰的修筑工程。同年秋天,捍海堰工程开始动工。天圣三年四月前,范仲淹改任建州关隶县知县,因生母谢氏老病,不堪长途颠簸,辞职。天圣三年四月后,范仲淹离开捍海堰工地,任楚州粮料院监官。天圣四年四月到八月间,生母谢氏去世,范仲淹开始持服守丧。同年八月,朝廷正式下诏修筑泰州捍海堰。天圣五年六月,张纶兼知泰州,与淮南转运使胡令仪一起领导捍海堰的工程。天圣六年七月,泰州捍海堰修复工程胜利结束。

范仲淹、滕宗谅和张纶、胡令仪在天圣二年到六年修复的泰州捍海堰,只是泰州境内捍海堰的一段,全长一百五十里。

（载台北《大陆杂志》第 81 卷第 1 期,1990 年 7 月）

再谈宋墓出土的太学生牒

　　1975年7月,江苏金坛南宋周瑀墓出土的补中太学生牒,是研究宋代教育制度和典章制度的一件珍贵的文物。《考古学报》1977年第一期镇江市博物馆等撰《金坛南宋周瑀墓》(以下称《报告》)和《文物》同年第七期镇江市博物馆等撰《江苏金坛南宋周瑀墓发掘简报》(以下称《简报》),对此牒作了详细的介绍和考订。《文物》同期还刊登了焦绿同志撰《略谈宋墓出土的补中太学生牒》(以下称《略谈》),对此牒又进一步作了考订和解释。但是,遗憾的是以上三篇著作对牒文一些内容的考订和解释,还存在着一些错误和不够准确之处,因此,我提出来予以订正和补充,不当之处,请同志们指正。

一、补中太学生牒文的标点

　　《简报》抄录了周瑀补中太学生牒的全文,但未作标点。《报告》刊登了此牒的照片,抄录了全文,并作了标点。由于《报告》对牒文的标点存在一些不准确之处,致使对牒的有些内容的解释也就出现了错误。同时,个别文字在抄录时也显然有误。因此,我首先按照《报告》所载牒文的照片,将牒文重新标点如下:

　　行在国子监　羽字号
　　　　准淳祐四年八月　日敕,礼部状:"据国子监申:'检准绍兴十三年十二月十一日敕节文,补试中选学生,依仿嘉祐、治平间给画旨赞词绫纸,奉圣旨依。本监今开具淳祐四年补中太学生、国学生郑宜等二百八十七名申部,乞申明朝廷指挥行在所属,给降素白绫纸二百八十七道付监,从例书填给牒施行.'本部所据国子监申到事理,伏乞朝廷指挥施行,伏候指挥。"八月八日,奉圣旨:"依礼部所申施行",须至给牒者。学生周瑀,本贯镇江府金坛县三洞乡碧鸾里。父为户。曾祖耆,故,不仕。祖济,故迪功郎,平江府嘉定县主簿。父拱,登仕郎。习《礼记》,淳祐四年补中,当年年二十三。牒周瑀:成均,材之圃也。言艺其苗,言擷其秀。既曰擷之,曷不艺之?士之入于斯,出于斯,有硕其美者相踵也,庸非国家养士之仁乎?有养士之仁,有自养之仁,清省母(毋)怠。准

敕给牒补充太学生,故牒。

淳祐五年八月　日牒。

胥佐魏澄(押),胥长吴世荣(押)。

奉议郎、丞姚(押)。

朝请大夫、司业兼国史院编修官、实录院检讨官陈(押),

祭酒(阙)。

对照《报告》对牒文的标点,可以看出,第一,《报告》的执笔者对于周瑀父周拱的官衔和职务有明显的误解。执笔者认为周瑀之"父拱,登仕郎习礼记",把"习礼记"看成是周拱的官职。又说:"习礼记究竟是什么职务,手头尚无查考资料。根据习礼记三字,推测有二种可能:一种是在金坛县衙前专门搞'赞祭'之类的人物;另一种可能是经常被县学找去讲礼记课的儒生。……从'习礼记'三字来看,周拱可能熟于《礼记》而被聘去讲授《礼记》,故称之为'习礼记'。此二说哪一说接近正确,尚待进一步查考。"我认为这两种推测都没有理由。因为,在宋代的官制中,不存在所谓"习礼记"的官职,这就是说,"习礼记"跟周拱的官职没有关系。相反,从牒的上下文看,"习《礼记》"正是周拱之子周

瑀在考入太学前所专攻的课程和补入太学后学习的专业（当时称"专一经"或"逼一经"），所以，准确的标点应该是在"父拱，登仕郎"之后加上句号，与"习《礼记》"断开，把"习《礼记》"与"淳祐四年补中，当年年二十三"，连在一起。只有这样，才能比较完整地弄清周瑀本人的身份。

第二，《报告》执笔者对宋代官府给皇帝的奏状有所误解。《报告》中所引用的牒文出现了如下文字："状据国子监申，检准绍兴十三年十二月十一日敕节文。"显然，"状"字是前一句"准淳祐四年八月　日敕，礼部状"的最后一字。这一"状"是礼部奏报宋理宗的公文。据《庆元条法事类》卷16《文书门一·文书》记载，当时的状有一定的"式"，并且规定"臣下及内外官司陈叙上闻并用此式"。礼部正是按照这一规定给宋理宗奏陈这状的，同时又是依据国子监所"申"事理撰写的。

第三，《报告》和《略谈》对牒文的记录和引用牒文时有明显的误字。如"依仿嘉祐、治平间绘画旨赞词绫纸"，其中的"绘"字使人费解。据李心传《建炎以来系年要录》卷150，绍兴十三年十二月癸巳诏："试中（国子）监学生，依嘉祐故事给绫纸。"证明"绘"字是"给"字之误。

二、宋代对太学生颁发监牒的制度

宋代沿袭前代的制度，对太学生颁发证明文件——牒。这种牒当时叫做监牒，有时也称为绫牒、卷牒，这是由发牒的官府国子监、制造牒的主要材料绫以及牒保存时常常采用卷成一卷的形式而得名的。

在北宋仁宗朝以前，有关监牒的记载简略，未得其详。仁宗庆历二年（1042年），天章阁侍讲、史馆检讨王洙上疏，请仿效唐制设立四门学①，以八品官以下到庶人的子孙补充学生。附监听读已久的学生，以后每年补试一次，录取文理相通者，"具名闻奏，给牒收补"，作为正式

---

① 北魏于京城四门立学，后因地远，迁入太学。唐代除国子学、太学以外，还设四门学，从七品以上等官员子弟中招收四百名学生，又从庶人中招收八百名学生。见王应麟《玉海》卷112《学校下·唐四门学》。

的"生员"①。皇祐五年(1053年),仁宗下诏命国子监"察验"某些监生私自将"补牒"售给别人,致"使流寓无行之士冒试于有司"②。英宗治平三年(1066年),司马光在《贡院乞逐路取人状》中指出,"四方学者"中"有身负过恶,或隐忧匿服,不敢于乡里取解者,往往私买监牒、妄冒户贯,于京师取解"③。同年,国子监共补到监生六百人,但仍有一百六十道监牒(一作一百十道)无人请领。国子监检查原因,原来是以前补试监生,都在六月内了结,监牒上的姓名、三代等项目,等候举人来请时书填付给。近年多在七月,到时候"则已锁试院,遂为预书之,乃致有余,因缘生弊"。所以,英宗下诏,今后补试监生,必须在六月内结束,不准举人再陈状请求延期④。

宋仁宗嘉祐和英宗治平年间的监牒式样,据《咸淳临安志》卷11《学校·太学》和《宋会要辑稿》职官28之24《国子监》绍兴十三年十二月十一日条记载,当时"太学养士,补试中选者,谓之监生。人给监帖,画以中旨,右以赞词,告戒丁宁,待之甚厚"。说明这时的监牒上,规定要画中旨、写赞词。这与周瑀监牒上所载"依仿嘉祐、治平间给画旨、赞词绫纸",是一致的。可见北宋时国子监对太学生都颁发监牒,牒上要填写太学生的姓名、三代,并且画旨、赞词。同时,这时已经出现太学生出售监牒和外地举人私买监牒的现象。

南宋初年,国子监并归礼部,止存其名,并无学生。高宗绍兴十二年(1142年),统治者筹备重建太学。次年正月,以抗金将领岳飞的第宅改为太学校址。十二月辛卯(九日),新知永州熊彦诗上疏说:"窃见嘉祐、治平间,太学养士,补试中选者,谓之监生。人给监帖,画以中旨,右以赞词,告戒丁宁,待之甚厚。当时士人有在此选,皆实(宝)藏其帖,传之子孙,以为荣遇。"熊彦诗还说,最近在知饶州周缙处,见到其

① 《宋会要辑稿》崇儒1之29—30《太学》。
② 《宋会要辑稿》职官28之4《国子监》。
③ 《温国文正司马公文集》卷30。
④ 《宋会要辑稿》职官28之5《国子监》。

父为监生时的帖,这帖的式样是"写以文绫,叠以监印,如告身制度。""望下国子监,依仿当时制度,以给诸生,以示国家待士之意。"①同月癸巳(11 日),宋高宗下诏:"试中监学生,依嘉祐故事给绫纸。"②这一记载说明南宋的太学生牒,是按北宋的制度制造和颁发的。监牒的式样,除了依旧画旨、赞词以外,还像官告(委任状)一样"写以文绫,叠以监印"。新发现的周瑀的监牒,虽然只是周瑀死后随其遗体葬入墓内的复制件,但仍可看出原件的一个大概,即监牒是由绫制成的,牒上还加盖了国子监的许多朱印(复制件在原盖印处以"印"字代替)。

宋代监牒的式样,如上所述,完全仿照官员的告身。宋代的官告,据《宋会要辑稿》职官 11《官告院》记载,大致上按官职的高低规定不同的规格,为宰相、亲王等用五色背金花绫纸,犀轴,晕锦裱;三师、三公、枢密使等用白背五色金花绫纸、犀轴、晕锦装;三司副使、升朝官太常博士以上,用大绫纸、大锦裱、大牙轴。还有更低一级的官员,用中绫纸、中锦裱、中牙轴,或用小绫纸、小锦裱、木轴。官告的绫纸,由文思院统一织造,并在绫上织"文思院制敕绫"等字,以防假冒。官告院设绫纸库,专门制造官告,所用材料有绫纸、朱、胶等。官告上规定要填写官员的姓名、三代、乡贯和年甲。

宋代的官告,我们还没有见到过实物。但宋代的牒,解放后已经发现过。1958 年,山西吕梁县曾经发现两件牒。一件是大观四年(1110 年)封顺民侯牒,另一件是崇宁二年(1103 年)赐丰济庙额牒。前一件全长 568、宽 28、边宽 1.2 厘米,绢质,黄色,蓝边,两头有卷轴。后一件全长 160、宽 42.5、边宽 1.5 厘米,绫质,黄色,蓝边,两头有卷轴③。这两件牒的装裱、书写式样,跟周瑀的监牒有许多相似之处。这说明,宋代的牒虽然根据不同的需要,有一些差别,但大致上有一个统一的格式①。

绍兴十三年制发的监牒赞词中,有"复兴太学"四字。到孝宗乾道七年(1171年),国子监认为如今已"兴复日久",赞词却仍用"复兴太学"四字,因此要求朝廷改换赞词的"所有词语"。于是孝宗命国子监重新撰赞词②。由这一记载来看,监牒上的赞词是经过朝廷审定的词语,而不是每一件监牒上各题一种赞词。由于国子监一次要颁发上百件甚至几百件牒,因此只能统一裱装,统一雕版印刷,到颁发时再按太学生各自的姓名、年龄、三代等书填。

宋理宗淳祐四年周瑀补入太学后,太学曾连续几次发生监生闹学的事件。其中一次,由于临安府的逻卒拘留和杖责了违令使用青盖的监生的仆人。第二天,监生们诣阙控告临安府尹,但朝廷大臣未予理采,也不把监生的奏章上报宋理宗。于是监生们从太学蜂拥而出,"置绫卷于崇化堂",太学为之一空。针对监生闹学,朝廷下令,"诸生"如再"纳绫卷而去,当以诸郡庠(即州学)职事补其缺"。因为害怕被毁抹监牒而取消太学生的资格,监生们的学潮才逐渐平息③。这一记载表明,太学生平日把监牒视作瑰宝,所以在闹事时故意把监牒放在太学的崇化堂,向朝廷示威。同时,也表明监牒收藏时采取卷轴的形式,这跟周瑀的监牒用楠木作卷轴是一致的。

三、监牒上的赞词

宋代有些牒文按规定要题赞词。所谓赞词,顾名思义,包含有勉励之意。除太学生牒要有赞词而外,中书、门下等省吏人的牒也规定要题写赞词。周必大《二老堂杂志》卷4《省吏补牒》记载,绍兴三十一年(1161年)五月,省吏自孔目官沈浚以下,递升一级,皆发给绫牒,"赞辞

---

① 《两浙金石志》、《江苏金石志》等书对宋代的敕牒均有著录。
② 《宋会要辑稿》崇儒1之40《太学》。
③ 叶绍翁:《四朝闻见录》甲集《太学诸生置绫纸》。

如补太学生者,其首云'牒件某人'云云,其末云'补充史馆某职'"。周必大还说,这是北宋熙宁以前的"定本"。

至于南宋监牒的赞词,如前所述,从宋高宗绍兴十三年到孝宗乾道七年为一阶段,内容中有"复兴太学"四字。乾道七年以后,至少到理宗淳祐五年,甚至一直到南宋亡国,为另一阶段。这一阶段的赞词在乾道七年由朝廷委人另撰后,一直延续不变。杨万里《诚斋集》卷96《杂著·词》载有《给太学士人绫纸词》,全文是:"牒某人:成均,材之囿也。言艺其苗,言擷其秀。既曰擷之,曷不艺之?士之入于斯,出于斯,有硕其用者相踵也,庸非国家养士之仁乎?有养士之仁,有自养之仁,往(清)省毋怠。事须准敕给牒充太学生,故牒。"对照周瑀监牒的赞词,可以看出,除最后一句"事须"两字不见于周瑀监牒以外,其余完全相同。

据《诚斋集》卷133 附《历官告词》,杨万里在乾道六年(1170 年)十月六日至七年七月二十八日之间,曾经担任过国子博士。范成大在所撰杨万里任国子博士的告词中,赞扬杨万里"词华蔚然,思覃于古"。《诚斋集》还收录杨万里所撰《太学私试策问》、《太学上舍策问》等试题。这说明杨万里在国子监任职期间确实为太学写过一些东西。因此,宋王朝命杨万里重撰监牒的赞词,也就毫不奇怪。

《报告》认为,南宋的监牒在高宗绍兴年间曾题写赞词,绍兴以后"似乎"不再"沿用此法"。直到理宗时,由于"统治集团已摇摇欲坠",理宗"拼命地吹捧孔老二、程颐、朱熹等反动儒家说教",就"重新抛出绍兴年间所玩弄的所谓'赞词以宠之'的收买地主知识分子的办法"。我认为,这一说法较为欠妥。根据上述文献,可以证明,不仅在绍兴以后沿用此运,而且在孝宗乾道七年还重撰新的赞词,从此,这一赞词至少一直用到理宗淳祐五年,即发给周瑀监牒的时候。

这里,还需要简单解释的是赞词中的"成均"两字。所谓成均,是周代大学的通称。《周礼·春官》记载,大司乐"掌成均之法,以治建国之学政,而合国之子弟焉"。宋代的士大夫经常把"成均"一词当作学校特别是太学的同义语。周密《癸辛杂识》后集,录有南宋后期太学的规章制度,以"成均旧规"为题。范成大撰杨万里任国子博士的告词说:"成均,教养之地。"吴自牧《梦粱录》和叶适《论学校》也都提到:"成均""所以养育作成天下之士类,非州县学比也。"表明"成均"此词在宋代士大夫著书作文时经常使用。

四、宋代的学官和周瑀牒上著姓画押者

宋代直属朝廷管辖的学校,有国子学、太学、武学、律学、小学等。国子监是总管这些学校的机构。国子监的最高长官,在宋神宗元丰前称为"判监事",此后改称"祭酒"。祭酒掌管国子学、太学等的政令,以官阶为从四品的官员担任。司业是祭酒的副手,官阶为正六品。丞管理簿书和财赋,官阶为正八品。祭酒、司业和丞各设一员,"常择威重有行实者为之"①。此外,还设主簿、博士、学录、学正等多员。

周瑀监牒上著姓画押的三名学官,祭酒暂"阙"(无人任职),司业姓陈,丞姓姚。《报告》和《略谈》经过考订,一致把给周瑀发牒前的祭酒定为项容孙,司业定为陈埙,丞定为姚希得。根据记载,我认为,《报告》和《略谈》的考订都不够精确,因为,除国子监丞肯定是姚希得以外,其余二人都与事实大有出入。

首先,是发牒前究竟谁担任国子监祭酒。根据记载,在淳祐五年八月国子监发给周瑀监牒时,项容孙早已不担任祭酒一职。《宋史全文》卷33《理宗三》说,淳祐四年五月乙卯,宋理宗下诏,以权吏部侍郎兼国子祭酒项容孙等人为"殿试详定官"。又《宋季三朝政要》卷2说,此年九月,项容孙改除吏部侍郎。此后,项容孙就不再担任祭酒之职。《宋史全文》又说,淳祐五年九月,由于右正言郑寀的弹劾,项容孙以依附奸相史嵩之的罪名而被"落职罢祠"。《报告》和《略谈》认为:"在发牒

①　《咸淳临安志》卷11《学校·太学》。

时间,正是原国子祭酒项容孙因附丽权相史嵩之而被参'落职罢祠',新的祭酒可能尚未任命。"根据上引史料,我认为,这一推断是错误的。第一、早在淳祐四年九月即发牒前一年,项容孙已经不是国子祭酒,而改官为吏部侍郎了。第二、发牒的时间是淳祐五年八月,一个月以后项容孙被罢去官职,如果项容孙在罢官前一直担任国子监祭酒,周玙的监牒上就不可能在"祭酒"名下填"阙"字。由此可见,把发牒前的国子监祭酒定为项容孙是不对的。

既然如此,那末,这名"原国子祭酒"应该是谁呢?《宋史》卷424《徐元杰传》记载,将作监徐元杰曾对宋理宗面奏,反对史嵩之"起复"(史父死,按例应去官守丧三年。史未待终丧,提前复职)为右丞相兼枢密使。据《宋史》卷43《理宗纪三》,此事发生在淳祐四年九月己未。《徐元杰传》又说,徐的奏疏"朝野传诵",理宗"察其忠亮",不久,即收回史嵩之"起复"之命。徐元杰也被任命"兼右司郎官,拜太常少卿兼给事中、国子祭酒、权中书舍人"。次年六月初一,徐元杰突然暴病身亡。周密《癸辛杂识》别集卷下《嵩之起复》条说:"(史)嵩之之起复也,匠监徐元杰攻之甚力,遂除起居舍人、国子祭酒,仍摄行西掖。未几暴亡。"说明徐元杰死前,一直担任起居舍人、国子祭酒、权中书舍人(即"摄行西掖")等职。正因为徐元杰是在六月初死的,到八月朝廷尚未任命新人任祭酒之职,所以周玙的监牒上国子祭酒名下仍填"阙"字。因此,这名"原国子祭酒"应该是徐元杰,而不是项容孙。

其次,在发牒时谁是国子司业。《报告》根据《宋元学案》卷97《庆元党案》关于陈埙在理宗嘉熙三年当过国子司业的记载,认为"陈埙自嘉熙三年(1239)至淳祐五年(1245)都在国子监任司业。'司业陈'无疑就是其人"。《略谈》认为:"理宗时,陈埙为国子司业。陈,可能就是陈埙。"我认为,这些结论或推测都是缺乏根据的。《宋史》423《陈埙传》和《宋元学案》卷74《慈湖学案》,都说陈埙死于淳祐元年(1241年)。陈埙在临终前,抽取架上书籍占卜,得吕祖谦文集,翻阅吕的墓志,读到吕生于丁巳岁,没于辛丑岁。陈叹息说:"异哉!我生于庆元丁巳,今岁在辛丑,于是一甲矣。吾死矣夫!"据查,吕祖谦生于绍兴七年(1137年),即丁巳年;死在淳熙八年(1181年),即辛丑年。陈埙生于庆元三年(1197年),死在辛丑年,即淳祐元年。既然陈埙在淳祐元年已离开人世,到淳祐五年八月国子监发牒给周瑀时,就不可能还当国子祭酒。按照宋代的官制,官员的每一任期一般不超过三年。国子监的官员也不例外。陈埙在嘉熙三年任国子司业后,如果能连任三年,到淳祐元年或二年,也就该改任别的官职了。何况宋代官员往往在任满以前,就另有所任。因此,我可以断定,周瑀监牒上署陈姓的司业并不是陈埙其人。究竟是谁,由于资料不足,尚难定论。

第三、谁是国子监丞。《略谈》和《报告》均考订国子监丞是姚希得,这是正确的。但仅仅依据《宋史·姚希得传》,显得十分不够。因为《姚希得传》只记载他当过国子监丞,时间据推算约在淳祐六年十二月史嵩之下台之前。我这里要补充的是,据《江苏金石志》卷18《景定敕书》记载,这一敕书是理宗景定五年(1264年)九月由"签书枢密院事兼权参知政事姚"等签押颁发的,"姚"字下押"P"。《宋史》卷45记载,景定五年五月辛卯,以姚希得为端明殿学士、同签书枢密院事。《宋季三朝政要》卷3,同年七月己卯,丞相贾似道、签书枢密院事姚希得等奏事。《宋史全文》卷36说,同年八月乙丑,以姚希得兼权参知政事。可见《景定敕书》上的姚姓者就是姚希得。再看看周瑀牒文上"奉议郎、丞姚"下面所画的押"P",与姚希得在《景定敕书》中所押十分相似,这就充分证明周瑀牒上签押的国子监丞正是姚希得。

五、宋代国子监的"案"和胥长、胥佐

《报告》认为,牒文上"'胥佐魏澄、胥长吴世荣',这二人是太学中掌理案牍的小吏,牒文的缮写很可能出自此二人之手"。《略谈》认为:"胥佐、胥长是官署中掌理案牍的小官吏,在国子监从事文书工作,为行施发牒的具体经办人。"我认为,这些看法至少是不准确、不全面,这主要是由于对国子监内部的"案"和吏员编制情况不清楚所致。

　　根据《宋会要辑稿》职官 28 之 1《国子监》记载,国子监内部设有三"案",一为厨库,掌管太学的钱粮和颁发书籍条册;二为学案,掌管文武学的公私补试、上舍生发解试、升补考选行艺;三为知杂,掌管监学的杂务等。这三个案由吏员负责管理,设胥长一人、胥史一人、胥佐六人、贴书六人。胥长是这三个案的吏员的头目,胥史是副头目,胥佐分管各案的具体事务,贴书负责文书的缮写工作①。高宗绍兴二十六年(1156年),罢胥史、胥佐各一人,减贴书二人。胥史原设一人,这次罢去一人,就是取消了这一吏职。据《宋会要辑稿》职官 28 之 25《国子监》,孝宗隆兴元年(1163 年)七月二十六日,国子监奏状说:"依旨挥,条具并省吏额,见管胥长一人、胥佐五名、贴书四名。欲乞从下减贴书一名。"孝宗依从。这时国子监的吏额,正是绍兴二十六年裁减的结果。不过这时又裁减了一名贴书。此后,到理宗淳祐五年八月,即发给周瑀绫牒时,国子监这三案吏员的编制可能会有一些变化,但估计变化不大。从周瑀的牒文看,仍有胥长和胥佐的名目,但已没有胥史。

　　在宋代,官和吏是有严格区别的。所谓官员,一般指有官品的文武官。吏员或吏人、胥吏则被看作杂职,专门管理和经办官府中的具体事务。王栐《燕翼诒谋录》卷 3《有荫人不得为吏》条说,宋初的吏人"皆士大夫子弟不能自立者,忍耻为之"。士大夫子弟由吏补官,在官场中往往被人瞧不起。不过,吏人虽然职低位轻,但同样也是宋代庞大的封建国家机器的一个组成部分,是地主阶级压迫和剥削广大农民的帮凶。陆九渊《象山先生全集》卷 9《与杨守》之三说:"猾吏豪家,相为表里,根盘节错,为民蟊贼。……吏胥居府廷,司文案,宿留于邦君之侧,以闲剧劳逸,尝吾之喜愠;以日月淹速,尝吾之忘忆,为之先后缓急,开合损益,以蔽吾聪明,乱吾是非,而行其计。"陆九渊还说,见到几名"吏魁",无不"田连阡陌,楼观岩晓,服食燕设,拟于贵近。"他提出:这些"吏魁"

――――――――――

① 李元弼:《作邑自箴》卷 2《处事》记载贴书在知县案侧,执笔抄录状词等。

非朘民脂膏，"而何以取之？"①

周瑀监牒上的胥长和胥佐，特别是胥长，是国子监三案的头目，确切地说应该叫做"吏魁"，而不应该看做"太学中掌握案牍的小吏"。正因为如此，他们才能在发给太学生的牒上著姓署名。当然也应该看到，不管他们是权力多大，仍然属于吏人的范围，而不是官员，因此不能笼而统之地称为"小官吏"。

六、监牒上国子监官员的押字

《报告》、《简报》和《略谈》都把周瑀监牒上最后列衔著姓者的押字称为"签字"，这种说法不准确。据我所知，比较准确的说法应是押字、画押或签押。叶梦得《石林燕语》说："唐人初未有押字，但草书其名，以为私记，故号花书。韦陟五云体是也。余见唐诰书名，末见一楷字。今人押字，或多押名，犹是此意。"周密《癸辛杂识》记录了宋代各朝皇帝的押字，其中真宗、神宗、光宗均押"〇"，度宗押"〇"，钦宗押"囗"，仁宗押"白"，哲宗押"帝"，理宗押"皿"。这种押字或画押，在当时是一种习惯。不仅在官场上流行，而且手工业工匠也往往要在其产品如漆器、金银器上画押。所画者可以是一个字，但经常的是一个特有的符号。所以，把押字、画押或签押跟现在的签字完全等同起来，显然是不准确的。

七、宋代太学生的封建特权

取得监牒以后，太学生可以享受一定的封建特权，这是不成问题的。但是，可以享受那些封建特权呢？《略谈》认为，"如免去本人'户役'等"。我认为，这一结论是没有根据的。所谓户役，当然是指

① 《象山先生全集》卷4《与刘淳叟》之二。

全家的差役。"免去本人'户役'"，就是指免除太学生本户的差役。但是，根据记载，宋代没有这种规定。早在后唐明宗天成三年（928年），官府命令太学生"不得因此便取公牒，辄免本户差役"①。入宋以后，也不曾允许太学生能免除本户的差役。从神宗、哲宗时期变法派和保守派之间关于役法的激烈争论中，可以看到，当时只有六种人户即官户、坊郭、女户、未成丁、单丁、寺观"旧无色役"，即可免除差役。所以王安石在免役法中规定，这六种人户必须出钱助役，称为"助役钱"，又称"六色钱"。这六种人户中，并不包括太学生。南宋时，这六种人户依旧可免除差役，但仍旧没有太学生得以免除本户差役的规定。

在宋代，太学生的家属如果不是上述的六种人户，就不能免除差役，这是肯定无疑的。尽管如此，太学生至少在北宋末年，可以免除本人的差役。《文献通考》卷46《郡国乡党之学》记载，北宋末给事中毛友上言，指出："富家子弟初不知书，第捐数百缗钱，求人试补入学，遂免身役。比其岁升不中，更数岁而始除籍，则其幸免已多矣。"表明县学的学生在学期间可以免除本人的差役。既然县学的学生能够如此，太学生就更应该如此了。到南宋以后，情况又有点变化，太学生似乎不免"身役"。同上书卷13《职役二》，宁宗庆元五年（1199年），臣僚上言，谈到太学生的差役，说太学生虽然不像官户那样在限田额（一品五十顷到九品五顷）内可以免除差役，但是"许募人充役"。就是说，太学生本人仍要服差役，但允许雇人代替。

当然，太学生凭藉一卷监牒，就能打起"监生"、"秀才"的招牌，挤入地方士绅之列，从而享有较高的社会地位，能够骑在广大劳动人民头上作威作福。他们优越的社会地位决定他们必然要享有一定的封建特权。但是，应该看到，他们是官僚集团的后备队之一，他们的太学生身份毕竟是暂时的，他们的大多数人将先后出学补官，所以，他们享有一

---

① 《通考》卷9《学校考二·太学》。

定的特权无需封建法律作具体的规定。同时，也应该看到，他们的最大特权不是别的，正是他们靠着地主家庭的优裕生活，补入太学"深造"，而且在太学混上一段时间以后就可一步一步地升舍，最后"释褐入仕"，或者中途由本籍发解应试，举进士，求出身。

（载《考古》1979 年第 3 期）

宋代官员致仕制度概述

中国古代称官员退休为"致仕",有时又称"致事"、"休致",即辞去官职,告老还乡之意。《公羊传·宣公元年》记载:"退而致仕。"何休注云:"致仕,还禄位于君。"《礼记·曲礼上》说:"大夫七十而致事。"注云:"致其所掌之事于君而告老。"宋人史浩《鄮峰真隐漫录·乞休致札子》说:"过隙之年,实已登于七十,属当告老。"官员年迈退休,成为古代经典规定的一种理所当然的做法。

宋代以前,中国封建社会尚未建立一个比较完整而严密的官员退休制度。在这一方面,最高统治者皇帝的意旨,他的一时的好恶,常起决定性的作用。从宋代开始,随着魏、晋以来门阀世族退出历史舞台,新兴的官僚地主建立起比以前更为加强的专制主义中央集权的统治,逐步制订出一整套比较严密的职官、科举、教育、军事、赋役等制度。官员致仕制度,作为职官制度的一个组成部分,也在宋代逐步形成。

一、官员致仕的年龄、条件和手续

宋代以前,官员七十岁退休,业已成为一种历代相传不变的惯例。唐代官员也是七十而致仕。白居易在诗中写道,年过七十,"假如无病亦宜休"。宋代基本沿袭此制。宋初开国元勋王彦超说:"朝廷之制,七十致仕"[1]。

---

[1] 《宋会要辑稿》职官 77 之 29。

宋祁也说:"七十为致仕之期。"①朝廷一再申明文、武官员年满七十,准予退休。真宗咸平五年(1002年),下诏:"文、武官年七十以上求退者,许致仕;因病及历任有赃犯者,听从便。"②这一诏书附带规定了官员退休的条件:不得因病,历任不得犯有赃罪,否则,只能作为自动离职处理,从而丧失了享受致仕官一切待遇的资格。大中祥符九年(1016年),又命令审官院、吏部流内铨对京朝官和幕职州县官申请致仕者加以考察,查明他们历任是否犯过赃私罪③。仁宗天圣四年(1026年),朝廷采纳监察御史曹修古的建议,规定除元老、勋贤因"询议军国""自有典章"外,其余文武百官年达七十者,命御史台和各路转运司告谕有关官员,让他们自己提出申请,特准转官致仕④。庆历二年(1042年),进一步说明"年虽七十而未衰,及别有功状、朝廷固留任使者",可以不退休外,其他"臣僚年七十而筋力衰者,并优与改官,令致仕"⑤。一般地说,七十岁以上的老人,体力和心力都已难以胜任繁重的政务,在这样的年龄致政回乡也是符合新陈代谢的自然规律的。至于个别元老、勋贤坐策军国大事,只要体力和心力允许,也无可厚非。哲宗元祐六年(1091年),进一步将文官和武官的退休年龄加以区别,规定文官仍以七十岁为限,武官可延长到八十岁,退休后跟文官一样给俸⑥。于是把武官的致仕年限延长了十年。

宋代还规定,官员未到规定年龄,如无特殊理由,一般不得申请致仕。官员已到规定年龄,适遇丁忧(父母亡故),在解除官职、奔丧持服的三年(实为二十七个月)内,不准申请致仕;必须在服阕即期满除服后,方予办理致仕手续⑦。南宋初年,士大夫"多乞致仕",纷纷南逃,朝

---

① 宋祁:《景文集》卷85《代薛参政乞致仕上皇帝第一表》。
② 《续通鉴长编》卷52,咸平五年五月丙申朔条。
③ 《宋会要辑稿》职官77之33;《续通鉴长编》卷86,大中祥符九年正月乙亥条。
④ 《续通鉴长编》卷104,天圣四年九月乙丑条。
⑤ 《宋会要辑稿》职官77之36。
⑥ 《宋会要辑稿》职官77之57。
⑦ 《宋会要辑稿》职官77之58、83。

廷特命文武官非因病危、病重等不能任职者,不得请求退休①。不过,在正常情况下,如因昏老不能胜任,或自愿退居就闲,可以奏请朝廷准予提前退休,当时称为"引年致仕"。赵昇《朝野类要》说:"古之大夫,七十而致仕之,例也。古则皆还其官爵于君,今则不然,故谓之'守本官致仕',惟不任职也。若虽未及七十,但昏老不胜其任,亦奏请之,故曰'引年'。"②据此,似乎未满七十而致政者才称"引年"。但是,在实际生活中,有时官员年逾七十而退归田里,也称"引年致仕"③。所以,从广义上说,凡是援引七十岁这一致仕年限而退闲者,都可称为"引年致仕"。曹勋在《休致后效乐天体》诗中写道:"未病遽为辞职去,欲归亟引挂冠年。"④正是这个意思。此外,官员们还常把七十岁称为"引年",如"甫及引年"、"未及引年"等⑤。"引年"成为官员致仕之期的一个代词。

官员退休的手续为:年满七十,准备告老,可写表、札经所在州、府,向朝廷提出申请,获得批准,便可领取致仕告、敕,算作正式致仕。由于中、高级官员在致仕时可荫补亲属,因此向朝廷递呈的文书,除申请致仕表或札外,还有受荫子弟的家状和保状。这与幕职州县官改为京官,京朝官和使臣升迁官阶或担任差遣的手续差不多。按照《庆元条法事类》规定,文官自中大夫到朝奉郎,武官自武功大夫到武翼大夫,致仕时如不愿升官,必须在接受敕札的三天内,去本州取索有关空白文书,填写齐备,再申报朝廷,才能享受其他待遇。哲宗元祐四年(1089年),曾规定致仕官在接受敕命后,须在二百日内向本州索取文状⑥。对于专为朝廷起草重要诏令的"两制"即内制和外制以上大臣,规定必须连续两次递上表札申请致仕,朝廷才予批准。只有尚书左丞杜衍,向朝廷

---

① 《建炎以来系年要录》卷5,建炎元年五月丁未条。
② 赵昇:《朝野类要》卷5《引年致仕》。
③ 《永乐大典》卷7894《汀字·汀州府·进士题名》;赵抃:《清献集》卷3《引年自喜》。
④ 《永乐大典》卷13495《致字·休致》。曹勋《松隐集》(四库全书本)未收入此诗。
⑤ 江少虞:《宋朝事实类苑》卷41《孙集贤》;《宋会要辑稿》职官77之48。
⑥ 《续通鉴长编》卷432,元祐四年八月甲寅条。

递上一份休致表，即被批准。这在宋代是很少见的。原因是他得罪了宰相，宰相借此表示轻视他①。对于某些大臣，由于德高望重，在朝廷内举足轻重，因此即使连续三、四次甚次六、七次上表札，朝廷也不予批准，常常由皇帝颁降"不允"其告老的诏书②，一再加以挽留。

　　官员致仕时，朝廷颁发证明文件，称为告或敕。告即官告，又称诰、告身；敕即敕札，又称敕命、敕牒③，皆为官员的一种委任状。吏部设置官告院，负责印发告、敕。哲宗绍圣三年（1096 年）规定，官员致仕转官者依旧给告外，其他"守本官致仕"者，皆颁降敕，不再给告④。高宗建炎元年（1127 年），曾规定官员迁转，文臣太中大夫、武臣正任观察使、宗室南班以上，皆命词给告，其余由吏部"具钞降敕"。在此前后，致仕官员给告身或敕札的规格屡有变化。告身和敕札上都要填写致仕者的祖宗三代、乡贯、年甲等项⑤。

　　宋神宗以前，高级官员退休，朝廷虽然依据其品秩的高低优进散官的官资，但必须解职。诸如从观文殿大学士到待制的"侍从官"，退休时都要迁官而"落职"即解除各自在三馆、秘阁中所任官职；如果因病就闲，便改换为集贤院学士。据说，是为了"不以近职处散地"⑥。但是，在神宗熙宁三年（1070 年）十二月，作为改革措施之一，规定宰相以下皆带职致仕⑦。于是次年二月，端明殿学士、工部尚书王素始带原官职致仕。六月，观文殿学士、兵部尚书、知蔡州欧阳修继以太子少师、观文殿学士致仕。这是宋代官员"带职致仕"之始⑧。从此，允许两制、杂学士、前执政官带"职名"致仕，前宰相带"使弼"致仕⑨。元丰三年

①　范镇：《东斋纪事》，见《宋会要辑稿》职官 77 之 44—45。
②　见李曾伯：《可斋杂稿、续稿》；韩琦：《韩魏公集》等。
③　《宋史》卷 474《韩侂胄传》；《宋会要辑稿》职官 77 之 64、77、63。
④　《宋会要辑稿》职官 77 之 58。
⑤　《宋会要辑稿》职官 11 之 68。
⑥　洪迈：《容斋随笔》卷 9《带职致仕》。
⑦　《续通鉴长编》卷 218，熙宁三年十二月辛巳条。
⑧　李心传：《旧闻证误》卷 2；《宋史》卷 320《王素传》。
⑨　高晦叟：《珍席放谈》卷上。

（1080年），实行官制改革，凡是职事官致仕，允许仍带原职，规定："自今致仕官领职事官，许带致仕；若有迁转，止转寄禄官；若止系寄禄官，即以本官致仕。其见（现）任致仕官，除三师、三公，东宫三师、三少外，余并易之。"①这一改革对以后影响很大。

二、官员致仕后的俸禄待遇

唐代官员致仕，最多给予半份禄米，必须由皇帝"特命"，才"赐给"半俸。宋太祖、太宗时，沿袭唐制，官员经皇帝"特命"致仕，方给本官全俸或半俸。太宗太平兴国八年（983年），邠国公王彦超致仕，"依旧给本官俸料"。据《宋会要辑稿》记载，淳化元年（990年）五月下诏："应曾任文武职事官恩许致仕者，并给半俸，以他物充，于所在州县支给。"②《续通鉴长编》也记载：是年五月"甲午，诏：致仕官有曾历中外职任者，给半俸，以他物充。"③表明这时规定职事官经过朝廷批准致仕，便可领取半俸。但是，宋人叶梦得、曾敏行却把这一规定推迟到宋真宗时。叶梦得说："唐致仕官，非有特敕，例不给俸。国初循用唐制。至真宗，乃始诏致仕官，特给一半料钱。盖以示优贤养老之意。……其后有司既为定制，有请无不获……"④曾敏行也有类似的说法，认为从真宗开始，"致仕者例给其半"⑤。叶、曾的说法在《宋会要》等重要文献中得不到印证，反之，这些文献证明他们的说法与事实颇有出入。显然，致仕官给半俸之制应始于宋太宗淳化元年。从此，既无官品的限制，也无须皇帝的"特命"，跟唐代的"旧制"颇为不同，成为有宋一代的定制。

对于立有战功的武官，宋神宗元丰五年（1082年），始规定曾经升

---

①　徐度：《却扫编》卷中；《宋会要辑稿》职官77之51。
②　《宋会要辑稿》职官77之29、30。
③　《续通鉴长编》卷31。
④　叶梦得：《石林燕语》卷5。
⑤　曾敏行：《独醒杂志》卷2。

转两官以上者,在致仕后,都可领取全俸①。所谓战功,乃指"亲冒矢石,见阵立功"②,法律上有确切的涵义。这是为了奖励曾经为国杀敌、浴血奋战的带兵将领而作出的一项新的规定,以便振作士气。其他官员退休时,如果获得朝廷的特别批准,也可支取全俸。如真宗时许州参军王中正,仁宗时礼部尚书、集贤院学士晁迥等,都属于这类情况。仁宗景祐三年(1036年),由于官员日益冗多,御史知杂司马池建请:凡文武臣僚年满七十者,并令申请致仕,朝廷给予本官全俸的优待。其目的是"减冗员,励旷职"③。以上规定,除武官以外,都只是朝廷出于某种目的而一时作出的,或者只有少数官员享受到的特遇,并没有成为一种经常性的制度。

三、官员致仕时和致仕后升转官资

唐代官员退休时,尚未有升转官资的明确规定。据《唐会要》卷77《致仕官》记载,唐德宗时,太子右庶子孔述睿致仕,升为太子宾客。唐文宗时,检校尚书右仆射杨於陵休致,特授尚书左仆射。这些都属于最高统治者一时的"特恩",也还没有形成为一种常规。宋代则都照例升迁寄禄官的一资或一阶。神宗初翰林学士吕公著说:"自本朝以来,凡致仕者,虽例改官资,或推恩子弟……"④《宋会要辑稿》记载:"国朝凡文武官致仕者,皆转一官,或加恩其子孙。"其中宰相和执政致仕时,改为东宫官(太子太师、太傅、太保);侍从官(自观文殿大学士到待制),加转一官⑤。武官观察使、防御使、团练使、刺史和内职三班,升为环卫

---

① 《宋会要辑稿》职官77之51、57、85。

② 《宋会要辑稿》职官77之85。

③ 《续通鉴长编》卷118,景祐三年六月戌条。

④ 赵汝愚:《宋名臣奏议》卷74《百官门·致仕》,吕公著:《上神宗乞致仕官给四分俸钱》。

⑤ 洪迈:《容斋续笔》卷1《侍从官》;王明清:《挥麈前录》卷2《欧阳文忠公以太子少师带观文殿学士致仕》。

官;幕职州县官,改为京官或升朝官①。官员致仕时照例应升转的寄禄官官阶或官资,称为"合致仕官"②。如高宗时少保吕颐浩以少傅致仕,太傅韩世忠除太师致仕③。孝宗时左太中大夫张焘、左通议大夫张阐等人挂冠,皆升转一官④。有的官员品阶最高,无官可转,便只能晋爵封王。如太师、尚书左仆射、同中书门下平章事兼枢密使、益国公秦桧致仕时,进封建康郡王,依旧太师⑤。

诚然,宋代有些官员致仕时,可以加转几官,这里有两种情况,一种是得到皇帝的特准。如孝宗时,迪功郎(从九品官)雍山、龚明之改授宣教郎(从八品官)致仕,观察使(正五品官)张守忠转承宣使(正四品官)致仕,都是一次升转数阶⑥。另一种是神宗以前致仕法规定,两省正言以上官员,三班使臣、大使臣、横行正任等,都不得充作致仕官。于是像谏议大夫(从四品官)致仕时,因不能改为给事中(正四品官),便加转工部侍郎(从三品官),实际上超转了两级官资。又像吏部、工部尚书(从二品官)致仕时,越过礼、刑、户、兵、吏等五部尚书,直接加转到太子少保(从二品官),实际上超转了六资。反之,有些官员,像知制诰、诸阁待制致仕时,寄禄官阶低者只转卿监。卿监的待遇本来比知制诰、诸阁学士为低,因此知制诰、诸阁待制的致仕官,不仅没有升迁,反而比前退抑。武官致仕时升迁,也有一些人超转几资,而另一些人降资的现象。这种致仕转官不均的情况,促使以王安石为首的变法派,在推行青苗、均输、免役等新法时,对致仕法也进行改革,规定:"凡文臣京朝官以上、武臣借职以上,各转一官。带职仍旧。内旧条许不转官,乞亲属恩泽者,依旧条。选人并依本资序,转合入京朝官。""历任有

---

① 《宋会要辑稿》职官77之28;佚名:《趋朝事类》,载《说郛》(商务本)卷34。
② 《宋会要辑稿》职官77之28、85。
③ 《建炎以来系年要录》卷162,绍兴二十一年八月壬申条。
④ 《宋会要辑稿》职官77之73、75。
⑤ 《建炎以来系年要录》卷169,绍兴二十五年十月丙申条。
⑥ 《宋会要辑稿》职官77之84、76—77。

入己赃,不得乞亲戚恩泽,仍不转官。"①新致仕法力图使中、高级官员享受的待遇趋于均平,消除了从前一次可以超转几资的不合理现象。

在官员退休后,每遇朝廷举行大礼或皇帝登基、庆寿等,仍能升转寄禄官的官资或官阶②。有些选人无资可转,则改任初等京官。八十岁以上者,再加转一级官资③。仁宗初年,吏部已在执行"致仕官每遇覃恩,转官加恩,与常朝官事体并同"的条法④。官员张存以吏部侍郎致仕,此后屡次迁官,十五年后升为礼部尚书致仕⑤。

四、官员致仕时的"恩荫"待遇

宋代四品以上文官和六品以上武官致仕时,还可按照官品的高低授给其三名到一名近亲子弟以低级官衔。五品到七品文官和七品武官,致仕时如果不愿升转寄禄官的官资或官阶,也可以荫补一名近亲。在法律上,官员荫补亲属常称"恩泽"。

宋初,有些官员在挂冠时,由朝廷特命授予其子以小官,但尚未形成制度。仁宗天圣四年(1026年),始诏尚书省各司郎中(六品官)以上官员致仕,授予其子一官⑥。此后,又规定各司员外郎(从六品、正七品官)以上致仕,录其子为试秘书省校书郎(从八品官)。三丞以上致仕,录其子为太庙斋郎(系属选人);如无子,则录其嫡孙或弟侄一人,略降一等授官⑦。英宗治平元年(1064年),一度把未曾任过大两省以上的大卿监,因病、老疾申请致仕者的"恩泽"减半⑧。南宋时,根据《庆元条

---

① 《续通鉴长编》卷218,熙宁三年十二月辛巳条。
② 《宋会要辑稿》职官77之84、71。
③ 《宋会要辑稿》职官77之84、85。
④ 《宋会要辑稿》职官77之35。
⑤ 《宋史》卷320《张存传》。
⑥ 《续通鉴长编》卷104,天圣四年十月壬辰条。
⑦ 王栐:《燕翼诒谋录》卷5《致仕推恩》;《宋史》卷170《职官十·致仕》。
⑧ 《宋会要辑稿》职官77之40。

法事类》规定,曾任宰相和现任少师、少傅、少保(皆正一品官)、使相,致仕时可荫补本宗缌麻以上近亲三名为官:曾任少师、少傅、少保、使相、执政和现任节度使,可荫补二名;文臣太中大夫(从四品官)和曾任尚书、侍郎以上,武臣右武大夫(正六品官)以上,曾任谏议大夫(从四品官)以上,以及侍御史(从六品官),可荫补一名。文臣自中大夫(正五品官)到朝奉郎(正七品官),武臣自武功大夫到武翼大夫(皆正七品官),致仕时不愿转官,可荫补其本宗缌麻以上近亲一名;文臣自中大夫到中散大夫(从五品官),武臣自武功大夫到武翼大夫带遥郡者,除荫补上述近亲外,还可申请一名亲戚"恩泽"①。官员退休时如只荫补亲属,不升转官资或官阶,则称"守本官致仕"②。

北宋时,有些官员致仕荫补亲属,还附带一个条件,即致仕官员本人必须亲自接受朝廷颁发的告敕,方能生效。这主要是中大夫以下即五到七品文官和武功、武翼大夫等武官,已经申请致仕,若"受敕不在生前者,乃格其恩不与"。仁宗时,虞部郎中鲁杰九月七日申请休致,朝廷十月七日降敕,录其子鲁九龄为试校书郎,但鲁杰九月二十五日死去,无法亲自领取敕命。朝廷依照规定本应追还鲁九龄所补官衔,但仁宗特命破格授予③。神宗时,知磁州廖子孟患病,有幼子只五、六岁,极其宠爱,打算授予致政恩泽。后来廖子孟病情加重,饮药不下,仅心口微温,家中已将棺殓用具准备齐全。这样,连续十几天,人们都以为他已经下世。有一天,朝廷颁发的致仕官告到达官廨,恰巧代理知州素来不喜欢廖子孟,派遣一名官员带着官告亲往廖宅,命当面交付。其他官员颇为廖担忧,但又束手无策。那名官员刚走到廖的床前,廖忽然睁眼,猛地坐起身来,含笑接过官告,然后躺下死去。廖子孟所以坚持十多日不肯咽气,是因为法律规定致仕官必须"亲授告,方得恩泽"④。许

---

① 《庆元条法事类》卷12《恩泽·荐举格、荐举令》。
② 《宋会要辑稿》职官77之77。
③ 《续通鉴长编》卷120,景祐四年十一月己亥朔条。
④ 杨延龄:《杨公笔录》。廖子孟系神宗时人,见《续通鉴长编》卷226。

多官员常常在病危时乞请致仕，来不及接受告敕就已死去，家属们匿哀不报，但仍因"不及亲授"，"不与沾恩"①。为使官员及早得到朝廷的致仕证书，哲宗绍圣三年（1096年），规定"守本官致仕"者不再颁发告身，而只给予敕命，这是因为朝廷给敕的手续比给告简单，可使致仕官员及时办理荫补手续②。徽宗崇宁四年（1105年），更放宽限制，规定朝请、朝散、朝奉郎（皆正七品官）即使去世在该给敕之后，不能亲自领敕，也允许荫补子弟③。直到南宋高宗绍兴十一年（1141年），为了彻底革除官员家属匿丧待敕的恶劣风气，才取消了北宋以来的规定，下令"文武官陈乞致仕，身亡虽在给敕之前，并听荫补"④。孝宗乾道七年（1171年），又重申诸军将应荫补官，因疾病申请致仕，由本军及时保明申报，虽然在出敕前亡殁，准许依法荫补⑤。从此，文武官员致仕荫补子弟毫无阻碍，入仕者更多，使冗官情况有增无已。

宋代官员致仕荫补法还有两项规定：一、因荫补得官者致仕时，最高只能加转到武功大夫（正七品官）⑥。这是官员升转制度"止法"的内容之一。二、官员在任职期内，如曾犯有入己的赃罪，或曾犯有被判徒刑的私罪，或因玩忽职守，被上司以"不治"而"体量"或"冲替"，或因事被责降分司，虽然年满七十、自动要求致仕，只能转官，而不能荫补子孙⑦。

五、官员致仕时的"恩例"待遇

宋代官员退休时，除按规定享有荫补子弟的"恩泽"外，还享有一

①　《文献通考》卷34《选举考七·任子》；《宋会要辑稿》职官77之59。
②　《宋会要辑稿》职官77之58。
③　《文献通考》卷34《选举考七·任子》。
④　《建炎以来系年要录》卷141，绍兴十一年七月庚申条。
⑤　《宋会要辑稿》职官77之83。
⑥　《永乐大典》卷14629《部字·吏部条法·磨勘门》。
⑦　《宋史》卷170《职官十·致仕》。

些"恩例"的待遇。哲宗绍圣四年，王存带原职致仕，"其荫补恩泽并陈乞恩例，各只与一名"①。说明致仕官员享有的"恩泽"和"恩例"是同时并存的两件事，"恩泽"为依法荫补子弟，而"恩例"则由致仕官"陈乞"即向朝廷提出申请。

　　"恩例"的内容，可能视致仕官员的要求而定，所以，各个致仕官获得的"恩例"不尽相同。宋太宗时，高顿致仕，其子高南金正应举学究科，乃升其名次为高等②。真宗时，董浔告老，授其一子"同进士出身"③。仁宗时，升朝官致仕，照例可以荫补一子，同时，又允许其子申请差遣，因此都"指射有职田优便去处"④。哲宗元祐四年（1089年），下诏规定，武官横行（自内客省使到西上阁门副使，共十阶）、诸司副使（分东、西两班）现有身自荫补人，内殿承制、内殿崇班、阁门祗候现任亲民官（州、县官），承议郎，奉议郎，致仕时均"许陈乞有服亲一人恩例"。中大夫、中散大夫、诸司使带遥郡的致仕官，除荫补外，也依条享有"恩例"。朝奉郎以上和诸司使，虽然生前来不及领敕，在外以申请致仕状到门下省之日，在京以得圣旨之日，"亦许〔陈〕乞有服亲一人恩例"⑤。孝宗乾道四年（1168年），吏部侍郎周操说，有些官员"所乞致仕荫补外恩例"，"依格，承务郎以上，得减一年磨勘；承直郎以下，合作免试"⑥。言下之意，有些官员退休时，其子弟已任承务郎（从九品官）以上官者，得以提前一年磨勘；已任承直郎（从八品官）以下官者，得以免经铨试出任差遣。以上都是恩荫以外的"恩例"。

　　在宋代，只有生前被责降的太中大夫以上官员，死后给予致仕和遗表恩泽，只能荫补子弟，但不能享受"恩例"的待遇⑦。

---

① 《宋会要辑稿》职官77之58。
② 《宋会要辑稿》职官77之30。
③ 《宋会要辑稿》职官77之33。
④ 蔡襄：《蔡忠惠公文集》卷22《乞致仕官郎官已得恩泽，更不得陈乞差遣札子》。
⑤ 《续通鉴长编》卷432，元祐四年八月甲寅条；《宋史·职官十》。
⑥ 《宋会要辑稿》职官77之79—80。
⑦ 《宋会要辑稿》职官77之80。

六、官员致仕后叙封、封赠、回授亲属官爵

有些官员在致仕后,遇朝廷举行大礼,还可为在世的直系亲属叙封官爵,为已死的直系亲属封赠官爵,或要求回授给祖父母。真宗时,已经规定各司郎中以上致仕官,准予封赠父母;曾经担任升朝官的致仕官也可封赠父母①。高宗时,也准许以升朝官致仕者,在朝廷举行大礼之日,叙封亲属②。孝宗乾道六年(1170 年)郊礼赦,更详细规定:现任和致仕升朝官、禁军都虞候以上、守藩方马步军都指挥使,其父母、妻子"并与封叙","已封叙者,更与封叙";已经亡殁者,给予封赠,"已封赠者,更与封赠"。如果祖父、母在世,也可以回授给他们官爵;有些近臣的祖父、母,还可以加赐章服③,但都不给俸禄④。

按照致仕法,升朝官之父在世者,遇到朝廷举行大礼或皇帝、太后庆寿恩典,也可授予致仕官,但不给俸禄⑤。其父原来无官,文官授予大理评事,武官授予副率;若再遇庆寿恩典,则累加⑥。这些致仕官,跟朝廷不时"特命"一些"草泽"、"布衣"或"进士"为某官致仕一样,是一种特殊的赠官,并非致仕法所规定的官员退休时该得的官职。

七、致仕官复出任职

宋代致仕官复出任职,"再授合入差遣",称为"落致仕"。吏部也有"成法"⑦。

凡因病退休而后痊愈者、提前退休者、正常退休者,在朝廷需要时,

---

① 《宋会要辑稿》职官 77 之 64。
② 《宋会要辑稿》职官 77 之 66。
③ 《宋会要辑稿》职官 77 之 82。
④⑥ 《宋会要辑稿》职官 77 之 28。
⑤ 宋敏求:《春明退朝录》卷中。
⑦ 《宋会要辑稿》职官 77 之 63。

都还可再度入仕,担任差遣。徽宗宣和七年(1125 年)"南郊制"宣布:
"应官员因病疾陈乞致仕,今已痊安,不以年限满与未满,许经所属自
陈,召保官二员委保,特令再仕。"①允许病退的官员在康复后,不论年
限是否已满,可以向有关官府自动提出复职要求,再请两名官员作保,
便可再任。高宗初年,王次翁"年未六十,浩然求退";丁骥在五十四岁
前谢事,"心力甚壮,并无恙疾",特令"落致仕""再仕","以崇廉退之
风"②。统治者还一再命令侍从近臣推荐文、武官"落致仕",或命令
各路监司、知州"搜访"本地"引年致仕"的"命官",如有"才识过人
而体力精强者",或"节行才识、精力未衰者","具名以闻,当议量材
任用"③。

致仕官复职后的待遇,一般是恢复原来的官资或官阶。如神宗熙
宁元年(1068 年),"特诏殿中丞致仕张师温、与旧官参选"④。由于有
的官员在致仕时已经加转寄禄官的一级官资,恢复旧官实际上比致仕
时要降低一官。有的官员原系"守本官职致仕",不曾加转官资,恢复
旧官便不须降低一官,但这类官员都已为其近亲子弟"陈乞过恩泽",
因此又出现了是否追还"恩泽"的问题。高宗绍兴二十五年(1155 年),
左朝散郎致仕朱敦儒再度出任官职,朝廷批准免予"追夺""其陈乞过
恩泽","日后致仕,更不推恩"⑤。由于致仕官的子弟因恩荫得官,有些
子弟还可能已经升官迁职,显然难以"追夺",因此只能采取切实可行
的办法,承认既成事实,待"落致仕"官员下次退休时不再"推恩"。

不可避免地,也有一些热衷利禄的官员利用"落致仕"的规定从中
舞弊,以售其奸。他们"或以不法而求去官,或因营私而惮烦使,托言
疾病,暂求致政,夤缘干请,复为再任之图"⑥。如徽宗时监江宁府酒务

---

① 《宋会要辑稿》职官 77 之 64。
② 《建炎以来系年要录》卷 111,绍兴七年六月乙卯条;卷 121,绍兴八年八月戊寅条。
③ 《宋会要辑稿》职官 77 之 63、71、72、84。
④ 《宋会要辑稿》职官 77 之 42—43。
⑤ 《建炎以来系年要录》卷 169,绍兴二十五年十月庚辰条;《宋会要辑稿》职官 77 之 69。
⑥ 《宋会要辑稿》职官 77 之 63。

刘淮夫,借口母老申乞退休,荫补其子为假将仕郎官,不久,又"干请求荐再任"①。为了堵塞这一漏洞,朝廷一方面严格控制侍从近臣推荐致仕官复职,防止"诈冒",另一方面规定病退者须由两名官员作保,而后准许其再仕②。

八、奖 惩 措 施

为了赵宋王朝的长治久安,随着官员致仕制度的逐步形成,宋朝统治者采取了一些奖励及时退休和惩处年迈不肯退休的官员的措施,以便加速官僚队伍的新陈代谢,克服冗官现象。

在奖励措施方面,主要是对那些七十岁以前或刚满七十岁而要求致政的官员实行的。宋太宗太平兴国七年(982年),开国元勋、右金吾卫上将军(从二品官)王彦超年近七十,预先写好"求致政表",他对人说:"人臣七十致仕,古之制也。我年六十九,当自知止。"第二年奏申朝廷,加太子太师(从一品官)致仕。退休后,他辞去多余的仆从,"居处服用,咸遵俭约"。士大夫无不称赞他"能以富贵知止"③。真宗时,审刑院详议官、监察御史(从七品官)韩见素仅四十八岁,上表乞求致仕,真宗颇为他年轻而惋惜,宰相说:"近世朝行中,躁竞求进者多,知止求退者少,若允所请,亦足以激劝薄俗。"遂准许他提前退休,并且破格加转为刑部员外郎(正七品官)致仕④。仁宗景祐三年(1036年),一度规定官员年及七十,并令自请致仕,仍旧给予一名子弟官职,并发给全俸⑤。高宗时,左宣教郎(从八品官)、尚书司封员外郎鲍彪自报年已七十,衰老不能任职,申请"守本官职致仕"。吏部郎官杨朴等七人告诉高宗:鲍彪年虽及格,但精力不衰,"特乞挂冠,清节可尚,愿加旌

① 《宋会要辑稿》职官77之60。
② 《宋会要辑稿》职官77之63。
③ 《宋史》卷255《王彦超传》;《宋会要辑稿》职官77之29。
④ 《续通鉴长编》卷43,咸平元年正月庚辰条。
⑤ 《续通鉴长编》卷118,景祐三年六月甲戌条。

异"。于是下命鲍彪"特转一官",为左奉议郎(正八品官)①。这里的"特转"乃指鲍彪既可按照"守本官职致仕"的规格荫补子弟,又可享受"转官致仕"的待遇而加转一官。孝宗时,左奉议郎、诸王宫大小学教授詹叔善正满七十岁,要求依法致仕。朝廷认为他能够"引年知止,足励士气",特命授予其一子"上州文学"②。奉议郎、金部员外郎鹿何,年仅五十四,自乞致仕,得到孝宗的好评,认为"其志可嘉",也下命迁为直秘阁致仕③。

宋代统治者还造作社会舆论,使官员们以提前或到期退休为荣,鼓励士大夫及时放弃官职,保全晚节。真宗时,知苏州孙冕刚到七十岁,便大写一诗在厅壁上,诗云:"人生七十鬼为邻,已觉风光属别人。莫待朝廷差致仕,早谋泉石养闲身。……去年河北曾逢李(见素),今日淮西又见陈(或云:陈、庄二公被'差'者也。)寄语姑苏孙刺史,也须抖擞老精神。"题毕,拂衣归隐九华山。诗中所谓差致仕,乃指朝廷对年过七十的官员勒令退休。朝廷钦佩孙冕的风格,准许他再任,诏书下达之时,孙冕已归,竟然再召不起④。仁宗时尚书左丞韩亿,七十一岁退休,平日常告诫子弟:"进取在于知止,宠禄不可过溢。年若至六十,可以退身谢事,归守父母坟墓,则是忠、孝两全矣。"韩亿死后,其子韩绛在墓前立誓:"仕宦至六十,决当乞归田里,洒扫坟墓,期于不坠先训。"神宗时,韩绛知邓州,年五十九,决定请老,考虑到从来大臣"引年",不能立即获准,所以预先写好奏状,列具父亲遗诫和自己在墓前立誓等事。但因朝廷委以重任,一直不予批准,直到哲宗初再次求去,才以司空、检校太尉致仕。这时已经七十六岁。尽管如此,当时士大夫仍然十分赞赏韩亿父子"知止"的风格,并发出了真正要退休也难的叹息⑤。

----

① 《建炎以来系年要录》卷184,绍兴三〇年正月癸巳条;《宋会要辑稿》职官77之70—71。
② 《宋史全文》卷24《孝宗一》。
③ 《宋会要辑稿》职官77之84。
④ 《宋朝事实类苑》卷41《孙集贤》。
⑤ 张方平:《乐全集》卷37《韩公(亿)神道碑铭》;范纯仁:《范忠宣公集》卷15《韩公(绛)墓志铭》;《宋会要辑稿》职官77之56。

欧阳修知亳州,年仅六十二,连上五表、五札请求休致。两年后,改知蔡州,又连上三表、三札,终于获准。欧阳修的门生蔡承禧问他:"公德望为朝廷倚重,且未及引年,岂容遽去也。"欧阳修答道:"修平生名节,为后生描画尽,惟有早退以全晚节,岂可更俟驱逐乎?"①于是"天下益以高公",被视为晚节知止勇退、始终全德的典范②。翰林学士范镇因议论不合,以户部侍郎致仕,迁居许州时年六十三。哲宗初,司马光为相,准备起用范镇,诏书累下,范镇力辞不已,其最后的谢表云:"六十三而求去,盖以引年;七十九而复来,岂云中理!"朝廷不得不从之。范镇此举成为当时官场里的一桩"美谈"③。

在惩处措施方面,主要是对那些七十岁以上不愿致政的官员实行的。有特令致仕、停止磨勘转官、不准荫补子弟、降官等。宋太祖时,虽然全国官员较少,但对超龄的官员已采取勒令致仕的办法。如大理卿剧可久年过七十,尚无请老之意,太祖特诏为光禄卿致仕④。仁宗初年,监察御史曹修古上奏章说:"近年以来,中外臣僚有年近八十,尚未辞官。既心力之尽衰,何职务之能济? 钟鸣漏尽,未悟夜行之非;日暮途穷,多作身后之计。或贪财暴法,或见姓书名,以此临民,何以致理?"建议对年已七十的官员不主动乞请退休者,核实其岁数报告朝廷,特令致仕⑤。景祐三年,进一步规定,年及七十,若不自请退休,被御史台纠察而特令致仕,则不给子弟官职和本人全俸⑥。后来,又命令御史台、审官院审察在京官员,各路转运使、提点刑狱等审察外任少卿监以下官员,是否有年逾七十,"的然精神昏昧,不任厘务者",列举事实报告朝廷⑦。这成为朝廷"稍遏趋营之弊,颇惇廉耻之风"⑧的一个重要措施。

---

① 《欧阳修全集·表奏书启四六集》卷 4、卷 5;张师正:《倦游杂录》。
② 苏辙:《栾城后集》卷 23《欧阳文忠公神道碑》。
③ 《永乐大典》卷 13495《致字·休致》引《名公典刑丛录》;《宋史》卷 337《范镇传》。
④ 《续通鉴长编》卷 3,建隆四年八月丙戌朔条。
⑤ 《续通鉴长编》卷 104;《宋会要辑稿》职官 77 之 35—36。
⑥ 《续通鉴长编》卷 118,景祐三年六月甲戌条。
⑦ 《宋会要辑稿》职官 77 之 38—39。
⑧ 《包拯集》卷 2《明礼·论百官致仕》。

当时参知政事孙抃多病志昏。一名吏员将替他治病的医官要求升官的文书递给他,他把吏员当成医官,伸出胳膊放在桌上,说:"抃数日来,体中不佳,试为诊之。"闻者传为笑谈。孙抃在政府,百司议事,他拱手沉默,一言不发。经过其他官员指出,孙抃不得已"移病请退"①。当然,有些高级官员是不准御史等"言事官"弹劾的。仁宗时,由于言事官"竞相击劾大臣,有高年者俱不自安"。仁宗特下"手诏"加以保护,规定中书、枢密院任职的"老臣"们,即使"不循例引退",御史不得弹奏②。

宋仁宗皇祐三年(1051年),还作出了一个重要的决定,即凡文、武官七十岁以上未致政者,不再考课迁官③。根据宋代吏部条法,文、武百官定期考课即磨勘一次,一般规定为三年。经磨勘合格,便准予升转官资或官阶。皇祐三年的决定,实际上使七十岁以上的在任官员不再转官。这无异是一种比较有力的限制。此后,直到南宋后期,这一决定始终未变。理宗淳祐三年(1243年),吏部考功郎官刘汉弼奏请:"诸年七十以上,不在磨勘之限。古者七十致仕,未闻以六十九,宜从本条,年甫及七十者,许其磨勘。""编修敕令所"经研究,认为:"在法,起理磨勘该满日,年未及七十;申发文字到部日,年及七十,尚与磨勘,则是理算年月至该满日,已及七十岁,则不许磨勘分明。今奏请年甫及七十者,许其磨勘,尤见优老从厚之意。"④按照皇祐三年之法,官员理该磨勘时,如果不趄过七十岁,即使所申发的文书到达吏部的时间已满七十岁,也准予磨勘;如果理该磨勘时,已满七十岁,则不给磨勘。刘汉弼建议在官员理该磨勘时,年龄正满七十岁,也准予磨勘。这就稍为改变了皇祐三年对官员磨勘最高年龄的规定。

对于年七十以上老病、昏昧而"特令"致仕的官员,朝廷不准其荫补子弟。仁宗景祐三年,规定被特令致仕者,不准"奏子"⑤。神宗时,

① 《宋会要辑稿》职官77之39—40。
② 《宋史》卷170《职官十·致仕》;《宋会要辑稿》职官77之39。
③ 《续通鉴长编》卷171,皇祐三年十二月庚子条。
④ 《永乐大典》卷14629《部字·吏部条法·磨勘门》。
⑤ 《宋会要辑稿》职官77之73。

称被特令致仕为"直除致仕"。按照仁宗至和间（1054—1056年）的"诏约"，"更不与子孙推恩"①。孝宗隆兴二年（1164年），进一步规定，官员年至七十，除不准磨勘转官以外，遇郊祀等大礼时还不许"奏荐"②。不准"奏子"、"推恩"或"奏荐"，都是指七十岁以上的高中级官员不再能享有荫补近亲子弟的优待。

此外，对于有些年迈而不愿退休的官员，还采用降官或降官致仕的办法。宋神宗初年规定："应年及而不退者，自知州以下，皆降为监当。"③高宗初年，知筠州杨允因"昏耄贪禄忘归"而被"降三官致仕"④。不过，在宋代，被罚降官致仕的事例并不多见。

总之，在整个宋代，能功成身退、提前退休的官员毕竟较少，到期主动请闲的官员略多，但更多的官员贪婪俸禄和权势，不愿如期告老，最后日暮途穷，实在无奈，才挂冠归乡。当时有人指出："年及而愿退者常少。"⑤又有人说："时人类以弃官归隐为高，而谓轩冕荣贵为外物，然鲜有能践其言者，故灵澈答韦丹云：'相逢尽道休官去，林下何曾见一人'。"⑥仁宗时，曾经挑选年迈体衰者，由中书询问肯否挂冠，大都表示不愿⑦。唯有每当农民起义和士兵斗争的烈火迫在眉睫，或者每当金朝和蒙古军队南侵之际，官员们便惶惶不可终日，纷纷借口患病寻医或侍养父母而退休或请假，逃之夭夭。这种争先恐后要求致仕或告假的种种丑态，适跟平日希荣固禄、不愿退休的情景迥然不同。

九、结　语

宋代官员退休制度规定，官员年满七十为致仕之期。武臣延长十

---

① 《宋会要辑稿》职官77之40—41、43。
② 《宋会要辑稿》职官77之74。
③ 赵汝愚：《宋名臣奏议》卷74《百官门·致仕》，吕公著：《上神宗乞致仕官给四分俸钱》。
④ 《宋会要辑稿》职官77之64。
⑤ 赵汝愚：《宋名臣奏议》卷74《百官门·致仕》。
⑥ 《永乐大典》卷13495《致字·休致》。
⑦ 《宋会要辑稿》职官77之36—37。

岁。少数官员自愿就闲,可提前退休。个别元老大臣不受年龄的限制。官员准备退休,先向朝廷递呈申请表、札,获准后,领取致仕告、敕。宋神宗前官员退休,皆解除原任官职,自神宗时起,改为带职致仕。退休官员享受种种优待:(一)从太宗时开始,退休官员一般给原官的半份俸禄。立有战功的部分退休武臣领取全俸。(二)官员退休时,都升转一官;以后遇朝廷大礼,还能转官领赏。(三)高级官员退休时,照例荫补一定数的近亲子弟为官。中级官员也可荫补子弟,但享受荫补优待者,便不能转官,称"守本官致仕"。(四)官员退休时,照例为子弟乞请"恩例"。(五)退休后,为亲属叙封或封赠、回授官爵。退休官员还可因朝廷的需要再任差遣,称"落致仕"。为了加速官僚队伍的新陈代谢,统治者大力奖励准时或提前退休的官员,制造知止勇退、保全晚节的舆论,同时又不时惩处年迈老朽、不愿退休的官员,由朝廷勒令致仕,或停止考核、不予转官,或不准荫补子弟,或降官等。

(载《南开学报》1983 年第 3 期)

宋代幕职州县官的荐举制度

在宋代文武官员的荐举制度中,幕职州县官的荐举是至关重要的。幕职州县官虽然职位较为低下,但人数众多,占据了文官的大多数,并且有关的荐举制度相当复杂和多变。朝廷将荐举作为选拔各级官员的必要手段,士大夫也把受荐当作任职、升迁的重要途径,朝野都十分注意这一制度的实行和变革。有宋一代,荐举制度始终是士大夫的重要议题。

近数十年,历史学界同仁对此较少注意。1981 年,日本著名学者梅原郁先生,首先打破沉默,发表《宋代铨选のひとこま—荐举制度を中心に》(载《东洋史研究》第三十九卷第四号),全面论述京朝官、选人和武官的荐举制度,提出了许多独到的见解。笔者在此基础上,进一步探讨有关幕职州县官的荐举制度,以期对此有更加完整和准确的了解。

一、幕 职 州 县 官

宋代的幕职州县官,当时习惯又称“选人”,一般地说是低级文官的官阶和地方官的总称。幕职州县官和选人的涵义在实质上没有什么不同,仅有的三点微小差别是:一、前者就其“职”即差遣而言,后者就其“位”即官阶或官资而言。二、有些未入流而赴吏部铨选的试衔官、斋郎等“白衣选人”,“未经历任”,则不属幕职州县官①。三、幕职州县

---

① 《续资治通鉴长编》(以下简称《长编》)卷95,天禧四年正月乙丑。

官原来只是地方官,所以"京局"仅由京朝官以上充任,而"不以选人为之",但后来选人担任京局者逐渐增多,同时,京朝官也出任地方官,幕职官中的签书节度判官还必须由京官以上充任①,选人遂与幕职州县官不再完全等同②,幕职州县官分为幕职官和州县官两部分:从京府判官到军、监判官为幕职官③,从录事参军、县令到主簿、县尉为州县官④。北宋前期,以职事官寄禄,幕职州县官的寄禄官分为两使职官、初等职官、令录、判司簿尉共四等七阶,具体为留守判官、三京府判官到主簿、县尉等二十六种。徽宗崇宁二年(1103年)九月,改为自承直郎至将仕郎等七阶;政和六年(1116年)十一月,又改末三阶通仕郎为从政郎,登仕郎为修职郎,将仕郎为迪功郎。南宋时沿袭此制。幕职州县官的品级大致为从八品和从九品。详见下页"宋代幕职州县官表"。

幕职州县官通过受荐,首先是升迁官阶,其次是担任差遣即实际职务。幕职州县官升迁官阶有三个途径,一是直接由上级或中级官员推荐,升迁为京朝官;二是循资或关升资序,即在四等七阶之内逐等升迁;三是经磨勘改官,升迁为京官或升朝官。幕职州县官受荐而升迁官阶或担任差遣,有一定的名额限制,并且须办理一系列繁琐的手续。

二、幕职州县官受荐超迁升朝官

宋代幕职州县官升迁官阶的第一个途径,是由上级或中级官员荐举,超越京官,直接迁为升朝官。京官是指与幕职州县官品级相似而在京任职,又不常参的低级文官,犹如唐代的未常参官。神宗元丰改革官制以前,京官亦以职事官寄禄,自上而下有秘书省著作佐郎至将作监主簿等五阶。元丰改制,以阶为官,顺次改为宣德郎(徽宗政和间改称宣

---

①　谈钥:《嘉泰吴兴志》卷7《官制》;高承:《事物纪原》卷6《签判》。
②　《宋会要辑稿》(以下简称《会要》)选举30之22《举官四》。
③　孙逢吉:《职官分纪》卷39《幕职官》;《会要》职官56之25、44《官制别录》。
④　《庆元条法事类》卷4《职制门一·官品杂压》。

宋代幕职州县官表①

寄　禄　官　阶				崇宁间	政和间	官　品
		崇　宁　前				
幕职官	两使职官		留守判官 三京府判官 节度判官 观察判官	承直郎	承直郎	从八品
			节度掌书记 观察支使 防御判官 团练判官②	儒林郎	儒林郎	
			京府留守判官 节度推官 观察推官 军事判官	文林郎	文林郎	
	初等职官		防御推官 团练推官 军事推官 军监判官	从事郎	从事郎	
州县官	令录	令　录	录事参军 县　　令	通仕郎	从政郎	从九品
		知令录	知录事参军 试衔知县③	登仕郎	修职郎	
	判司簿尉	判司	三京军巡判官 司理参军 司法参军 司户参军④	将仕郎	迪功郎	
		簿尉	主簿 县尉			

---

① 据《宋史》卷169《职官志九》、《永乐大典》卷14628《部字·吏部条法·关升门》、《职官分纪》卷39《幕职官》等。

② 赵彦卫:《云麓漫钞》卷4,将防御、团练判官与军事判官同列为文林郎一阶。

③ 章如愚《山堂先生群书考索》后集卷19《官制门》作"试阶知县"。

④ 《职官分纪》卷41《司户参军》等记载,哲宗元祐令:上州司户、司法、司理参军从八品,中、下州从九品。

教郎)至承务郎等五阶①。升朝官是指可以朝见皇帝和参加宴坐的中、上级官员,类似唐代的常参官。元丰改制前,文臣升朝官自上而下有使相、左右仆射至太子中允、洗马等二十阶。元丰改制,顺次定为开府仪同三司至通直郎等二十阶。武臣中内殿崇班(修武郎)以上,亦属升朝官②,其荐举制容另文论述。

太祖、太宗时期,为革除唐末、五代的弊政,将权力集中于朝廷中央,同时因官员的磨勘、升迁等制度尚处酝酿阶段,未曾正式形成,因此屡次下诏命大臣在幕职州县官和京官中荐举升朝官。太祖乾德五年(967年)三月,诏曰:"……宜令翰林学士及文班升朝官以上,各于见任、前任藩郡宾幕、京朝官州县正员官中,举堪为升朝官一人。除授之日,仍列举主姓名,如或临事乖方,罪状显著,并量轻重连坐。"③开宝三年(970年)四月,再次下达与此大致相同的诏令。太宗雍熙二年(985年)正月,也令翰林学士,两省、御史台、尚书省官员,各在京官、幕职州县官中保举可为升朝官者各一人。淳化四年(993年)九月,命翰林学士承旨苏易简,给事中陈恕,左谏议大夫魏庠、寇准等人,"于幕职州县官内,举堪任京朝官者各二人"。至道二年(996年)闰七月,三司提出,各州缺少监当京朝官五十多员,于是命左丞李至等八十四人,在各州县

---

① "宋代京官表":

神宗元丰前	元丰间	徽宗政和间	官　品
著作佐郎、大理寺丞	宣德郎	宣教郎	从八品
光禄寺丞、卫尉寺丞、将作监丞	宣义郎	宣义郎	
大理评事	承事郎	承事郎	正九品
太常寺太祝、奉礼郎	承奉郎	承奉郎	
秘书省校书郎、正字、将作监主簿	承务郎	承务郎	从九品

据《宋史》卷169《职官志九》、卷168《职官志八》。《职官分纪》卷48《朝奉大夫》等与此同,但承事郎、承奉郎、承务郎"理亲民资序者"为从八品。

② 《宋史》卷169《职官志九》。

③ 《会要》选举27之1《举官二》。《长编》卷9,乾德五年三月甲辰,作命在宾幕、州县及京官内各举任常参官者一人。

幕职官中"保举廉恪有吏干、可任以事者一人"①。这些幕职官被荐举充当京朝官资序的监当官后，他们的资序也就相应地得到了升迁。

　　以上事例表明，在太祖、太宗时期，不定期地命令翰林学士或翰林学士承旨等官员充当举主，各在幕职州县官及京官中，荐举一员或二员。这种荐举方法当时称为"敕举"，是指中、上级官员奉诏举人，其特点是"缺其人则举，不缺则不举也"②，既不定期，又不限员，而且被举官常常越级迁官。到真宗时期，随着品阶、铨选等制度的逐步建立，文官的磨勘转官制度亦终于形成，中、上级官员奏举幕职州县官充当京朝官，必须经过磨勘等一系列手续，并且开始采用"限举"之法，即"每岁有举，虽不缺亦举"③，于是推荐幕职州县官超迁升朝官的"敕举"之法就较少采用了。

三、幕职州县官受荐循资或关升资序

　　幕职州县官的"循资"，乃指在四等七阶之内逐等叙迁。《宋史·选举志》说："其七阶选人，则考第资历，无过犯或有劳绩者递迁，谓之'循资'。"④幕职州县官循资又可称为"关升资序"。凡文臣升朝官、京官和幕职州县官以及武官大、小使臣⑤，按照一定的年龄、出身、考数、任数、举主员数，升迁相应的资序，都称"关升"。如文臣京朝官关升资序，通常是由监当官、知县、通判、知州、提点刑狱到转运使等资序，逐级升迁⑥。至于幕职州县官，是在"选调"的四等七阶内逐等升迁。

　　太祖、太宗时期，尚未形成"升迁资序"。当时，"有才用名实之人，或从下位便见超擢；无才用名实之人，有守一官至十余年不改转者。其

---

①　《会要》选举 27 之 2—7《举官二》。

②③　《山堂先生群书考索》续集卷 38《官制门·荐举》。

④　《宋史》卷 160《选举六·考课》。

⑤　《永乐大典》卷 14627《部字·吏部条法·荐举门》；《文献通考》卷 38《选举考十一·举官》。

⑥　《朱子语类》卷 128《本朝二·法制》。

任监当或知县、通判、知州,有至数任不得迁者"。自真宗大中祥符(1008—1016年)后,逐步建立起比较完整的循资或关升资序法①。幕职州县官循资或关升时,分别常调、酬奖、恩例、奏荐等不同情况,按照本人的出身、任数、考数等条件,要求有一定官阶和一定员数的举主向朝廷保荐。在徽宗崇宁间以前,幕职州县官的循资情况如下:第一、判司簿尉,通达常调,有出身者两任四考,无出身者两任五考,判司摄官出身三任七考,皆循资升入录事参军。如有举主四员或有合使举主二员,皆许移注县令。通过奏荐,有出身者四考,有举主三员,迁初等职官,仍差为知县。有出身者三考,无出身者四考,摄官出身者六考,有举主三员,进纳出身者六考,有举主四员;流外出身者三任七考,有举主六员,皆就移县令(其中流外出身者,注录事参军)。第二、受荐升入令录者,再度受荐,任内有京官职举主二员,循资升入两使职官知县。第三、受荐升入初等职官知县者,再度受荐,任内有京官职举主二员,循资升入两使职官,允许自愿移注知县②。

南宋时,幕职州县官循资者普遍称为关升资序。理宗时"吏部条法""淳祐(1241—1252年)令"规定:"诸迪功郎以上,实历及一考,听举关升。"③表明幕职州县官"实历"达到一考,即许受荐关升资序。幕职州县官受荐者主要是州县官的迪功郎、修职郎、从政郎关升到职官(从政郎以上)知县或县令资序。上述"吏部条法·关升门"规定:凡迪功郎,"有出身三考,无出身四考,有县令举主三员,与关升县令,循入从政郎";"有出身三考,无出身四考,有职官举主三员(谓从事郎),与关升职官知县,入从事郎"。凡修职郎,"一任三考,不以有无出身,有职官举主三员,候参选,与文林郎"④。有关这些情况,详见下列"南宋选人关升时荐举情况表"。

①　张方平:《乐全集》卷18《对手诏一道》。
②　《宋史》卷169《职官志九》;《山堂先生群书考索》后集卷19《官制门》。
③　《永乐大典》卷14627《部字·吏部条法·荐举门》。
④　《永乐大典》卷14628《部字·吏部条法·关升门》。

南宋选人关升时荐举情况表

官　阶	出身情况	任数	考数	举主员数	关　升	循　人
迪功郎	有出身		3	3	县令	从政郎
	无出身		4	3	县令	从政郎
	有出身		3	3	职官知县	从事郎
	无出身		4	3	职官知县	从事郎
	有出身		4	3	（候参选）	文林郎
	无出身		6	3	（候参选）	文林郎
	有出身	2	4	无	令录	从政郎
	无出身	2	5	无	令录	从政郎
修职郎	不论	1	3	3	（候参选）	文林郎
	（知令录资序）	1	3	无	（候参选）	从政郎
	有出身		3	3		从政郎
	无出身		4	3		从政郎
从政郎	不论	1	3	3	（候参选）	文林郎

　　此表说明,第一、迪功郎、修职郎和从政郎关升,如果需要举主,一律都是三员;如果不需要举主,则附加任数,否则少升一阶。第二、对有出身者或无出身者,在举主员数上没有不同的规定,即出身情况不影响对举主员数的要求(仅对无出身者增加考数)。

　　"吏部条法"对幕职州县官的关升还有几点值得注意:一、凡迪功郎,因"恩赏"(恩例、酬奖)循入从政郎以上,如果以后有关升举主三员,依法理作"奏举关升恩例"。二、选人因关升及收使恩赏,循资到承直郎为止①。

　　幕职州县官在四等七阶之内循资或关升,仍属于"选调"。有些幕职州县官由于种种原因,长期不能超越常调,因此选调被视为难以逾越的"选海"②。苏轼说过:"选人之改京官,常须十年以上,浮更险阻,计析毫厘,其间一事聱牙,常至终身沦弃。"有的幕职州县官"栖迟选调几三十年",乃得改官③。为了越出选调,幕职州县官必须经过铨选机构

---

① 《永乐大典》卷14628《部字·吏部条法·关升门》。
② 赵昇:《朝野类要》卷2《称谓·选调》。
③ 苏轼:《苏东坡奏议集》卷1《上皇帝书》;真德秀:《真文忠公文集》卷42《汤武康墓志铭》。

办理磨勘等手续,方能改为京官或升朝官。

四、幕职州县官受荐磨勘改官

宋代幕职州县官的磨勘制度,也是经过太祖、太宗时期逐步酝酿,而到真宗时期正式形成的。太祖开宝三年四月,命翰林学士和文班升朝官等,在现任或前任藩郡幕职州县官中,荐举堪为升朝官一员。宋人认为,幕职州县官"用举主改官"是自此开始的①。真宗景德元年(1004年)八月,因幕职资序人缺少,命常参官二员共举州县官一员充幕职官②。大中祥符二年(1009年),又下诏幕职州县官初任,"或未熟吏道","群官勿得荐举"③,必须三任六考,"方得论荐"④。这是幕职州县官"限考受荐"改官之始⑤。次年四月,允许选人达三任七考以上,历任未犯私罪,确实有课绩,如无人荐举,可向有关机构申请磨勘改官⑥。大中祥符五年六月,再次规定:"自今(在)京常参官二员,共举幕职州县官一员,充京官者,听。"李心传认为,"举主用两员自此始","景德元年八月,止是一时指挥"⑦。天禧三年(1019年)六月,又规定举主中必须有一员路级长官。同年十月,为制止滥荐,决定将选人改官的举主由二员增加到五员。这时,中书上言:"群臣举幕职州县官充京、朝官者,欲俟举主及五人,即以名闻,庶惩滥进。"真宗"从之"。李心传认为,幕职州县官磨勘改官"举主用五员自此始"⑧。到此为止,选人磨勘改官制度正式形成。

---

① 李心传:《建炎以来朝野杂记》(以下简称《朝野杂记》)乙集卷14《建隆至元祐选人升改举主沿革》;《玉海》卷118《选举·考课》。
② 《朝野杂记》乙集卷14《建隆至元祐选人升改举主沿革》。
③ 《文献通考》卷38《选举考十一·举官》。
④ 《宋史》卷150《选举志六·保任》。
⑤ 《朝野杂记》乙集卷14《建隆至元祐选人升改举主沿革》,《会要》选举27之10《举官二》,皆系此事于大中祥符三年正月。
⑥ 《会要》选举27之10—12《举官二》。
⑦ 《会要》选举27之12《举官二》;《朝野杂记·建隆至元祐选人升改举主沿革》。
⑧ 《会要》选举27之17《举官二》。《朝野杂记·建隆至元祐选人升改举主沿革》作天禧二年十月。

　　从仁宗时期起,朝廷尤其重视幕职州县官的磨勘改官事宜。朱弁说过:"昭陵(宋仁宗)谨惜名器,而于改官之法,尤轸圣虑。胡宗炎以应格引见,上惊其年少,举官逾三倍,最后阅其家状云:'父宿,见任翰林学士。'乃叹曰:'寒畯安得不沉滞?'遂降指挥,令更候一任,与改合入官。"①胡宿在皇祐(1049—1054 年)后任翰林学士,其子胡宗炎改官当在这段时间。但早在天圣(1023—1032 年)间,曾一度放松对幕职州县官磨勘改官的规定,与真宗天禧三年所定相比,考数由六考减为四考,举主由五员减为四员或者二员路级长官。英宗时御史中丞贾黯说:"方天圣中,法尚简,选人以四考改官。"②天圣二年监察御史李纮也说过,当时"所举官须见在任者,举主但有转运、制置发运、提点刑狱、劝农使、副使两人,便与依例施行"③,原因是当时磨勘改官者每年才几十人④。以后,由于磨勘改官者日增,为尽量减少冗员,不得不在磨勘制度上严加限制。朝廷下诏:"磨勘迁京官者,增四考为六考,增举者四人为五人;犯私罪,又加一等。举者虽多,无本道使者,亦为不应格。"⑤大致上恢复了真宗天禧三年的制度:选人磨勘改为京官(实应包括升朝官),必须六考、举主五员(其中一员为路级长官)。此外,又不准一般常参官荐举官员,限制内外臣僚每年荐举的员数(见后)。到庆历三年(1043 年)十一月,作为范仲淹"新政"的措施之一,即削除"任子之恩",规定选人年满二十五岁以上,每遇郊祀,限于半年内赴铨试。成绩及格者,到选满有京、朝官三员荐举,补授远地的判司簿尉;无人荐举,补授司士参军。若不赴试,又无荐举者,"永不预选"⑥。但这一规定随着"新政"的破产而迅速告终。

　　神宗时期,神宗和王安石主持变法革新,对铨选方面的荐举制度也予改革。熙宁(1068—1077 年)间,取消了一些官员荐举选人之权,限

---

① 　朱弁:《曲洧旧闻》卷 1;朱彧:《萍洲可谈》卷 1。

②④ 　《长编》卷 204,治平二年四月辛丑。

③ 　《长编》卷 102,天圣二年六月戊寅。

⑤ 　《文献通考》卷 38《选举考十一·举官》。

⑥ 　《长编》卷 145,庆历三年十一月丁亥。

定了京东等十六路提点刑狱每年荐举选人改官和关升职官县令的名额。元丰四年(1081年)七月,下诏"内外官司举官悉罢,令大理卿崔台符同尚书吏部审官东西、三班院议选格"。十一月,下诏"自今堂选、堂占悉罢"①。次年,正式实行"选官格",其法为"各随所任职事,以入任功状,立格以待拟注"②。元丰间罢各司举官,实行选官格,对选人磨勘改官并无影响。据马端临说:"神宗熙宁(按:应为元丰)间,内外小职任,长吏旧得奏举者,悉罢,一归吏部,以为选阙。"③显然,取消内外官司举官,实际只是指将原来内外各机构长官奏举"小职任"(小差遣)之权收归吏部,拟成选阙。进一步讲,只是将各机构的辟阙收归朝廷,改为吏部窠阙。这一措施与选人磨勘改官关系不大。

在徽宗崇宁二年前,选人"以职为阶官"④,"吏部流内铨诸色入流及循资磨勘选格"中有关磨勘法规定:判司簿尉达七考,知令录,职官达六考,有京官举主五员,其中一员转运使、副或提点刑狱,并予磨勘改官。两使职官知县系举人得官,并且因荐举循入,任内有京官举主二员,准予磨勘改官。令录流外出身,系举人得官,任内有班行举主三员,也准予磨勘改官⑤。政和三年(1113年),尚书省修定改官格:将仕郎达七考、承直郎至登仕郎六考,有改官举主而职司居其一,即与磨勘;如犯公罪或私罪,各随轻重,增加考数和举主员数⑥。

南宋时期,选人磨勘改官制度愈加严密,其中有关荐举的条法也愈加详细。荐举几乎成为选人改官的唯一途径。高宗绍兴二十二年(1152年),右谏议大夫林大鼐说:"方今朝廷清明,吝惜名器,士夫改秩,只有荐举一路,舍此则老死选调而无脱者。"这时,新定的条法有

① 《会要》选举28之13《举官二》;《长编》卷314,元丰四年七月癸丑;《长编》卷320,元丰四年十一月戊申。
② 《长编》卷325,元丰五年四月甲戌。《通考·举官》马端临将"罢诸司之荐举,付铨选于吏部",视为"熙宁所定之法",误。
③ 《文献通考》卷39《选举考十二·辟举》。
④ 《宋史》卷158《选举志四·铨法上》。
⑤ 《宋史》卷169《职官志九》。
⑥ 《文献通考》卷38《选举考十一·举官》。

二。其一，为了防止"不安职业、过为佞巧"者"速化"，而给"孤寒老练、安义分之人""应格"提供方便，高宗采纳林大鼐的建议，决定调整选人的"考第、员数"：凡选人增加一任者，减少举主一员；达九考者，用举主四员（即比旧减一员）；达十二考者，用举主三员（即减二员）；达十五考者，用举主二员（即减三员）①。这就是南宋"积考减员"法的滥觞。但此法实行未久，即告停罢。孝宗隆兴元年（1163 年）二月，御史中丞辛次膺提出"宜取选人九考、十考者，与减举主员数"。此事提交吏部讨论。三月，朝廷批准吏部尚书凌景夏的请求，将选人历十二考以上、无赃私罪者，减少举主一员②。四月，决定将每年改官定额中留十员充作历任十二考减举主者。宁宗庆元六年（1200 年）十月，进一步规定选人历任十五考以上、无赃私罪者，可免除职司举主一员。嘉泰四年（1204 年）五月，再次允许选人历经三任、十二考者，用常员举主三员，如系举主关升人，更减一员。这一措施实际允许有些选人可以减少二到三员举主，使更多的选人获得改官的机会。次年五月，这一"指挥"停止执行③。其二，由于原来规定选人三考以上者允许荐举改官，如果循资至修职郎，即使不满三考，也准许受荐改官。因此，"势要子弟之初官者"，都以零日受荐，"寒素者患之"，乃规定选人一概在第二任方可荐举改官，"庶几进仕公平，不妨寒畯之路"。光宗即位后，便实行此制④。到理宗时期，选人磨勘改官过程中的荐举法最后定制："应承直郎至修职郎六考、迪功郎七考，有改官举主五员，内职司一员，与磨勘，依格改合入官。历十二考以上，减常员举主一员。历十五考以上，减职司举主一员。"⑤分析此制的来龙去脉，七阶选人改官所需考数、举主员数基本承袭北宋时制度，而积考减员则完全遵照孝宗隆兴元年三月和宁宗庆元六年十月颁行的条法。

---

① 《会要》选举 30 之 2《举官四》。
② 《朝野杂记》乙集卷 14《隆兴至嘉泰积考改官沿革》。《文献通考·举官》作"用闻人滋之言也"。
③④ 《朝野杂记》乙集卷 14《隆兴至嘉泰积考改官沿革》、《选人三考外零日不许受京削》。
⑤ 《永乐大典》卷 14628《部字·吏部条法·改官门·改官撮要》。

选人经过荐举磨勘改官,大多数人升为京官,少数人跃迁为升朝官。据《宋史·职官志九》和同书《选举志四》记载,在神宗元丰五年五月官制改革以前①,凡选人改官,其中官阶最高的留守判官、两京府判官、节度判官、观察判官,达六考,进士出身,授太常丞(前此或授左右正言、监察及太常博士),其他人授太子中允(前此或授殿中丞);不到六考,进士出身授太子中允,其他人授著作佐郎。观察支使、节度掌书记、防御判官、团练判官,达六考,进士出身授太子中允(或授秘书郎),其他人授著作佐郎;不到六考,进士出身授著作佐郎,其他人授大理寺丞②。这里的左右正言、太常丞、殿中丞、秘书郎、太常博士、太子中允等都属升朝官的阶官,其余的著作佐郎、大理寺丞都属京官的阶官。除此以外,官阶较低的初等职官、令录、知令录、判司簿尉,不论达六考、七考,或不及六考、五考、三考,进士出身或无出身,都分别授予京官的阶官。在现存的宋人文集中,选人受荐改官的事例俯拾即是。如王安石文集载有进士出身的仲讷,初授莫州防御推官,迁权博州防御推官、权明州节度推官,后用举者改为大理寺丞(京官的最高阶)、知大名府清平县③。进士出身的丁宝臣,初授峡州军事推官,迁淮南节度掌书记、杭州观察判官,用举者改为太子中允、知越州剡县④。欧阳修文集载有诸科登第的尹仲宣,迁至蜀州军事判官,"荐其能者数十人",改为大理寺丞⑤。进士登第的欧阳晔,迁至江陵府掌书记,改太子中允⑥。

五、幕职州县官受荐担任差遣

宋代幕职州县官注授差遣,一般由朝廷的专门机构经办。太祖时,

---

① 元丰改制,将旧官太子中允、赞善大夫、洗马改为通直郎,又将旧官太常、秘书、殿中丞和著作郎改为奉议郎,见《宋史·职官志九》。
② 《宋史》卷169《职官志九》、卷158《选举志四》。
③ 王安石:《王文公文集》卷88《尚书屯田员外郎仲君墓志铭》。
④ 《王文公文集》卷88《司封员外郎、秘阁校理丁君墓志铭》。
⑤ 《欧阳修全集·居士集》卷26《尚书虞部员外郎尹公墓志铭》。
⑥ 《欧阳修全集·居士集》卷27《尚书都官员外郎欧阳公墓志铭》。

设立吏部流内铨,简称"铨司",专管考试幕职州县官判决案例和拟定差遣事宜①。神宗元丰五年,作为改革官制的措施之一,将铨注之权集中吏部,撤销流内铨而改为吏部侍郎左选,负责幕职州县官的注拟差遣等事②。这一机构迄宋末不变。

幕职州县官受荐担任差遣,概括起来,有三个途径:一由朝廷临时下诏指定中、上级官员推荐,二由中、上级官员按照规定定期推荐,三由地方官根据辟阙辟举下属。受荐担任的各种差遣,具体有各地的通判、县令、录事参军、职官或从事郎以上、监当官、学官等。现按各种主要差遣分述如下:

一、受荐充当通判:宋初为整顿吏治,分割地方长官的事权,在府、州一级设置通判,与知州同领州事,裁处兵民等事。太祖乾德二年六月和七月,曾连续两次命令侍从、卿监、郎官等,各在京官和幕职州县官中,荐举堪任通判或藩郡通判者一员,如果谬举,酌情连坐③。太宗以后,通判皆委派京官以上官员担任,荐举幕职州县官充当一州通判之事便极少出现了。

二、受荐充当知县、县令或录事参军:太祖建隆二年(961年),始命翰林学士及文班常参官曾任幕职州县官者,各荐举幕职令、录一员。这是"职令用举主"之始④。太宗太平兴国四年(979年),宋朝平定了各割据政权。此后,"县邑繁多,动皆缺员,历年未补",流内铨拘于资序,不予拟注,乃多次下诏命各路转运司督促各州长官,并命起居舍人、司谏、正言等,在现任或前任判司簿尉中荐举堪任知县或县令及录事参军者一员或二员⑤。真宗时,仍不断下诏命屯田员外郎和转运使、知州

---

① 《会要》选举24之9、职官11之56。
② 《宋史》卷163《职官志三》、卷158《选举志四》。
③ 《朝野杂记》乙集卷14《建隆至元祐选人升改举主沿革》;《会要》选举27之1《举官二》;《长编》卷5,乾德二年七月辛卯。
④ 《朝野杂记》乙集卷14《建隆至元祐选人升改举主沿革》;《玉海》卷118《选举·考课》。
⑤ 《会要》选举27之2—6《举官二》。

等,在前任、现任幕职州县官内各保举可任知县或县令者二至三员①。仁宗时,开始对受荐为县令者,在出身、考数、举主员数等方面加以限制。天圣七年十月,规定现任判司簿尉不限任数,有出身者四考以上,有举主两员,其中一员为现任本部官员,另一员为现任别路州军官员,即准许受荐送铨司,就近移注县令之阙②。皇祐二年,又开始规定了监司、知州等每年保荐选人充任知县或县令的名额。至熙宁四年,又下诏再任知县或县令者,须有安抚、转运、提刑、知州、通判五员奏举,方准再任,其中有职司两员者亦可。这自然已属"就任改官"了③。直至南宋后期,据"吏部条法"规定,判司簿尉有出身者,两任四考;无出身者,两任五考;摄官授正任后,三任七考,曾有举主四员或合使二员,即予差注县令④。还根据县令的非次阙(阙榜公布满五日而无人选注之阙)和经使阙(非次后一日为经使),对不同阶的选人,要求有身份不同的举主三员⑤。

三、受荐充当幕职官:真宗时,开始命升朝官两人合举州县官一员充当幕职官⑥。仁宗嘉祐五年(1060年),因各州幕职官常缺八、九十员,乃命待制以上各荐令录、判司簿尉二员,规定被荐者须有出身四考、无出身五考,无赃私罪,有京官举主三员,即可充当幕职官⑦。英宗时,将每年荐举选人改官的名额,分拨三分之一荐举令录和判司簿尉充当职官;受荐者仍须举主三员,但比旧可减少一考⑧。南宋后期的"吏部条法",亦根据幕职官的非次阙、经使阙、破格阙(阙榜公布满三月而无人选注之阙)等,对不同关升途径的承直郎至从事郎,要求有三至一员

---

① 《会要》选举27之8、18《举官二》。
② 《会要》选举27之24、26《举官二》。
③ 《会要》选举28之8、29、23《举官二》;王栐:《燕翼诒谋录》卷5《举县令》。
④ 《永乐大典》卷14620《部字·吏部条法·差注门》。
⑤ 《永乐大典》卷14621《部字·吏部条法·差注门》。
⑥ 《会要》选举27之8《举官二》。
⑦ 《会要》选举27之30《举官二》。
⑧ 《会要》选举28之3《举官二》。

举主,才能选注相应的窠阙①。

四、受命充当监当官:如前所述,太宗至道二年,始命左丞李至等在幕职官中保举充当监当京朝官。被荐者既升迁官资,又被授监当官的差遣。真宗天禧二年,又诏户部尚书冯拯以下及各路转运使副、提点刑狱升朝官,在幕职令录、知县内"同罪保举"一人充当京官监当②。此后,各仓、场、务、镇等,均分别监当官的正任(指非权摄职任)、破选(指不作正式选阙)、经使(阙榜公布后五日而无人选注之阙)、破格(阙榜公布后五月或一季而无人选注之阙)、残零(破格阙榜公布后满十日而无人选注之阙)等阙的不同,按照被荐者的出身情况、任数,规定举主的身份和员数,然后注授③。受荐充当监当官者,可以是武官的大使臣和小使臣,也可以是文官的选人或京官、升朝官。

必须指出,在选人担任全部差遣中并非都需要举主保荐,有些窠阙如堂除、吏部阙,则按照选格注拟,不需要再找举主推荐。

六、荐举幕职州县官的手续和定额

幕职州县官不论受荐超迁升朝官,或者循资或关升资序、磨勘改官以及担任差遣等,都须办理一系列繁琐的手续,而且有名额的限制。

首先是必须具备一定官职和员数的举主。举主充当被举官的推荐人和保证人,在当时铨选法中称为"举主"。徽宗政和三年,一度将"举主"改称"举官"④。南宋后期的"吏部条法"规定,"应称有举主者,谓举改官及职官、县令"⑤,指出仅在荐举选人改官和充当职官、县令的场合才作为举主。理宗时人赵升解释说,举主是"依条制科格以荐名于

①　《永乐大典》卷14621《部字·吏部条法·差注门》。
②　《会要》选举27之17《举官二》。
③　《永乐大典》卷14622《部字·吏部条法·差注门》。
④　《会要》选举29之6《举官三》。
⑤　《永乐大典》卷14627《部字·吏部条法·荐举门》。

朝廷者"，其中"有职司、常员之分"①。

担任幕职州县官的举主，一般限于现任的官员，这与被举官限于现任官是一样的。南宋后期"吏部条法·荐举门"规定："应所举之官与被举之官，各须在任。"唯有前宰相和执政官作为例外，允许定期保荐改官和升陟者②。举主还须具备一定的官阶和资序。宋初规定，凡升朝官和京官以上，始得荐举幕职州县官。从太宗太平兴国后，诸州通判也得荐举京官。真宗天禧元年（1017年），又规定今后自转运使至知州、通判，"只得保举本部内幕职州县官"③。仁宗天圣二年六月，更明确规定："在京大两省已上，并许举官。其常参官及馆阁曾任知州、通判升朝官，许依条奏举。余升朝官，未经知州军、通判已上差遣者，不在举官之限。"④从此，"非通判以上，不得举官"⑤，遂成惯例。赵彦卫《云麓漫钞》卷4记载："国初壬（任）子、进士甚鲜，内而侍从官、常参官，外而监司、守倅，皆得荐举。"仁宗康定二年（1041年），不准在京文臣知杂御史、武臣观察使以下常参官举官⑥。英宗治平三年（1066年）五月，下令暂停在朝知杂御史、观察使以上荐举⑦。神宗熙宁元年十二月，撤销通判荐人改官之权⑧，不久，将通判的荐额移交提举常平官⑨。哲宗初，取消提举常平官，再次命通判岁终举改官一人，不久又罢⑩。以后屡行屡罢，到南宋时再度确定了通判的荐举权⑪。

---

① 《朝野类要》卷2《称谓》。
② 《永乐大典》卷14627《部字·吏部条法·荐举门》。
③ 《文献通考》卷38《选举考十一·举官》；《会要》选举27之16《举官二》。
④ 《会要》选举27之20《举官二》；《长编》卷102，天圣二年六月戊寅。
⑤ 《朝野杂记》乙集卷14《建隆至元祐选人升改举主沿革》，将通判以上举官系于真宗天禧三年六月，误。
⑥ 《会要》选举27之26—27《举官二》。
⑦ 《长编》卷203，治平三年五月甲子。《会要》选举28之4《举官二》作治平四年十一月。
⑧ 《燕翼诒谋录》卷5《选人改官》；《会要》选举28之6《举官二》；《朝野杂记》乙集卷14《建隆至元祐选人升改举主沿革》。《云麓漫钞》卷4作"治平罢通判荐举"，误。
⑨ 《文献通考》卷38《选举考十一·举官》。
⑩ 《长编》卷379，元祐元年六月己亥。《会要》选举28之24《举官二》，记作元祐五年二月二日事。
⑪ 《永乐大典》卷14627《部字·吏部条法·荐举门》。

　　此外,还规定举主必须自身"不犯赃滥"、未曾致仕寻医或已经分司①。举主如果前曾举官,而现已责降为不应举官的职任,则其举状无效;如果仅降差遣,则仍依照现降职任,理为举主②。举主一旦半途罢官或死亡,则其举状也失效。不过,孝宗淳熙间,又有"逐纸放散之令","人皆便之"③。有关具体规定颇多,不一一列举。

　　举主还分为"常员"和"职司"两种。所谓常员,是指"常调举主"。南宋后期的"吏部条法"规定:"举官后任侍从官,落职降元(充)宫观,任满而已复待制以上,自陈宫观者,与作常调举主收使。"④侍从官荐人时本应理为"职司",由于后来仅以宫观官的身份荐举,因此只能当作"常调举主"保荐。这里的"常调举主"就是"常员"。

　　在选人改官的数名举主中,大多充作常员,其余一名必须是"职司"。所谓职司,起源于隋、唐。隋代苏威说:"臣非职司,不知多少,但患其渐近。"唐德宗时宰相陆贽说:"惟广求才之路,启至公之门,令职司皆得自达。"又说:"是以职司之内无成功。"⑤这时"职司"仅表示有关职事机构之意,与官员荐举无关。与荐举相关的是,唐代选人赴选授职,必须"同流者五五为联,京官五人保之,一人识之"⑥。要求在充当保证人的五名京官中,有一名跟被荐官认识。当时称这五名举主为"保识官"⑦。宋初承袭此制,称与被举官认识的举主为"识官"。太宗淳化元年(990年)十一月下诏,吏部南曹选人赴调,"并须于京、朝官内求一人为识官"⑧。真宗天禧三年六月,采纳监察御史李纮之言,选人

①　《会要》选举27之29《举官二》。
②　《永乐大典》卷14627《部字·吏部条法·荐举门》。
③　《永乐大典》卷14628《部字·吏部条法·改官门》。《通考》卷38《选举考十一·举官》作"逐旋放散","旋"字误。
④　《永乐大典》卷14627《部字·吏部条法·荐举门》。
⑤　《隋书》卷41《苏威传》;(唐)陆贽:《陆宣公奏议》卷7《请许台省长官举荐属吏状》;吴曾:《能改斋漫录》卷2《事始·监司称职司》。
⑥　《新唐书》卷45《选举志下》。
⑦　《唐会要》卷75《选部下·杂处置》。
⑧　《会要》选举24之9《铨选三》。

受荐磨勘,要有现任的本路长官如转运使或制置使、发运使、提点刑狱、劝农使等二员充作举主;如果只有一员,就要再有常参官二员保举。南宋史学家李心传认为,"举主须用职司",是从此时开始的①。仁宗天圣六年,重申"磨勘迁京官者……举者虽多,无本道使者,亦为不应格"②。本道使者指本路转运使副、提刑使副等长官。神宗元丰考功令规定这些官员专称"职司"③。南宋时,选人磨勘改官,举主中必用一员充作职司。高宗绍兴四年(1134年),下诏:"前宰执举选人充京官状,听理为职司。"④次年,因为有些选人求得前任宰执五员荐举改官,未免太滥,所以重定"前宰执所举京官状,不理为职司"⑤。这表明前任宰相和执政官一度可以作为选人改官的职司,但为时不久。绍兴二十八年,还依照大观元年(1107年)指挥,允许国子监祭酒、司业、大司成奏荐各州教授改官时,充作职司收使⑥。孝宗乾道七年(1171年),再次对职司的范围加以限制,下诏"旧法称职司者,谓转运使副、提点刑狱及朝廷专差宣抚、安抚、察访,应节次降理作职司指挥更不施行,并遵旧法。"⑦重申充作职司者,只有本路转运使,副使,提点刑狱,宣抚使,安抚使,察访使等,其余一概不算。这一条法直到南宋后期,仍在执行。"吏部条法·荐举门"规定:"应……称职司者,谓转运使副、提点刑狱及朝廷专差宣抚、安抚、察访。"⑧南宋时,在京任职的选人因为不能由外路的监司荐举,所以允许六部长官将其每年荐举选人的改官状理为职司。孝宗乾道九年,曾重申这一规定⑨,到南宋后期还编入"吏部条法"内⑩。

　　在选人改官的五名举主中,常员和职司的一般比例为四比一,但有

---

① 《朝野杂记》乙集卷14《建隆至元祐选人升改举主沿革》。
② 《文献通考》卷38《选举考十一·举官》。
③ 《会要》职官54之32《任宫观》。
④ 《建炎以来系年要录》卷75,绍兴四年四月丁酉。
⑤ 《建炎以来系年要录》卷94,绍兴五年十月己巳。
⑥ 《会要》选举30之5《举官四》。
⑦ 《会要》选举30之22—23《举官四》。
⑧⑩ 《永乐大典》卷14627《部字·吏部条法·荐举门》。
⑨ 《文献通考》卷38《选举考十一·举官》;《会要》选举30之27《举官四》。

时也有变化。宁宗庆元元年（1195年），据姚愈奏请，规定在选人改官的五名举主中，不准用两名职司①。理宗绍定元年（1228年），右正言梁成大奏："选人改官，举主五员内用职司一员，始为及格。近奔竞巧取者，或用职司三四员，甚至五员，而寒畯终身不得职司。乞敕吏部止用一员，过数毋令收使。"朝廷"从之"②。"奔竞巧取者"轻而易举地获得好几名职司，从而占夺了他人的名额，因此"寒畯"之士终身找不到职司，于是梁成大奏请只"收使"一名职司。不过，淳祐四年（1244年），"都省"札子说："若止许受职司一员，则恐诸司干官与京局差遣，自本部本司之外，不复可以受举，亦为未便。欲自淳祐四年为始，应选人改官举主五员，除合用职司一员外，更许将职司一员作常员收使；如过两纸，不许投放。"③开始允许将多余的一员职司充作常员。反之，宋朝始终不准用多余的常员来比折职司。景定元年（1260年），广东经略安抚司申报："从事郎郑永乞用常员两纸，理作职司。"都省批下："照得磨勘改官，以职司为重。若以常员两纸比折职司，不特坏法，自此有势援之人多取常员以为比折之地，岂不重为孤寒者之困！虽有已放行体例，亦是弊例，于法决不可行。"④说明选人用常员比折职司已有先例，但并非成法，因此遇到郑永要求比折，即被驳回。

其次，是受荐的幕职州县官必须取得一定份数的举状。举状的份数和规格，按照幕职州县官的改官、关升资序、担任差遣而有所不同。如前所述，幕职州县官磨勘改官一般需要五份举状，关升资序一般需要三份举状，担任差遣则随职任的不同而份数略为增减。举状的规格较为复杂，大致也分三类，为荐举幕职州县官磨勘改官状、关升职令状和担任差遣举状。

宋代举状又称"举削"。真宗时，翰林学士朱昂荐举知金州陈彭年为"贤良方正"，陈因"家贫，无赍编可投之，备入削奏，乞终任，不

---

① 《文献通考》卷38《选举考十一·举官》。
② 《续通考》卷36《选举考·举官》。
③④ 《永乐大典》卷14628《部字·吏部条法·改官门》。

愿上道"①。大中祥符五年诏书说:"朕向虞下位尚有遗材,务广搜扬,俾从保任。盈庭之士,削牍继臻。"②仁宗时,苏舜卿致欧阳修函云:"故台中奏疏,天子辨其诬,不下其削。台中郁然不快,无所泄愤,因本院神会,又意君蓍预焉,于是再削,其削亦留中不出。"③"削"成为官员向朝廷递呈的奏状或奏疏的代名词。"削"有时也写成"剡"。神宗时韩绛帅中山路,见吕颐浩之父诗,"喜之,遂剡荐"④。"削"或"剡"逐步与官员的荐举联系起来。到南宋时,"举削"、"奏削"、"荐削"、"剡章"等遂成为表示官员举状的专用词。高宗绍兴初,陈渊写信给通判邓端友说:"严作德荐削犹未足,廖丈言于郑使,既许之矣。闻公与陈漕稍密,可为一言否?"⑤请求邓端友出面找陈姓转运使,代严作德弄一份举状。绍兴二十九年,敕令所删定官闻人滋要求"凡在官者,历任及十考已上、无公私过犯,虽举削不及格,许降等升改"⑥。这是说受荐官如果所得荐举奏状不够份数,准许降等关升资序或改为京官。次年,吏部侍郎洪遵说:"有岁荐五人,而发奏削至以数十而不止者。"⑦有的官员本来只能向吏部递呈五份举状,他却递呈了数十份还不止。孝宗时,杨简颇有时誉,"诸公争推拥若恐后","剡章辐集,溢数削,返之"⑧。在举状够数后,杨简即把多余的数份退回给举主。

荐举幕职州县官的磨勘改官状,当时又称"荐举改官状",或称"荐举改官奏状"、"改官举状"、"改官荐牍"、"改官奏削"⑨。由于被举官受荐后得以升为京官,因此又称"京状"或"京削"、"京剡"⑩。至于荐

① 江少虞:《宋朝事实类苑》卷 57《知人荐举·朱翰林》引《玉壶清话》作宋太宗时事,误。据《宋史·陈彭年传》,此事实在真宗咸平四年。
② 《会要》选举 27 之 12《举官二》。
③ 《苏舜卿集》拾遗《与欧阳公书》。
④ 吕颐浩:《忠穆集》卷 8《燕魏杂记》。
⑤ 陈渊:《默堂书》卷 17《与邓端友通判》。
⑥ 《系年要录》卷 183,绍兴 29 年 7 月乙巳;《文献通考·举官》。
⑦ 《会要》选举 30 之 9《举官四》。
⑧ 杨简:《慈湖遗书》卷 18《宝谟阁学士、正奉大夫慈湖先生行状》。
⑨ 《会要》职官 10 之 43;《朝野杂记》乙集卷 14《四川举削倍改官之额》等。
⑩ 刘克庄:《后村先生大全集》卷 94《甲申同班小录》;杨万里:《诚斋集》卷 108《与江陵范侍郎》;方回:《桐江集》卷 8《先君事状》。

举幕职州县官关升资序的奏状，当时又称"关升荐削"①。由于幕职州县官关升后得以升迁职官、县令资序，因此又称"关升职令状"，或简称"职令状"、"小状"②。

选人磨勘改官，需要五份举状。选人获得第一份举状，官场上称为"破白"；获得第五份即最后一份举状，官场上称为"合尖"。理宗时赵昇说："选人得初举状，谓之破白。末后凑足一纸，谓之合尖，如造塔上顶之意。"③杨万里曾致函广西帅张某，请求替其妻之侄孙、从政郎、雩川县令罗瀛求荐，言及："敢乞先生长者，特辍庆元七年上半年一京削，为之破白之荐，一经拈出，诸司必和。"杨万里又曾致函范侍郎，请求替其长子之妻兄、承直郎、澧州推官吴璪求荐。函中说，杨自己"首以京状荐之"，"今又有余丞相、顾守二章矣，唐宪亦许以职司之章举之，独合尖未有畀举。敢告契丈帅司，特辍今年下半年一京削以成就之"④。赵孟坚《彝斋文编》载有他本人改官成功后写给五位举主的谢状，最后一状为《谢仓使吴荆溪先生京状》，其中说："上介充寮，曾微纤助，首秋荐额，仅为合尖……窃以五刾固重于攒花，寸禄尤难于及戍。"⑤有关事例不胜枚举。宁宗时法典《庆元条法事类》载有"举承直郎以下改官状"、"举从政郎以下充从事郎以上状"和"举迪功郎充县令状"的"式"⑥，当是这时官员的三种标准举状式样。

此外，减少举状后来变成对幕职州县官的一种特殊酬赏。理宗时，贾似道推行公田法，准备在竣事后对各州的专官予以奖励，其中对选人身份者则允许"减一削"⑦。

南宋时，幕职州县官升改举状，由各路帅臣、监司定期通过进奏院

---

① 岳珂：《桯史》卷 5《部胥增损文书》。
② 《桐江集·先君事状》；《永乐大典》卷 14627《部字·吏部条法·荐举门》。
③ 《朝野类要》卷 5《余纪》。
④ 《诚斋集》卷 111《答赣州张右史移广西帅》，卷 108《与江陵范侍郎》。
⑤ 《永乐大典》卷 18402《状字·谢状》。
⑥ 《庆元条法事类》卷 14《荐举门一·改官关升》。
⑦ 《永乐大典》卷 14627《部字·吏部条法·荐举门》。

奏报朝廷。孝宗时规定:"应荐举升改奏状,并限半年内到进奏院,其出限者,不在收使。"在京六路、寺监及前宰执所发举状,允许赴通进司递呈。两广离临安较远,其改官举状可延长三个月到进奏院。四川离临安更远,荐举升改奏状在半年内申报制置司,然后分类集中经进奏院贴说投进。举状送到吏部侍郎左选后,各案限在三日内注籍;假使举状"不依条式","本案吏人承受注籍者,杖一百。至于选人有所住滞者,不以赦降、自首觉举原免"①。

第三,是举主必须按照荐额保举幕职州县官。自真宗天禧元年开始,限定举主的荐举人数:"敕两省五品以上,岁许举京朝官五人,升朝官许举三人。"②仁宗康定二年(1041 年),吏部流内铨"详定"内外臣僚每年所举幕职州县官名额,在京待制、观察使以上举三人,知杂御史、阁门使以上二人,侍御史、诸司使以下一人,在外转运使副、提刑不限人数,知州军、通判(升朝官以上)三人,开封府推、判官三人③。皇祐间,又开始限定监司的奏举名额④。英宗时,因改官者日增,官多阙少,乃压缩举官名额,并决定减少"中外臣僚"岁举选人改官名额的三分之一,代之以荐举令录、判司簿尉充当职官⑤。神宗元丰二年(1079 年),重定十六路提点刑狱岁举名额,京东西、河东路,举京官七人、职官三人、县令四人;成都府、梓州、江南东西路,举京官五人、职官三人、县令四人;福建、利州、荆湖南北、两广,举京官四人、职官三人、县令二人;夔州路,举京官三人、职官二人、县令二人⑥。哲宗元祐元年(1086 年),将各州军通判荐额,按照属县的多寡分为三等,十县以上,岁举三人改官,职官、县令各一人;五县以上,岁举二人,其中县令一人,改官、职官互举

① 周密:《齐东野语》卷 17《景定行公田》。
② 《朝野杂记》乙集卷 14《建隆至元祐选人升改举主沿革》。
③ 《长编》卷 119,景祐三年八月甲寅;《会要》选举 27 之 26《举官二》。
④ 《长编》卷 204,治平二年四月辛丑。
⑤ 《文献通考》卷 38《选举考十一·举官》;《会要》选举 28 之 3《举官二》。
⑥ 《文献通考》卷 38《选举考十一·举官》。

一人;五县以下,岁举改官或县令一人①。

南宋宁宗时法典《庆元条法事类》,载有"荐举格",规定了"前宰相执政官"以下每年的举官名额,详见下表②:

		承直郎以下改官	迪功郎充县令	充县尉
前宰相、执政官		5 人		
诸路安抚使等		3 人		
知州	十五县	6 人	1 人	1 人
	十一县	5 人	1 人	1 人
	八　县	4 人	1 人	1 人
	四　县	3 人	1 人	1 人
	三县以下	2 人	1 人	1 人
	无　县	1 人	1 人	1 人
转运使副、提点刑狱				3 人
转运判官				2 人
察访使		7 人③	3 人	

理宗时根据孝宗淳熙七年(1180 年)指挥重定的岁举名额,详尽地规定了前宰相执政官、六部长贰郎官、寺监长贰以下到各路帅臣、监司等每年荐举改官、从事郎、县令等人数。其中两浙路制置、监司等岁额,详见下表④:

地　区	官员或机构名称	改　官	从事郎	县　令
两浙路	沿海制置	2 人	1 人	
	两浙转运副使	11 人	6 人	6 人
	两浙转运判官	4 人	2 人	4 人
	提领户部犒赏酒库所	2 人 增举检察官 1 人	1 人	1 人
	提学司	1 人	1 人	

---

① 《长编》卷 379,元祐元年六月己亥。
② 《庆元条法事类》卷 14《选举门一・荐举总法》。
③ 两浙、河北、河东、陕西、京东、京西各加两人。
④ 《永乐大典》卷 14627《部字・吏部条法・荐举门》。

（续表）

地　区	官员或机构名称	改　官	从事郎	县　令
浙东路	安抚使司	2 人	1 人	
	提点刑狱	5 人	3 人	4 人
	提举常平司	2 人	1 人	1 人
	提举茶盐司	2 人	2 人	2 人
浙西路	安抚使司	2 人	1 人	
	节制司	1 人		
	点检赡军激赏酒库所	2 人 增举检察官 1 人		
	淮浙发运	11 人	6 人	6 人 增举百万仓官 1 人
	淮东总领	5 人	1 人	3 人
	浙西围田所	1 人		1 人
	淮东籴事所	1 人	1 人	
	提点刑狱	5 人	3 人	4 人
	提举常平司	2 人	1 人	1 人
	提举茶盐司	2 人	2 人	2 人

　　随着"举削"、"奏削"、"荐削"、"京削"等词的逐渐普遍使用，"削"也被用作表示被举官所得举状和举主荐额的一种计数单位。对被举官而言，比如选人经过磨勘改官，"合用举主五员"。用另一种方法表达为："选人五削，方可改秩。"①宁宗时李楠的奏状也谈到："选人入岭，例求速化，既就此得一削，又改辟他州。"②这里的"削"表示改官状即京状。对于举主而言，比如知沅州李奕宗申报："令沅州桩一纸京削举之一年，民无怨辞。制司亦以职司一削举之一年，始终无弊。"③又如周密记载："赵公（信国）知之，遂首以外执政一削举之（指王容之子、溧水县

---

① 《永乐大典》卷 14628《部字·吏部条法·改官门》。
② 刘克庄：《玉牒初草》卷 1《宁宗皇帝》。
③ 《永乐大典》卷 14627《部字·吏部条法·荐举门》。

令），且为宛转料理改秩。"①这里的"削"表示举主的荐举名额。各个机构还可以互相暂借或者挪移荐举名额。如理宗时利州路提刑、转运司曾借举关外的荐额，四川安抚制置副使司又曾借举利州路提刑、转运司改官四员、从事郎二员，端平二年（1235年）朝廷命仍旧归还各司奏举②。又如行在赡军激赏酒库所岁举改官三员，"间有无人可举之岁"，淳祐六年乃准许"于内那移一削，举本府（临安）及帅司属官"。如果点检所"自有可举人，三削尽数举之，不拘那移之说"③。此外，在举主保荐岁额达到二员以上，即划分成上、下半年举行。这一规定始于哲宗元符二年（1099年）。

第四，是受荐的幕职州县官经吏部侍郎左选磨勘合格后，于便殿引见皇帝，然后正式改为京、朝官。宋初，选人改官并无定额。在选人赴调时，责成流内铨将其历任功过等进呈皇帝，到便殿引见，由皇帝亲自审阅而甄擢④。仁宗时，"尤以选人迁京官为重，虽有司引对，法当与，帝亦省察其当否，乃可之"⑤。天圣间，磨勘合格者仅数十人，"不越旬日即引对，未有待次者"⑥。此后，待次者日增。到至和三年（1056年），乃命流内铨将该改官的新、旧选人"并甲"磨勘引见皇帝⑦。英宗治平三年，一年引见不过一百人，而待次者二百五十人⑧。神宗元丰初，规定每五日引见一甲，每甲三人，每年以一百四十人为额。元丰六年（1083年），选人磨勘改京朝官者共一百三十五人⑨。哲宗元祐二年（1087年），采纳吏部侍郎孙觉的建议，开始以每年一百人为额⑩，并改为每十日引见一甲⑪。后又将每甲三人增为五人⑫。徽宗政和六年，选

---

① 周密：《癸辛杂识》续集卷下《马赵致怨》。
②③ 《永乐大典》卷14627《部字·吏部条法·荐举门》。
④ 《朝野杂记》乙集卷14《隆兴至淳熙立改官员数》；《会要》选举24之10《铨选三》。
⑤ 《文献通考》卷38《选举考十一·举官》。
⑥ 《玉海》卷118《选举·考课·嘉祐考绩新法》；《长编》卷204，治平二年四月辛丑。
⑦ 赵抃：《清献集》卷8《乞并甲磨勘选人》。
⑧ 《长编》卷208，治平三年五月甲子。
⑨⑪ 《燕翼诒谋录》卷5《选人改官》；《文献通考》卷38《选举考十一·举官》。
⑩ 《长编》卷395，元祐二年二月己亥。
⑫ 《燕翼诒谋录》卷5《选人改官》。

人引见改官者达三百七十多人①，成为宋代选人改官最多的一年。

南宋时，每年选人引见改官者在一百人上下。高宗绍兴二十年为八十八人，二十五年六十八人，三十年七十四人，三十一年五十人，三十二年一百十三人，都不包括"捕盗"和职事官改官在内。孝宗即位，认为人数太多，隆兴元年（1163 年）遂定为一百人。乾道三年，增至一百二十人为额。淳熙七年，减为八十人，包括"捕盗"和职事官改官在内。十三年，决定将职事官改官列在额岁八十人之外，于是又以一百人为额②。宁宗开禧元年（1205 年），再度减至八十人③。

选人每年的改官名额有限，而各地所荐符合改官条件的选人，则往往超过此数。于是溢额者只能"待次"或"待班"。宁宗嘉定四年（1211年），四川改官荐牍应得一百六十五份，以五份合荐一员，全年共荐改官约三十一员。但自淳熙七年起，四川仅换给十五员，"总而计之，是举削不收使者大半"。因此，又采取了一些补救措施④。

仁宗以后，选人应改官引对者所编甲次，又称"班次"⑤。赴班引见，或称"班引"。《谕蜀编》云："蜀之文臣，调官不到部。改官不班引。"⑥唯有四川和沿边不可缺官处的选人改官可以"外改"⑦。赵昇《朝野类要》记载，选人获得京状五纸后，"即趋赴春班改官，谢恩，则换承务郎以上官序，谓之京官，方有显达"⑧。选人改为京官后，越过了选调，才有希望飞黄腾达。

选人改为京朝官后，畏于作邑，多愿担任闲慢差遣，比折知县资序，而后注授通判。神宗熙宁十年，下诏："选人磨勘改京朝官，须入知县，

① 《文献通考》卷 38《选举考十一·举官》。
② 《朝野杂记》甲集卷 12《选人改官额》，乙集卷 14《隆兴至淳熙立改官员数》。
③ 《朝野杂记》乙集卷 14《隆兴至嘉泰积考改官沿革》、《选人三考外零日不许受京削》。
④ 《朝野杂记》乙集卷 14《隆兴至淳熙立改官员数》、《四川举削倍改官之额》。
⑤ 《长编》卷 208，治平三年五月甲子；《会要》选举 24 之 25《铨选三》。
⑥ 《永乐大典》卷 13453《士字》。
⑦ 《永乐大典》卷 14628《部字·吏部条法·改官门》。
⑧ 《朝野类要》卷 3《升转·改官》。

虽不拘常制,不得举辟。"①元丰元年,进一步规定选人被举充职官和转京官者,也"例差知县"②。其目的在于使初任京朝官者学到一些治理民政的实际经验。但后来此禁逐渐松弛,凡改官人有出身任教授、无出身任签判,满两考,即赴吏部注破格阙通判。高宗、孝宗时不断申严旧制,仍以三年为任,考第未足或有过失,不得注授通判③。宁宗后,继续重申此制,并在理宗淳祐十年(1250 年)补充规定:"改官班引之人,先赴都堂或御史台,各试书判,合理法者,许集注。如不通,且令为丞,再试中,方与入。"④经过考试书、判合格,方许赴吏部集注知县窠阙,否则暂任县丞。

七、幕职州县官荐举制的作用与弊病

宋代幕职州县官的荐举制度,是官员铨选制度的一个组成部分。在当时,它的作用有两个方面:第一、促进了封建专制主义中央集权的统治。宋代社会经济的发展、阶级结构的变动、土地制度和租佃制度的变化等,促使官僚地主阶级有必要和有可能将封建专制主义的中央集权进一步强化。从太祖、太宗开始,逐步酝酿并建立了一整套集中政权、兵权、财权、司法权等制度。与此相适应,还形成了与前代有很多不同的官员铨选制度。宋朝任用官员方面的特点之一,是尤其重视举主对于被举官的推荐和保证作用。宋人说过:"国朝用人之法,一则曰举主,二则曰举主,视汉、唐又远过矣。"⑤从太祖、太宗时开始,为消除各地藩镇的势力和防止文臣、武将、帝后、外戚等专权独裁,陆续采取措施,将各级官员的任免权收归朝廷中央,如不准各州长官委派仆从和宗

---

① 《燕翼诒谋录》卷 3《京朝官须入知县》。
② 《长编》卷 290,元丰元年七月庚子。
③ 《朝野杂记》甲集卷 12《改官须入》;《燕翼诒谋录》卷 3《京朝官须入知县》;《系年要录》卷 173,绍兴二十六年七月戊甲。
④ 《续通考》卷 36《选举考·举官》。
⑤ 林駉:《新笺决科古今源流至论》别集卷 7《举主》。

族亲戚掌管厢、镇局务,不准藩镇差亲随为镇将,不准各道州府长官委任自己的牙校充当司理参军和判官,不准各路转运使和州府长贰擅自荐人充当部内官员,等等①。诚然,朝廷不可能把全国各级官府数以万计的文武百官的差遣窠阙全部交给吏部拟注,其中一部分次等的差遣只能让本部长官自行辟举,但也有一些限制的条法。《宋史·选举志》说:"宋初,内外小职任,长吏得自奏辟。熙宁间,悉罢归选部。然要处职任,如沿边兵官、防河捕盗、重课额务场之类,寻又立专法选举,于是辟置不能全废也。"②尽管如此,宋代大部分官员差遣窠阙,无论堂除,或者部注,实际仍由朝廷中央掌握。但是,在宋代占据统治地位的非身份性的官僚地主阶级,已不再能世代保持固定的官职和田产。封建国家也已不能像前代那样凭借传统的族望门第来选拔官员。为此,必须寻找其他的良策。这一良策便是依靠上、中级官员来推荐中、下级官员,由上、中级官员充当中、下级官员的保证人。宋朝由此牢牢地掌握了各级官员的任免大权,从而促进了当时封建专制主义的中央集权的统治。

第二、有利于从中、下级官员中选拔优秀的人才,为庞大的官僚队伍不断补充新鲜的血液。宋代主要通过贡举考试来选拔人才,大体上,贡举考试进士科的新及第者,除第一甲或前三名直接授京官、注通判或签书节度判官等差遣外,其他人都只授幕职州县官。在众多的幕职州县官中,不乏擅长治理民政、军政、财政以及司法等的贤能之士,也不乏有所成就的文学、史学、哲学等方面的专门家。如苏轼之弟苏辙,"庆历新政"的主持人范仲淹,文学家欧阳修、范成大、苏舜卿、杨万里③,史学家李焘,理学家朱熹,孝宗时宰相王淮等人,都经历了一个由幕职州县官受荐而升为京朝官的过程,然后在各自的职任上发挥才能,成为一

---

① 《长编》卷11,开宝三年五月戊申;《会要》职官48之92《镇将》;《长编》卷24,太平兴国八年八月甲辰;《文献通考·举官》。
② 《宋史》卷160《选举志六》。
③ 罗大经:《鹤林玉露》乙编卷4《雍公荐士》。

代的著名官员。

　　自然，跟宋代其他政治制度一样，幕职州县官的荐举制在实行过程中，也不可避免地出现了很多弊病。其一，举主和被举官之间形成了新的"恩师"和"门生"的关系，使大臣能够利用这种关系培植私人势力，藉此专权独裁。太祖初年，承袭后唐之制，禁止及第举人称知举官为"恩门"、"师门"，不得自称"门生"①，从而一洗唐代以来"进士皆为知举门生"、"不复知有人主"的"故习"②。但旧弊基本革除，新弊又生。官员荐举制度尤其是幕职州县官荐举制的推行，幕职州县官把升迁资序，特别把改为京、朝官视为仕途上的一个突破，由此便能扶摇直上，因而对举主们终身感激。久而久之，便形成了新的师门和门生的关系。范仲淹因晏殊之荐，入馆任秘阁校理，所以"终身以门生事之，后虽名位相亚，亦不敢少变"③。即使范仲淹在受荐入馆前已非幕职州县官，但他也不免受到当时社会新风气的影响。理学家杨时以清高自居，"自入仕，固未尝祈人举，亦不效尤称门生、求脚色状，例逊谢不敢答"④。像杨时这种人在当时是不多见的。赵昇在《朝野类要》中说，选人改官后，"方有显达"，"其举主各有格法、限员，故求改官奏状，最为艰得，如得则称门生"⑤。现存碑刻文字中，保留了不少有关记录，如《汉中新修堰记》的作者和勒石者自称"门生、〔从〕政郎、充利州路提举常平司干办公事杨绛"，"门生、右朝奉郎、通判兴元军〔府〕事兼管内劝农事史祁"，系对四川宣抚使吴璘而言⑥。又如《休宁修县学记》的立石者宣教郎、知徽州休宁县任良弼，也自称"门生"，系对建康府学教授程珌而言⑦。再如《绍兴府建小学田记》的作者迪功郎、绍兴府学教授陈

---

①　《五代会要》卷23《缘举杂录》；《长编》卷3，建隆三年九月丙辰。

②　《燕翼诒谋录》卷1《御试不称门生》。

③　叶梦得：《石林燕语》卷9。

④　杨简：《慈湖先生遗书》卷18附《杨简行状》。

⑤　《朝野类要》卷3《升转》。

⑥　（清）王昶：《金石萃编》卷149。

⑦　（清）陆耀遹：《金石续编》卷19。

景行、承议郎、绍兴府通判方□等，都对"大帅"季镛称自己为"门生"①。
宁宗时大臣卫泾死后，林子燕、林孝闻以"门生"的名义撰文致祭，其中
林子燕的祭文说："嗟贱子之何知，亦两尘于荐员。念甲申之初岁，得
晋拜于台躔。"②可见二林与卫泾之间也是被举官与举主的关系。这种
关系被权臣如蔡京、秦桧、史弥远、贾似道等人利用，便成为他们网罗党
羽，排除异己，推行蠹国害民政策的一种重要手段。徽宗时"王公卿
相，皆自蔡京出"，"二纪之间，门生故吏，充牣天下"③。对于与己不同
政治主张的选人，则严加控制，不予改秩，甚至"禁锢不调"达十年之
久④。理宗、度宗时，贾似道控制朝政，"中外百司虽一举削之微，亦取
决于己，而后敢界"⑤。加之，贾似道不顾国家安危和民间疾苦而苟且
偷安、坐享富贵，最后不免破家灭国。

　　其二，荐举过程中，弊端百出，成为一个严重的政治问题。有些官
员在荐人时，"非父兄在职则不举，非赂遗越常则不举"⑥，"鲜以寒士为
意"，因此俸禄优厚的差遣"多在贵游之家"⑦。有些官员索性高价出售
举状，"关升改秩，各有定价，交相贸易，如市贾然"⑧。如高宗时江西提
刑刘长源"专务营私"，"每岁举官升改，不问贤否，凡一荐章，必得钱五
百缗，乃得爰奏"⑨。湖北提刑杨椿，也"以三百千而售一举状"⑩。选
人们为了达到早日改官目的，有些人"互相攘夺"举状，有些人对"荐章
一纸，阴求先容，有费及五六百千者"⑪。还有一些官员重叠奏举，"或
同时一章而巧为两牍，或当荐五员而辄逾十数，或当举职官而诡为京

---

① （清）阮元：《两浙金石志》卷13。
② 《永乐大典》卷14054《祭字》。
③ 《靖康要录》卷7。
④ 《宋史》卷39C《家愿传》。
⑤ 方回：《桐江集》卷6《乙亥前上书本末》。
⑥ 员兴宗：《九华集》卷10《考绩荐举策》。
⑦ 《会要》选举28之12《举官二》。
⑧ 《系年要录》卷173，绍兴二十六年七月庚戌。
⑨ 《系年要录》卷173，绍兴二十六年七月壬寅。
⑩ 《会要》选举30之8《举官四》；《系年要录》卷198，绍兴三十二年闰二月己丑。
⑪ 《系年要录》卷174，绍兴二十六年八月戊寅。

状,或身系常调而妄称职司"等①。很多举主对被举官"多非所知",甚至"类多不识所举之人",只以"空名剡牍"相赠②。吏部官吏对于应该改官的选人,也公然索取财物,"毫毛不生节,必巧生沮阂,须赂饷满欲,乃止"③。如果得不到贿赂,则将应改京官者,只予循资,注授幕职官④。如此等等,不一而足。这些弊病随着朝廷政治的清明或昏暗而升降消长,到北宋和南宋的末年则已达到积重难返的程度,原来建立荐举法以搜罗人才、激劝士类的意图也荡然无存了。

（载《文史》第 27 辑,中华书局,1986 年 12 月）

---

① 《宋史》卷 373《洪遵传》。
② 《朝野杂记》乙集卷 14《前宰执岁举京官多非所知》。
③ 《宋史》卷 373《洪遵传》。
④ （明）郑庆云:《(嘉靖)延平府志》卷 18《人物志·续附》。

宋代官员回避制度

宋代逐步形成了比较严密的官员回避制度,凡官员担任差遣,主持贡举考试和学校考试,负责刑事和民事审判等方面,都实行比较严格的回避制度。按照规定,需要回避的有亲戚关系和本贯(原籍)、产业所在地以及其他一般嫌疑等。在相当长的时间里,回避制度曾经得到认真的执行,佀在有些权臣执政的时期,则不同程度地受到忽视,甚至被完全破坏,最后导致朝政腐败,动摇了统治者的整个统治基础。

一、亲 属 回 避

官员之间如果在差遣方面有"统摄"即领导与被领导的上下级关系,与"相干"即同级间职务方面的密切关系,他们又是亲戚,即应按照条制加以回避。这种亲属回避方面的条制,当时称为"避亲法"。

唐代已开始实行避亲法:"凡同司联事勾检之官,皆不得注大功以上亲。"①这是比较原则的规定,包括职务联系和亲等。具体一点的还有:"宰相亲嫌,不拜知制诰。"②规定知制诰与宰相之间需要避亲。宋代承袭这些做法,从宋代初年开始,逐步形成了相当周详的亲属回避制度。

宋代"避亲法"中的亲等规定,越往后越详细周密。仁宗康定二年

---

① 《旧唐书》卷43《职官二》。
② 钱易:《南部新书》丁。

（1041 年），规定官员"服纪亲疏在官回避条制"："本族缌麻以上亲及有服外亲、无服外亲，并令回避，其余勿拘。"①神宗熙宁三年（1070年），重新"定内外官避亲法"②，进一步规定凡属统摄和相干关系的官员，应与以下亲属回避：

一、本族同居无服以上亲；二、本族异居袒免以上亲；三、亲姑、姐妹、侄女、孙女之夫；四、女婿、媳妇之父及其亲兄弟；母、妻之亲姐妹之夫，亲姨之子，亲外孙、外甥女之夫；五、母在世时，母之本服大功亲属。不必回避的亲属有：

一、堂从之亲；二、嫡母、继母、慈母亡故后，母之本服大功亲属③。

哲宗元祐五年（1090 年），吏部在避亲法注文中添入回避范围一条，即"或妻之大功以上、姊妹之夫及其子"。徽宗政和间（1111—1118年）敕称"亲戚条"，"母妻大功以上亲"字下专设"姊妹之夫同于同堂姊妹之夫，不合回避"，"诏令吏部申明遍牒行下"④。宁宗时，《庆元条法事类·职制门》"亲嫌"名例敕规定："诸称亲戚者，谓同居（无服同），若缌麻以上（本宗袒免同），母、妻大功以上亲（姑、姨、〔姊、〕妹、侄女、孙女之夫，侄女、孙女之子同），女婿、子妇之父、祖、兄弟（孙女婿及孙妇之父、兄弟妻及姊妹夫之父同），母、妻、姊妹、外孙及甥之夫（妻之姊妹之子，若外祖父及舅同）。"又规定："诸缘婚姻应避亲者，定而未成亦是。"⑤这些规定比北宋时更加详尽，因此在理宗景定间（1260—1264年）重修的《吏部条法·差注门》"亲嫌"条中，用"淳祐敕"的方式一字不漏地照抄搬用⑥。

官员在职事方面有统摄或相干关系而应避亲者，有时用"或有亲属仕宦在同朝、同路、同州者，各仰陈乞，引嫌回避"，具体内容很多。

---

① 《宋会要辑稿》职官 63 之 2。
② 《续资治通鉴长编》卷 217，熙宁三年十一月癸丑。
③ 《宋会要辑稿》职官 63 之 4—5。
④ 《宋会要辑稿》职官 63 之 6、10。
⑤ 《庆元条法事类》卷 8《职制门五》。
⑥ 《永乐大典》卷 14624《吏部条法·差注门五》。

一、同朝即同在朝廷中央任职者。如父、子、兄弟和亲近同在二府者,或同为侍从、执政官者,必相回避①。又如宰相和执政官的亲戚不可任台谏官②。更具体一些,如知制诰和参知政事,翰林学士与参知政事,知谏院与参知政事,侍御史知杂事与御史中丞,右正言与御史中丞,给事中与宰相,知通进银台司兼门下封驳事与枢密使,吏部侍郎与刑部尚书,右正言与尚书左丞,等等。二、同路。宁宗"职制令"和理宗"淳祐令"规定,转运司账计官与诸州造账官,提点刑狱司检法官与知州、通判、签判、幕职官、司理、司法参军(录事、司户兼鞫狱、检法者同),经略安抚、监司的属官与本路其他各司官,必相回避③。三、同州。如通判与知州,各曹参军与通判等。

　　也有一些职事不准回避。理宗"淳祐令"规定,一、尚书省和六部官与外任官;二、知州带钤辖提举兵甲贼盗与本路官;三、宗室与本宗祖免亲,"各不避"④。又据《宋会要》记载,还有一些职事不必回避:一、走马承受使臣与本路转运使副、转运判官、提点刑狱、通判、幕职官、监当官;二、江淮发运使与各路知州、通判、幕职州县官(其中与真扬楚泗州监转般仓、排岸、船场、堰闸官,"系职局相干,合避亲嫌");三、主管机宜文字与本路监司⑤。

　　官员在接受差遣后,如应避亲,必须在到任后三十天内,向上级机构或本司长官声明。《庆元条法事类》"职制令"规定:"诸职任,自朝廷除授而应避亲者,到任限三十日自陈(虽未到任而自陈者,听)。"同时,要求在京居住的当避官(应该回避亲嫌的一方)和所避官亲身到吏部,"合状陈乞,责书铺结罪识认正身,取会无诈冒违碍",方能退阙,另授差遣。

　　官员因避亲而另授差遣的办法,主要有三种:一是与他人对换差

①　魏泰:《东轩笔录》卷5。
②　《续资治通鉴长编》卷360,元丰八年十月丁丑。
③　《庆元条法事类》卷8,《永乐大典》卷14624。
④　《永乐大典》卷14624。
⑤　《宋会要辑稿》职官63之5、12。

遣,称"对移"或"两移"。对移法规定,第一、凡京朝官有亲戚应避者,如到任不满一年,即与对移。如到任一年以上,除非祖孙和期亲以上的亲戚照此对移外,其余亲戚待满任成资后放罢。第二、本县官互相妨碍者,即与本州他县对移;本州官互相妨碍者,即与邻州对移;本路职司互相妨碍者,即与邻路对移①。第三、要求当避官和被避官、愿意交换差遣之人以及担保官,在印纸上批写对换的缘由,并写明如"非实,即甘镌降作私罪收坐施行"。第四、要求两易差遣之人,"亲身赴(吏)部陈状,长吏审验诣实,方许对换"。第五、所交换的差遣必须是同一等级,不然,只能"辞尊居卑"。同时,不准借避亲之机升迁②。此外,因"职事相干或统摄应避亲而去替不满一年者,听满任";"在任人去替不满百日者,候替日赴任"③。二是调换出京。诸在京内外官司,凡职事相干或者统摄者,官职低的一方应调离出京,担任外官。如仁宗时,御史唐询因与宰相贾昌朝有亲,举主吴育是参知政事,免职,出知庐州④。北宋前期,还规定如三司使和副使的子弟,不得担任在京的钱谷场务监当官。三是解罢官职。《庆元条法事类》"职制令"规定:"诸在任以亲嫌回避者,期亲并罢。"⑤孝宗乾道九年(1173年),监文思院上界门傅伯高是新兼权工部侍郎傅自修的亲侄,文思院系工部所辖,两人合行回避。傅伯高物色到省仓上界监门董陕对换,但未征得董的同意。于是有的官员指出:"伯高既系自修期亲,在法即合解罢,初无许行对换明文。"要求将傅伯高"日下解罢"。朝廷采纳了这一建议⑥。

　　在官员荐举与被荐举时,举主与被举官之间也实行避亲法。理宗时《吏部条法·荐举门》规定:"应亲戚于法应避者,不许荐举。"⑦应该

---

① 《续资治通鉴长编》卷199,嘉祐八年十二月辛巳;《宋会要辑稿》职官63之3。《长编》此条有脱句。
② 《宋会要辑稿》职官63之8。
③ 《永乐大典》卷14624《吏法条法·差注门五》。
④ 《续资治通鉴长编》卷158,庆历六年六月癸丑。
⑤ 《庆元条法事类》卷8。
⑥ 《宋会要辑稿》职官63之16。
⑦ 《永乐大典》卷14627《部字·吏部十四》。

回避的亲等,与其他方面相同,看来这是北宋以来的旧制。但高宗绍兴七年(1137年)时,因荐举制没有很好实行,"甚者以子弟、姻亲互相荐论,至犯吏议,则侥幸首免",于是重申"其以子弟、亲戚互荐者,令台臣察之"①。

在贡举和学校考试中,也处处体现了避亲嫌的原则。省试和类省试、太学、各州乡试时,凡与这些考试有关的各部门考官和地方官的子弟、亲戚以及门客,都应回避,另派官员设置专门试场考试,称"别头试",简称"别试"。太宗雍熙二年(985年),始命举人中所有省试考官的亲戚移试别处②。真宗咸平元年(998年),派官员别试国子监和开封府发解官的亲戚③。仁宗景祐四年(1037年),各路也推行别头试。从此,除殿试外,各级考试大都设别头场或别试院(小院),对避亲嫌的举子进行考试。举子与省试考官的亲戚关系,按照考官的职位,分为两类:第一类指试院的主司和全部考校官(阅卷评分者),举子则指,一、本宗袒免以上亲;二、同居无服亲;三、缌麻以上亲及其夫、子;四、母、妻缌麻以上亲;五、大功以上亲之夫、子;六、女婿、媳妇期以上亲。第二类指试院的其他官员,如监门、巡铺、封弥、誊录、对读等官,举子则指,一、本宗大功以上亲;二、母、妻期以上亲;三、亲女和亲姊妹之夫、子。此外,这两类官员的"见在门客",也属两相回避之列,每员考官回避一员门客举子。这一规定写入"绍兴重修省试令"内④。在贡举考试中,只有举行殿试时不需避亲。

举行铨试和各类学校的公试、上舍试,如本房考官和考生有亲戚关系,考生则不须别试,只将试卷转送他房考校,称为"避房"⑤。

各级官署在进行民事和刑事案件的审讯时,也照例实行避亲法。负责推勘的官员与本案从前的推勘官(原审官),如有亲戚关系,准许自陈相避⑥。《庆元条法事类》"职制令"规定:"诸鞫狱、检法、定夺、检

---

① 《建炎以来系年要录》卷111,绍兴七年五月乙酉。
② 《宋会要辑稿》选举19之2。
③ 《续资治通鉴长编》卷43,咸平元年秋。
④ 《宋会要辑稿》选举5之4。
⑤ 《宋会要辑稿》选举22之19—22。
⑥ 《宋会要辑稿》刑法3之70。

覆之类,应差官者,差无亲嫌干碍之人。"其中被差请鞫狱、录问、检法的官员,与罪人或干系人有亲嫌应避者,自诉有关官署长官,"勘会诣实保明",并且出具改差的理由,申报刑部,同时录报御史台。录问、检法和鞫狱官之间,检法与录问官吏之间,如有亲嫌,也按此回避。此外,各州推法司与本路提刑司的吏人有亲戚关系者,"并自陈回避"①。

在军队中,"军防令"规定:"诸军缌麻以上尊长在所辖者,许被辖人自陈,移别部。"其中应避副指挥以上者,改移同一等军,承认原来的名次和参军的月日。其中已充漕司,而有缌麻以上亲戚系将校、节级,因转补、移降之类而到营者,也准许自己申报。应该改移到别的指挥者,只改移现住营州县②。这是指管军的武臣,在尚未管军前已成为亲戚,而应该回避者。神宗熙宁七年(1074 年),又规定在管军以后,更"不得共为婚姻"③。这与不准文臣在任职地点与所部官员结为婚姻是一致的。武臣和文臣之间,如有亲嫌,也应回避。如仁宗时,梓夔路驻泊兵马钤辖马端申报:知施州陈晓是亲家,系辖下,担心有所妨碍。朝廷命令与湖南路驻泊兵马都监、礼宾副使武永符"对移其任"。神宗时,定州路副都总管兼河北第一将、殿前都虞侯、深州防御史刘永年,与知州韩绛有亲戚关系,乃命刘与太原府路副都总管兼河东第一将、马军副都指挥使、黔州观察使卢政对易④。

统治者十分重视避亲法的实行。凡应避亲而不自申报而擅自到任者,一经发现,处以杖一百的刑罚;任职时间不算入任期。凡在任因避亲应移注,或停职而不依限期申报;官署为其办理手续拖拉而违限者,"各加官文书稽程罪二等"。其中不自动申报,违限满三十天者,杖一百。各州推法司与本路提刑司的吏人有系亲戚而不自申请回避者,也杖一百⑤。仁宗时,侍御史王素隐瞒其兄曾娶御史中丞孔道辅族女的

---

①⑤　《庆元条法事类》卷 8。

②　《庆元条法事类》卷 8《职制门五》。

③　《宋会要辑稿》职官 63 之 5。

④　《宋会要辑稿》职官 63 之 2、5。

事实,"及荐为台官,不以亲闻"。仁宗知道此事后,甚为生气,适逢孔道辅因鞫狱失当被罢去台长而出知郓州,便也将王素降为都官员外郎、知鄂州①。高宗时,权工部尚书王俣在任户部尚书时,"差妻党宋敷监酒库,不避嫌",被人揭发,罢职予祠②。宁宗时省试,同知贡举施康年在其子施清臣应举的情况下,不肯回避,施康年被罚③。这种官员留恋官职、不愿及时回避而受到惩处的事例,几乎每朝都有。

宋代的避亲法可谓十分严密,但各朝皇帝常常在官员应该避亲时特批不许回避。仁宗时,宰相文彦博与参知政事程戡是"儿女正亲家","俱曾陈乞回避",但"未蒙圣旨允许"④。神宗时,吕公弼为枢密使,又任命其弟吕公著为御史中丞。吕公著一再辞职,神宗不允,并命宦官押吕公著赴台上任。吕公弼辞位,神宗仍不准。但吕公弼始终不能自安,后来还是罢枢密使之职,以观文殿学士出知并州⑤。哲宗时,谏官范祖禹请求依例与执政韩忠彦避亲,哲宗也不予批准,说:"卿等公心,必不为亲戚不言,且为官家。"⑥有时,有些宰执为了植党专权,"或有亲戚相妨",便利用"特旨",不再回避⑦。实际是在破坏避亲法。

二、地区回避和产业回避

地区回避是指官员任职必须避开本贯即原籍和寄居地点或居住处。主要针对外官,即在各路、州、县任职的官员。

各路监司,真宗时实行回避本贯法。大中祥符五年(1012年),京东路转运使高骧和副使李湘系登州和莱州人,虽然这时京东转运司的

---

① 《宋会要辑稿》职官64之39。
② 《宋会要辑稿》职官70之46—47。
③ 《宋会要辑稿》选举5之26。
④ 赵抃:《清献集》卷8《允许文彦博、程戡避亲》。
⑤ 叶梦得:《石林燕语》卷9;魏泰:《东轩笔录》卷5。
⑥ 范祖禹:《范太史集》卷5《上殿乞避亲札子》。
⑦ 《续资治通鉴长编》卷417;《宋会要辑稿》职官63之7。

治所分设在广济军和青州两地,但真宗和宰相王旦等商议后,决定将他们与别路对移①。直到高宗初年,因两浙路转运使卢知原等"皆系本贯之人","利于殖产营私,应副亲识干求请托,一切用情",乃重申:"自今监司,不得任本贯。其见(现)在任者,皆移之。"藉以"革遂赂徇私之弊,稍复祖宗立法之意"②。但到绍兴七年(1137 年),中书门下省却提出各路监司"系通治一路","祖宗法即不避本贯"。于是下诏:"监司除授依祖宗法施行,内本贯系置司州军者,即行回避。"将监司避本贯的范围缩小到设置治所的州军。几个月后,福建转运叶宗谔和提举两浙市舶章蘭、提举浙西茶盐章茭因"并碍本贯",改易他路任职③。资州人赵雄出任四川制置使,御史王蘭以"祖宗时,蜀人未尝除蜀帅"为理由上疏反对,赵雄也提出辞呈,于是改知泸南安抚使④。说明帅司也要回避本贯。

各路监司、帅司的属官也实行本贯回避法。宁宗庆元三年(1197 年),重申凡各路属官,不得委派本贯和居住在本路者;现任者,令满任。已差注而尚未到任者,允许对易;如果无人两易,可向吏部退阙,优先注授本等差遣。其中坑治司的属官,只回避本司治所在本贯和居住之处⑤。次年,又补充规定沿海制置司的准备差遣,只避本贯。后来又规定,凡各路官员如"更不契勘是与不是本贯及居止本路人","今后并以违制论"⑥。

各州的官员更实行本贯和寄居地回避法。在官员射阙时,应向吏部供具本人的户贯和寄居州。寄居的时间为满三年。如隐匿不实,依照供具家状不实法处罚,并许人告发。其中因为父、祖改用其他州军为

---

① 《宋会要辑稿》食货 49 之 12。

② 《建炎以来系年要录》卷 51,绍兴二年二月庚辰。

③ 《宋会要辑稿》职官 45 之 19。

④ 《宋史》卷 396《赵雄传》。

⑤ 《宋会要辑稿》职官 8 之 51。

⑥ 《永乐大典》卷 14622《部字·吏部九》。

户贯者,也应回避①。

此外,朝廷派遣京朝官往外州"制勘勾当公事",也要被差官供具乡贯去处,以免误派至本乡里。因为当时规定不得派遣京朝官往本乡里审理案子②。

宋代有几种情况不需回避本贯。一是侍从官出任知州或知府,免与本贯回避。如高宗初年,新任显谟阁直学士、知平江府李弥大自陈平江府系乡贯所在,请求改除宫观。朝廷下诏:"弥大为系从官,特不避本贯。"③从此,"凡从官出知郡者,特许不避本贯"④,成为优待侍从官的一种专法。二、在京任职者,不避本府,只避本县。理宗时《吏部条法》规定:"即本贯开封府者,唯不注本县。""本贯临安府并寄居人,许注授京局寀阙。"⑤南宋时,开封府不在宋境,这项有关本贯开封府的规定,肯定是沿袭北宋而来的。三、朝廷批准的"入家便人",可回本贯任职。主要是官员的祖父母或父母老病,可以"据状差注,仍注簿符本贯",或者在居住州"勘验诣实保明",而后"申部勾销"原阙⑥。

产业回避是指官员任职时要回避祖产和妻家田产的所在地。监司在不许任本贯的同时,还不准任"产业所在跊分"⑦。官员在参选射阙时,吏部要核实"本官委的有无祖产并妻家田产,在所射阙处",还要供具"甘伏镌降文状"申报吏部,方许指射。同时,也不准"妄作有祖产并妻家田产,妄行退阙"。此外,还具体规定,凡注帅司和监司属官于置司州阙,即使"不系寄居及本贯州而有田产物力处,亦不注"⑧。凡注通判,也"并不许指授有产业去处"⑨。为了确保产业回避制的推行,宋代还禁止官员在部内买田置业,违者将受惩罚。真宗时,崔端知华州,在

---

① ⑤ ⑥ ⑧　《永乐大典》卷 14620《部字・吏部七》。

②　《宋会要辑稿》职官 3 之 52—53。

③　《宋会要辑稿》职官 47 之 23。

④　《宋史》卷 167《职官七》。

⑦　《宋会要辑稿》职官 45 之 9。

⑨　《宋会要辑稿》职官 47 之 72。

部下创置物业,事发被劾,置之散秩,摈弃终身。仁宗时,淮南转运使魏兼在部内置买物业,后来也被追究罢职①。也有一些官员自动申请回避置产所在地。孝宗时,朱熹受命担任江东提刑,他再三辞免,理由是"祖乡徽州婺源县,正隶江东,见有坟墓、宗族及些小田产,合该回避"②。

三、交 往 回 避

从宋初开始,为尽量减少附会权势和确保官署正常工作,各类官署和官员逐步实行"禁谒法"。

宋太宗淳化二年(991年),知制诰王禹偁提出百官诣宰相和枢密使,都应在朝罢后去都堂请见,不得在本厅延揖宾客,"以防请托"。这一建议被太宗采纳,而后"令御史台宣布中外"。直史馆谢泌立即上疏表示异议,他说:"如此,是疑大臣以私也。"辅臣"苟非接见群官,何以悉知外事!若令都堂候见,则群官请见,咨事无时,是大臣常须有执事于都堂,无解衣之暇。"于是太宗立即追回前诏。宋代史学家李焘认为:"国初,不喜人附会权势,故大臣不于私第见客,百官亦罕造门,只诣中书请谒,日不下百辈。宰相动至午际不得就食,敕牒或未印署,堆积几案,政事停壅,其中干以私者盖十八九。"③为了防止"请托",禁止二府大臣在本衙和家中会见客人,客人只能到都堂求见,但这样做反而影响了正常的工作。这也不是妥善的办法。因此,到真宗天禧(1017—1021年)间,又有宰臣提出,今后凡官员在任满得替到阙,以及在京各司长官如有公事,允许在每天巳时以前会见两府长官。急速公事不在此限。非公事,不得到两府。仁宗时,朝廷同意知谏院蔡襄的要求,再次规定二府执政官非休假日,不得在私第会客④。十多年后,撤销这项

① 《包拯集编年校补》卷1《请法外断魏兼》。
② 《朱文公文集》卷22《辞免江东提刑奏状一》。
③ 《续资治通鉴长编》卷32;王辟之:《渑水燕谈录》卷5《官制》。
④ 释文莹:《湘山野录》卷上;司马光:《涑水记闻》卷8。

禁令,又准许两府大臣在私第见客①。神宗时,再度对执政大臣在私第会客加以"约束",同时扩大到对执政官在京的子弟相互交往也加以立法:"执政官在京本宗有服亲,非职相干及亲属,不得往还看谒;违者,并往还之人,各杖一百。"②哲宗时,否定熙丰新法,御史中丞郑雍上言执政官实行谒禁法非便,于是下诏"官员有利害陈述,勿禁"③。从此,准许宰执在私宅会客。到宁宗朝编《庆元条法事类》"禁谒"类时,没有此类禁谒内容,便是明证。

自宋初开始,到徽宗朝为止,几乎整个北宋,不断扩大禁谒的范围,使禁谒法更加严密完善。其具体内容很多,主要有:一、文武官员不为公事,不准进京城百司各公局,尤其是不准到开封府和三司、御史台等重要机构看谒。如果监临官带家属住进公廨的,则允许与亲故来往,但不准妨碍公事④。二、三省官在休假日只能接见宾客,不许出谒⑤。三、御史台和大理寺官属,禁止出谒及会见宾客⑥。四、中外库务、刑狱官、监司、州县长贰、学官,假日允许见客和出谒⑦。各州有徒刑以上罪犯囚禁在狱,而狱官私自出谒和见客,将判两年徒刑。知州、通判和县令非假日出谒和宾客受谒者,各徒一年。监当官在所监仓库私见宾客,与被会见者,各徒二年。五、各路分兵官、将副、沿边都监、武臣知县或镇寨长官、押队、部队将以及各御前都副统制、各军统制,私自出谒和会客,包括被会见者,各判两年徒刑。如与职事相关和近亲者往还,不在此例。六、帅臣与监司、州县长贰私派子弟、亲属接见所部官员,连同被见者,各杖八十。七、内侍官私自与非亲戚的外朝官往还或出谒非亲戚者,流二千里。等等。这些禁谒法规,到宁宗时大都编入《庆元条法事

---

① 《续资治通鉴长编》卷181,至和二年十月癸卯。
② 《续资治通鉴长编》卷312,元丰四年四月壬午。
③ 《宋会要辑稿》刑法2之39。
④ 《宋会要辑稿》刑法2之9、16、21。
⑤ 庞元英:《文昌杂录》卷1。
⑥ 《宋会要辑稿》刑法2之35。
⑦ 朱彧:《萍洲可谈》卷1。

类》中,成为当时百官会客的准则①。

四、其他嫌疑回避

官员在亲戚、本贯或寄居地、置产业地等广义上的嫌疑须要回避以外,宋代法律还规定一些特定的嫌疑也须回避。《庆元条法事类》"亲嫌"类界定"嫌"的内容为:一、现任统属官;二、从前的授业师;三、从前的举主;四、曾有宿怨者②。据其他文献,还包括同乡、同年加贡举同科目者。曾被现任宰执推荐过的官员,业已形成举主和被举官的关系,便不得充任台谏官。宰执初任,凡是曾经被他荐举过的人(包括受荐磨勘改官、转官、担任差遣)而现为台谏官者,都要改除他官。宰相的属官不得同时兼任台谏官。如徽宗时,御史中丞王甫兼任"官制格目"的参详官,随后朝廷又命总领"官制格目"的郑居中任知枢密院事,王甫立即按照与"现任统属官"要避嫌的规定,辞去了参详官的职事③。官员之间历来有嫌隙不和,一方新的任命与另一方有统摄或相干关系,允许一方相避,改任他职④。哲宗时,翰林学士承旨苏轼因侍御史贾易罗织其罪,预料"不过数日,必为易等所倾",要求出朝外任⑤。台官和谏官有乡里关系,新任的一方应该主动提出回避⑥。史弥远任宰相二十七年,不曾有本贯明州人充当台谏官;贾似道专国柄十六年,也没有用本贯台州人为台谏。方回说:"两人皆权臣不道,犹不敢私用乡人据言路。"⑦史、贾二人不敢明目张胆地使用同乡为台谏官,并不等于他们能够很好遵行各种回避制度。此外,台谏官不得对自己原籍的州、县长官

① 《庆元条法事类》卷4《职制门一·禁谒》。
② 《庆元条法事类》卷8《职制门五》。
③ 《宋会要辑稿》职官56之39。
④ 《宋史翼》卷6《杨康国传》。
⑤ 《苏轼文集》卷33《乞外补回避贾易札子》。时苏轼之弟苏辙任尚书右丞,苏轼此札也以回避亲嫌为理由。
⑥ 李光:《庄简集》卷10《乞出第一札子》。
⑦ 方回:《桐江集》卷6《乙亥后上书本末》。

进行弹劾,目的在于避免台谏官对地方的监察工作受到原籍亲属子弟的影响。黄震说过:"在法,台谏避嫌乡郡,而近或劾其乡之郡县长吏,使子弟僮仆皆得横行州县。"①南宋末年台谏官违反法规,弹劾自己原籍的地方长官,产生了极坏的后果,这并非法规本身不好,而是执行中有弊病。在审理刑事案件时,还规定推勘官和录问官如与案犯有同年加上贡举同科目及第的关系,也要回避,改换别的官员负责推勘或录问②。

五、回避制度的功能和实行情况

宋代以亲属回避为中心的官员回避制度,是适应当时政治制度的不断发展而形成的一整套人事行政管理制度中的一项内容。它的功能在于,消除或尽可能地减少亲缘和姻缘、乡缘等关系对于政治生活的影响,保证各级官署和官员认真执行朝廷的各项制度和法规,以维持赵家王朝的长治久安。

在宋代三百二十来年的历史长河里,日益完善的回避制度曾经在相当长的时间内得到比较认真的贯彻。大多数皇帝注意维护这一制度,督促各级官员严格执行。如宋仁宗时,发现侍御史王素与御史中丞孔道辅之间有姻亲关系而不自申报,极为生气,立即给予罢职降官的处罚。许多大臣和普通官员也自动要求改换职务,以遵行回避制度。如仁宗时李淑,在任知制诰和翰林学士时,两次要求回避亲嫌,改换别的差遣。翰林学士、知制诰宋祁"以兄庠参与朝政,求解禁林之职",改任翰林侍读学士。河北路安抚都监桑宗望向朝廷提出,女婿刘渊是知保州刘涣的亲弟,缘界河同巡检王令问是亲家,朝廷便下令桑宗望与河东路安抚都监靳宗说"对易其任"。神宗时,王安石新除参知政事,同知谏院吴充是王安石的亲戚,立即要求罢去言职。同知谏院蔡卞也向朝

① 黄震:《古今纪要逸编》。
② 《宋会要辑稿》刑法 3 之 55。

廷提出:武学教授蔡硕最近受命在枢密院设置机构,编修军器监敕。蔡硕是"执政之弟,与承旨张山甫联亲","虑交相党援,得复备员,袭势营私,渐不可长",要求罢免蔡硕新任,"以协公议"。神宗于是下诏"枢密院别差官"。徽宗时,给事中葛次仲上奏提出,太宰王黼是其亲妹夫,王黼之女与葛次仲男也已定婚,"其于门下省系统属,在法应避"。葛次仲改任大司成。高宗时,提举江南东路茶盐公事郑侨年奏疏说,江东转运副使王晙"系亲姊之夫,有诸司互察之嫌",乃诏与提举两浙市舶王傅"两易其任"①。类似此类官员自动提出回避的事例很多。

当时士大夫普遍认为遵守回避制度是理所当然的,因此无不谴责有些官员不自觉遵行回避制度的行为,他们的意念汇合成一种社会的舆论。这种舆论通过台谏官和其他一些官员反映到朝廷。

从宋初到英宗朝,应该说是回避制度执行得比较好的时期。这时,"执政大臣亲戚、子弟,未尝敢授内外华要之职,虽有合得陈乞差遣,亦只是数处闲慢监当局务"。"原其深意",是"父兄已居柄任,而京师之官多是要剧,为大臣者,既不能人人为朝廷推至公之心,振拔滞淹,提奖寒素,而贪权好利,多为子孙之谋,援引亲属,并据高势,根连蒂固,更相朋比,绝孤寒之进路,增膏粱之骄气,寖成大弊,有不胜言"。因此,自太祖、太宗以来,"立法务裁抑,上下遵奉,莫敢或违"②。执政大臣子弟不能占据高位,但又不愿出任远官,便多注拟在京各司库务的监当官阙。虽然在仁宗庆历新政时,范仲淹在"明黜陟"建策中,指出"在京百司金谷浩瀚,权势子弟长为占据"③,准备对此实行改革。其实,这些子弟只是充当地位很低的监当官,在政治上并不起到举足轻重的作用,而且他们任职也不违反回避制度。在贡举考试方面,宰执大臣子弟赴殿试时,还受到严格限制。太宗时,宰相李昉之子李宗谔,参知政事吕蒙正之弟吕蒙亨,盐铁使王明之子王扶,度支使许仲宣之子许待问,省试成绩皆

---

①　《宋会要辑稿》职官 63 之 1—14。

②　刘安世:《尽言集》卷 1《论差除多执政亲戚》;《续资治通鉴长编》卷 413,元祐三年八月辛丑。

③　《范文正公政府奏议》卷上《答手诏条陈十事》。

入高等，但太宗认为"斯并势家，与孤寒竞进，纵以艺升，人亦谓朕有私也。"皆命下第。仁宗时，参知政事韩亿之子韩维省试中榜，因其父正参决朝政，便拒绝参加殿试，改由门荫入官①。据说，仁宗"以时议之故"，曾下密诏，规定宰相陈尧佐之子陈博古，韩亿的四个儿子，以及两家的门客范镇和宋静的试卷"皆不得预考"。后来宋静虽然被允许应试，但"降其等级"②。有的大臣子弟即使殿试成绩最佳，原应定为状元，但为避嫌疑，常常降低名次③。

从神宗朝起，执政者以"内举不避亲"为理由，开始任用自己的子弟，使之居于要职，并使内外亲戚皆布近列④。此风一开，一发不可收拾。到哲宗初年，"庙堂之上，犹习故态，子弟亲戚，布满要津"。据右正言刘安世调查，这时太师文彦博之子文及甫任光禄少卿，文保雍任将作监丞，孙文永世任少府监丞，妻族陈安民迁都水监丞，女婿任元卿堂除监商税院，孙婿李慎由堂除监左藏库。司空吕公著之子吕希勋，今年知颖州刚成资，即召还，任少府少监；吕希纯，去年从太常博士，又迁宗正寺丞；女婿范祖禹则与吕公著共事于实录院。吕公著的次婿、外甥、妻弟、姻家、孙婿——优先授予美官。宰相吕大防任中书侍郎时，堂除其女婿王说为京东排岸司，妻族李栝知洋州、李机知华州。范纯仁拜相之初，即用其姻家韩宗道为户部侍郎，妻族王古为右司员外郎。门下侍郎孙固之子孙朴判登闻检院，等等。几乎所有的执政大臣"不避亲嫌"。这些情况"皆彰明较著，士大夫之所共知"，"众论喧然，为之不平者久矣"⑤。随后，范纯仁以与韩宗道，孙固以与文彦博亲嫌上奏，要求回避。但尚书左丞刘挚表示反对，他说："故事，执政于同列少有避亲者。"高太后也表示赞同，说："执政亲戚无回避之理。"⑥刘挚和高太后

---

① 洪迈：《容斋四笔》卷13《宰执子弟廷试》。
② 司马光：《涑水记闻》卷3。
③ 叶梦得：《避暑录话》卷下。
④ 《续资治通鉴长编》卷409，元祐三年四月庚寅。
⑤ 刘安世：《尽言集》卷1《论差除多执政亲戚》。
⑥ 《续资治通鉴长编》卷409，元祐三年四月庚寅。

所说虽然基本正确，但也有夸大之处。因为从宋初以来，执政子弟允许充当内外清望官，但也不准许充当台谏官和两省官①，证明执政子弟担任这两类官职时也须回避。刘安世掌握的情况中，有的确实违反了回避制度，如孙固任门下侍郎，其子孙朴判登闻检院，登闻检院直属谏议大夫，与门下侍郎存在上下级的统摄关系，理应回避；但大多数则并不与回避制牴牾。不过，这样众多的子弟亲戚在朝任职，显然是钻了"执政于同列少有避亲"原则的空子，从而使"四方寒士"在员多阙少的情况下更难得到差遣的机会。毋怪乎刘安世说士大夫为之纷纷不平，甚至"无不愤叹"②。元祐初执政大臣的这些作为，给以后的政局带来了许多消极的影响。徽宗时，蔡京专政，"无所忌惮"，自任左相，其弟蔡卞则领枢密院。在宋代，兄弟同领二府也是空前绝后的③。高宗时，秦桧长期任相，"非桧亲党及昏庸柔佞者，则不得仕官"，"凡欲差除，皆非典故，止及其亲戚故旧而已，不畏公议，傲然自恣"。绍兴十二年（1142年），指示考试官录取其子秦熺为状元。秦熺不久即迁礼部侍郎、翰林学士，后除知枢密院，加少保、嘉国公。绍兴二十四年，又命考试官以其孙秦埙为状元，高宗觉察后，自选张孝祥居第一④。秦桧以后，回避制度的推行再度走上正规。孝宗时，吸取蔡、秦专权的教训，下诏命现任宰执和台谏官的子孙，"并与宫观岳庙，理为资考"⑤。这一措施有力地保证回避制度的贯彻。这时，有的官员上疏反对朝廷所颁左翼军统制赵渥与殿帅王友直"特免回避"的指挥，说：王友直之子娶赵渥之女，赵渥虽然在泉州驻扎，但总是王友直的部曲，拘碍亲嫌。如特许免避，此例一开，则"渐开不避之端"。曾经见到主帅和将佐联姻而带来的弊端，"小则紊烦朝廷，大则误败国事"。近年（案指高宗绍兴末年）刘锜与刘汜不避"子侄之嫌"，吴璘与姚仲不避"姻家之嫌"，以致"败事失

①⑤　《建炎以来朝野杂记》甲集卷6《执政子孙任祠官》。
②　《尽言集》卷1《再奏论差除多执政亲戚》。
③　《建炎以来系年要录》卷9。
④　《三朝北盟会编》卷220引《中兴姓氏录》。

职,天下迄今恨之"。惨痛的历史教训,岂能忘记! 所以应该重申:诸军不得辄容合避之亲充填本军将佐。尚未改正者,必须即日自陈,"庶几申严国法,振起军政"。朝廷采纳此见,撤销了赵渥免避王友直的"指挥"①。此后,除宁宗时权臣韩侂胄引用"亲党姻娅,躐取美官,不问流品"②外,另一权臣史弥远,虽然对于"亲密友周铸、兄弥茂、甥夏周篆皆寄以腹心","人皆谓三人者必显贵",但周铸"老于布衣",弥茂"以执政恩入流",夏周篆"以捧香恩补官",官阶仅训武郎而已③。南宋末年的权臣贾似道,也未见其不顾回避制度而重用自己子弟亲属的记载。

　　作为宋代官员人事行政管理的配套制度,回避制度曾经在澄清吏治方面发挥了积极的作用。宋代门阀士族已经退出历史舞台,新兴的官僚地主虽然不再崇尚门第族望,但又逐步建成了新的封建家族组织;宋代虽然商业兴盛,商品经济达到了中国有史以来新的高度,但总的来说仍是不太发达的。在这种基础上,血缘关系和乡缘关系依然影响着政治生活。为了把这类影响减少到最低的程度,宋代制定了较为严密的官员避亲和避籍、避产、避嫌等制度,还形成了要求官员严格遵守回避制度的社会舆论的大环境。因此,在相当长的时间里,回避制度得到较好的执行,对限制血缘关系和乡缘关系在政治领域所起的消极作用具有重要的意义:减少了亲属和同乡聚集同一官署任职的现象,促使各级官员秉公办事,降低了官员失职或渎职行为的比率。

（载《中华文史论丛》第48辑,上海古籍出版社,1991年12月）

---

① 《宋会要辑稿》职官63之15、16。刘汜和姚仲失职事,见《宋史》卷366《刘锜传》和《吴璘传》。
② 《宋史》卷405《王居安传》。
③ 《宋史》卷414《史弥远传》。

宋朝官员子弟初探

宋朝的官员子弟是一个复杂的社会群体。他们生活在中国封建社会新的发展时期，无论在政治上或者经济上都已不再享有像前代那样多的特殊优待，但是仍然处于比一般士人要高得多的社会地位。他们可以通过学校教育、贡举考试、恩荫等途径进入仕途，又可以通过铨试或呈试出官而注授差遣，优先担任有利可图的职务。他们可以用荫减免刑罚，减免轮差职役。同时，宋朝政府作出种种规定，限制他们的政治活动，尽量减少他们的消极影响；政府还惩处一些放纵自己子弟为非作歹的官员。一些有远见卓识的士大夫注意到对自己子弟的教育，要求他们刻苦读书、奉公守法、不要干预地方政治等。绝大部分官员子弟养尊处优，庸庸碌碌地度过一生，只有少部分人出类拔萃，做出了贡献。

一、宋朝官员子弟的社会构成和入仕途径

宋朝的官员子弟不是一个单纯的社会阶层，而是一个复杂的社会群体。作为子弟，他们的尊长包括祖父、父亲或兄等长辈必定是文武品官。此外，还包括宗室、外戚等。实际是具有贵族身份的官员。至于官员子弟自己的身份或职业，主要可以分为几类：一是士人，尚未得到一官半职，属于布衣阶层。士人如果应举，也可称为举人或举子；如果在太学、武学或国子学就读，则称太学生、武学生或国子生，概称监生。二是已经获得官位者。但尚未"出官"即出任差遣者，可称"有官人"或未

仕官员。三是已经出官者,即已出任差遣者,称已仕官员。从唐朝开始,"有南衙而统禁兵者,谓之衙兵,其子谓之衙内"①。到宋代,相沿成俗,人们就习惯称官员子弟为"衙内"。由于在现实生活中,官员子弟往往倚仗其父兄的权势,横行霸道,为非作歹,为人们所切齿。因此"衙内"一词又增添了贬意。宋太祖时,河南府有十名"衙内",是当地的一批恶少。太宗即位后,立即采取措施加以扼制。史称:"初,节度使得补子弟为军中牙校,因父兄财力,率豪横奢纵,民间苦之。洛下有十衙内,尤放恣,左骁卫上将军太原田景咸子汉明,其一也。上雅知其弊,始即位,即诏诸州府籍其名部送阙下,至者几百人。癸未,悉补殿前承旨,以贱职羁縻之。余五人,老病不任事。遣还。"②各地著名的"衙内"竟达一百人,全部补授殿前承旨阶和低级差遣,从而加以控制。

官员子弟的入仕途径,有恩荫、应举、入"三学"(太学、武学、宗学)读书等多种。恩荫是宋朝官员子弟入仕的主要途径。恩荫,又称任子、世赏、门荫、资荫等。是高、中级官员所享有的根据其职位的高低而授予其子弟或亲属以中、低级官衔或差遣等的特权。每逢三年举行一次郊祀或明堂典礼,从真宗到仁宗庆历前,文官中的大两省到侍御史知杂事以上,各奏补一子为京官;少卿、监,各奏补一子为试衔;正郎、带职员外郎和诸路提点刑狱以上差遣者,各奏补一子为斋郎③。南宋时规定,宰相和开府仪同三司以上,奏补十人;执政官和太尉,八人;文臣太中大夫以上和侍御史,武臣节度使至观察使,六人;文臣中大夫至中散大夫。武臣通侍大夫至右武大夫,四人;文臣朝议大夫至带职朝奉郎,武臣武功大夫至武翼大夫,三人(皆系缌麻以上亲)④。同时,每逢"圣节"即皇帝诞日,从真宗到庆历前,大两省至侍御史知杂事以上,各奏补一子为京官;少卿、监,各奏补一子为试衔。仁宗庆历三年(1043 年),采纳范

---

① 王观国:《学林》卷 4《牙衙》。另见孔平仲:《珩璜新论》卷 4。
② 《续资治通鉴长编》(以下简称《长编》)卷 18,太平兴国二年三月癸未。
③ 范仲淹:《范文正公政府奏议》卷上《答手诏条陈十事》。
④ 《庆元条法事类》卷 12《荫补·荐举格》。

仲淹的建议，"罢圣节奏恩荫"①。嘉祐元年（1056年），再度下诏：现任二府、使相、宣徽使、节度使、御史知杂，"悉罢乾元节恩荫"②。但这时"犹行之妃、主"：太皇太后各录亲属四人为官，皇后二人，诸妃一人，公主丈夫的亲属一人③。此外，在官员致仕和上奏遗表时，也可荫补亲属。曾任宰相和现任三少、使相在致仕时，可荫补三人；曾任三少、使相、执政官和现任节度使，二人；太中大夫和曾任尚书、侍郎和右武大夫以上，以及曾任谏议大夫以上和侍御史，一人。曾任宰相和现任、曾任三少、使相在上奏遗表时，可荫补五人；曾任执政官和现任节度使，四人；太中大夫以上，一人；武臣中诸卫上将军、承宣使，四人；观察使，三人④。在改元、皇帝即位、公主生日、皇后去世时，都还有一些临时性的恩典，给予品官有关亲属甚至门客、医人以一定的荫补名额。

在宋仁宗天圣五年（1027年）以前。凡文、武官员奏荫子弟，一律补授武官。从天圣五年开始，规定"文官只许奏荫文资"⑤。从神宗元丰间开始，枢密使和知枢密院奏荐子弟，"方授文资"⑥。通过恩荫制度，几乎每年都有一批高、中级官员的子弟获得中、低级官衔或差遣等。尤其是每逢举行郊祀或明堂典礼的那一年，仁宗时"不减千余人"⑦，神宗熙宁间"文武奏补总六百一十一员"，徽宗政和六年（1116年）"奏补约一千四百六十有奇"⑧，高宗绍兴七年（1137年）"补官者约四千人"⑨。

在众多恩荫得官者中，文化修养低和政治素质差者占相当大的比重。仁宗至和二年（1055年），右谏议大夫李柬之说，任子之数"比之祖

① 范仲淹：《范文正公政府奏议》卷上《答手诏条陈十事》。
② 《长编》卷182，嘉祐元年四月丙辰。
③ 《宋史》卷159《选举五·铨选下·补荫》。
④ 《庆元条法事类》卷12《荫补·荐举格》。
⑤ 《长编》卷105，天圣五年十月。
⑥ 王明清：《挥麈前录》卷2。
⑦ 《长编》卷169，皇祐二年八月己未。
⑧ 《文献通考》卷38《选举十一·举官》。
⑨ 《建炎以来系年要录》卷115，绍兴七年十月辛丑。

宗朝,多逾数倍,遂使绮纨子弟充塞仕途,遭逢子孙皆在仕宦,稚儿外姻并沾簪笏之荣"①。哲宗元祐元年(1086 年),监察御史上官均也指出:"彼贵游子弟,恃其父兄之荫补,类多骄惰不学。"②

不学者必定无术,只会享乐。所以,宋人往往瞧不起恩荫得官者。宋太祖说过:"资荫子弟但能在家弹琵琶、弄丝竹,岂能治民!"③仁宗时大臣孙沔说,臣僚之家和皇亲、母后外族,都奏荐子弟,"不限才愚,尽居禄位,未离襁褓,已列簪绅,或自田亩而来,或自市井而起,官常之位已著,而仆隶之态犹存"④。有些官员子弟不甘心坐享父兄之成,鄙视恩荫补官,因此宁愿参加贡举考试。仁宗时,陈尧叟(真宗时宰相)之孙陈知默(字子思)无官,"家人欲官子思,子思曰:'吾学从科举,所以为官也。斋郎、监、簿,祇辱吾志。'乃让其兄子之孤。家有强之,子思终不肯受。子思既长,举进士"⑤。参知政事蔡襄之甥寇平以荫为试将作监主簿,授沂州沂水县主簿,不久,辞职为学,"举进士,景祐元年及第,除试秘书省校书郎、知深州静安县"⑥。北宋末、南宗初人晁说之说:"少时每自嫌以门荫得官,以为不由进士仕进者,如流外、杂色,非真是作官也。"⑦如司马光之子司马康、王安石之子王雱,都是通过贡举登第得官的。仁宗时,大臣王琪及其从弟王珪、王瓘、王玘、王珫"皆以文章名世","世之言衣冠子弟能力学富贵,不藉父兄资荫者,唯韩亿诸子及王氏而已"⑧。当然,应举的官员子弟也不在少数,而且随着时间的推移逐渐增多。

宋初,朝廷并不鼓励官员子弟特别是高官子弟应举。开宝八年(975 年),宋太祖决定亲自主持朝廷考试举人,掌握贡举的录取权,以

① 《长编》卷 181,至和二年九月辛巳。
② 《长编》卷 386,元祐元年八月辛亥。
③ 石承进:《三朝圣政录》。
④ 《长编》卷 132,庆历元年五月壬戌。
⑤ 毕仲游:《西台集》卷 6《陈子思传》。
⑥ 王珪:《华阳集》卷 55《寇平墓志铭》。
⑦ 刘清之:《戒子通录》卷 6《童蒙训》。
⑧ 庄绰:《鸡肋编》卷下。

防势家子弟滥进①。雍熙二年(985年)殿试揭榜,宰相李昉之子李宗谔,参知政事吕蒙正之从弟吕蒙亨,盐铁使王明之子王扶,度支使许仲宣之子许待问,皆中第。太宗发现后,不管他们是否有真才实学和考试成绩优劣,一律下令黜落②。真宗后,官员子弟应举呈现逐步增加的趋势。出现这种趋势的原因有三:第一、是人们多以恩荫补官为耻,以进士科登第为荣。第二、是从神宗起,殿试增考策问,以"朝廷近事"为题,对官员子弟极为有利。因为,"远方士人"对朝廷当代的施政方针、政策了解甚少,或者完全无知,而这些正是"宰执子弟素熟议论"的③;加之,"公卿子弟"有机会"窃窥"实录、会要、国朝正史等④,这又占了便宜。第三、贡举制度虽然越来越严密,但因执行不力,弊端依然很多。仁宗至和二年(1055年),屯田员外郎朱景阳说:"礼部试日,以巡铺官察士子挟书交语、私相借助,而贵游子弟与寒士同席,父兄恃权,趋附者众,巡铺官多佞邪希进之人,为之庇盖,莫肯纠举。都堂主司纵而不诘,上下相蒙。寒士寡徒,独任臆见,比如战斗,是以一夫之力而当数百人也。"⑤在礼部试的考场,官员子弟凭借父兄的权势,公开作弊,巡铺官不敢纠举,主考官也眼开眼闭,这样,考试必然中格。所以,在哲宗绍圣间,"宰执子弟多占科名",像宰相章惇之子章持、孙章佃,门下侍郎许将之子许份,尚书左丞薛昂之子薛尚友,宰相郑居中之子郑亿年,都以甲科登第⑥。高宗绍兴间,宰相秦桧更"专以子弟亲故窃取科第"⑦,秦桧之子秦熺和孙秦埙各考中状元或省元⑧。理宗时,李鸣复说,数十年来,贵要之子、权势之家,贡举"多窃据前列"⑨,完全违背了

---

① 《长编》卷16,开宝八年二月戊辰。
② 《长编》卷26,雍熙二年三月己未;洪迈:《容斋四笔》卷13《宰执子弟廷试》。
③ 朱彧:《萍洲可谈》卷1。
④ 《宋会要辑稿》(以下简称《会要》)选举5之25。
⑤ 《长编》卷181,至和二年十月乙酉。
⑥ 《萍洲可谈》卷1。
⑦ 《会要》选举6之3。
⑧ 《容斋四笔》卷13《宰执子弟廷试》。
⑨ 《历代名臣奏议》卷170《选举》。

"祖宗之法"。

为了防止高官子弟多占录取名额,宋朝规定凡属官员子弟或已有官位者,在殿试唱名时,应该适当降低名次。史称:"故事,设科以待草茅士,凡预属籍、挂仕版者,法当逊避。"比如本应定为状元,则须降名为榜眼或探花①。有些殿试考官,还主动要求降低自己亲戚考生的名次,以表示避嫌②。

北宋前期,朝廷中央只设一所学校即国子学,专收七品以上京朝官的子弟,成为高、中级官僚子弟学校。同时,兼招低级官僚和平民的子弟入学"听读"。这时,官员子弟都以入国子学为不光彩③。仁宗庆历三年(1043 年),设立四门学。次年,正式建立太学,允许所有的品官子弟入学就读。太学逐渐独立,日益兴旺,到南宋时完全取代了原来国子学的地位。这时,国子学反而不再单独建校,官员子弟即国子生只在太学附读,且被安插在太学外舍各斋,规定不得充当斋长;如经考校合格,理应升入内舍,则暂时不升名次,称"寄理内舍",直到父兄叔伯等近亲离朝、本人不算国子生后,才升补为内舍生④。

北宋前期的国子生,在国子学读书,只是参加三年一次的国子监考试,以获得解试的资格,并不能取得任何功名。神宗、徽宗时期,在太学推行新的学制——三舍考选法。国子生升为中等、下等上舍生后,在近亲尚在朝廷任职时,暂时不准参加贡举的殿试,直到近亲出外任官,才可参加殿试。有时,近亲请假一月或半月,以便其子弟赴殿。国子生如私试或公试成绩达优等,上舍试成绩又达优等,称"两优",为上等上舍生,先赐进士出身,再依法注授教官差遣⑤。

总之,宋朝官员子弟主要依靠恩荫入仕,其次通过贡举,再次是学校三舍考选。

---

① 张世南:《游宦纪闻》卷 4。
② 叶梦得:《避暑录话》卷下。
③ 杨亿:《武夷新集》卷 17《代人转对论太学状》。
④ 《永乐大典》卷 662《雝字·辟雍旧规》。
⑤ 周密:《癸辛杂识》后集《成均旧规》。

二、宋朝官员子弟担任差遣和馆职

　　官员子弟用荫或贡举等得官后,一般不能直接出官即注授差遣。其间有年龄和铨试(文臣)或呈试(武臣)是否合格两个条件。史称宋代"吏部出官格法,左选则有铨试,右选则有呈试,其制一也"①。仁宗"天圣令"规定:"以荫出身、应授职任者,选满,或遇恩放选,或因奏乞,皆年二十五岁,乃许注官。"②限定官员子弟以恩荫得官者入仕的最低年龄为25年。后来,又规定须经一定形式的考试,成绩及格,才准入仕。庆历三年诏书规定:一、选人25岁以上,遇郊祀,限定在半年内参加铨试。由三员"两制",在尚书省主持锁试,实行糊名誊录法。铨试合格,有京朝官三员举荐,注授远地的判、司、簿、尉;没有荐举人,则注授司士参军。"或不赴试,亦无举者,永不预选"。二、京朝官25岁以上,"岁首赴试于国子监,考法如选人,中格者调官"。三、三班使臣赴军头司试武艺,或赴三班院试书算或钱谷、兵书、策等,成绩及格者"补边任";"武艺不群,策详而理畅,为异等,引见听旨。"③这是范仲淹庆历新政措施之一即"抑侥幸"的主要内容。其中"武臣奏补人铨试弓马者,谓之拍试","并挑试律文"④。神宗熙宁四年(1071年),王安石"患天下官吏不习法令,欲诱之读法,乃令荫补子弟,不复限二十五岁出官;应系选人,皆不复守选,并许令试法,通者注官"。每年春(二月)、夏(八月)举行两次。这一措施停考赋诗,改为单纯的法律考试,仅考断案或律令大义等,因之"天下官吏皆争诵律令,于事不为无益"。但也带来弊病,即"荫补者例减五年",20岁即可出官;同时,选人"无复选限",以致"吏部员多缺少,差注不行"⑤。冗官现象更为严重。哲宗元

①　《会要》选举26之1。
②　《长编》卷471,元祐七年三月戊申。
③　《长编》卷145,庆历三年十一月丁亥。
④　赵昇:《朝野类要》卷2《举业·拍试》。
⑤　苏辙:《栾城集》卷39《乞复选人选限状》。

祐七年(1092年),吏部针对王安石新铨试法的弊病,兼采天圣令和熙宁新法的长处,规定"诸有出身人、年二十以上;无出身人,年二十五岁以上,听赴选。非应免省者,候试中注官。年虽未及,而愿先试者。听"。宗室,宗室女夫,后、妃、美人、才人等亲属,大长公主、长公主、公主、郡主、县主亲属,亲王夫人亲属,品官亲属,勋臣之后等,均须25岁以上;武举、呈试武艺等,则须20岁以上①。徽宗崇宁后,恢复神宗元丰旧制,而"荫补者须隶国学一年无过罚,乃试铨,若在学试尝再入等,即免试;其公、私试尝居第一,得比铨试推恩"。到政和间,遂"著为令"②。南渡后。逐步恢复铨试制度,凡恩荫人铨试,"并兼习两场",一场试经义、诗赋、时议,"欲使之通古今";一场试断案、律令,"欲使之明法令"③。孝宗时,为减少冗官,申明任子初次出官,不准用恩例免除铨试或呈试;不经考试,不得堂除差遣。每年考试的次数一度减为一次,十取其五④。

尽管恩荫有官人的出官考试制度日益严密,但依然存在不少弊端。一是高官子弟可以凭借父兄的权势,取得特许免除铨、呈试的机会。法律允许诸官僚可向朝廷"陈乞恩泽",恩泽中包括"乞有官人差遣或占射差遣"、"或免试",限期为五年,"并听于所在官司自陈"⑤。如孝宗时,"国戚"张似续授宫观差遣,"勋臣之后"杨文昌和刘球"特差"帅司干官差遣或宪司差遣,都没有经过铨试⑥。又如小使臣可用"出疆"或"接伴"、"馆伴"、"使相、宰执奏辟"的名义,"一或占此,不三数月,或旬日间,便可作经任人,暗免呈试参选"。只有那些"孤寒无力"者,"乃始就试",因此"往往试人绝少"⑦。二是在铨试时作弊,使考试徒为文

① 《长编》卷471,元祐七年三月戊申。
② 《宋史》卷158《选举四》。
③ 《建炎以来系年要录》卷141,绍兴十一年九月癸亥。
④ 《会要》选举26之1—3、职官8之31。
⑤ 《庆元条法事类》卷12《职制门九·恩泽》。
⑥ 《会要》选举26之15。
⑦ 《会要》选举26之10。

具。如宁宗时,有官员上奏:"比年以来,世禄子弟不务力学,但以货取,假手传义,冒名入试。至有全不识字,而傥冒中选者。"①稍后,还出现了专门替官员子弟铨试作弊的"把头兜揽者",他们"交结合干吏卒,计会题目,在外撰述。所谓试人,但块坐守待传入,誊写上卷。又有诡名入场者,谓如甲有官,却不就试,止将名字厚价卖与乙,代名入院,为人假手。或有官之人,公然受财代笔。甚者至于拆换真卷,移易姓名。及至揭榜,往往多是懵不晓事之人预选。是致真才硕能,枉被黜落"②。虽然铨试后还要复试即仿照中书复试太学生的帘引之法,让铨试中榜者赴吏部,当着吏部长官的面,再考经义的破题或诗③,但"奸弊尤甚"④。

　　宋朝官员子弟担任差遣和馆职有两个特点,第一,是高级官员子弟常常优先注授近便、优轻的差遣以及馆职。宋太祖时,不允许恩荫子弟出任差遣。哲宗时人刘挚说:"祖宗以来,执政大臣亲戚子弟,未尝敢授内、外华要之职,虽有合得陈乞差遣,亦只是数处闲慢监当局务。"究其深意,原来是"父兄已居柄任;而京师之官多是要剧,为大臣者既不能人人为朝廷推至公之心,振拔淹滞,提奖寒素,而贪权好利多为子孙之谋,援引亲属,并据高势,根连蒂固,更相朋比,绝孤寒之进路,增膏粱之骄气,寝成大弊,有不胜言"。所以,太祖和太宗"立法务裁抑,上下遵奉,莫敢或违"⑤。一方面限制高官子弟担任要职,另一方面注意从士大夫下层选拔人才,不断为官僚队伍输送新鲜血液,这一决策反映了宋初统治者的深谋远虑。

　　然而,从真宗起,"法令寖宽",官员们或"以恩泽及所转官,为子孙乞赐科名,则召试而授之";或"乞亲属升陟注超越差遣,自小官即为通判、知州";官员们在降官或降差遣时,"亦援此陈乞叙复"。"大抵皆公

①　《会要》选举26之21。
②　《会要》选举26之24—25。
③　《朝野类要》卷2《举业》。
④　《会要》选举26之26。
⑤　刘安世:《尽言集》卷1《论差除多执政亲戚》。

卿大臣牵于人情而不可拒者,积日累月,不可数计"①。掌管官员铨选权的公卿大臣,碍于人情,不断满足官员们的不合理要求,于是官员子弟在注授差遣时,往往优先越阶超迁,由小官直接担任通判或知州。天禧间,宰相曹利用的女婿卢士伦授福建转运使,卢士伦嫌路远不愿前去,曹利用便替他"陈乞"改注京东路转运使②。高级官员多安排子弟在近地任职,没有靠山的官员就只能到远处做官。仁宗天圣五年,范仲淹在《上执政书》中指出:"远恶之官,多在寒族。权贵之子,鲜离上国,周旋百司之务,懵昧四方之事。"③所谓寒族是指一些无权无势的中下级官员,留给他们的职位都是远和难的地点,而权贵子弟所得差遣则很少离开都城和大城市。诸如欧阳修说过:"京师诸司库务,皆由三司举官监当,而权贵之家子弟、亲戚,因缘请托,不可胜数,为三司使者常以为患。"④蔡襄也指出:"在京仓场库务,有系举官监当去处,近年多是大臣之家陈乞子弟监当,就便勾当家务。"这些仓场库务"受纳天下所输之物,招来四方商贾之资,计利最多,号为繁重"⑤。一则可以顾家,二则利多,所以最吸引人。仁宗时,田况担任三司使,他"深厌干请者","虽不能从,然不欲峻拒之",于是"每温颜强笑以遣之"。田况曾对人说:"作三司使数年,强笑多矣,直笑得面似靴皮。"⑥身为朝廷最高财政长官的田况,虽然看不惯权贵之家的"请托",不赞成京师的各司库务监当之职全由其子弟包揽,但又不能铁面拒绝,只得强颜欢笑、婉言谢绝。可见他这个三司使也当得不易。

　　天圣四年,权御史中丞王臻向朝廷指出,三司和开封府诸曹参军及赤县丞、尉,"率用贵游子弟,骄惰不习事",建议改用"以孤寒登第"而

① 王栐:《燕翼诒谋录》卷4《禁臣僚陈乞科名》。
② 《长编》卷106,天圣六年八月壬申。
③ 《范文正公集》卷8《上执政书》。
④ 欧阳修:《归田录》卷2。
⑤ 蔡襄:《端明集》卷18《乞商税院不用赃吏》。
⑥ 《归田录》卷2。

"更仕宦书考无过者"充任。仁宗采纳了他的建议①。三年多后,殿中侍御史张存弹劾比部员外郎、知开封县刘汀,知祥符县李宗简,"各缘门第,遂厕郎曹",但都是平庸之徒。他要求开封府两赤县的知县,"依旧差馆殿兼职及立朝知名者"充当;"自余常流,不在除授"②。仁宗决定让刘、李两人任满后改差他职。这实际上也稍稍限制了官员子弟担任开封府赤县的长官。不过,总的情况依然如此。至和元年(1054年),欧阳修奏札说,流内铨近年选人倍多,员缺常少,孤寒贫乏之人常常待缺。他们在任满得替后居住京师,动辄一年,遇有"合入缺次","多被权贵之家,将子弟亲戚陈乞,便行冲改";或者已经注授差遣,"却令待缺";或者刚刚到任,"即被对移"。欧阳修认为,这些权贵所"陈乞"的理由,"多非急切事故"③。

　　从神宗时期起,尤其到哲宗时期,"庙堂之上犹习故态,子弟亲戚布满要津",成为当时的"大患"。右正言刘安世的奏札,揭露太师文彦博、司空吕公著、宰相吕大防等利用职权,违反"祖宗之法",重用其子弟的事实:文彦博之子文及甫和文保雍分别担任光禄少卿和将作监丞,孙子文永世担任少府监丞,妻族陈安民近迁都水监丞,女婿任元卿监商税院,孙婿李慎监左藏库。吕公著之子吕希勣近任少府少监,吕希纯迁宗正寺丞,女婿范祖禹任实录院职,次婿邵𬭚为开封府推官、都官郎中,外甥杨国宝除太常博士不久即擢为成都府路转运判官,杨襄宝差知开封府咸平县,妻弟鲁君贶擢都水监丞,姻家张次元任知洺州、胡宗炎为将作少监、马传庆为大理寺主簿。这些子弟亲戚虽然"或假近臣论荐之名",但都是吕公著"任宰相日,拔擢除授"的。宰相吕大防前任中书侍郎时,堂除女婿王谠为京东排岸司,妻族李栝和李机分别知洋州和华州。范纯仁拜相之初,就用其姻家韩宗道为户部侍郎,妻族王古为右司员外郎、王毅任知开封府长垣县。门下侍郎孙固之子孙朴任判登闻检

────────────

① 《长编》卷104,天圣四年三月壬午。
② 《长编》卷109,天圣七年正月辛巳。
③ 《欧阳修全集·奏议集》卷12《论权贵子弟冲移选人札子》。

院。这些情况都是"彰明较著,士大夫之所共知",而还有更多"所不知者,又不可以悉数"。刘安世说他"不敢上烦朝廷,必令尽罢"这些子弟亲戚的官职,但士大夫中"众论喧然,为之不平者久矣",希望朝廷"不废祖宗之法,而示天下以至公之道"①。刘安世不愧为一位不畏权贵、直言敢谏的谏官。

官员子弟猎取的另一个美差是担任接伴、送伴或入国使、副使,也就是充当接、送伴外国使臣的正、副使或者出使外国。仁宗皇祐元年(1049 年),监察御史陈旭说:"近来所差接伴及入国使、副,多是权贵之家未尝历事年少子弟,或缘恩例陈请。乞应差入国使副,于武臣中择曾历边任或履路繁剧、有才干者充。"②指出权贵子弟多担任这些差遣,而又不能胜任。神宗以前,"非泛使"出国,如"以老病自陈,有例得带亲属"。神宗时,"著为通法,奉使者稍稍以亲戚自随"。哲宗元祐七年(1092 年),由于官员子弟"因缘干扰",规定出国、接伴使副"今后不得将带亲属,并有官人充职员、小底,违者罪之"。只准出国使副"实有宿疾","带亲属一名小底,不以有无官具奏听旨"③。绍圣四年(1097年),废罢此法,复行神宗时条令,"许带亲属一名充小底"④。此后,又出现了"七色补官人"一词,其六是"随奉使补官",其七是"给使减年"⑤。这些都是随同出国使臣去外国的官员子弟,在回国后补授官职,以示奖赏。官员子弟之所以谋求接、送伴外国使臣和随同出国的差使,是因为这些差使有利可图:一、是有官者可以升迁官阶,无官者可以补官,还可优先注授差遣。如高宗绍兴三年(1133 年),规定出使金国的三节随员中,上、中节随员"有官人,与先次转四官资,白身人并先补承节郎,进士先补迪功郎。候回日各依军功法,特添差合入

---

① 刘安世:《尽言集》卷 1《论差除多执政亲戚》。
② 《长编》卷 166,皇祐元年三月庚子。
③ 《会要》职官 51 之 5。
④ 《会要》职官 51 之 6。
⑤ 《建炎以来朝野杂记》乙集卷 14《乾道淳熙裁损任子法》。

差遣一次"①。二是有许多物质奖励。如上述随员中,朝廷给予书状官以"起发绢"六十四、钱一百贯、银五十两;上节都辖,起发绢四十匹、钱十贯、银二十两;指使、礼物官、医候、引接、书表司,各绢三十匹、钱四十贯、银十两等。其中有官人"许带行新旧现任请给",如果没有请给,每月支取赡家钱三十贯,每天支食银五百文②。在宋、金绍兴和议后,出使金国的随员所得"支赐之物"和"恩例"比前略有减少③,但仍然相当优厚。三、是借此收取沿路地方馈赠的礼物,参加迎送宴会等。仁宗时,接、送伴辽使的人员向沿路"取索羊、面、鸡、鸭、鱼、兔之属,广设酒肴","沿路州军大困于需索"④。南渡后,不断下诏禁止"接伴使、副沿路收受州郡馈送"和"辄赴筵会"⑤,正反映禁而不绝,依然故我。官员子弟担任这种差遣,时间最长几个月,而得益甚多,所以趋之若鹜,唯恐落后了。

　　官员子弟还把手伸到军队,充当军队的将帅。朱熹在孝宗淳熙七年(1180年)的一篇奏疏中说:"今将帅之选,率皆膏粱呆子厮役之流,徒以趋走应对为能,苟且结托为事,物望素轻,既不为军士所服,而其所以得此差遣,所费已是不赀,以故到军之日,惟务衰敛刻剥、经营贾贩,百种搜罗,以偿债负……"⑥"膏粱"子弟自然也包括官员子弟在内。他们到军队后,只知道刻剥士兵和做生意,根本不懂军务。朱熹还说过:"今之兵官……路钤、路分、统领之类,多以贵游子弟处之。至如副都总管,事体极重,向以节度使为之,后有以修武郎为之者。如州统领,至有以下班祗应为之者,此士大夫所亲见。……兵政病败,未有如今日之甚者。"又说,他屡次告诉孝宗,孝宗不以为然地说:"命将,国之大事,非朝廷之公选,即诸军之分荐,决无他也。"位居深宫的孝宗很难知道

①　《会要》职官51之11。
②　《会要》职官51之11—12。
③　《会要》职官51之13。
④　《包拯集编年校补》卷2《请止绝三番取索》;《长编》卷168,皇祐二年五月丙申。
⑤　《会要》职官51之17、19。
⑥　《朱文公文集》卷11《庚子应诏封事》。

朝廷和军队的腐败情况,他以为将帅都是由"公选"或"公荐"而来的。所以,朱熹又说:陛下所知只是表面现象,"而不知皆结托来尔","且如今之文臣列荐者,陛下以为果皆出于公乎? 不过有势力者一书便可得。"①朱熹道出了官员子弟充当将帅的底蕴。

宋朝的馆职是文臣的清职和朝廷的育才之地,文臣都以担任馆职为荣。仁宗天圣四年,枢密副使张士逊请求以其子张友直为馆阁校勘。仁宗说:"馆阁所以待天下英俊,不可私授。"只准在馆阁读书,还下诏馆阁校勘不得增加编制②。馆阁读书一职始设于真宗咸平二年(999年),是为年仅 12 岁的秘书省正字邵焕设置的,这时邵受命"秘阁读书"③。仁宗一开此例后,"执政多任子于馆阁读书"。唯有参知政事鲁宗道不然,他说:"馆阁育天下英才,岂纳袴子弟得以恩泽处邪?"他带头不让自己已任京官之子进馆阁④。天圣七年(1029 年),馆阁读书张友直经学士院考试合格,正式授秘阁校理。十年,两名馆阁对读书籍即宰相吕夷简的长子吕公绰和另一高官之子张子思,也经学士院考试合格,前者充集贤校理,后者充秘阁校理⑤。到庆历三年,谏官欧阳修提出:"比来馆阁之中,太半膏粱之子,材臣干吏羞与比肩,亦有得之以为耻者。"⑥监察御史里行包拯也提出:"今朝廷仕进清选,大臣子弟偶缘文墨,或希辟命,即自下僚擢升馆职。"⑦官员子弟纷纷拥入馆阁,降低了馆阁的水准,影响到馆阁的声誉。此后,虽然不断有人表示反对,但情况照旧不变。可见官员子弟依靠其父兄,先是充当馆阁读书,而后正式取得馆职。

第二、是各级官员利用职权使自己的子弟担任地方官。仁宗天

---

① 《朱子语类》卷 107《朱子四·内任》。
② 《长编》卷 104,天圣四年五月辛卯。
③ 《长编》卷 44,咸平二年六月戊午。
④ 《长编》卷 107,天圣七年二月庚申。
⑤ 《会要》选举 31 之 28。
⑥ 《欧阳修全集·奏议集》卷 5《论举馆阁之职札子》。
⑦ 《包拯集编年校补》卷 1《论县令轻授》。

圣七年,规定"左右近臣有子弟、族姻仕于诸道州府者,令转运使、副及长吏等,谨察其臧否,无得曲庇之。"①显示有许多近臣的子弟亲戚在地方做官,朝廷为了澄清吏治,命令转运使、副以及其他有关长官加强对这些亲戚子弟的监督,不准肆意包庇。但随着朝廷的逐渐腐败,官员子弟充斥地方各个重要职位。钦宗时,吕好问上书要求尽罢"杂科"监司。他说,这些监司所任用之人,"率多阘冗常才,非以贿赂及谄佞得之,即宰执、宦官亲戚及堂吏子弟;其间以才选者,未有一二也"。②吕好问的这一建议,离北宋亡国不到一年时间,也算是对北宋末年地方政治的总结。南宋初年,大臣叶梦得、李回、冯澥都"以曾任执政,陈乞子侄为监司属官",朝廷"至或创添窠缺与之"。此事遭到有的官员反对,他们认为监司属官"其权甚重,岂可轻畀未出官人"!叶梦得等在舆论的压力下,不得不为其子侄"别陈乞合入差遣"③。宁宗初年,四川各路帅臣、监司还让随侍子弟"互注沿边有赏去处窠缺",所以在庆元三年(1197年)殿中侍御史张釜提议请加以禁止④。嘉定十六年(1223年),规定淮西安抚副使司差置官属,计干办公事、准备差遣、准备差使各一员,"令本司从公选辟,不许差权要子弟亲知,以充员数"⑤。这些禁令是否实行,不得而知,但从中反映许多官员子弟确曾依仗父兄的权势,取得了地方官的差遣。理宗时,宦官董宋臣和卢允升专权,他们"用外戚子弟为监司、郡守"。这种做法明目张胆地违反"祖宗之法",所以在贾似道入朝后,立即"勒外戚不得为监司、郡守,子弟、门客敛迹,不敢干朝廷"⑥。贾似道依靠排挤董、卢而后控制了朝政。

---

① 《长编》卷107,天圣七年闰二月乙卯。
② 《国朝诸臣奏议》卷67,吕好问:《上钦宗论杂科监司不可不尽罢》。
③ 《会要》职官45之17。
④ 《会要》职官45之38。
⑤ 《永乐大典》卷14622《部字·吏部九》。
⑥ 《宋史》卷474《贾似道传》。

三、宋朝官员子弟减免赋役和荫赎特权

宋朝官员子弟享有减免部分赋税、免除职役和赎罪的特权。官户乃指一品至九品的官员之家。品官去世后,子孙有荫,即使是无品的小官,依旧是官户。仁宗皇祐四年(1052年),李觏在《寄上孙安抚书》中说:"今之品官及有荫子孙,当户差役例皆免之,何其优也! 承平滋久,仕宦实繁,况朝臣之先又在赠典,一人通籍,则旁及兄弟,下及曾孙之子,安坐而已。比屋多是衣冠,素门方系徭役,日衰月少,朝替夕差,为今之民盖亦难矣。"①官员子弟免除轮差职役,而这些负担就转嫁给了其他平民。宋朝在形式上对官户实行限田免役法。如徽宗"政和令格"规定:"品官之家乡村田产,得免差科,一品一百顷,二品九十顷,下至八品二十顷,九品十顷。其格外数,悉同编户。"②允许官员依照品级占有的田亩数内,免除科配和职役。到高宗绍兴二十九年(1159),开始限止品官子孙"制田减父祖之半","格外田庄,同编户科役"③。官户子孙所享受的免役优待,减少了一半。到孝宗乾道八年(1172年),进一步规定承荫子孙分割田产,"不以户数多寡,通计不许过减半之数",而且要在分家文书和砧基簿内写明父祖的官品和本户应置限田数目、分为几户,等等④。承荫子孙的减半免役优待,不是每名子孙都享受其父祖之半,而是全部子孙的总数不超过父祖之半。在一般情况下,这一规定流于形式,地方官府并不去认真执行。理宗时人孙梦观说:"朝廷固尝随官品以定顷亩之限,出于所限者,仍同编户充役。今固未尝过问之。"⑤唯有在发生差役纠纷而惊动官府时,官府才依照上述品官"限

---

① 《李觏集》卷28《寄上孙安抚书》。
② 《会要》食货6之1。
③ 《宋史》卷31《高宗八》。
④ 《庆元条法事类》卷48《科敷》。
⑤ 孙梦观:《雪窗集》卷2《故事·董仲舒乞限民名田》。

田身后减半格法"审理①。

宋朝还继承唐制，品官及其子孙犯罪，可以用荫当赎②。北宋初年，吏人常由"士大夫子弟不能自立者忍耻为之，犯罪许用荫赎，吏有所恃，敢于为奸"。到天圣七年，三司吏毋士安犯赃罪，按法应判徒刑，但他要求用祖父县令之荫以赎罪。朝廷不从，"特决杖勒停"，且下诏"吏受赇，自今毋用荫"。又诏"吏人招募，责状在身无荫赎，方听入役。"统治者认为吏可以用荫赎罪，则是士大夫做官还不如为吏。"诱不肖子弟为恶，莫此为甚"，所以下此禁令，"诚急务不可缓也"③。

北宋初，长安"多仕族子弟，恃荫纵横，二千石鲜能治之者"。这些官员子弟依靠用荫赎罪，"官法又不能及"④，四处"无赖，恣为凶狠"⑤。知永兴军府陈尧咨、李迪、郑戬等都曾严加制裁，但只使这些子弟暂时收敛。仁宗天圣八年，允许五代时期三品以上官员的子孙，只要保存官诰，"听用荫"，"仍须得保官三人"⑥。庆历六年（1046年），为减少官员子弟犯罪，开始规定了官员子弟用荫赎罪的条件，以缩小他们免罪的范围。诏书说："臣僚子孙恃荫无赖，尝被真刑者，如再犯私罪，更毋得以赎论。"⑦至和二年，进一步规定"有荫子孙"即官员子弟犯杖以下死罪、情理重者，命州县"批所犯于用荫官诰之后，若三犯，奏听裁"⑧，宁宗时编成的《庆元条法事类》"当赎门·荫赎"，对官员子弟用荫免罪的适用范围作了较为详细的规定。除品官的子孙外，还包括宗室女之夫、子、前代帝王的后裔而经宋朝录用为官者的子孙，八品以上官员子孙之妻等。如果官员子弟三次犯私罪杖，情节严重，"或正犯斗杀罪至死，该恩减等应流配者"，"并不得以荫论"；"虽有荫，犯私罪经真决，而更犯

---

①　《名公书判清明集》卷3《限田》。

②　《重详定刑统》卷2《名例律·请减赎》。

③　王栐：《燕翼诒谋录》卷3《有荫人不得为吏》；《长编》卷107，天圣七年三月乙丑。

④　司马光：《涑水记闻》卷7。

⑤　《长编》卷85，大中祥符八年八月辛卯。

⑥　《长编》卷109，天圣八年二月戊子。

⑦　《长编》卷159，庆历六年八月己未。

⑧　《长编》卷179，至和二年四月丙午。

私罪者,依无荫人法"。同时,又对"诸犯罪以荫应赎者",规定要验实诰身,州县要置籍记录所犯罪状和所赎罪刑名①。

官员子弟利用用荫赎罪的特权,在地方上横行不法。各地城市都有一批像长安城那样的"恶少",使官府感到棘手。也有一些官员子弟后来穷困潦倒,但一旦犯罪,仍能从荫减免罪刑。如南宋后期一名知衡州之孙刘珵,两次将儿子刘元老卖给他人,事发后,法官判决:"刘珵两将元老卖弄,为父不父,本合勘杖,且与从荫,决小杖二十。"②刘珵原应决杖,因为有荫,便予减刑,仅决小杖。又如郑应臻在宗室赵孟温宅服役,身为干仆,奸污其主之女冬娘,法官判决:"郑应臻自称有荫,未委虚实,且免刺环,勘杖一百,牒押下芝溪寨拘锁。"③又如成百四,身为"闾巷小夫",专以教唆词讼为生,"与吏为市",法官本应判决脊杖、刺配,因"以其所供,父系武弁,姑从引荫末减,勘杖一百,编管衢州"④。再如江谦亨,"家饶于财,武断乡曲",已被编管,却诬诉童诜推人落水致死。法官本应判处其徒刑,以其有"祖荫"和宗女之夫,"姑从末减",仅杖一百,送回原编管所处州收管⑤。类似事例尚多。

四、宋朝政府和士大夫对官员子弟的约束和防范

官员子弟作为宋朝官僚队伍的后备力量之一,统治者并不希望他们个个不学无术和为非作歹,因此采取了一些约束和防范的措施,并制订了相应的法令。这些约束和防范的措施可以分为四个方面。

第一,每遇实行重大的改革,官员子弟问题总被提到日程,官员子弟和利益因而受到一定的限制。仁宗时,范仲淹等人主持的庆历新政中,范仲淹十项建策的第一项"明黜陟"和第二项"抑侥幸",都是要限

① 《庆元条法事类》卷76《当赎门》。
② 《名公书判清明集》卷8《归宗·衣冠之后卖子于非类,归宗后责房长收养》。
③ 《名公书判清明集》卷12《惩恶门·奸秽·告奸而未有实迹,各从轻断》。
④ 《名公书判清明集》卷12《惩恶门·把持·教唆与吏为市》。
⑤ 《名公书判清明集》卷13《惩恶门·告讦·教令诬诉致死公事》。

制官员子弟的任职和任官。"明黜陟"规定："在京百司,金谷浩瀚,权势子弟长为占据,有虚食廪禄待缺一二年者,暨临事局,挟以势力,岂肯恪恭其职! 使祖宗根本之地,纲纪日隳。故在京官司有一员缺,则争夺者数人。"建议由保举或选差而任在京重难务的监当官者,须在任三周年,即与磨勘;由"陈乞"而任在京差遣者,须在任五周年,方与磨勘。这样做的目的是使"权势子弟肯就外任,各知艰难。亦有俊明之人,因此树立,可以进用"。"抑侥幸"主要是减少官员的恩荫优待,限制官员子弟入仕人数,"亦免子弟充塞铨曹,与孤寒争路,轻忽郡县,使生民受弊"。其次是针对"两府两省子弟亲戚,不以贤不肖,辄自陈乞馆阁职事者,亦得进补",规定自今"并不得陈乞馆阁职事及读书之类,御史台画时弹劾并谏院论奏"。①庆历新政不久就告失败,但"抑侥幸"的部分措施被继续执行,恩荫制度没有完全复旧。"明黜陟"也没有立即被废罢②。神宗时,王安石等人主持的变法,稍稍涉及官员子弟问题。其一是前述荫补子弟出官必须经铨试中格,熙宁四年规定、改考法律。其二是规定"宗室祖问之外,不复推恩;祖问之内,以试出任"③。"不复推恩"是指不再赐名、授官,"只令应举"④。王安石的这项措施遭到宗子们的反对,他们"相率马首陈状",向王安石诉苦说："均是宗庙子孙,且告相公看祖宗面。"王安石厉声答道："祖宗亲尽,亦须桃迁,何况贤辈!"宗子们悻悻散去⑤。王安石可能吸取庆历新政的教训,没有太多地触动官员子弟的利益。

　　第二、通过不断完善回避制度来限制官员子弟的政治活动,以削弱其政治地位和作用。宋朝和官员回避制度,包括亲属回避、地区和产业回避、交往回避等。官员之间如果在差遣方面有"统摄"即领导与被领导的上下级关系,与"相干"即同级间职务方面的密切关系,他们又是

①　《范文正公政府奏议》卷上《答手诏条陈十事》。
②　见拙作:《范仲淹和庆历新政研究中的一些问题》,载《大陆杂志》第 81 卷第 4 期。
③　袁燮:《絜斋集》卷 2《代武岗林守进治要札子》。
④　《会要》帝系 4 之 19。
⑤　陆游:《老学庵笔记》卷 2。

亲戚,即应按照条制加以回避。这种亲属回避方面的条制,当时称"避亲法"。避亲法限制了部分已经任官的官员子弟,不能选注与其父兄有"统摄"或"相干"关系的差遣。如仁宗天圣七年规定,三司使、副的子弟不得担任在京钱谷场务之职①。高、中级官员在荐举官员时,不得以子弟、亲戚互荐②。官员子弟在参加贡举和学校考试时,如与考官或地方长官有亲嫌,也要移试别处。地区和产业回避,限制了部分官员子弟回原籍和置产地点任职。如英宗治平四年(1067年)规定:"今后臣僚乡里田宅在河南府,不得陈乞骨肉充本府通判、知县,仍不得陈乞两人同时在彼。"这是因为河南府是故都,"衣冠将相占籍繁伙"③,所以采取限制措施。交往回避又称谒禁,限制已经任官或尚未任官的官员子弟的政治活动。如神宗元丰四年(1081年),规定凡执政官在京的本宗有服亲戚,非职事相干和亲属交往,"不得往还看谒"④。再如后来又规定,凡帅臣或监司,不得命随行子弟亲属"接见所部官",其子弟亲戚"亦不许自接见"⑤。从孝宗淳熙八年(1181年)开始,规定现任宰执、台谏子孙一律担任宫观、岳庙差遣,"理为资考"⑥。原为知县资序或通直郎以上官阶,授宫观官;其他任岳庙。嘉定五年(1212年),进一步扩大到现任宰执和台谏的女婿,皆授宫观或岳庙闲职⑦。作为宋朝官员人事行政管理的配套制度,回避制度曾经在澄清吏治方面发挥过积极的作用,也在一定程度上约束了官员子弟的政治活动。

徽宗时期,蔡京等将以司马光为首的309名官员定为"元祐党人",并一度下令禁止"党人"子弟在京师和开封府界担任差遣,禁止他们进京和在京居住等⑧。这反映了统治阶级内部两派的斗争,只是约束了

---

① 《长编》卷108,天圣七年六月己酉。

② 《建炎以来系年要录》卷111,绍兴七年五月乙酉。

③ 《会要》刑法2之33。

④ 《会要》刑法2之35;《长编》卷312,元丰四年四月壬午。

⑤ 《庆元条法事类》卷4《禁谒》。

⑥ 《建炎以来朝野杂记》甲集卷6《执政子孙任祠官》。

⑦ 《永乐大典》卷14626《部字·吏部十三》。

⑧ 朱弁:《曲洧旧闻》卷9;《宋史》卷19《徽宗一》。

部分官员子弟的政治活动。

第三、宋朝不断惩处那些放任或怂恿自己子弟为非作歹的官员。仁宗皇祐三年，平章事宋庠因为"不戢子弟"，被谏官包拯等人弹劾，免相①。高宗绍兴二十六年（1156年），知永州晏孝本也以转运司考核其"在任不戢子弟，干预郡政"，被罢职，"令全州根究，依法施行"。次年，新潼川府路转运判官李宏因为怂恿一名知合州的子弟"干预政事"，被罢职，与宫观②。孝宗淳熙二年（1175年），李石在知眉州时，听任"子弟与政，请托公行"，罢去成都府路转运判官的新任。淳熙八年，潼川府路转运判官王敦诗"纵子弟亲戚交通关书"，被放罢。新知处州钱仰之，因在知江阴军时"政以贿成，纵容子侄恣游倡馆，亲旧交通关节"，被罚改授闲慢差遣。次年，四川制置使兼知成都府陈岘被台官弹劾罢职，其罪状之一是使二子为遂宁、潼川的酒官，实际"未尝往莅职，虚破请给"③。宁宗嘉泰二年（1202年），同知贡举施康年，在其子施清臣应试的情况下，不令其回避别院，且因此中选。事发后，施康年被罚出朝，施清臣被驳放④。开禧元年（1205年），前宰相谢深甫之子谢采伯和谢秉伯被驳放。原因是他们在嘉泰二年参加省试时作弊，当时谢深甫"任相位，无敢言者"。这时谢深甫罢相，真相就被揭露⑤。这类事例极多，难以枚举。被处分的官员大多数是州级地方官，少数为路级长官和前任朝廷高级官员。

第四、是有些地方长官直接打击某些横行不法的官员子弟。如真宗时，前述长安仕族子弟"恃荫纵横"，成为地痞流氓，知永兴军府陈尧咨与李大监本是"旧交"，李大监之子"尤为强暴"。一天，此子因事至府衙，陈尧咨告诉他："汝不肖无赖如是，我不能与汝言，官法又不能及。汝恃赎刑，无复耻耳。我与尔父兄善，义犹骨肉，当代汝父兄训

---

① 《长编》卷170，皇祐三年三月庚申。
② 《会要》职官70之46、47。
③ 《会要》职官72之12、28、30、35。
④ 《会要》选举5之26。
⑤ 《会要》选举5之32。

之。"乃领至便坐,亲自罚杖几十下,"由是子弟亡赖者皆慑息"。陈尧咨雷厉风行地惩治这些子弟,取得了显著成效,不过也有人批评他"用刑过酷"①。仁宗时,知永兴军府郑戬对长安"多豪恶"的衣冠子弟采取严厉的打击措施,"甚至黥窜法外",因而使那些子弟"人皆慑息"②。

五、宋朝官员对其子弟的教育

宋朝大多数士大夫重视对自己子弟的教育。范仲淹说过,当时的知州"鲜克尽心"公事,他们忙于迎送和燕射,"或急急于富贵之援,或孜孜于子孙之计"③。为了子孙的利益,士大夫们从不同的角度对子弟进行教育。

士大夫对其子弟的正面教育,主要内容不外有刻苦读书、为官清廉、遵纪守法等。如范仲淹在家书中叮咛其尚未做官的子弟要"苦学","勿使因循",要"有乡曲之誉,可以理民,可以守廉者","方与恩泽文字"。劝告他们在乡里要"互相戒约,勿烦州县;如辄兴词讼,必奏乞深行"。对已经做官的子弟,则提出要"守官小心,不得欺事。与同官和睦多礼,有事即与同官议,莫与公人商量。莫纵乡亲来部下兴贩。自家且一向清心做官,莫营私利"④。范仲淹一生勤学廉政,以实际行动作表率,成为当时士大夫的楷模。

宋太宗、真宗时人李昌龄,在《乐善录》一书中指出,现今官员子弟的"大失"有三:一是自少年时即思安逸享乐;二是不知诵读经史,腹中空空;三是只与佞己者交往,言行庸下、颇僻。有此"三失"怎能立身成名起家!所以,他要求子弟们"能甘淡泊而务学问,近有德而远下流",就可以懂得"圣贤之道",听到"正大之言",结交"正大之士",做出"向

---

① 司马光:《涑水记闻》卷7。
② 《长编》卷138,庆历二年十一月辛卯。
③ 《范文正公集》卷8《上执政书》。
④ 《范文正公尺牍》卷上《家书》。

上之事"①。

宋仁宗时,大臣包拯留给后人的"教训"是:"后世子孙仕宦有犯赃滥者,不得放归本家;亡殁之后,不得葬于大茔之中。不从吾志非吾子孙。"②要求子孙做官清正,不得贪赃枉法,否则,将开除族籍。

高宗时,名将岳飞"遇诸子尤严,平居不得近酒。为学之暇,使操畚锸、治农圃"。岳飞说:"稼穑艰难,不可不知也。"长子岳云屡立军功,岳飞常隐匿不报,即使朝廷知道后加以封赏,岳飞也代岳云上表辞避③。宰相赵鼎在其《家训笔录》中,第一项要求"闺门之内,以孝友为先务,平日教子孙读书为学"。第二项要求正"在仕宦"的子弟,"以廉勤为本"。他说:"人之才性各有短长,固难勉强,唯廉、勤二字人人可至。"陆游在《家训》中,劝谕子孙读书,贫则教书、种田,但不可"为市井小人事"。袁采撰《世范》和某官撰《州县提纲》,都从不同的角度教育士大夫子弟④。

宋朝承唐末丧乱之后,重建封建家族组织。士大夫在各自的家族组织中,制定出族规或家规、家法。司马光撰《居家杂仪》及相传为朱熹所撰《家礼》,也都对宗族中的官员子弟提出具体规约。如《居家杂仪》提出,为人之子者,不得蓄积私财,俸禄和田宅的收入都要交给父母,等等⑤。这种规约也是士大夫教育自己子弟的内容之一。

在宋朝三百二十来年的时间里,大约有几十万官员子弟陆续进入仕途。在这些子弟中,并非所有人都是百无所长的平庸之辈,或专做坏事,成为历史的罪人。确实也有一些子弟后来成为出类拔萃的人物,在政治上或军事上、学术上作出过很多贡献。诸如政治家王安石及其弟王安礼,政治家司马光和韩琦、李纲,名将种世衡和种谔、种师道、种师中、刘锜、刘光世、毕再遇、孟珙,著名谏官刘安世,大臣范纯仁和洪适、

① 李昌龄:《乐善录·子弟》。
② 见《包拯集·补遗》,中华书局1963年版。
③ 岳珂:《金佗稡编》卷9。
④ 袁采:《袁氏世范》卷2《子弟当习儒业》;佚名:《州县提纲》卷1《防闲子弟》。
⑤ 《朱子家礼》卷1引。

洪遵、洪迈、虞允文、葛邲、赵汝愚，理学家程颢和程颐、朱熹、张栻、吕祖谦，诗人梅尧臣，词人贺铸，文学家晁补之，书画家米友仁，等等。这些人的功绩也不应抹煞。

（载邓广铭、漆侠主编：《国际宋史研讨会论文选集》，河北大学出版社，1992 年版。又载《上海师范大学学报（社科版）》1993 年第 1 期）

宋 朝 的 岁 币

　　岁币，又称岁贡，是中国古代诸侯或属国每年向中央朝廷进贡的礼品。《国语·周语上》说："日祭月祀，时享岁贡。"从五代开始，岁币成为中原王朝向周邻强国每年交纳的财赋。后唐末年，石敬瑭依靠契丹，立为晋帝，称辽主为父皇帝，贡岁币三十万等。到宋朝，岁币是每年按照定额向辽国（契丹）和西夏、金国以及蒙古（元）交纳的财赋，带有战胜国迫使战败国交纳战争赔款的性质。此前，学术界对此尚无专文论述，在有关文献和研究著作中还出现一些不应有的疏误。本文试图比较全面地论述宋朝对辽国和西夏、金国以及蒙古交纳岁币的情况，包括历史背景、岁币数量及其变化情况、在财政岁支中所占比重、历年总数、评价等。

一、宋朝输纳辽国（契丹）的岁币

　　宋真宗景德元年（1004 年）九月，辽国承天皇太后和圣宗决意以收复瓦桥关以南十县为名，发兵南下。闰九月，辽军进入宋境，号称二十万。辽军经宋威虏军、顺安军、保州、定州，于十月初围攻瀛州城，不克。继续南下，转攻祁州、德清军，克之①。十一月下旬，抵达黄河边的重镇澶州北城，威胁北宋的都城东京开封府。

---

① 《辽史》卷 14《圣宗五》。

　　辽军深入河北,宋朝朝廷上下慌乱失措。在新任宰相寇准的推动下,宋真宗出于无奈,督率各路兵马,约定在天雄军会师①。宋军在澶州前线用床子弩射杀辽军先锋军统帅、南京统军使萧挞凛,辽军心大震②。真宗在寇准督促下,率军入驻澶州南城,又渡过黄河,进驻北城。

　　早从去年即咸平六年(1003 年)四月开始,辽国就采取边打边和的策略,通过被俘宋将王继忠与宋方接触,但未有结果。萧挞凛被宋军射杀后,辽军被迫北退。宋使曹利用赴辽军营议和,辽国仍以索回关南之地为言,曹利用忠实执行宋真宗的指示,加以拒绝,但又表示"北朝既兴师寻盟,若岁希南朝金帛之资以助军旅,则犹可议也"。辽圣宗和承天太后决定不再提出索回关南的要求,"但欲岁取金帛"。曹利用答应"遗绢二十万匹、银一十万两"。和议始定③。据说,曹利用在再次出使辽国军营前,曾向真宗请示"岁赂金帛之数",真宗表示"必不得已,虽百万亦可"。而宰相寇准又指示其"所许不得过三十万。过三十万勿来见准,准将斩汝"④。显示曹利用答应岁遗辽国金帛数字,严格贯彻了寇准的意图。

　　宋朝致辽国的誓书规定:宋"以风土之宜,助(辽)军旅之费,每岁以绢二十万匹、银一十万两,更不差使臣专往北朝,只令三司差人般送至雄州交割。"⑤宋朝的誓书明列岁币的品种和数量,还说明岁币移交辽国的地点是雄州,仅由三司派人运送。

　　宋朝从何年起开始向辽国输纳岁币? 此前无人言及。根据记载,可以断定是从景德二年(1005 年)开始的。第一、宋朝致辽国的誓书写在景德元年十二月丙戌(七日),辽国致宋朝的誓书则写在同月辛卯(十二日)⑥。第二、宋真宗同月戊戌(十九日)才从澶州回到汴京⑦。

---

①　《续资治通鉴长编》(以下简称《长编》)卷 58,景德元年十一月乙卯。
②　《长编》卷 58,景德元年十一月甲戌;《辽史》卷 85《萧挞凛传》。
③　《长编》卷 58,景德元年十二月癸未。
④　《长编》卷 58,景德元年十二月丁亥。
⑤⑥　庄绰:《鸡肋编》卷中;《长编》卷 58,景德元年十二月辛丑。
⑦　《长编》卷 58,景德元年十二月戊戌。

此时已届岁末,在余下的十多天时间里,宋朝要将二十万匹绢和十万两银凑齐、包装、运往雄州,也是十分困难的。第三、《辽史》记载,直到辽圣宗统和二十三年(1005 年)十月,宋朝才将岁币运到雄州转交辽国①。因此,岁币不始于景德元年,而始于景德二年,是毫无疑义的。

宋真宗时,辽国还要求在“岁外,别假钱币”。宰相王旦分析辽国的意图,说:“东封甚近,车驾将出,彼以此探朝廷之意耳。”因此,决定“止当以微物而轻之”。在岁给三十万两匹中各预借三万,而且对辽国说清将在明年额内扣除。但到第二年,真宗又下令有关官署:“契丹所借金币六万,事属微末,今仍依常数与之,后不为比。”②没有扣除预借之数。

宋仁宗庆历二年(1042 年),辽兴宗乘宋朝忙于应付西夏军侵扰之机,派萧特末和刘六符使宋,“取晋阳(按指北汉故地)及瓦桥以南十县地,且问兴师伐夏及沿边疏浚水泽、增益兵戍之故”③,并进行战争恫吓。几经双方使臣往返,至九月议定宋朝“每年增绢一十万匹、银一十万两”给辽国,所有“岁贡”全部“般至雄州白沟交割”。其中“半以代关南租赋,半以为谢弹遏西戎(按即西夏)之意”④。宋朝“仅免败盟,不用‘献’字而已”⑤。从此,宋朝每年交纳给辽国的岁币增加到银二十万两、绢三十万匹,合计五十万两匹。

宋朝从何年开始按照新增的岁币数额交纳辽国?史书尚无记载。按照景德元年的先例,看来也是从次年即庆历三年(1043 年)开始的。

宋朝何时停止对辽输纳岁币?宋徽宗在宣和四年(1122 年),经过多年的酝酿,决定联合金国攻灭辽国,并且出兵北上,攻入辽境。从这一年起,宋朝自然停止向辽输纳岁币。在蔡京、童贯最初酝酿联金灭辽时,知枢密院郑居中就提出反对,他说蔡京身为“大臣,国之元老,不能

①　《辽史》卷 14《圣宗五》。
②　《宋史》卷 282《王旦传》。
③　《辽史》卷 19《兴宗二》。
④　《长编》卷 137,庆历二年九月乙丑;卷 506,元符二年二月甲申。
⑤　庄绰:《鸡肋编》卷中。

守两国盟约,辄造事端,诚非妙算"。蔡京则以宋徽宗亲自决定为借口,说"上厌岁币五十万,故尔"。攻辽之事因之暂停了一段时间①。但后来还是发动了灭辽的战争。

从宋真宗景德二年宋朝向辽输纳岁币起,到宋仁宗庆历二年,共三十八年。在这段时间里,宋朝共向辽朝提供了银 383 万两和绢 763 万匹。依照当时的最低银价每两一贯六百文(铜钱)②、绢平均价每匹一贯文(铜钱)计算,共向辽朝支付了 1 375.8 万贯文(铜钱)的货物。平均每年支付 36.2 万贯文(铜钱)的货物。随后,从庆历三年到宣和三年,共七十九年。在这段时间里,宋朝共向辽国提供银 1 580 万两和绢 2 370 万匹。依照当时银的平均价每两一贯五百文、绢的平均价每匹一贯三百文(均为铜钱)③计算,则共向辽朝支付了 5 451 万贯文(铜钱)的货物。平均每年支付 69 万贯文(铜钱)的货物。在北宋的一百十七年内,宋朝共向辽国交纳了岁币银 1 963 万两、绢 3 133 万匹,折合现钱共 6 826.8 万贯文(铜钱)。

根据现存资料,宋朝每年输送辽国岁币的银、绢,在宋朝财政支出总数中占有一定的比重。如真宗天禧末年(1021 年),财政岁支银共 58 万余两,其中岁币用银为 10 万两,约占总支出银的六分之一强。同年,财政岁支绢共 4 173 万余匹④,其中岁币用绢为 20 万匹,约占总支出绢的二百零八分之一强。宋朝每年的财政支出总数不尽相同,而对辽的岁币银、绢相对固定,因此这批岁币银、绢在各年财政收支总数中所占比重大有出入。

除岁币以外,宋朝每年还要向辽国送去"正旦"即元旦衣着 4 000 匹,银器 2 000 两,皇帝生辰衣着 5 000 匹、银器 5 000 两⑤。秦观约在宋哲宗元祐间撰文指出:"大辽自景德结好之后,虽有余孽,金帛绵絮他

---

① 《宋史》卷 351《郑居中传》。
② 加藤繁:《唐宋金银之研究》。
③ 《宋会要辑稿》刑法 3 之 3。
④ 《长编》卷 97。
⑤ 方勺:《泊宅编》卷 10,记作宋致辽岁币三十万两,数字有误,实为二十万两。

物之赂,而一岁不过七十余万。"①显然,加上正旦和辽帝生辰礼品,宋朝岁支总数要达到七十万两匹之数。

二、宋朝输纳西夏的岁币

宋真宗景德三年(1006 年)十月,宋朝授给党项族首领赵德明"定难军节度使"衔,封西平王,每年"赐"银一万两、绢一万匹、钱两万贯、茶两万斤②。宋朝试图以对辽相似的办法,使对方停止侵扰,以换取西北边境的暂时安宁。

宋仁宗宝元元年(1038 年),德明之子元昊建都兴州,建立大夏(西夏)国,又开始攻宋。从此,宋朝西部战事不断,宋军屡战屡败。从庆历三年四月开始,宋朝向元昊表示愿意"岁赐绢十万匹、茶三万斤,生日与十月一日赐赉之"③。这时元昊没有向宋称"臣"。嗣后,宋使张子奭从西夏回来说元昊愿意称"臣",乃许诺岁赐金帛二十万④。稍后,又增至二十五万⑤。直到明年十月,双方议定条款,元昊的誓书说:"朝廷岁赐绢十三万匹、银五万两、茶二万斤,进奉乾元节回赐银一万两、绢一万匹、茶五千斤,贺正贡献回赐银五千两、绢五千匹、茶五千斤,仲冬赐时服银五千两、绢五千匹,及赐臣(按元昊自称)生日礼物银器二千两、细衣着一千匹、杂帛二千匹。"⑥计宋朝每年输纳西夏银七万二千两、绢帛十五万三千匹、茶三万斤,合计二十五万五千两匹斤。

按照宋朝输辽岁币的先例,宋朝输纳西夏的"岁赐"看来也是从议定的次年即庆历五年(1045 年)开始的,而且西夏直到庆历五年正月二

① 秦观:《淮海集》卷 9《边防上》。
② 《长编》卷 64,景德三年十月庚午、丁丑。
③ 《长编》卷 140,庆历三年四月癸卯。
④ 叶梦得:《石林燕语》卷 9。
⑤ 《长编》卷 145,庆历三年十一月辛卯、庚戌。
⑥ 《长编》卷 152,庆历四年十月己巳。

十二日才向宋朝递交誓书①。所以，可以肯定到庆历五年西夏才获得"岁赐"。

　　宋、夏恢复和平仅二十一年，双方又不断发生冲突。从宋神宗熙宁四年（1071年）起，王韶受命经营熙、河一带，准备在西夏右厢外围建起一道进可据、退可守的战线。元丰四年（1081年），西夏皇室内乱，宋朝以为有机可乘，在九月发动大规模的五路进攻。夏军诱敌深入，宋军在灵州和永乐城两次战役中遭到惨败，损失严重。

　　元丰四年宋、夏双方正式开战后，宋朝自然停止了岁币的输纳。在宋军深入夏境后，宋神宗说过："朝廷作事，但取实利，不当徇虚名。如庆历中，辅臣欲禁元昊称兀卒，费岁赐二十万。此乃争虚名而失实利。富弼与契丹再议盟好，自矜国书中入'南朝白沟所管'六字，亦增岁赐二十万。其后白沟亦不尽属我也。"②在轻虚名、重实利的思想指导下，神宗必然不再对西夏提供岁币。苏轼在宋哲宗元祐二年（1087年）上奏札说："昔先帝（按指神宗）用兵累年，虽中国靡弊，然夏人困折，亦几于亡……岁赐既罢，和市亦绝。"③元丰六年，神宗还下诏："来年岁赐夏国银，并赐经略司为招纳之用。"④神宗死后，西夏国主秉常再次派人"入贡"、司马光根据当时宋、夏形势，再三提出"自今以后，贡献、赐予悉如旧规"⑤，但未被朝廷采纳。直到元祐三年（1088年），秉常虽然接受了宋朝的册命，但不肯入谢，而且再度派军侵扰泾原。元祐四年，宋朝大臣"务行姑息，不俟其请，而以岁赐等事许之，一岁所赐凡二十万，夏人仰之以为命"⑥。这一"二十万"乃岁币的约数。元祐六年苏辙说："国家岁以二十五万银绢赐与，在西夏当一百万。"⑦这一"二十五万"也

---

① 《长编》卷519，元符二年十二月壬寅。
② 《长编》卷317，元丰四年十月乙卯。
③ 《苏轼文集》卷28《因擒鬼章论西羌夏人事宜札子》。
④ 《长编》卷341，元丰六年十二月己卯。
⑤ 司马光：《温国文正司马公集》卷35《论西夏札子》、卷52《乞抚纳西人札子》。
⑥ 苏辙：《栾城集》卷46《论西边商量地界札子》；《长编》卷452，元祐五年十二月辛卯。
⑦ 《长编》卷458，元祐六年五月己未。

是约数。其实总数应为二十五万五千两匹斤。绍圣四年（1097年），宰相章惇因西夏军队不断侵入宋境，采用"浅攻挠耕"的策略，并且"绝夏人岁赐，进筑汝遮等城，陕西诸道兴役五十余所"①。再度停止对西夏输纳岁币。元符二年（1099年）十二月，西夏主乾顺派遣使臣进誓表，保证严格执行庆历五年正月二十二日的誓诏，"永绝争端"。宋朝答应乾顺的要求，决定"自今以后，恩礼、岁赐并如旧例"。②可以肯定，从元符三年起，宋朝依照旧例向西夏提供岁币。是年十月八日，三省、枢密院奏："夏国贺天宁节回赐银绢，依例于答诏中预降赐目。诞辰所颁，在岁赐所颁二十五万数中；夏主生日礼物，乃在数外。"哲宗下诏"如故事。"③天宁节是宋徽宗的生日（徽宗五月五日生，为避俗忌，改用十月十日），"诞辰"似指徽宗的真正生日五月五日。这说明岁币中包括宋徽宗生日所给西夏的礼物，但天宁节回赐银绢和西夏主生日所赐礼品则在岁币之外。崇宁三年（1104年）以后，宋、夏关系时时呈现紧张状态，推断宋朝停止了"岁赐"。宣和元年（1119年）六月，西夏国主乾顺因宋军连续进攻，"疆地日蹙，兵势亦衰"，遂派使臣携辽国书致宋鄜延帅臣刘韐，"请纳款请罪"。刘韐警告夏使说："朝廷方事征讨，吾为汝请命，毋若异时邀岁币、轶边疆，以取威怒。"④但此后也没有"给赐"岁币的记载。宋朝南渡后，与西夏交通阻隔，从此不再有给受岁币的关系。

　　宋朝给予西夏岁币的历史，可以分为三个阶段：第一阶段，为庆历五年到元丰三年（1045—1080年），共四十六年。西夏共得银262.8万两、绢547.2万匹、茶108万斤。第二阶段，为元祐四年到绍圣三年（1089—1096年），共八年。西夏共得银58.4万两、绢121.6万匹、茶24万斤。第三阶段，为元符三年到崇宁二年（1100—1103年），共四年。

---

① 《宋史》卷471《章惇传》；《长编拾补》卷14。
② 《长编》卷519，元符二年十二月壬寅。
③ 《宋会要辑稿》礼57之23。
④ 吴广成：《西夏书事》卷33；《宋史》卷446《刘韐传》。

西夏共得银 29.2 万两、绢 60.8 万两、茶 12 万斤。以上三个阶段,共五十八年,西夏共得银 350.4 万两、绢 729.6 万匹、茶 144 万斤。按照当时银的平均价每两一贯五百文(铜钱)、绢平均价每匹一贯三百文、茶平均价每斤一百文(铜钱)①,西夏在北宋时共得宋朝价值 1488.48 万贯文(铜钱)的货物,平均每年获得 25.66 万贯文(铜钱)的货物。

三、宋朝输纳金国的岁币

早在宋徽宗后期,宋朝联合金国攻灭辽国的过程中,宋朝已与金国预先商定,"许依契丹旧例银绢",即宋朝每年给予金国银、绢五十万两匹,绿矾二十万栲栳。除此以外,金国提出要宋朝每年交纳燕京等六州的"代税钱"一百万贯,依照时价运送绫、锦等到南京(平州,治今河北卢龙)界首移交,其中丝绵还必须要燕京的土产②。但后来随着战争形势的急剧变化,并没有付诸行动。

宋高宗前期,在金军的猛烈进攻面前,高宗一意委屈求和。金国统治者也惯用"和议"为"误敌之资",甚至"兵已登城,而和不绝口"③。绍兴四年(1134 年)九月,高宗派遣魏良臣和王绘出使金国军营,指示他们:"卿等此行不须与金人计较言语。卑词厚礼,朕且不惮,如岁币、岁贡之类不须较。"等等④。高宗听说金军将大举南侵,一度允许增给金国岁币"银帛共五千万"⑤。魏良臣和王绘见到金国接伴官,也表示宋朝愿意"每岁贡银、绢二十五万匹、两"⑥。嗣后,因宋朝爱国将士的坚决抗战和金国统治阶级的内讧,宋、金媾和长期悬而未决。绍兴八年(1138 年)十二月,高宗和秦桧在抗金得胜的有利形势下,不顾全国军

---

① 据《宋会要辑稿》食货 29 之 10—14 约计。
② 《三朝北盟会编》卷 12—16;周密:《齐东野语》卷 12《淳绍岁币》。
③ 真德秀:《真文忠公文集》卷 14《进故事·故事(乙未十一月二十四日)》。
④ 《建炎以来系年要录》卷 80,绍兴四年九月乙丑。
⑤ 《建炎以来系年要录》卷 80,绍兴四年九月庚午。"千"字疑为"十"之误。
⑥ 《建炎以来系年要录》卷 81,绍兴四年十月己丑。

民的反对,由秦桧代表高宗拜受金国诏书,接受金国的"和议"条件。金国将陕西、河南地"赐"给宋朝,宋帝向金帝称"臣",每年贡银二十五万两、绢二十五万匹①。但好景不常,金国统治集团中主战派完颜宗弼等人在次年秋季掌握了大权,决意撕毁和约,继续南下侵宋。绍兴十年(1140年)五月,金军分兵四路夺回了"赐"宋不久的土地。金国大兵压境,宋朝面临覆国的危险,宋高宗被迫下令各军进行抵抗。于是刘锜取得顺昌之战的胜利,吴玠和吴璘在川陕重创金军,岳飞又在郾城之战大败金军主力。在宋军节节取胜的情况下,高宗依然无北上恢复故土的打算,一意以战求和。绍兴十一年(1141年)十月,高宗和秦桧下令以"谋反"的罪名,逮捕了激烈反对与金和议的爱国将领岳飞父子。十一月,金国都元帅完颜宗弼派遣"审议"使萧毅等到"江南抚谕",规定议和的条款:宋朝割让唐、邓二州以及商、秦二州之半,宋高宗向金称"臣","所有岁贡银、绢二十五万匹、两,自壬戌年为首,每年春季差人般送至泗州交纳"②。宋高宗和秦桧降金成功,便在十二月杀害了岳飞父子。从绍兴十二年即壬戌年(1142年)开始,宋朝在每年春季将银二十五万两、绢二十五万匹运送到泗州移交金国。

　　宋孝宗即位后,决定改变高宗对金消极求和的做法,重用抗战派大臣张浚,准备北伐金国,收复中原故土。隆兴元年(1163年)四月,张浚派濠州李显忠军和泗州邵宏渊军分道出击。最初,宋军稍稍取胜,但不久即在符离被金军打败。在这种情况下,宋朝自然停止向金输纳"岁贡"。所以,同年八月,金国纥石烈志宁"又以书求海、泗、唐、邓四州地及岁币"。孝宗也派出使臣前往金军帅府,孝宗对使臣"戒勿许四州,差减岁币"。这时主和派大臣汤思退已被任命为右相,受他的影响,孝宗改变初衷,决定"四州地、岁币可与,名分、归正人不可从"③。十二

―――――――――――

① 《三朝北盟会编》卷200,绍兴十年五月二十五日,《建炎以来系年要录》卷135,绍兴十年五月戊戌。
② 《金史》卷77《宗弼传》;《建炎以来系年要录》卷142,绍兴十一年十一月庚申。
③ 《宋史》卷33《孝宗一》。

月,宋、金双方议定:宋朝皇帝不再对金帝称"臣",改称"侄皇帝",宋、金"世为叔侄之国";改"岁贡"为岁币,每年减少银、绢各五万,计银二十万两、绢二十万匹①。宋朝在有能力继续抗战的情况下,继续向金国输纳岁币,尽管不再称为"岁贡",数量也减少了两成,但依旧是一种屈辱的协议。

宋宁宗开禧二年(1206 年),宰相韩侂胄总揽军政大权,决定出动宋军北伐金国。东路宋军虽然旗开得胜,但西路军统帅之一、四川宣抚副使吴曦不久前已暗中叛变降金,东路军也随即退守淮东。开禧三年十一月,正当韩侂胄筹划再战的关键时刻,主和派大臣史弥远和杨皇后等突然发动政变,杀死了韩侂胄。嘉定元年(1208 年),史弥远等人控制朝政,他们完全接受了金国的无理要求,斲开韩侂胄的棺椁割下头颅,派使臣送到金国示众;增加岁币为银三十万两、绢三十万匹;交纳"犒军钱"三百万贯文(铜钱)②。当时,许多有识之士反对史弥远等人的所作所为。他们认为金国这时"实已衰弱,初非阿骨打、吴乞买之比"。开禧二年冬天金军进攻淮、襄,宋军"凡城守者",金军"皆不能下"。"次年(金)遂不复能出师,其弱可知矣"。他们指出宋朝"倘能稍自坚忍,不患不和,且礼秩、岁币皆可以杀"。但史弥远等人"畏懦,惟恐稍失其意,乃听其恐喝,一切从之"。因此,有的太学生在一位侍从住宅的墙上题诗讽刺说:"自古和戎有大权,未闻函首可安边。生灵肝脑空涂地,祖父冤仇共戴天。"又说:"岁币顿增三百万,和戎又送一于期。无人说与王柟(按宋朝派往金营和议的使臣)道,莫遣当年寇准知。"③华岳也赋诗反对纳币和函首说:"纳币求成事已非,可堪函首献戎墀。一天共戴心非石,九地皆涂血尚泥。"④新的岁币是从嘉定元年开始交纳的。

---

① 《金史》卷 87《纥石烈志宁传》;《宋史》卷 365《钱端礼传》。
② 《金史》卷 98《完颜匡传》、卷 12《章宗四》;《建炎以来朝野杂记》乙集卷 7《开禧去凶和敌日记》。
③ 周密:《齐东野语》卷 3;《两朝纲目备要》卷 11《宁宗》。
④ 华岳:《翠微南征录》卷 4。

嘉定四年(1211年)，蒙古成吉思汗发兵南侵金国。九月间，蒙古军攻入居庸关，直达金的国都中都城外，中都戒严①。同年六月，宋朝派遣使臣余嵘为祝贺金帝(卫绍王)生辰(在八月，称"万秋节")使。余嵘到涿州良乡县，"会金国有难，不至而还"②。随后继续两年，蒙古军对金国发动猛烈进攻，金朝内部发生政变，金帝卫绍王被杀，另立完颜珣为帝(宣宗)。金宣宗向蒙古投降。嘉定七年(金贞祐二年，1214年)三月，蒙古退军。接着，金宣宗率领宗室百官逃离中都，迁往南京(治今河南开封)。在这种情况下，宋朝在嘉定五年和六年都没有将岁币运给金国。嘉定七年七月，宋朝起居舍人真德秀预料金国必会派使索取岁币，他向宁宗提出对策说："虏既以移巢来告，索币之报必将踵来，其在朝廷尤宜审处。以臣愚虑，苟能显行止绝，以其货币颁犒诸军、缮修戎备，于以激士心而褫敌气，此上策也。命强吏移文与议，削比年增添之数，还隆兴裁减之旧，此中策也。彼求我与，一切如初，非特下策，几无策矣。"宁宗也表示"不当与"岁币。果然，没有几天③，金国在外患内乱稍稍平息的时候，便派出使臣到宋朝"来督二年岁币"④。这时，淮西转运使乔行简上书朝廷，认为："强鞑渐兴，其势已足以亡金。金，昔吾之仇也，今吾之蔽也。古人唇亡齿寒之辙可覆。宜姑与币，使得拒鞑。"宰相史弥远最初觉得乔"行简之为虑甚深，欲予(金岁)币"，一时没有答复金使。但太学生黄自然等人"同伏丽正门，请斩行简以谢天下"。⑤于是宋朝拒绝了金国的要求⑥。从此，宋、金战争不断，宋朝也停止了岁币的输纳。

南宋时期对金岁币的历史，可分为三个阶段：第一阶段，从绍兴十二年到绍兴三十二年(1142—1162年)，共二十一年。这一阶段宋朝共向金国输纳银525万两、绢525万匹。第二阶段，从隆兴二年到开禧元

---

① 《金史》卷13《卫绍王》。
②④ 《宋史》卷39《宁宗三》。
③ 真德秀：《真文忠公文集》卷3《直前奏事札子》。
⑤ 叶绍翁：《四朝闻见录》甲集《请斩乔相》。
⑥ 真德秀：《真文忠公文集》卷3《直前奏事札子》。

年(1164—1205年),共四十二年。这一阶段宋朝共向金国输纳银840万两、绢840万匹。第三阶段,从嘉定元年到嘉定四年(1208—1211年),共四年。这一阶段宋朝共向金国输纳银120万两、绢120万匹、铜钱300万贯文。在以上三个阶段共六十七年中,宋朝以岁币或岁贡的名义向金国输纳银1485万两、绢1485万匹、铜钱300万贯文。

南宋时,物价比北宋普遍提高。第一、第二阶段银价每两约二贯五百文(铜钱);绢价每匹约三贯五百文(铜钱)①。第三阶段银价每两约三贯文(铜钱),绢价每匹约十贯文(铜钱)②,有时仅二贯二百文③。依此计算,金国在六十七年中,以岁币或岁贡的名义,共从宋朝取得10 050万贯文到9 114万贯文(铜钱)的货物,平均每年取得150万贯文到136万贯文(铜钱)的货物。

宋朝每年将岁币交给金国,逐渐形成了一套繁琐的交割制度。据周密记载,宋光宗绍熙年间(1190—1194年),岁币银二十万两、绢二十万匹。绢的品种和重量是红绢十二万匹,每匹重十两;浙绢八万匹,每匹重九两。枢密院派四员使臣管押银纲,户部派十二员使臣管押绢纲。会同左帑即左藏库的库子、秤子,在前一年腊月下旬,搬运到盱眙军"岁币库"下卸。然后派一员将官,部押三百名军士,保护渡过淮河。"交割官"正使,照例差淮南转运使官属;副使则差盱眙军通判或邻州通判充当。照例在元旦前三天,先带一百铤银、五百匹绢作为样品,运过淮河交给金人。"交币正使",由金国南京转运司官属充当,副使则委派各州同知。在所带银、绢中,选白绢六匹和银六铤,分作三份:命走马使人将一份送到燕京,一份送到汴京转运使司"呈样",一份留在泗州"岁币库","以备参照"。最初,宋朝交绢,金国必定从中刁难,十退其九,因为金人尺秤无法,加上胥吏勒索的缘故。几个月后,胥吏得到

---

① 《朱子语类》卷133《本朝七·夷狄》。此处记作"秦桧议和时,岁币绢二万五千匹、银二万五千两。今岁绢减五千匹、银减五千两,此定数"。数字有误,或为朱熹的弟子错记。

② 《宋会要辑稿》食货70之70。

③ 《宋会要辑稿》食货70之87—88。

满足，"方始通融"，但仍十退其四五。按规定，"用开岁三日长交，通不过两月结局"。从初交直到结局，共支付金国交币官吏糜费银 1 300 余两；金 35 两、木绵 36 匹、白布 62 匹、酒 340 石，共折银 620 两；本色酒 2 600 瓶；茶果杂物等另计，都由淮东转运司提供。还有贴耗银 2 400 余两、每年例增添银 200 余两，都由淮东转运司负责支付。宋朝正、副使及官吏的饭食之类，由淮东转运司应办。甚至官吏住宿的棚屋、厨、厕等，都从盱眙运竹木到对岸盖造，金国概不参与。盱眙军还每天派倚郭知县部押丁夫搬运银绢过淮，兼办杂务。被金国拣退的银、绢，即连夜运回，到盱眙岁币库交收①。

周密又记载，在宋孝宗淳熙十三年（1186 年），淮南转运司干办公事权安节任岁币使时，金国正使竟然"一毫不取"，但"拣退银、绢甚多，逼令携归"。权安节严加拒绝。"金人至遣甲兵逼逐"。权安节"不胜其愤"地说："宁死于此！不得交，誓不回，虽野宿不火食亦无害。"声色俱厉。金人"度不能夺，竟如数收受，给公文而归"。宋孝宗听说此事，十分高兴，立即授权安节为监六部门官。这一次，扬州通判汪大定也一起任职，"颇著劳绩，亦蒙奖拔焉"。

周密还记载，元旦、皇帝生日派遣使臣祝贺，每次礼物共金器 1 000 两、银器 10 000 两、彩缎 1 000 匹、龙脑、香、茶等，还有"私觌香、茶、药物、果子、币帛、杂物等，复不与焉"，等等②。

四、宋朝输纳蒙古（元）的岁币

宋朝向蒙古输纳岁币并没有成为事实，但当时确曾频繁派遣使臣往返谈判，只因一方拒绝而没有实现。

宋理宗开庆元年（1259 年）九月，蒙古忽必烈率军于黄州境渡过长

---

① 周密：《齐东野语》卷 12《淳绍岁币》。按原文作"绍兴"，据岁币的数量，当是隆兴和议后所定的岁币；且篇题作《淳绍岁币》，淳熙年号在前，绍熙年号在后，故"绍兴"当为"绍熙"之误。
② 周密：《齐东野语》卷 12《淳绍岁币》。

江,进围鄂州。宋朝上下大为震惊。理宗任命吴潜为左相兼枢密使,贾似道为右相兼枢密使,仍旧兼任京西、湖南北、四川宣抚大使,并命贾似道出兵汉阳,进援鄂州。贾似道移师黄州,秘密派遣宋京前往蒙古军营讲和,提出:"北兵若旋师,愿割江为界,且岁奉银、绢匹、两各二十万。"忽必烈所派使臣赵璧回答说:"大军至濮州时,诚有是请,犹或见从。今已渡江,是言何益! 贾制置今焉在耶?"①拒绝了贾似道的求和。这时,蒙古的蒙哥汗已死于合州前线,诸宗王在漠北策划拥立阿里不哥。忽必烈闻讯,决定班师北归。贾似道再派宋京往蒙古军营求和,忽必烈没有理睬,维持不战不和的状态,随即率领大军北还②。鄂州解围后,贾似道隐瞒了他私自求和的真相,谎报他抗蒙得胜③。次年四月,忽必烈派遣翰林侍读学士郝经为国信使赴宋,告以即位,并要求宋朝割地、纳币。贾似道唯恐泄露他谎报战功和擅许割地、纳币等事,将郝经囚禁起来。此后,贾似道概不理会忽必烈的来使④。

十六年以后,即宋朝瀛国公德祐元年(1275 年)正月,元军已陆续攻下鄂州、黄州、蕲州、江州等地,势如破竹。贾似道被迫集中各路精兵十三万人,由临安出发北上抵御。二月初,抵达芜湖。贾似道出兵不战,先派使臣宋京到蒙古军营求和,"请称臣、奉岁币"⑤。元朝左丞相伯颜要贾似道亲自前来,贾似道则派承宣使阮思聪和宋京代行,并表示"将为叔侄之国"⑥。伯颜留下宋京,派员与阮思聪一起回报贾似道说:"未渡江,议和、入贡则可。今河江诸郡皆内附,欲和则当面来议也。"⑦贾似道不敢接受。阮思聪回宋,自知大势已去,"阴备快船为走计"⑧。贾似道的第二次求和纳币,依旧半途而废。

① 《元史》卷 159《赵璧传》;《宋史》卷 474《贾似道传》。
② 刘一清:《钱塘遗事》卷 4《阴许岁币》;《元史》卷 4《世祖纪》。
③ 《宋史》卷 44《理宗四》。
④ 《宋史》卷 474《贾似道传》。
⑤ 《宋史》卷 47《瀛国公》。
⑥ 方回:《桐江集》卷 6《乙亥前上书本末》。
⑦ 《元史》卷 127《伯颜传》。
⑧ 刘一清:《钱塘遗事》卷 7《遣使请和》。

五、宋朝岁币的评价

　　宋朝的岁币是特定的历史条件下的产物。所谓特定的历史条件，乃指北宋时宋朝与辽、西夏鼎立，南宋时又先后与金、蒙古（元）相峙。处于这种国际环境，宋朝统治者每每在作战失利后，为了维持自己的统治，减少外来的威胁，宁愿定期向敌对的邻国提供一大笔财富，于是就出现了"岁币"。在一般情况下，岁币是宋朝在军事上失败而造成的，带有战争赔款的性质。但宋朝在澶渊之盟过程中，宋、辽双方势均力敌，宋军并未败北，而且战争是辽军首先挑起的，辽军还侵入宋境，按理宋朝无需承担战争赔款的义务。然而宋朝统治者急于求和，担心战而不胜，所以错误估计了形势，对辽国作了交纳岁币的许诺。应该说，这次岁币只是外交上失利的结果。由于外交上的失利，导致己方承担了战争赔款。至于宋朝对西夏和金国的岁币，则主要是因为宋朝军事上失败而造成的。

　　在两宋三百二十来年的历史中，宋向辽输纳岁币一百十七年，计银1 963万两、绢3 133万匹；向西夏输纳岁币五十八年，计银350.4万两、绢729.6万匹、茶144万斤；向金输纳岁币六十七年，计银1 485万两、绢1 485万匹、铜钱300万贯文。宋朝前后有一百八十四年必须向辽或西夏、金输纳岁币，共计银3 798.4万两、绢5 347.6万匹、茶144万斤、铜钱300万贯文，平均每年负担岁币银20.643 4万两、绢29.063 0万匹、茶0.782 6万斤、铜钱1.630 4万贯文。这些数字中，还不包括辽和西夏、金在战争期间对宋朝官民掠夺的大量财富。

　　人们不禁要问，宋朝是怎样凑集这些岁币的呢？宋仁宗至和二年（1055年），宋祁撰《御狄论》之七指出："异时县官岁与（辽）银，皆还入汉边相贸易，官得什六；岁益三四则略足（岁币）。自庆历后，虏禁止银不得复入边州且十年，此欲困中国非一日计也。"[①]认为宋朝输纳辽国

――――――――――
[①]　《历代名臣奏议》卷328《御边》。

岁币银后,辽人又用银在榷场购买宋人的货物,所以每年有六成银重新回笼到宋朝。宋朝每年只需筹措另外三四成,就可凑齐岁币的二十万两银。宋徽宗宣和四年(1122 年),宋昭也上书指出:"议者谓岁赐浩瀚,虚蠹国用,是不知祖宗建立榷场之本意也。盖祖宗朝赐予之费,皆出于榷场岁得之息,取之于虏,而复以予虏,中国初无毫发损也。"①认为岁币的数量虽巨,但榷场每年所收利息,足以支付,对宋朝丝毫没有损失。宋昭的话显然有些夸大事实,因为宋朝通过榷场贸易也有"岁获(息)四十万"的记录,但不可能保证每年都取得几十万两匹银绢的利息,而况在"榷场之法"被破坏的期间,宋朝就只能动用"内帑"的财赋了②。宋仁宗庆历四年,右正言、同修起居注余靖提出:"国家封疆至广,军马至多,内有朝廷百官之奉,外有宾客四方之事,赋入有常度。"现在却"割自奉之金帛,以资兄弟之国",实际是"一国之财而供二国之用"。而况"近岁新添金帛,割剥已深,山泽之利,岁计犹有不足;桑蚕所产,民力固亦无余"③。庆历五年,枢密副使韩琦也指出,每年给辽五十万、西夏二十万,"使敌日以富强,而国家取之于民,日以朘削。不幸数乘水旱之灾,则患生腹心,不独在二敌"④。在国家财政开支中,每年要额外增加七十万两匹斤的岁币,无疑唯有依靠加重对农民和工匠等直接生产者的剥削,才能凑齐此数。南宋时,宋朝对金的岁币也给财政带来困难。《宋史·食货志》记载:"季世金人乍和乍战,战则军需浩繁,和则岁币重大,国用常苦不继,于是因民苦官租之重,命有司括卖官田以给用。"⑤把出售官田作为凑集岁币的一个资金来源。所以,岁币必然增加了宋朝人民的负担。从岁币的角度看,宋朝人民不仅要养活本国的统治阶级,而且还要部分地养活辽和西夏、金的统治阶级。

---

①③　《三朝北盟会编》卷 8,宣和四年六月三日庚寅。

②　《长编》卷 151,庆历四年八月戊戌。

④　《长编》卷 154,庆历五年正月丙子。

⑤　《宋史》卷 173《食货上一》。

　　宋朝士大夫对岁币有着绝然相反的两种评价。一种是完全肯定岁币，特别是高度评价对辽国的岁币。仁宗时，枢密副使富弼认为：澶渊之盟虽然使宋朝对辽提供岁币，但"自此河湟百姓凡四十年不识干戈，岁遗差扰，然不足以当用兵之费百一二焉"，比双方开战要省很多费用，因此"澶渊之盟未为失策"。当然，富弼也指出，与辽讲和后，不应该"武备皆废"，以致后来"西北二寇稔知朝廷作事如此之失也，于是妄希欲，无所忌"①。真宗时，大臣王旦也持类似看法，认为宋朝"虽每岁赠遗，较于用兵之费，不及百分之一"②。北宋末、南宋初，大臣李纲说："景德中，契丹入寇，罢远幸之谋，决亲征之策，捐金币三十万，而和约成，百有余年两国生灵皆赖其利，则和、战、守三者皆得也。"③认为澶渊之盟包括给辽岁币，带来了宋、辽两国之间一百多年的和平，对两国人民都有益处。孔平仲也肯定北宋的岁币，但他提出的历史依据十分牵强。他说："今之与夷狄最多者岁才百万尔，亦不若汉之多也。按后汉《袁安传》……汉故事，供给南单于费直岁一亿九十余万，西域岁七千四百八十万。"④言下之意，宋朝给辽的岁币比汉朝少得多。但这一对比与事实不符：南匈奴在汉朝保护下，与北匈奴对抗，汉每年给南匈奴一亿九十万。东汉后期，南匈奴骑兵还成为抗击北匈奴鲜卑羌的主力军。一亿九十万钱，其实只有十万零九百贯文，而且也不带有战败国支付战胜国的战争赔款的性质。至于汉给西域的七千四百八十万，也不过只是七万四千八百贯文。而宋朝给辽的岁币每年平均达 36.2—69 万贯文（铜钱），比汉朝要多好几倍。元朝御史大夫张行简在《杂论》中曾反驳孔平仲的这一论调，还说："宋岁与契丹五十万两、匹，值一百万贯，视汉孰为多哉？足明孔说之非。"⑤

　　另一种是完全否定岁币。宋仁宗时，知制诰田况向仁宗提出：

①　彭百川：《太平事迹统类》卷8《仁宗经制契丹要略》。
②　《长编》卷70，大中祥符元年十一月癸未。
③　李纲：《梁溪全集》卷58《议国是》。
④　孔平仲：《珩璜新论》。
⑤　李冶：《敬斋古今黈·拾遗》卷1。

"朝廷予契丹金帛岁五十万,朘削生民,输将道路,疲敝之势,渐不可久。而近西羌通款,岁又予二十万,设或复肆贪渎,再有规求,朝廷尚可从乎?"①岁币必将加重官府对百姓的剥削,而且远途运输还要增加百姓的劳役。这种日子难以持久。苏轼说过:"今天下一家,二房(按指辽和西夏)且未动也,而吾君吾相终日皇皇焉应接之不暇……昔者大臣之议不为长久之计,而用最下之策,是以岁出金缯数十百万以资强房。"②指出向辽和西夏提供岁币,是由于当时大臣们只顾眼前的利益,所作出的最拙劣决策的结果。叶适认为:后唐末石敬瑭对契丹的"岁赂,亦止于三十万匹绢而已"。寇准"既过用之,反以为大功名"。王旦"又依并作无限勋业"。富弼再次议和,"墓碑乃明言'增币二十万而契丹平,北方无事又四十年矣'。大书深刻,后生传诵,以为元臣硕相殊勋盛业,无出于此"③。字里行间,表示了对寇准和王旦、富弼的鄙视,似乎这些人都有点荣辱不分而恬不知耻了。类似的论述还多,此处不再一一列举。

笔者以为,全盘肯定宋朝的岁币未免失之偏颇。宋、辽澶渊之盟以后,两国长达一百多年时间里基本和平相处,这并非依靠了岁币的魅力,而是由于辽国统治阶级日益封建化,旧有的以掠夺为荣的尚武精神逐渐减退,因此,辽、宋两国的实力实际不相上下,旗鼓相当。在这种情况下,辽国也无意发动对宋的侵掠战争。但是,毋庸讳言,宋朝的岁币一开始就带有战争赔款的性质。所以,在宋和辽、西夏、金、蒙古的复杂关系中,宋朝是作为被侵掠者而又作战失利,而后被迫向侵掠者支付岁币的。对宋朝而言,岁币既是一种经济上、财政上的负担,又是一种政治上、精神上的屈辱。我们称赞历史上各民族间的平等友好相处,而谴责各民族间的残酷掠夺和压迫。如果说宋朝的岁币还有一点值得肯定,那么就是宋朝的大量物资源源不断地

---

① 《宋史》卷 292《田况传》。
② 《苏轼文集》卷 8《策·策略第二》。
③ 叶适:《习学记言》卷 43《五代史·杂传》。

无偿运入辽和西夏、金国,给这三个国家带去了高度发展的封建文明,加速了这三个国家的历史发展进程。这是三国统治阶级始料所未及的。

（载岳飞研究会编:《岳飞研究》第三辑,中华书局,1992年版）

宋朝的宫廷制度

　　宋朝统治者吸取汉、唐的历史教训，注重"治内"，严防后妃干预朝廷政事，建立起一套比较严密的宫廷制度。其中包括皇后和妃嫔、宫人的编制和人选，宫廷管理机构，嫔妃和宫人的官阶、俸禄、恩例，约束机制等。

一、皇后和妃嫔的编制

　　皇后和妃嫔是皇帝的妻妾。宋朝承袭唐朝旧制，设置一名皇后和四名妃子。四名妃子的名称从上而下为贵妃和淑妃、德妃、贤妃。北宋初年，还承袭唐制，设置九嫔。九嫔从上而下为昭仪、昭容、昭媛、修仪、修容、修媛、充仪、充容、充媛。真宗朝，陆续增设太仪等七个等级。仁宗初年，增设淑仪一级。从此定制，四妃皆为夫人、正一品；十七嫔从上而下为太仪、贵仪、淑仪、淑容、顺义、顺容、婉仪、婉容、昭仪、昭容、昭媛、修仪、修容、修媛、充仪、充容、充媛，皆为正二品。此外，北宋初年还有婕好和美人、才人三等。真宗大中祥符二年（1009 年），增设贵人。真宗乾兴元年（1022 年）后，共四等，从上而下为婕好，正三品；美人，正四品；才人，正五品；贵人，无视品①。

　　各朝皇帝同一时间只能立一名皇后。如果皇后去世或被废黜，则

———————

① 《宋会要》后妃 4 之 1—2。

允许另立一位皇后。此外,也可在妃嫔死后,由当朝皇帝或下一代皇帝追册为皇后。有宋一代,这也成定制。

各朝皇帝的妃子同一时间大都没有满员。史称妃子"累朝多缺",神宗元丰间(1078—1085年)"才有二员"。唯有风流天子徽宗,在政和间(1111—1118年)后,"册妃至六七人"①。据极不完整的资料,至少政和六年,徽宗仅贵妃就有四名,为乔氏、崔氏和两名王氏,皆曾替徽宗生儿育女多名②。

二、宫廷管理机构和宫女的编制

宋太祖和太宗时期,宫廷内仿照外廷设置"内省"机构。太祖时,置司簿和司宾,皆封为县君、乐使,且赐裙帔。太宗时,增置尚宫和大监,皆兼知内省事,充内宣徽南院使,兼承旨与司簿,封为国夫人或郡夫人。同时,设置宝省尚食,封为县君;司宝和司仪、司给,封为郡君或县君。乐使之下,增设副使。随后,又改内省为"尚书内省",命尚宫和大监皆称"尚书内省尚书"。改祗候人为御侍,管理衣服者为司衣,梳篦为司饰,枕被为司寝,汤药为司药,乐使和副使为仙韶使和副使,弟子称供奉。又置直笔、书省主事。改茶器为翰林局,掌御阁为直阁,掌宫门为直门,掌灯火为掌灯,掌从物为宜仗,针线院为裁缝院。又命司簿兼掌宝,司言兼监班,司仪兼承宣。掌宝和司仪、仙韶使和副使,皆封县君。司记和知尚书内省公事,皆赐裙帔。真宗朝,设置宫正、司籍、司乐、司赞、司珍、司膳、典宝、典言、典赞、尚仪、尚功、尚服、知书省等名目。随后又增设司宫令一员,地位在尚宫之上。

真宗乾兴元年后,宫人的女官和职员的编制、品级、职掌较为系统化,共计六尚、二十四司、二十四典、二十四掌:六尚为尚宫、尚仪、尚服、尚食、尚寝、尚功。各尚之下皆设四司。如尚宫之下,设司记和司言、司

---

①　章如愚:《山堂先生群书考索》后集卷20《后妃》。

②　《宋会要》后妃3之9。

簿、司闱;尚仪之下,设司籍和司乐、司宾、司赞。各司之下,设典、掌和女史。如司记之下,设典记、掌记和女史;司言之下,设典言、掌言和女史;司籍之下,设典籍、掌籍和女史。各尚的长官各设二人;各司的长官除司乐设四人外,皆设二人。各典、掌一般也皆设二人,仅典乐、掌乐、典膳、掌膳各设四人。各司所设女史,最多达十人,一般四至六人,少者二人。此外,还设宫正一人、司正二人。司正之下,设典正和女史各四人。以上宫人的官员和职员共 282 人,以下还有普通的宫人。尚宫的职掌是导引皇后,管辖司记和司言、司簿、司闱,兼总管其他五尚的物品出纳等事。司记掌管大内各司的文书出入目录,负责记录、审核、付行、监印等事;典记和掌记、女史是其助手。司言掌管传达圣旨和奏事,典言和掌言、女史是其助手。司簿掌管宫人的花名册和俸禄事务,典簿和掌簿、女史是其助手。司闱掌管宫门的管钥事宜,典闱和掌闱、女史是其助手。尚仪掌管礼仪、起居,兼管司籍和司乐、司宾、司赞。司籍掌管经籍、教学、纸笔、几案之类,典籍、掌籍、女史是其助手。司乐掌管音乐之事,典乐和掌乐、女史是其助手。司宾掌管宾客参见、朝会引导等事,典宾和掌宾、女史是其助手。司赞掌管礼仪班序、设版位、赞拜等事,典赞和掌赞、女史、彤史是其助手。尚服掌管司宝和司衣、司饰、司仗的事务。司宝掌管珍宝和符契、图籍之事,典宝和掌宝、女史是其助手。司衣掌管皇帝的衣服和首饰之事,典衣和掌衣、女史是其助手。司饰掌管膏沐、巾栉、服玩之事,典饰和掌饰、女史是其助手。司仗掌管仗卫兵器之事,典仗和掌仗、女史是其助手。尚食掌管御膳,进食时先试尝,管辖司膳和司酝、司药、司饎。司膳掌管膳羞、器皿之事,典膳和掌膳、女史是其助手。司酝掌管酒酝事务,典酝和掌酝、女史是其助手。司药掌管医药事宜,典药和掌药、女史是其助手。司饎掌管宫人的饮食和柴炭之事,典饎和掌饎、女史是其助手。尚寝统辖司设和司舆、司苑、司灯之事。司设掌管帷帐和床褥、枕席、洒扫、铺设等事,典设和掌设、女史是其助手。司舆掌管舆、辇、扇羽等事,典舆和掌舆、女史是其助手。司苑掌管园苑种植蔬果之事,典苑和掌苑、女史是其助手。司灯掌管灯油、火烛之事,典灯和掌灯、女史是其助手。尚功掌管女红,统辖司制和司珍、司彩、司计。司制掌管裁缝衣服纂组之事,典制和掌制、女史是其助手。司珍掌管金玉、珠宝、财货之事,典珍和掌珍、女史是其助手。司彩掌管锦文、缣彩、丝枲之事,典彩和掌彩、女史是其助手。司计掌管规划度支衣服和饮食、柴炭、杂物之事,典计和掌计、女史是其助手。宫正总管宫内的格式,纠正过失和审理、处罚等。司正的职掌与宫正相同,典正和女史是其助手①。

此后,除尚书内省外,又创置其他一些机构。仁宗晚年,"欲广继嗣"创立了十阁。英宗继承此制。虽然曾有台谏官提议撤销,但无济于事②。总辖十阁的宫官称"提举十阁分事",常常由管勾大内公事(南渡后改称主管大内公事)、知尚书内省事兼任此职。同一时间设置二人。宁宗时,命主管大内公事、知尚书内省事兼提举十阁分事冯从顺升转四字的国夫人;主管大内公事、知尚书内省事杨从慧除兼提举十阁分事,升转两字的国夫人;知尚书内省事卫从正除主管大内公事,升转国夫人;何从谨除知尚书内省事③。此外,还设置听宣、尚字、宫字、司字、掌字、典字、直笔、宜笔、殿直、小殿直、知内库等职④。

尚书内省的六名"尚"字女官,为正五品;二十四司的司正、彤史,为正七品;二十四"掌",为正八品;女史,为流外勋品⑤。

徽宗政和三年(1113年),改革尚书内省的职官名称和编制,为内宰二人,副宰四人,总辖内省的六司,"率其属,以听内治";掌管外省六曹所奏申之事。下设都事和主事各六人,录事和令史各十二人,书令史和书史各二十四人。内省的六司,一、司治:视外省的吏部职事;二、司教:视外省的户部职事;三、司仪:视外省的礼部职事;四、司政:视外省的兵部职事;五、司宪:视外省的刑部职事;六、司膳:视外省的工部职

① 《宋会要》后妃4之2—3。
② 《国朝诸臣奏议》卷29,吕诲:《上神宗乞罢十阁之制》。
③ 《宋会要》后妃4之28—29。
④⑤ 《宋会要》后妃4之9—29、之2。

事。六司各设官内史和治中各一人,吏令史各二人,书令史各四人,书史各六人①。南宋时,没有实行此制,可能是高宗初年废除的。

　　后宫的宫女人数,宋太祖时为 200 人。太祖曾"问愿归者,复去四之一",还剩下 150 人②。太宗时,宫中的"妃御掌事辈"仍旧不过 300 人③。总之,太祖、太宗时,内宫约 200 至 300 人,而且"居五品之列者无几"④。真宗时,侍史增至 500 人。到仁宗时,更是"十倍增人,已逾二三千"人,"私身养女数复过之"⑤。庆历三年(1043 年),谏官孙甫上疏说:"后宫之数,臣虽不知,但闻三司计肉食者千余人,又上有贵职,下有私身,当不止数千人矣。"⑥嘉祐间(1056—1063 年),后宫的人数激增至近 10 000 人。史称此时嫔妃供进御者"动以万计",而给事房闼供洒扫者也"动累百计"⑦。嘉祐五年,由于内宫人数激增,"请俸倍多",三司"减省冗费所"提议参照天圣初年(1023 年)的嫔御以下人数,著为定额。仁宗批准了这一提议⑧。徽宗时,内宫人数再度大增。钦宗时,因为星变,下诏减放宫女 6 000 多人。由此推算,徽宗时宫女达到了 10 000 人以上⑨。这显然是宋朝建国以后的最高数字。

三、皇后和妃嫔等的人选

　　宋朝选择皇后和妃嫔、宫人也有一定的标准。一般把门第(族姓)放在第一位,其次是女德⑩。宋太祖的第一位妻子贺氏,是右千牛卫率府率贺景思的长女,在太祖建国前已去世,死后追册为皇后。太祖的第

①　《宋会要》后妃之 10—11。
②　《曾巩集》卷 10《进太祖皇帝总序》。
③　曾巩:《隆平集》卷 1《宫掖》。
④　《国朝诸臣奏议》卷 29,范师道:《上仁宗论女御以御宝白制除才人》。
⑤　《国朝诸臣奏议》卷 29,孙沔:《上仁宗论宫禁五事》。
⑥　《长编》卷 145。
⑦　吕祖谦:《宋大事记讲义》卷 11《仁宗·省财费》。
⑧　《长编》卷 191;《宋会要》职官 57 之 38。
⑨　庄绰:《鸡肋编》卷下。
⑩　《国朝诸臣奏议》卷 27,范祖禹:《上宣仁皇后论纳后宜先知者四事》。

一任皇后是王氏,系彰德军节度王饶之女。王皇后死后,又纳左卫上将军宋偓之女入宫为皇后。太宗的第一位妻子尹氏,系滁州刺史尹廷勋之女;第二位妻子符氏,系魏王符彦卿之女;她们都在太宗即位前去世。太宗的第一任皇后,是淄州刺史李处耘之女,太宗即位后立为皇后。太宗的贵妃孙氏,系左金吾卫大将军孙守斌之女。另一位夫人李氏,系乾州防御使李英之女,因生真宗,在真宗即位后追封为贤妃,又加尊号为皇太后。贵仪臧氏,原是江南李煜的宫人,李煜死后入宫。到仁宗时,累赠至贵妃①。真宗即位后,立宣徽南院使郭守文之女为皇后。郭皇后死后,继立银匠龚美(后改姓刘)之义妹为皇后,“大臣多以为不可”,但“帝卒立之”。真宗的一位嫔御李氏,系左班殿直李仁德之女,原为司寝,生仁宗,又由才人晋升婉仪。刘皇后长期隐瞒真相,直到她死后,仁宗才知道自己的生母,追封李氏为皇太后。仁宗看中蜀女王氏,但太后以为“妖艳太甚”,担心“不利于少主”,将王氏嫁给自己的侄子刘从德,改立平卢军节度使郭崇的孙女为皇后,仁宗始终不爱郭皇后②。郭皇后被废后,仁宗立枢密使曹彬的孙女为皇后。徽宗的王皇后,其父为德州刺史王藻。王皇后死后,继立郑氏为皇后,其父为直省官刘绅。徽宗的王贵妃和韦贵妃、乔贵妃出身不详,刘贵妃“其出单微”③。南宋时,皇后的出身要求出现降低的趋向。高宗吴皇后之父吴近,似是平民,其女入宫后,他才逐步升迁至武翼郎。孝宗夏皇后之曾祖夏令吉当过吉水县主簿,其祖父和父均无官位。夏皇后去世后,继立贵妃谢氏为皇后,谢氏“幼孤,鞠于翟氏,因冒姓焉”。光宗立庆远军节度使李道之女为皇后。宁宗韩皇后之六世祖是北宋忠献王韩琦,但其父、祖似无官位。韩皇后去世后,继立杨贵妃为皇后,杨氏“少以姿容选入宫,忘其姓氏,或云会稽人”。理宗的皇后叫谢道清,其祖父为前丞相谢深甫。

---

① 《宋史》卷242《后妃上》;《宋会要》后妃3之1。
② 岳珂:《愧郯录》卷13《遂国误记》。
③ 《宋史》卷242—243《后妃上、下》。

度宗的全皇后,是理宗生母慈宪夫人的侄女,父全昭孙曾知岳州①。

妃嫔和宫人的出身与皇后相差无几。英宗初年,直集贤院韩维上疏,建议为皇子颍王择妃,应从"勋望之家,谨择淑哲之媛"②。天章阁待制、知谏院司马光也上《后宫等级札子》,提出前代"皆择良家子以充后宫,位号等级各有员数"。"祖宗之时,犹有公卿大夫之女在宫掖者","其始入宫,皆须年十二三以下,医工诊视,防禁甚严"。但到司马光上疏时,此制已被破坏,宫女"竞置私身,等级寖多,无复限极,监勒牙人使之雇买,前后相继,无时暂绝",以致有军营、井市"下俚妇人,杂处其间,不可辨识"③。于是,一些出身低微的少女被选入宫,并有可能因受皇帝、皇太后的宠爱及生育、积年辛劳等,逐级晋升为妃嫔。哲宗即位后,高太后见他长成,"历选世家女百余入宫"。孟氏十六岁入选内宫,受到英宗高皇后、神宗向皇后的宠爱,"教以女仪",后来被册为皇后④。仁宗的修容冯氏,"以良家女,九岁入宫"。在生下两名公主后,被封始平郡君,后累迁至修容⑤。

宋朝物色皇后,不免受民间"勘婚"即推算男、女双方生辰八字习俗的影响。但其作用是极有限的。

四、后妃和宫女的等级和俸禄、封赠、恩荫等待遇

宋朝的皇后是内廷的主宰者,无需品级。据宋人佚名《趋朝事类》记载,内廷命妇分为五大等,第一等分两类,一类是自上而下为贵妃、淑妃、德妃、贤妃、贵仪、贵容、淑仪、淑容、顺仪、顺容、婉仪、婉容、昭仪、昭容、昭缓、修容、修媛、修仪、充仪、充容、充媛、婕妤、美人、才人,共二十四级;另一类是侍御郡夫人、郡夫人、十字国夫人、八字国夫人、六字国

---

①　《宋史》卷242—243《后妃上、下》。

②　《国朝诸臣奏议》卷27,韩维:《上英宗乞不泛于诸臣家为颍王择妃》。

③　司马光:《温国文正司马公集》卷27。

④　《宋史》卷243《后妃下·哲宗昭慈圣献孟皇后》。

⑤　《宋史》卷242《后妃上·冯贤妃》。

夫人、两国四字夫人、四字国夫人、两国两字夫人、两字国夫人、国夫人，共十级。第二等分两类，一类是自上而下为"尚"字即尚正、尚宫、尚仪、尚食、尚服、尚寝，"司"字即司衣、司宾、司室、司殿、司闱，"典"字即典衣、典宾、典宝、典饰、典制、典闱、典籍、典酝、典珍、典乐，"掌"字即掌衣、掌记、掌彩、掌乐、掌闱、掌籍、掌酝、红霞帔，共二十九级；另一类是知尚书内省事、仙韶使、仙韶副使、小殿直都知、小殿直押班，共五级。第三等为紫霞帔、尚书省都事、大侍御、小殿直第一等长行、仙韶都头，共五种，其中似乎没有上、下级的不同。第四等为听宣、尚书省内事、录事、小殿直第二等长行、仙都色长行，共五种。第五等为殿直、散直、散手、书省、小侍御、皇后阁祗候、小殿直第三等长行、著绯著绿女童，共八种。其中第一等第二类和第二等至第五等，均可统称"宫人"或"殿内人"、"宫内人"。如宁宗时，下诏命"宫人、红霞帔杨氏特与封咸安郡夫人"，"宫人、齐安郡夫人王氏特封吉国夫人"，"寿康宫内人、安国夫人钟氏特转安国柔嘉恭懿夫人[①]。宫人在升转等级时，经常"超转"即越级升转，这在宋代也是常有之事。

　　皇后、皇太后和内命妇皆有俸禄，而且形成制度。宁宗嘉定元年，皇后要求减少自己的俸给，以"助国用"。高宗建炎三年（1129 年），有关机构"月供"隆祐太后钱 1 000 贯，不够支出，高宗特令户部供应钱和绢各 20 000 贯匹，银 10 000 两，"随从太后，以备支费"。绍兴十三年（1143 年），下诏规定太后俸钱，月 10 000 贯，冬年、寒食、生辰各 20 000 贯，生辰增加绢 10 000 匹，春、冬、端午绢各 3 000 匹，冬季增加绵 5 000 两，绫和罗各 1 000 匹。[②]妃嫔也按照"禄令"领取俸禄。如神宗时，沈贵妃的料钱每月 800 贯[③]。高宗建炎四年，每月供应贤妃以下月料炭 980 秤，其中一半支本色，另一半折支价钱。宫人则依照"宫人禄格"支取俸禄。其中国夫人又有"国夫人请给则例"等。如孝宗时，一名国夫人

① 《宋会要》后妃 4 之 29、27。
② 《宋会要》后妃 2 之 28、2、8。
③ 《宋史》卷 179《食货上一》。

的月俸,每年总计为钱近 2 000 贯、银 150 两、米 45 石、绫 125 匹、罗 30 多匹、绢 600 匹、绵 400 两①。神宗时,一名私身的月俸有达 80 贯者②。宫人的每月俸禄总数,在仁宗皇祐间(1049—1054 年),达 4 000 贯,后来增至 12 000 贯③。此外,宫内还有"节料钱",即遇节日给予太后和皇后等人的费用。如宋太祖在征讨北汉时,下诏在七夕节给杜太后钱 3 贯充"作剧钱",另给皇后 1 贯 500 文,姌子 700 文,"充节料"④。上述高宗时隆祐太后的月俸中,也包括了各种"节料钱"。"嫔嫱"的俸禄以及其他费用,也是宋朝财政的一大负担。宁宗初年,官员项安世上书提出,应该让有关机构列出内宫一年的经费多少,首先从宫中带头减省,从而影响"外廷之官吏,四方之州县",使之"从风而省,奔走不暇"⑤。

　　皇后和皇太后、内命妇还享受封赠亲属的优待。皇后和皇太后皆可封赠三代。太祖建隆三年(962 年)规定,太皇太后和太后、皇后的曾祖母、祖母、母皆封国太夫人⑥,其父辈三代则封王。如度宗册立全皇后以后,追赠全氏的三代,赐给家庙和第宅;同时,推尊理宗的谢皇后为皇太后,也进封三代,封其父谢渠伯为魏王,祖父谢深甫和曾祖谢景之皆为鲁王⑦。内命妇的封赠,太祖建隆三年,也规定诸妃的曾祖母、祖母、母皆封郡太夫人,婕妤的祖母、母皆封郡太君,贵人之母封县太君⑧。其父辈三代也封相应的官称。又据《趋朝事类》"官品令"记载,贵妃和淑妃、德妃、贤妃(正一品),封赠三代,分别为十字、八字、六字。贵仪和贵容、淑仪、淑容、顺仪、顺容、婉仪、婉容(从一品),封赠三代,分别为六字两国、两字。昭仪、昭容、昭媛、修容、修媛、修仪、充仪、充容、充媛(正二品),封赠三代,分为四字、两字两国。婕妤(正三品),封

---

① 楼钥:《攻媿集》卷 29《缴李氏等依宫人例支给请给》。
② 《宋史》卷 179《食货上一》。
③ 孔平仲:《谈苑》卷 2。
④ 蔡绦:《铁围山丛谈》卷 1;岳珂:《愧郯录》卷 15《国初宫禁节料钱》。
⑤ 《宋史》卷 397《项安世传》。
⑥⑧　《宋史》卷 170《职官十》。
⑦ 《宋史》卷 243《后妃下》。

赠二代,为四字两国。美人(正四品),封赠一代,一国。才人(正五品),封赠一代,一郡。"司"字(正七品)、"典"字(正八品)、"掌"字(正九品),红霞帔和紫霞帔,听宣、听直、书直(皆系不入品),不能享受封赠待遇。这些是遇朝廷举行南郊大礼的"恩例"内容之一①。封赠的对象如还活着,称为叙封;如已亡故,称为追赠。追赠官爵"虽是宠以虚名",但其直系子孙在法律上"皆得用荫",且可适当免除本户差科输纳之类。所以封赠三代愈多,"所庇之子孙愈众,不特虚名而已"②。

皇后和皇太后、内命妇还可享受恩荫待遇。仁宗时右谏议大夫李柬之说,"嫔嫱之侍""有邑视品者,皆得奏弟侄"③。皇后在被册立后,不仅恩及弟侄,还另给其他亲属"恩泽"。即使追册皇后,也依例给其二十五名亲属"恩泽"④。神宗时,中书门下制订太皇太后等恩荫条法,规定自今每遇南郊、圣节、生辰,太皇太后"逐次并录亲属四人恩泽",皇后二人。每遇南郊,诸妃奏补亲属二人,婉容以下一人(有服亲),才人以上一人(小功以上亲)。还规定了亲属关系和补官的具体等级。不久,仁宗曹皇后病死,其弟曹佾和侄六人、侄孙十四人、侄曾孙五人、从弟一人、从侄三十多人、从侄孙八十一人,以及侄女、弟妇等女性亲属四十人,皆受到"恩泽",已有官者升转官阶或加封,无官者授官等⑤。总共一百七八十人得以升官、加封或授官。

五、约 束 机 制

宋朝逐步完善对女后和妃嫔等的约束机制,使之程序化和法制化:

第一,确立"治内之法",严格限制内廷与外朝的联系。唐朝"宫禁之制"不严,直至唐末昭宣帝还下敕,规定:"宫人不得擅出内。"这显示

①　司马光:《温国文正司马公集》卷25《后妃封赠札子》。
②　《政和五礼新仪》卷首。
③　《长编》卷181。
④　参见《宋会要》后妃2之9、13。
⑤　《长编》卷237、卷303、卷480。

"唐世宫禁与外廷不至相隔绝",直到末年才引起注意①。宋朝承袭唐末之制,采取措施,严禁内廷妇女随便外出,又禁止外廷男、女随便入宫,使"宫禁严密,内外整肃"②。防止后妃与外戚、大臣勾结,危害朝政。

第二,限制内宫的人数,以减轻财政负担。一般来说,外朝官员并不十分清楚内宫的准确人数,只能从其俸禄等开支数目知其大概。仁宗庆历元年(1041年),左正言、知谏院孙沔上疏指出,现今内宫人数已超过二三千人,每月俸给比前朝增加十倍,私身养女"数复过之"。他建议取索宫中各院的宫人和私身养女的总数,"呈取进止"。如果不是"游幸之所宜,令检勘合用人量留外,并放归本家,任从其便"。请给也"宜节减其半"。英宗初年,司马光奏申《放宫人札子》,提出前代帝王去世以后,"后宫下陈者",都予择放出宫,还给其亲戚,借以"遂物情,重人世,省浮费,远嫌疑"。仁宗"恭俭寡欲",后宫"侍左右承宠渥者至少",但"享国日久",岁积月增,内廷"冗食颇众"。他建议凡仁宗后宫除曾生子和位号稍贵并职掌文书之人以外,其余皆给与装奁,放遣出外。英宗立即检放了宫人335人,各令归其亲戚③。在宋朝,凡是官员论及内宫的人数,必定希望加以限制或者减少。

第三,限制后妃的权力。宋朝严防后妃干政,一般地说,在皇帝健在时,尚能实现。但在新皇帝年幼的情况下,不免又需太后垂帘听政。北宋时就曾四次出现过太后干预朝政的局面,每次都长达十年左右,太后实际上行使了皇权。不过,每次又总是在朝廷官员的督促下,使太后及时还政给初步具备了执政能力的新皇帝,顺利地完成了皇权的交接过程。真宗晚年重病,刘皇后"居中预政,太子虽听事资善堂,然事皆决于后,中外以为忧"。参知政事王曾与后戚钱惟演商议,为真宗准备后事。真宗去世,王曾起草遗诏,写明由刘太后即真宗刘皇后"辅立皇

① 周辉:《清波别志》卷下;《容斋随笔》卷4《翰苑亲近》。
② 《长编》卷237、卷303、卷480。
③ 《国朝诸臣奏议》卷29,孙沔:《上仁宗论宫禁五事》;《温国文正司马公集》卷27;《长编》卷201。

太子,权听断军国大事"。王曾坚持在遗诏中写上"权"字,以防刘太后长期擅权①。仁宗初年,刘太后"临朝"决政,"内降"诏书补授一名军吏,军帅王德用认为"补吏,军政,敢挟诏书以干军!"立即上奏要求撤销此诏。刘太后"固欲与之",王德用始终"不奉诏",加以抵制,才算作罢②。景祐元年(1034 年),美人尚氏派内侍韩从礼等向开封府传达"教旨",命令放免工匠单庆等六人的"本行差遣事"。开封府判官庞籍向仁宗上封奏揭露此事,仁宗处罚了韩从礼等人,并下诏诸司:"今后宫闱旨,并不得施行。"嗣后,庞籍又上奏疏要求仁宗"使宫掖之间上下有序,不以恩宠阴启祸阶,蠹耗金珠,渐困国力,通私谒以乱政,纵外亲而干法"③。由于朝廷官员的不断抵制,限制了后妃的权力。

第四,朝廷大臣干涉宫人的挑选和后妃的废立。英宗初年,知谏院司马光上奏札提出后宫补充宫人,应该"定立制度","依约古礼,使后宫之人共为几等,等有几人"。如果人数未足,暂时虚其员数;满足之后,不可再增。凡是初次入宫,必须都是年幼、尚未许配人者。如物色乳母,也应选择"良家性行和谨者",方准入宫。他要求将这一制度"传之子孙,为万世法"。一些官员还提出了"博议"的主张④。元祐间,为哲宗挑选皇后,经评议,就取消了册立狄谘之女的动议。真宗在郭皇后死后,准备立银匠之家出身的德妃刘氏为皇后,大臣们纷纷加以反对,寇准、王旦、向敏中"皆谏以为出于侧微,不可"。但真宗坚持己见,最后仍以刘氏为后。仁宗在天圣二年(1024 年),由刘太后作主,立故中书令郭谘之女为皇后。刘太后的用意是"选于衰旧之门",以免他日外戚"或挠圣政"⑤。其实,仁宗只宠爱张美人,在册立郭氏为皇后后,与之甚为疏远。明道元年(1032 年),刘太后去世。次年,仁宗决定废斥

---

① 《宋史》卷 310《王曾传》。
② 赵善璙:《自警篇·操守》;《宋史》卷 278《王德用传》。
③ 《国朝诸臣奏议》卷 29,庞籍:《上仁宗乞序正宫掖》;《宋史》卷 10《仁宗二》。
④ 《温国文正司马公集》卷 27《后宫等级札子》;《国朝诸臣奏议》卷 27,范祖禹:《上宣仁皇后论纳后宜先知者四事》。
⑤ 《历代名臣奏议》卷 75《内治》;《涑水记闻》卷 7;《长编》卷 102。

郭皇后,下诏称"皇后以无子愿入道,特封为净妃",另居长宁宫。诏书传出,满朝沸腾,仁宗不予理睬。台谏官干涉仁宗废后的事件,虽然以皇权的胜利而告终,但在一定程度上对后妃形成了约束。

第五,建立起一套比较严密的管理制度,并且在外廷设有台谏和封驳官员的监督体系。诸如妃嫔的叙迁、俸禄、恩荫等皆有一定的管理制定,甚至使皇帝也受此约束。仁宗至和(1054—1056年)、嘉祐间,嫔御们久不升迁,"屡有干请"。仁宗回答说:因"无典故,朝廷不肯行。"有的嫔御不信,说:"圣人出口为敕,批出谁敢违?"仁宗笑道:"汝不信,试为汝降旨。""政府果执奏无法。"拒绝执行。这一"圣旨"就此告终。后来又有人乞求"降御笔进官者",仁宗于是取过彩笺戏书:"某宫某氏特转某官。"众人"喜谢而退"。到了给俸的日子,嫔御们各自拿出御笔,要求增加俸禄。但"有司不敢遵用",全部退回给本人。"诸嫔群诉,且对上毁所得御笔",还说:"原来使不得。"仁宗只是"笑而遣之"。孝宗隆兴初年(1163年),内东门司奏申:内人红霞帔韩七娘"得旨转郡夫人,依外命妇支给请受",然而户部供报,除红霞帔每月有请给外,外命妇即无禄令。宰臣魏杞等人说:"岂有加封而反无请俸!"孝宗说:"禄令如此,朕不欲破例。此事且已,待禁中自理会。"稍有远见的皇帝不愿率先破坏法制,因而像孝宗那样"凡政无小大,悉循法令,不轻改易"。内宫嫔御叙迁,按照规定,皆由皇帝下令,到中书门下(北宋前期)命词。中书门下的官员,只约略知道"尚书内省官"是"长年习事者",司字、典字、掌字是"主守之微者",至于红霞帔和紫霞帔、郡国夫人则无法探知其年龄和爵列。高宗绍兴二十八年(1158年),洪适任兼权中书舍人。高宗对洪适解释说:"昨有宫人宫正者,封夫人,乃宫中管事人,六十余岁,非是嫔御,恐卿不知。"由于内命妇的升迁,必须经过中书门下书写官诰,如果违反制度,命词的中书舍人可以封还词头,拒绝草制。如果内命妇不由中书门下颁给诰命,则为非法。仁宗嘉祐四年(1059年),知谏院范师道上疏说:内宫"诸阁女御,以周、董育女主,御宝白制,并为才人,不自中书出诰,而掖廷觊觎迁拜者甚多"。他警告仁宗:"诰命之出,不自有司,岂盛时之事耶? 恐斜封墨敕复见于今日矣。"①光宗时,起居郎兼中书舍人楼钥多次抵制内廷的一些非法要求。在《缴皇后宅恩泽》奏札中,他针对皇后宅李孝纯等人的奏请,提出皇后册宝亲属推恩原定二十五人,后来两次裁减为十人,现在李孝纯等却要求增加到十八人。他认为所增八人"止许奏本宗亲",另外"所有录黄,臣未敢书行"。在《缴皇后宅门客亲属补官》奏札中,他针对皇后归谒家庙亲属推恩的人数内,门客蒋孝曾白身补将仕郎,亲属张景诜等三人白身补承信郎,认为"求之故事,既无此例;比之众人,最为太优"。他要求追回蒋孝曾补将仕郎的指挥,并将三名亲属在以上八人名额内"奏补"②。众多官员不断地抵制皇后和妃嫔等违反法制的行为,保证了各项制度的实施,强化了外朝对内廷的约束机制。

　　总之,宋朝统治者从长治久安出发,建立起一套比较严密的宫廷制度,尽可能地将后妃的日常活动控制在宫廷范围以内,限制她们参与朝廷政治。只在少数特殊情况下,才允许皇太后在法制允许的限度内、较短时间代行皇权,而这种太后摄政的方式又充分发挥了女后参政和决政的聪明才智,弥补了皇帝身患重病和新、老皇帝交接皇权等过程中出现的暂时空缺,成为维持宋朝统治和社会稳定的一种不可或缺的措施。因此,可以断言,宋朝是中国古代较有成效地消除"女祸"和外戚等篡权的朝代。

(载《学术月刊》1994 年第 4 期)

---

① 《清波别志》卷下;《容斋三笔》卷 15《内职命词》;《国朝诸臣奏议》卷 29,范师道:《上仁宗论女御以御宝白制除才人》。

② 《攻媿集》卷 27。

宋高宗朝的中央决策系统
及其运行机制

宋朝的中央决策系统是以皇帝为中心,辅以宰相、执政、侍从、台谏等构成的。这一系统具有多层次的组织形式,这些组织形式可以是固定的常设机构,也可以是临时组织而事成即罢的机构;参加的人员范围也可大可小。最高决策机构有由皇帝亲自主持的各种御前会议,包括皇帝定期和不定期的坐殿视朝听政、接见群臣等。次高决策机构有宰执在二府理政和议政,朝廷官员集议,以及一些临时组成的决策机构。决策的依据和信息传递渠道,主要有各级官员的奏章、经筵官的议论、士民的上书等。宋朝形成了一套中央决策和政策贯彻执行的程序、方式,前后还进行过一些改革,使之逐步完善。在中央决策机构的运转过程中,主要形成外朝对内廷的约束机制,朝议和廷争的竞争机制,奏审和封驳等监察机制。在大多数时间里,坚持了皇帝的最终裁决权。宋朝国家的长期稳定和社会经济、文化的发展,正是中央决策系统一系列正确决策的结果,而一些重大的错误决策则导致了两宋的灭亡。

一、宋高宗朝的中央决策系统

北宋亡国,徽、钦二帝为金军俘虏北去,宋朝的中央决策系统被破坏殆尽。钦宗靖康二年(1127年)五月,钦宗之弟、河北兵马大元帅、康王赵构在南京应天府即皇帝位,是为高宗。高宗前后统治三十六年。

高宗在位期间,中央决策系统经历了三个阶段,第一阶段是从建炎元年(1127 年)南宋复国,至绍兴十一年(1141 年)宋、金"绍兴和议"。第二阶段是从绍兴十二年,至绍兴二十五年(1155 年)十月秦桧病死。第三阶段是从绍兴二十五年十一月至绍兴三十二年(1162 年)高宗禅位。

　　第一阶段,初步重建中央决策系统。高宗在应天府衙的正厅即位后,立即着手重建中央决策系统,委派一批官员担任尚书左、右仆射和尚书左、右丞及中书舍人等重要官职。为了避免金朝统治者制造口实,高宗决定暂封"反正"的伪楚皇帝张邦昌为太保、奉国军节度使、同安郡王,命他"五日一赴都堂参决大事";同时,委任在靖康京城保卫战中力抗金军的李纲为尚书右仆射兼中书侍郎,命李纲迅速"赴阙"。设置御营司,"以总齐军中之政"。实行宰执每日奏事制度,所有官署的官员每日"入局治事"①。建炎元年六月初,李纲到应天府,就任右仆射。八月初,迁为左仆射兼门下侍郎、御营使。又委任黄潜善为尚书右仆射兼中书侍郎。十余天后,李纲罢相。李纲前后任相七十五天,在此期间,在行宫门内设置三省,处理日常行政事务,他自己每日赴都堂办公。每日早晨,高宗上殿视朝听政,举行御前会议,百官立班奏事,高宗作出决断。退朝后,高宗又召开几种不同范围的御前会议:一是宰相李纲单独"留身"奏事,与高宗商议。二是高宗撇开李纲,召集黄潜善等人举行会议,讨论李纲的奏疏。三是高宗在内殿召集李纲与黄潜善、吕好问、汪伯彦一起议论要事。四是执政向高宗奏事后,谏官登殿"入对"。为了及时获得准确的信息,还采纳李纲的建议,在行宫便门之外设置检鼓院,"差官权摄","以达四方章奏"。李纲期望以此来"通下情",保证中央决策的及时性和可行性②。

　　李纲罢相,高宗在黄潜善、汪伯彦等人鼓动下,决定南逃至扬州。高宗以扬州州治为行宫③,每逢"朝日延见大臣,咨访庶务","群臣进对,随事进言"。还以侍从四员为讲读官,在"万几之暇,就内殿讲读",

①　《建炎以来系年要录》(以下简称《要录》)卷 5。
②③　《要录》卷 6;卷 10。

允许侍读官在"所读书内或有所见,许读毕具札子奏陈"。高宗也向他们"咨访"政事之得失和边事机筹①。建炎二年(1128年)初,恢复百官"转对"之制。三省和枢密院实行"日再进呈同禀处分兵机国政"的制度,三省和枢密院长官向高宗奏事时不相回避。在行宫之外,又临时设置了"都堂",作为宰执商议决策的场所。十二月,以右仆射兼中书侍郎黄潜善为左仆射兼门下侍郎,知枢密院事汪伯彦为右仆射兼中书侍郎,仍兼御营使。黄、汪封锁金军南侵的消息,直到建炎三年正月,礼部尚书王绹闻金骑南侵,率领侍从官数人"同对",高宗命至都堂商议,黄、汪还嘲笑说:"诸公所言,三尺童子皆能及之。"及至泗州奏报金军将至,高宗才"大惊","军中仓皇以内帑所有通夕搬挈"。二月初,高宗匆忙带领御营都统制王渊和内侍省押班康履五六骑登舟渡江,黄、汪等随后追赶。高宗率领官员等一行人众逃至杭州,以州治为行宫、显宁寺为尚书省。高宗命百官进入行宫朝见,允许杭州迪功郎以上的寄居官"造朝"。设置摆铺,凡十里一铺,递卒五人,限定三刻承传,以便朝廷及时知道金军的行动信息。又命左、右司轮派官员"设次看详"士民"所陈"方略,"纳尚书省"。随后,黄、汪被追究罪责,皆被罢相。改以朱胜非为右相兼御营使。委派学士和给事中、中书舍人轮日在行宫中"看详臣民章奏奏上","仍不用内侍轮送"。统制官苗傅和威州刺史刘正彦等发动兵变,杀死"遇敌不战"、勾结内侍而升官的签书枢密院事王渊和宋室南迁以来"颇用事,妄作威福"的内侍省押班康履等一大批内侍,逼迫高宗让位给三岁的皇太子,由隆裕太后"垂帘同听政事"。高宗迁居显忠寺。苗傅和刘正彦每日赴都堂,与右相朱胜非、尚书右丞张澂等议事。朱胜非等百官也不时去显忠寺朝见高宗,商议对策。苗、刘听说同签书枢密院事吕颐浩和礼部侍郎张浚等已率领大军抵达吴江,在朱胜非等人的劝说下,于四月初同意让高宗正式复位。高宗返回行宫,开始登殿视朝听政。吕颐浩等率"勤王军"进抵北关,苗、刘等率

---

① (明)黄淮、杨士奇:《历代名臣奏议》卷48《治道》,赵元镇上奏(绍兴八年)。

军撤出杭州①。

朱胜非引咎辞去相职，高宗改命吕颐浩为右相兼御营使，刘光世为太尉兼御营副使。吕颐浩根据官员的提议，召集侍从和台谏官"集议"，决定改变朝廷的中央决策机构，始合"三省为一"。神宗元丰改制，三省皆不置长官，以左、右仆射兼两省侍郎；三省各为一班奏事，二相分班进呈，首相反而不参与朝廷的议论。哲宗元祐时，宣仁太后垂帘听政，开始请求三省合班奏事，分省治事②。此制经哲宗绍圣至徽宗崇宁间，"皆不能改"。由是撤销尚书左、右仆射官称，改用同中书门下平章事，门下、中书侍郎皆为参知政事，撤销尚书左、右丞。吕颐浩改为同中书门下平章事，仍兼御营使；尚书右丞李邴改为参知政事。与此同时，并省了秘书省等一些行政机构。五月，都省提出，"自军兴以来，天下多事，四方文移，增倍于昔日。"宰执的精力"疲耗于案牍"，"边防军政所当急者"即战略性决策和重大的行政性决策"反致稽缓"。这是中书没有属官的缘故。于是恢复熙宁间"故事"，复设中书门下省检正官两员，"分书六房事"。六月，枢密院也增设检详官两员。

建炎三年五月，高宗率领百官进驻江宁府（建康府）。六月，高宗入居行宫。另设宰执办公的政事堂。有时，召集"随驾"的百官以及各统制官赴都堂集议，讨论一些重要的问题，写成奏札，交给高宗。有时，高宗亲自在都堂召集大将讨论，再召宰执至行宫"入对"。闰八月，以吕颐浩为左仆射，同知枢密院事杜充为右仆射，皆同平章事，兼御营使。随即，高宗离开建康府，向浙西进发。十月，抵达临安府（杭州），又至越州，入居州衙，各官署分寓各处。听说金军渡过长江，又决定转移至明州，准备一旦金军到达，即登海舟躲避。其间，高宗每日举行晚朝，宰执"进呈公事"，有时由宰相吕颐浩"率从官同对于便坐"，吕颐浩再回都堂商议。十二月，在金军抵达临安府的当天，高宗在明州宣布百官

① 《要录》卷 12、13、18、19、20、21、22。
② 《国朝诸臣奏议》卷 47，吕公著：《上哲宗乞三省事同上奏禀》。

"放朝",仅执政"入对",然后从州治出东渡门,登楼船,"宰执皆从之"。"晚朝,二府登舟奏事"。高宗以楼船为行宫,常在船上与宰执和几名侍从官商讨军事。建炎四年二月,金军自明州、临安府北撤,高宗与宰执、台谏官分乘数船向北进发,四月抵达越州。直到绍兴二年(1132年)正月,高宗才离开绍兴府(越州),至临安府。其间,高宗在绍兴府以府衙为行宫,命三省和枢密院"同班奏事";免除吕颐浩右相之职,改命范宗尹为右相;一度下诏命侍从和台谏、三衙诸军统制官皆赴都堂集议"驻跸事宜";撤销御营使,以宰相范宗尹兼知枢密院事;秦桧从金境脱身回到绍兴府,首先到政事堂会见宰执,次日又朝见高宗,不久即晋升参知政事,又晋升右相兼知枢密院事①。

从绍兴二年正月至绍兴十一年十二月"绍兴和议",高宗仅短时间离开临安而逗留在平江府和建康府外,主要居住在临安府。绍兴八年二月,高宗由建康回到临安,自此定都于此。在"绍兴和议"前,"宫室制度皆从简省,不尚华饰"。在行宫外朝,垂拱和大庆、文德、紫宸、祥曦、集英六殿,"随事易名",其实只是一殿。高宗"日见群臣,省政事",称此殿为"后殿";"食后引公事",称为"内殿";每逢双日在此讲读,称为"讲殿"②。重华和慈福、寿慈、寿康四宫,重寿和宁福二殿,"随时异额",其实就是德寿一宫。延和和崇政、复古、选德四殿,原来只是射殿,也"极卑陋,茅屋才三楹,侍臣行列巾裹触栋宇"。天章和龙图、宝文、显猷等九阁,实际只有天章一阁③。这一时期,高宗定期或不定期的坐殿视朝听政,召集不同范围的官员参加御前会议,实际都是在一个殿内。绍兴三年九月,由于此殿的梁木腐朽,必须缮治,乃临时搬至射殿④。至于官员的朝参制度,这时也名存实亡。虽然有日参官,但正衙"既不日御,又无入阁之制",内殿又"废起居之礼";遇到"四参"之日,

---

① 《要录》卷22;23;24;23、27;28、29;30—32;32;33、34、39、43、46。
② 《皇宋中兴两朝圣政》卷20《高宗皇帝二十》;《要录》卷68。
③ 《宋史》卷85《地理一·行在所》;《要录》卷68。
④ 《要录》卷68。

正值大暑或严寒,风雨沾湿,以及节假等,官员多免常朝,所以朝参的日子不多①。绍兴九年,有官员指出,每遇朔、望或六参日,应赴朝的官员"类多托疾在告不赴",因而"班列萧疏"②。

　　高宗虽然难以按照旧制进行繁琐的朝参仪式,但仍旧定期或不定期地坐殿,召集宰执或其他官员举行御前会议,宰执等同议"进呈""文字"或者奏事,请高宗定夺。高宗对此作出指示,有时也询问宰执的意见,再予裁决③。宰执在朝堂"进呈"后,可以要求"留身奏事",即留下与皇帝单独谈话。这种仅有宰执一二人与皇帝参加的御前会议,大都讨论官员人事、机密要事等。绍兴三年,一度不准宰执"留身",不久又允许执政官"如宰臣例""留身奏事"④。继续实行轮对制度,规定在临安的官员,每日轮流一人上殿"专对","令极言得失"。在职事官"轮对"一遍后,命周而复始地再转对⑤。还经常召见当时知名的士大夫或其他官员"入对",如给事中胡安国、左宣教郎李长民、左修职郎程克俊、抗金名将岳飞等⑥。准许谏官奏禀公事,可不拘早晚和假日至内殿"请对"⑦。

　　宋朝的次高决策机构:这一时期,宰执制度和宰执人选稍有变动。秦桧自首次出任右相后,高宗任命吕颐浩为左相。至绍兴二年八月,秦桧罢相,由朱胜非继任右相。绍兴八年三月,秦桧又自枢密使晋升为右相。十月,赵鼎罢左相。从此,至"绍兴和议"前,秦桧独自任相⑧。宰相和参知政事仍旧每天赴都堂办公,商议和处理军国大事。有时,高宗特命非宰执的大臣参与都堂的议事。如绍兴二年八月,高宗"自内批

---

① 戴埴:《鼠璞·正衙常参》。
② 《宋会要辑稿》(以下简称《宋会要》)仪制 2 之 21。
③ 《要录》卷 55,卷 77,卷 78 等。
④ 《要录》卷 67,卷 68。
⑤ 《要录》卷 54,卷 57。
⑥ 《要录》卷 56,卷 65,卷 98。
⑦ 《宋会要》仪制 6 之 22。
⑧ 《宋史》卷 213《宰辅四》。

令(提举醴泉观兼侍读朱胜非)日赴都堂议事,位知枢密院事上"①。北宋时,二府长官已逐渐形成定期聚厅会议的制度,规定每逢一个月的朔和望二府长官聚会于南厅②。南渡初,因抗金的需要,宰相乃兼任知枢密院事。绍兴五年,参知政事也兼任权枢密院事。于是枢密院实际变为宰相的下属机构,二府长官定期聚议的制度自然形存而实亡。绍兴四年,还明确规定凡枢密院边防兵机等事,"令三省官通书检",即宰相和参知政事与枢密院官员"同议"并且"书检"。三省和枢密院官员同议后"进呈"高宗,随后退殿,一起"批旨奉行",枢密院官员押草检和札子③。这时,高宗每遇比较重要而难以决断之事,往往实行"集议制",即召集有关官员开会商议,与会者人数较多。如绍兴三年四月,高宗命百官赴尚书省"集议"更定哲宗孟皇后之谥号,决定用"昭慈圣献"四字④。绍兴五年八月,高宗命侍从和台谏官在"防秋"后赴尚书省"集议"郊祀时行"合祭"太祖之礼问题,然后"闻奏"⑤。

　　第二阶段,完成中央决策系统的重建工作。"绍兴和议"后,金军暂停南侵,宋朝出现了十多年的和平。高宗立即改变一殿六名的情况,于绍兴十二年建造了文德和垂拱二殿,文德殿用作正衙和六参官起居、百官听宣布之用,垂拱殿用来常朝和四参官起居。不过,文德殿仍然"随事揭名":用来上寿时,称紫宸殿;用来朝贺时,称大庆殿;用来宗祀时,称明堂殿;用来策士时,称集英殿⑥。同时,逐步恢复北宋后期的朝参旧制。绍兴十五年元旦,初行大朝会礼于大庆殿,比东京的规模缩小三分之一,还因殿狭而在辇出房时不鸣鞭⑦。由高宗召集的御前会议,仍然以定期的各种朝参会议和不定期的各种会议形式照常举行,其中

---

① 《要录》卷 57。
② 《宋会要》职官 1 之 77。
③ 《要录》卷 77,卷 86。
④ 《宋史》卷 243《后妃下》;《要录》卷 64。
⑤ 《要录》卷 92。
⑥ 潜说友:《咸淳临安志》卷 1《宫阙一》。
⑦ 《宋会要》仪制 1 之 14,2 之 21—22;《要录》卷 153。

以高宗与秦桧等大臣的会议最多。官员"转对"的制度依然执行。但徒具形式,"所轮者,不过大理寺官数人,捃摭细微,姑应故事而已"。至绍兴二十四年,高宗发现"近轮对者,多谒告避免",因而令"检举已降指挥,约束施行"①。

秦桧因主和有功,高宗对他恩宠有加,极为信任,宫中还称之为"太平翁翁"②。绍兴十二年九月,加封太师,尊称为"师臣"。从此,直到绍兴二十五年十月病死,一直独任左相兼枢密使,囊括军政大权,高宗从未为他配备右相。这一时期,"执政皆由秦桧进,少忤桧意,则台谏探桧意而弹击之"。从绍兴十四年万俟卨罢参知政事起,执政迁罢迅速,连续"十年参与政事之臣,才四人而已"③。秦桧每天赴都堂办公,处理全国军、政事务,遇有要事则"进呈"高宗决断,甚至官员"面对"高宗的札子,也由秦桧"进呈"④。各地申报朝廷的公文,这一时期皆只写明"申尚书省取指挥",意即由宰相秦桧处理,而不向高宗"奏闻"⑤。因此,"朝权尽归(秦)桧"⑥。但到秦桧晚年,毕竟年老体衰,精力不济,"每入省,已漏即出,文案壅滞皆不省"⑦。

第三阶段,调整中央决策系统。由高宗召集的各种御前会议,基本沿袭前一阶段,无多大变动。在秦桧死后的半年多时间,高宗没有任命宰相,史称高宗"复亲庶政,躬揽权纲",只委任了三名参知政事。绍兴二十六年三月,下诏宰相不再兼任枢密院的长官。同年五月,任命沈该和万俟卨为左、右相,不兼领枢密使,"中书与枢府又始分矣"。北宋的大部分时间,二府长官上殿奏事,分为先、后,所说各不相知,皇帝"赖此以闻异同,用分宰相之权"。这时又恢复此制⑧。绍兴二十七年六

---

① 《要录》卷177,卷167。
② 陆游:《剑南诗稿》卷45《追感往事》。
③ 徐自明:《宋宰辅编年录》卷16。
④ 《要录》卷163。
⑤ 《要录》卷170。
⑥ 《三朝北盟会编》卷220引《中兴姓氏录》。
⑦ 《要录》卷169。
⑧ 王明清:《挥麈后录》卷1。

月，又任命汤思退为右相①。这一时期，枢密院长官的职权逐渐得到恢复，包括恢复仁宗时台谏官言事，三省必须"录报"枢密院的制度②。宰相和枢密院长官再度分治民政和军政，并逐渐恢复二府的聚议制度③。整顿官员"转对"制度，要求百官在"转对"时，应"有所开陈，要在竭诚尽忠，切于治道"，不得"蹈常袭旧，捃摭细微，以应故事"④。

二、宋高宗朝中央决策系统的运行机制

以高宗为首的中央决策系统的决策依据，主要有臣僚章疏、大臣留身奏事、台官的"月课"、监司和帅司及走马承受的奏报、经筵官的议论、士民的上书、边奏等。作为最高决策者的高宗，握有最终裁决权，他把次高决策机构即三省和枢密院的决策也当做自己决策的依据。三省和枢密院的决策，往往以其长官们的合班或分班奏事为最后环节。这一时期，中央决策的程序和方式出现了一些变化，中央决策系统的运行机制前后也有一些变动。

在第一阶段，适应战争形势的需要，以高宗为首的统治集团初步重新建立起中央决策系统，尽力使原有的信息渠道恢复正常。高宗在应天府期间，宰执"进呈"奏事札子，宰执每天赴都堂办公议事，各级官员奏事等，逐渐为高宗等决策提供了依据。但因高宗用非其人，一再听信中书侍郎黄潜善和同知枢密院事汪伯彦等人的谬见，最初重用伪楚国王张邦昌为左相、太保，继而罢免李纲的相职，最后又作出错误的战略性决策——放弃应天府，南逃扬州。其间，高宗听信黄、汪的谗言，杀害了爱国太学生陈东和抚州进士欧阳澈，对"伏阙"上书的进士和布衣十分厌恶，动辄严惩；将坚持抗金的爱国大臣、东京留守宗泽的所有疏奏

---

① 《要录》卷170，卷172。
② 《要录》卷175。
③ 王明清：《挥麈后录》卷1。
④ 《要录》卷177。

批付中书省处理,而黄、汪竟然嘲笑宗泽为"狂";黄、汪还"共议悉奏罢(李)纲所施行者"①。

　　高宗在扬州期间,再度重建中央决策系统,并使之正常运转,诸如允许经筵官在讲读毕"具札子奏陈"所见;要求将台谏官所论奏的涉及"国之治乱,民之休戚,有裨今日政事,可以为鉴戒者",由大臣"择其已施行者编写进入";下诏"百官言缺失",恢复官员"转对"制度;自己在退朝后,坐在殿旁小阁中批阅章疏;台官张浚、马伸等不断行使监察权,弹劾官员;等等②。但这时高宗继续重用主张避敌逃跑的黄、汪,任命黄、汪为左、右相。黄、汪在政治上和军事上"率不能有所经画",只会对毫无战争经验的青年皇帝高宗隐瞒军事情报。如建炎二年正月,金军攻掠陕西和京东各州,而"群盗起山东",黄、汪"皆蔽匿不以奏"。及"至张遇焚真州,去行在六十里",高宗还不知道。入内内侍省押班邵成章上疏条具黄、汪的罪过,高宗反而是非不分,说邵成章"不守本职,辄言大臣",将邵除名、南雄州编管③。建炎三年正月,金军自山东进抵泗州,准备渡淮,宋朝防守军官不明情况,还以为是"刘忠犯临淮"或"李成余党",直到俘获"游骑",才知道金军来到。高宗得到泗州关于"金人且至"的奏报,大惊失色,第二天便登船,准备渡江南逃。黄、汪还挽留高宗"少留俟报"。直到第三天,得悉金军攻下天长军,高宗立即骑马出城。这时黄、汪"方会都堂,或有问边耗者,犹以不足畏告之"。随后听说高宗已动身,两人才急急离城,于是"军民争门而出,死者不可胜数"。在金军随时南侵的情况下,宋朝中央决策系统没有及时掌握准确的敌军活动情报,以至出现了这次扬州大溃败④。

　　高宗在杭州、建康府、越州以及浙东海上漂泊期间,吸取扬州"无斥堠"而"金人奄至而不知"的教训,开始设置"摆铺"。下诏允许"中外

①　《要录》卷8、9、61。
②　《要录》卷11、15、16。
③　《要录》卷12。
④　《要录》卷20。

士民直言陈奏"政事遗缺和民俗利病等;郎官以上所推荐之士,"不候审察,并令入对",每天饭后在后殿引见三班。充实台谏官,命侍从共举可为台谏者二员;谏院单独置局,不隶后省。苗傅和刘正彦发动的兵变,铲除了高宗的大批内侍,"一旦为国家去数十年之患",减少了干扰高宗正确决策的消极因素。苗、刘出逃后,高宗还下诏不准内侍"与主兵官交通假贷、馈遗,及干预朝政"①。对内侍加强约束。改革三省体制,实行三省合一制;调整宰相和副相的设置。但军事情报不灵的弊病,此时仍然没有得到彻底解决。建炎三年十一月,高宗在越州时,金军自马家渡渡江南侵。高宗得悉此讯,但这时朝廷尚未得到右相杜充等人的报告,"大惧"。及至接到杜充的奏书,说杜充"在采石防江","朝廷稍安",但"不知充已败矣";高宗命人追韩世忠到"行在",但"未知韩世忠弃镇江去"。于是高宗和宰执吕颐浩等决策"航海避敌"②。

　　高宗在决定留居临安至"绍兴和议"期间,逐步恢复中央决策系统的信息渠道。诸如通过宰执"进呈"的公文或奏札、留身等了解情况,通过官员"入对"等掌握朝内、外情况。又如恢复经筵制度,但一度不许讲筵官留身奏事③。命侍从官每天轮流一名至都堂,"给札条对",交给高宗"参酌,以决万全"④。鼓励台、谏官上疏言事或"入对",但常常将台谏官的章疏"留中","多不行出"⑤。从绍兴二年起,复行百官"轮对"制度,规定行在的官员每天轮流一员入殿面对,必须"指陈时政得失,举朝廷急务"。在京厘务官暂免转对。绍兴五年,又特准侍从官免予轮日面对⑥。次年,允许患病的官员免对,而代之以实封投进文书。还不时"延见"监司和郡守,了解各地的情况,"下至州县一命之微,草

---

①　《要录》卷21、22、25。

②　《要录》卷29、30、31。

③　《要录》卷51。

④　《要录》卷60。

⑤　《要录》卷72。

⑥　《宋会要》职官60之6、9。

莱一介之贱,赐对于庭,殆无虚日"①。这一时期,中央决策系统曾经作出一些正确的战略性决策和行政性决策。比如较长时间重用武臣韩世忠和岳飞、刘锜、张俊、吴玠等独当一面,抗击金军,取得了一系列战役的胜利,使南宋百姓获得了一个比较安定的环境。又如从绍兴二年开始,注意培养和选拔皇储,先后从"伯"字排行的太祖七世孙中选择了三名候选人入宫,营建资善堂作为他们听读的场所,还委派德高望重的官员兼任资善堂翊善和赞读,担任候选人的专职教师②。但也作出了一些令人扼腕的错误决策。比如为了保住半壁江山的统治,重用权奸秦桧,一心向金朝求和,无意恢复中原。绍兴十年,岳飞率军北伐,取得了一连串的胜利,先后收复陈州、颍昌、郑州、西京等重镇,随后又取得郾城和颍昌府、朱仙镇三次战役的大捷。这时,高宗和秦桧决定立即"下诏班师",岳飞"一日而奉金书字牌者十有二",被迫撤军③。终于不世之功毁于一旦,丧失了灭亡金朝的大好时机。绍兴十一年四月,高宗与秦桧等决定以柘皋之捷"论功行赏"为名,召韩世忠和张俊、岳飞回临安,授韩、张为枢密使,岳飞为枢密副使,"罢其兵权"④。三天后,高宗告诉三大将说:"朕昔付卿等以一路宣抚之权尚小,今付卿等以枢府本兵之权甚大。卿等宜共为一心,勿分彼此,则兵力全而莫之能御,顾如兀术,何足扫除乎?"为罢除三大将的兵权进行解释⑤。同年十月,高宗下诏"根勘"岳飞一案。至十二月,当秦桧等以"刑部、大理寺状"汇报案情及所拟判刑意见时,高宗运用最终裁决权,传旨:"岳飞特赐死,张宪、岳云并依军法施行,令杨沂中监斩"等等,连岳云也不肯网开一面⑥。

在第二阶段,宋、金南北对峙的局面基本确定,宋朝转入复兴经济

---

① 《要录》卷89。

② 《建炎以来朝野杂记》乙集卷1《壬午内禅志》。

③ 《鄂国金佗稡编》卷8。

④ 《三朝北盟会编》卷206;《要录》卷140。

⑤ 《要录》卷140。

⑥ 《要录》卷143;169;144—147;150;166;170;169;170。

和文化建设,平时只有一些行政性的决策,这种决策都已程序化。同时,高宗充分信任秦桧,几乎将朝政全部托付秦桧全权处理;相权膨胀,但仍在高宗的控制之下。在政治上,高宗和秦桧坚持执行与金朝媾和的既定方针。绍兴十八年(1148年),在一次御前会议上,签书枢院詹大方"进呈"公事,高宗对秦桧说:"此卿之功也。朕记卿初自金归,尝对朕言,如欲天下无事,须是南自南,北自北,遂首建讲和之议。朕心固已判然,而梗于众论,久而方决。今南北罢兵六年矣,天下无事,果如卿言。"这番肺腑之言表明高宗早就决心与金议和,只是碍于满朝文武官员的反对,才勉强支持韩世忠、岳飞等大将率军抗战,一旦金朝愿和,便迫不及待地指示秦桧积极求和。秦桧听了高宗此话,立刻"顿首谢曰:'和议之谋,断自宸衷,臣奉行而已,何功之有!'"①表示宋、金和议之功应归高宗,因为高宗是最高决策者,而秦桧自己只是执行者而已。直到秦桧病入膏肓之时,高宗斩钉截铁地告诉秦熺说:"朕方赖卿父子同心合谋,共安天下,岂可遽欲舍朕而去。……"在这一阶段,高宗和秦桧不断打击反对宋、金和议的官员和士人,甚至有的官员稍有不满,也决不宽贷。如曾为岳飞辩冤的汾州进士智浃(一作和浃),宗室赵士㒟、大臣王庶、赵鼎、李光、胡铨、何铸等,都长期受到迫害②,"大者殄于海隅,小者毙于囹圄,以至在朝则以讹言为禁捕,在学则以谤讪为屏罚,科举则以时忌为弃黜",以致"忠臣义士抚膺扼腕,相视切齿"③。绍兴十二年,高宗和秦桧等人决定重建太学,设置祭酒、司业、博士等学官,规定学生名额④。次年,秦桧等编成《国子监太学、武学、律学、小学敕令格式》二十五卷⑤。从此,太学等又走上正轨。这是教育方面的一项重要决策。这一阶段,秦桧有时也封锁消息,堵塞高宗的信息渠道,使下情不能及时上达。如绍兴二十四年(1154年)夏,浙东衢

---

① 熊克:《中兴小纪》卷33;《要录》卷158。
② 《要录》卷143; 169; 144—147; 150; 166; 170; 169; 170。
③ 《三朝北盟会编》卷227。
④ 《咸淳临安志》卷11《学校·太学》。
⑤ 《要录》卷170。

州饥民俞八等举行起义，人数达一千多人，"焚仓库，杀平民"①。事变发生后，秦桧没有立刻"进呈"高宗，高宗只从皇子处得悉此事，大惊。次日，向秦桧询问，秦桧忙加掩饰说："不足烦圣虑，故不敢闻，俟朝夕盗平，则奏矣。"②反问高宗听谁所说，高宗起初不说；秦桧再三追问，才说是"儿子说。"秦桧后来"遂寻别事，罚（皇子）俸三月不支"③。同时，秦桧对"上书言朝政者，例贬万里外，日使士人歌诵太平、中兴圣政之美"，因而"言路"断绝。至于秦桧为了弥补"财用不足"，"密谕江、浙监司，暗增民税七八"，导致"民力重困，饿死者众"，高宗更是被蒙在鼓里。秦桧死后，高宗也知道"言路久壅"，是秦桧"不欲朕知天下事耳"④。

　　秦桧之死，使宋朝中央决策系统的运行机制发生了较大的变化，成为从第二阶段进入第三阶段的历史转折点。在第三阶段，自从秦桧死后，高宗如同失去了左、右臂，一时又物色不到理想的宰相候选人，因此在决策方面呈现一种自相抵牾的状况：一方面，高宗继续坚持"绍兴和议"以来的对金媾和政策，表示将"确守勿变"。直至绍兴二十六年三月，他还声明与金媾和，"断自朕志，决讲和之策，故相秦桧但能赞朕而已"。他反驳"无知之辈，遂以为尽出于（秦）桧，不知悉由朕衷"。他极力肯定秦桧"力赞和议，天下安宁"的功劳，下诏命秦桧的神道碑以"决策元功，精忠全德"八字为额，还亲自向秦桧之妻王氏保证"保全其家"。直到绍兴二十六年九月，还不准削夺秦桧之孙秦埙和秦堪、女婿吴益的"职名"，要求台谏官"今后不得更有论列"。另一方面，又毫不手软地清除秦桧的党羽，如勒令秦熺致仕，放罢曹泳和朱敦儒、曹筠、徐宗说、王会、齐旦、王伯庠、康与之等一大批官员。与此同时，高宗一方面重用在宋、金和议中"皆预有力"的魏良臣和沈该、汤思退为参知政事，对被秦桧"贬窜"的大批士大夫则"叙复甚缓"，这些措施"甚沮人

---

① ④　《要录》卷143；169；144—147；150；166；170；169；170。
②　《建炎以来朝野杂记》乙集卷1《壬午内禅志》。
③　《朱子语类》卷131《本朝五》。

心"。绍兴三十一年十月,高宗才准许岳飞、张宪与蔡京、童贯的子孙家属"放令逐便"①,但仍未给岳飞、张宪平反。直到高宗退位后两个月,才由孝宗为岳飞的冤案彻底平反,追复岳飞的原官,以礼改葬等等②。另一方面,高宗却对秦桧独揽朝权和控制台谏官甚为不满,在自己"亲政"后,第一个措施便是改换"言事官",罢免张扶右正言之职,改以监察御史张修担任,汤鹏举为殿中侍御史,后来又以周方崇、凌哲、何溥为监察御史,借此亲自掌握监察机构。随后还颁布"手诏"说,台谏是"风宪之地",用以"振举纪纲,纠逖奸邪,密赞治道",但近年来"用人非据,与大臣为党,而济其喜怒,甚非耳目之寄"。他表示"朕今亲除公正之士,以革前弊",凡任此职者应"尽心乃职,惟结主知,无更合党缔交,败乱成法"。接着,又增置言事官,以何溥和王珪、沈大廉、冯舜韶皆为察官,而汤鹏举和周方崇、凌哲为台谏,"察官具员,近世所未有"。第二个措施是规定各地"事无巨细,皆须奏闻",改变秦桧当权时各地只申报尚书省"取指挥"而不进呈高宗"取旨"的反常现象,借此保证自己的信息渠道畅通无阻。第三个措施是改变自秦熺"侍经席,讲读说书官多以台谏兼之"的做法,仍依旧制"悉命从官"充当经筵官。稍后,又取消从绍兴十三年开始执行的讲筵所胥吏向讲筵官"取索"副本的做法。据说"取索"之举是"怀奸之人自为朋党,惟恐臣下献忠背违其意",所以规定"今后不许取索副本","只乞令就通进司进入"③。第四个措施是恢复给事中和中书舍人的监察约束机制。从宋初以来,凡朝廷"政令之失中,赏刑之非当",在中书有舍人得以封缴,在门下有给事中得以论驳,其目的在于"先其未行而救正其失",使"号令无反汗之嫌,政事无过举之迹"。建炎四年(1130年),中书舍人孙近已提出因南渡后战争频仍,"机速事""皆以白札子径下有司",在执行后,再"赴给、舍书押降降敕"。稍后,拟官和断狱皆依此行事,"两省之职殆废"。他建议"申严旧制,应非军期急速不可待者,并先书读而后行"。高宗赞

---

①③　《要录》卷 169、170、174；193；170；171；173。

②　《宋史》卷 33《孝宗一》;(清)阮元:《两浙金石志》卷 9《宋追复岳武穆王并赐谥诰词碑》。

同他的建议,下诏"自今非急速不可待时者,勿报。应给、舍书读,如无封驳,令画时行下"①。但在"绍兴和议"前,因"事干机速,不可稍缓",给、舍无从监察。"绍兴和议"以后,秦桧"又任私意,废弃成法",所以有"报"者、"中入报"者、"尚先行"者、"入已"者,"皆成定例","诏旨一颁,敕札随降,所谓给、舍但书押已行之事而已"。给、舍仍然不能正常尽其职责。到绍兴二十七年(1157年)七月,中书舍人周麟之上疏提出,这种状况"甚非祖宗分省设官之意",要求"申明旧制,凡命令之出并经两省,或无封驳,即皆画时行下,以复祖宗之成宪"。高宗采纳了他的建议②。

　　绍兴末年,以高宗为首的中央决策系统作出了两个正确的重要决策。一是调动全国力量抗击南侵的金军,取得了胜利。绍兴三十一年(1161年)四月,宋朝听说金帝完颜亮准备迁都汴京,且屯兵宿、亳间,宰执便共议对策:金帝如仅到洛阳观花,宋朝不需在边境屯兵;如欲迁都汴京、屯兵于宿、亳,宋朝则屯兵淮上;金帝如"巡幸"汴京后即还燕京,宋朝"亦无一人一骑渡淮"。同时,派同知枢密院事周麟之出使金朝,探听虚实。③五月,金朝使臣来临安转达金帝关于索要淮、汉之地和指取将相、近臣"计事",态度极其傲慢。次日,高宗在内殿召集宰执开会商议。第三天,宰执召集三衙大帅和杨存中到都堂商议"举兵",随后又请六部长副、给舍、台谏官十二人"聚议",会上传达高宗的旨意:"今日更不尚和与守,直问战当如何。"④嗣后,宋朝分遣军队防御鄂州、扬州等要地。十一月,金帝完颜亮亲自指挥大军渡江,被宋军击败。接着,金军内讧,完颜亮被杀,于是宋朝取得了抗击金军的完全胜利。二是高宗正式禅位给皇太子。绍兴三十年(1160年),高宗决定立赵瑗为皇子⑤,这是高宗经过长期培养和选择皇位继承人的结果。到绍兴三

---

① 《要录》卷68。
② 《要录》卷177。
③ 《要录》卷189。
④ 熊克:《中兴小纪》卷40;《要录》卷190。
⑤ 《要录》卷184。

十二年五月,高宗册立皇子为皇太子,改名昚,在诏书中表示已在位三十六年,"忧劳万几,宵旰靡怠,属时多故,未能雍容释负,退养寿康",如今"边鄙粗宁,可遂如意",透露了自己准备退闲的心情①。六月,五十六岁的高宗正式宣布"退闲",举行内禅仪式,由三十六岁的皇太子继位,是为孝宗②。此举确保了皇位继承的稳定性和皇权的连续性,是宋朝新、老皇帝交接比较成功的一次。

　　高宗朝的中央决策活动,主要是通过以高宗名义发布各种诏令来进行的。不论在哪个阶段,高宗都极少直接"内降""御笔"或"内批"给有关执行机构施行,而是按照规定的程序先交付朝廷形成正式文件,再发给有关执行机构。北宋时,皇帝将自己的批示交付三省,称为"御笔"。三省形成文件,其间由中书舍人起草("中书造命"),给事中审读("门下审核"),再进呈皇帝画可,最后转交尚书省奉而行之,称为"圣旨"。除大臣和台谏官由皇帝直接任命外,御笔不得直接付外执行,史称"事无巨细,非经二府者,不得施行"③。建炎元年十一月,高宗下诏重申实行"旧典":"凡宣旨及官司奏请事,元无条贯者,并中书、枢密院取旨。非经三省、枢密院者,官司无得受。"同日,还下诏规定:自今接受内侍"传宣"的机构,"当时密具所得旨实封以闻","如事有未便者,许执奏"④。十二月,右谏议大夫卫肤敏连续三次上疏论徽宗时,"奸臣秉政,戚里、内侍公然请托,内降御笔日以十数,三省奉行文书而已",这是"产乱招祸"的根源。现今又出现戚里王義叔等人授官,"旨由中出,用御宝以行下,既不由宰臣之进拟,又不由铨部之差注",这"不可不戒"。他建议今后"除授并行遣有罪之人,并须经由三省及宰执进呈,方得施行"。高宗采纳了他的意见⑤。此后,直到绍兴三十年,还下诏通进司每天承受的"内降""御封文字",要用黄绢夹囊封装,转送三省

---

① 《要录》卷 199。
② 《建炎以来朝野杂记》乙集卷 1《壬午内禅志》。
③ 《国朝诸臣奏议》卷 47,蔡承禧:《上神宗论除授不经二府》。
④ 《要录》卷 10。
⑤ 《要录》卷 11;188。

或枢密院,以防泄密①。应该说,杜绝高宗在正常情况下擅自向执行机构发布命令,是为了通过给、舍的缴驳和台谏官的论奏,宰执和百官的集体决策,较充分地调动整个统治集团的智慧和经验,减少决策中的失误。这反映这时已建立起行之有效的决策约束机制。当然,诏令的颁布只是中央决策的第一步,只有当决策被各级机构付诸实施后,才可说完成了决策的全过程。

（载岳飞研究会编《岳飞研究》第 4 辑,中华书局,1996 年版）

---

① 《要录》卷 11; 188。

宋朝经筵制度

经筵是指中国古代帝王为研读经史而特设的御前讲席。宋朝在承袭汉、唐旧制的基础上，逐步形成了相当完善的经筵制度。其中包括经筵官的设置、编制和管理机构，经筵官的人选和委任，经筵开讲的时间和场所，讲读的方式和方法、讲读的内容和讲义、"故事"等教材的编写，经筵官的待遇，经筵制度的历史作用等。

一、经筵官的设置、编制和管理机构

"经筵"之称是从宋朝开始出现的。不过，古代帝王的御前讲席早在汉、唐已经设置了。汉宣帝在甘露三年(公元前 51 年)下诏诸儒讲《五经》异同于石渠阁，命太子太傅萧望之等"平奏其议"，宣帝自己亲自"称制临决"①。史称这是中国古代"经筵之所始乎此，厥后遂为常制"②。东汉章帝在建初四年(79 年)也仿照宣帝"石渠故事"，命将、大夫、博士、议郎、郎官和名儒在白虎观集合，讨论《五经》的异同。章帝也"亲称制临决"，作《白虎议奏》③。汉明帝永平四年(61 年)，设置《五经》师，张酺"以《尚书》教授，数讲于御前"。"酺为人质直，守经义，每侍讲间隙，数有匡正之辞，以严见惮"④。到唐朝开元三年(715 年)，玄

---

① 班固:《汉书》卷 8《宣帝纪第八》。
② 林骃:《古今源流至论》续集卷 9《经筵》。
③ 范晔:《后汉书》卷 3《肃宗孝章帝纪第三》。
④ 《后汉书》卷 45《张酺传》

宗因为"每读书有所疑滞,无从质问",命宰相"选儒学之士,日使入内侍读"。乃以马怀素和褚无量"更日侍读"。玄宗"亲迎送之,待以师傅之礼"①。开元十三年(725 年),改集仙殿丽正书院为集贤殿书院,选"耆儒日一人侍读",设集贤院侍讲学士②。五代时期,据宋人记载,因"四方多事,时君尚武,不暇向学,故此职久废"③。

宋太祖、太宗在统一各国的过程中,逐渐注意"崇尚儒学"。宋太祖曾召宗正丞赵孚到后殿,讲解《周易》。讲毕,宋太祖对左右说:"孚讲解精博,亦可赏也。"又久闻处士王昭素之名,召见便殿,赐坐,命讲《周易·乾卦》,宋太祖向他打听民间之事,王昭素照实回答,宋太祖颇为满意④。太宗在太平兴国八年(983 年)统一各国后,"以听政之暇,日问经史,求人以备顾问"。几次在大内召见著作佐郎吕文仲和吴淑、杜镐等人,命读古碑及《文选》江、海诸赋。于是任命吕文仲为翰林侍读,与翰林侍书王著在御书院轮流值宿,而书学葛湍也在禁中值日⑤。宋人认为此举实是"国朝经筵之始"⑥。此后,太宗多次去国子监视察,命国子博士李觉和直讲孙奭讲《周易·泰卦》和《尚书·说命》⑦。

宋太宗虽然正式任命像吕文仲等人为翰林侍读,"以备顾问",但是"名秩未崇"。真宗即位初年,"敦尚文雅",常召诸王府侍讲邢昺和国子监直讲孙奭等入宫讲说,"质问经义,久而方罢"。咸平元年(998 年),真宗召国子学讲书崔颐正至景福殿讲《尚书》,又在苑中讲《尚书·大禹谟》,还常命他赴御书院"待对"。次年,真宗首置翰林侍读学士之职,"班秩次翰林学士",委任兵部侍郎杨徽之和户部侍郎夏侯峤为翰林侍读学士,原翰林侍读吕文仲也改为翰林侍读学士,国子祭酒邢

---

① 《资治通鉴》卷 211《唐纪二十七》。
② 《唐会要》卷 64《史馆下·集贤院》;《旧唐书》卷 43《职官二》。
③ 范祖禹:《帝学》卷 3。
④ 彭百川:《太平治迹统类》卷 27《祖宗圣学》。
⑤ 《续资治通鉴长编》(以下简称《长编》)卷 24,中华书局点校本。
⑥ 林駉:《古今源流至论》续集卷 9《经筵》。
⑦ 《长编》卷 29,卷 36。

昺为翰林侍讲学士①。此后，真宗还委任冯元为翰林侍读，不带"学士"；委任高若讷为侍读，马宗元为侍讲，均"不加别名，但供职而已"②。但不久，真宗又允许大臣带翰林侍读学士或侍讲学士出任外官。如景德四年（1007 年），以翰林侍讲学士邢昺出知曹州，"职如故，迁其班在翰林学士上"。天禧二年（1018 年），以参知政事张知白罢为翰林侍读学士、知天雄军。辅臣以杂学士的身份出任藩镇，并以翰林侍读学士或侍讲学士出任外官，都从此开始③。这种出任外官而被带的职名，已不是实际职务，而成为一种荣誉的虚衔。

宋仁宗即位的第二个月，即乾兴元年（1022 年）三月，任命太子左谕德鲁宗道和太子右谕德冯元为龙图阁直学士兼侍讲。十一月，召翰林侍讲学士孙奭、龙图阁直学士兼侍讲冯元讲读《论语》，翰林侍读学士李维、翰林学士晏殊列席。此时，直集贤院、判吏部南曹丁度上疏提出"劝讲官"设置较少，建议增加员数④。景祐元年（1034 年），设置崇政殿说书一职。孙奭在天圣九年（1031 年）出知兖州时，仁宗曾经问他"谁可代讲说者"，孙奭推荐贾昌朝等人，于是命贾昌朝等人至中书门下试讲《尚书》，由宰执等考试合格，乃特置崇政殿说书，委任都官员外郎贾昌朝和屯田员外郎赵希言、太常博士崇文院检讨王宗道、国子博士杨安国担任此职⑤。由此可知，崇政殿说书的编制最初定为四员。三年后，即景祐四年，又特设天章阁侍讲一职，命贾昌朝、王宗道、赵希言、杨安国四人并兼此职⑥。说明天章阁侍讲的编制也是四员。皇祐元年（1049 年），特命前宰相、旧讲读官贾昌朝"赴讲筵，备顾问，不讲书"。至和二年（1055 年），特命龙图阁直学士、左司郎中张昇兼侍读，但张昇

---

① 《长编》卷 43，卷 45；《宋会要辑稿》（以下简称《宋会要》）职官 6 之 56—57。徐自明：《宋宰辅编年录》卷 3 作咸平元年夏侯峤由原枢密副使任翰林侍读学士。《太平事迹统类》卷 27《祖宗圣学》作咸平三年七月杨徽之、夏侯峤为翰林侍读学士。

② 《宋史》卷 162《职官二》作"马宗元"，《宋会要》职官 6 之 56 作"冯宗元"。

③ 《长编》卷 66，卷 92。

④ 《宋会要》职官 6 之 57；《长编》卷 99，卷 100。

⑤ 《长编》卷 114。

⑥ 《长编》卷 120。

因年迈力衰,仅"留经筵,备顾问"①。表示此时还设置非正式的经筵顾问。嘉祐三年(1058年),命翰林学士欧阳修兼侍读学士,欧阳修"固辞不拜",上疏说:"侍读最为亲近,祖宗时不过一两人。今与经筵者十四人,而侍读十人,外议皆云经筵无坐处矣。"②说明此时经筵官增至十四人,其中侍读十人。神宗元丰官制改革,翰林侍读学士和侍讲学士"省去学士之号",只设侍读和侍讲;又设崇政殿说书③。哲宗元祐元年(1086年),据崇政殿说书程颐的奏疏可知,此时共有五名讲读官,其中四名皆兼其他重要职务,只有程颐"不领别官",属于专职。但最近也被差修国子监太学条制,所以实际没有一人"专职辅导者"④。元祐三年、四年,两次规定侍读以三人为额⑤。元祐七年,复置翰林侍读学士和侍讲学士,以翰林学士范祖禹为翰林侍讲学士兼修国史。元符元年(1098年),撤销以上"指挥","更不施行"。徽宗时,改崇政殿说书为迩英殿说书⑥。

宋室南渡后,高宗迅速恢复经筵制度。建炎元年(1127年),规定以侍从四员充当讲读官。次年三月,高宗在扬州首次请讲读官开讲。此时,有侍讲王宾,侍读周武仲、朱胜非以及杨时等四人⑦。绍兴元年(1131年)二月,因兼侍读秦桧任参知政事,仅有侍读王绹一人,下诏刑部尚书胡直孺兼侍读。同年四月,在侍读王绹和胡直孺,侍讲汪藻和胡交修、侯延庆,共五人⑧。绍兴五年三月,有侍讲六人,即朱震和范冲、孙近、唐煇、郑滋、胡交修⑨。孝宗即位初年,即绍兴三十二年(1162年)

① 《长编》卷167,卷178。
② 《长编》卷187。
③ 《宋会要》职官6之58。
④ 赵汝愚:《国朝诸臣奏议》卷50《百官门·经筵》,程颐:《上宣仁皇后论经筵辅养之道》;《长编》卷381。
⑤ 《长编》卷413,卷426。
⑥ 《宋会要》职官6之58;《宋史》卷428《杨时传》。
⑦ 《建炎以来系年要录》(以下简称《要录》)卷11,卷14,卷15。
⑧ 《宋会要》职官6之59。
⑨ 《要录》卷87。

六月,命翰林学士承旨洪遵、中书舍人史浩并兼侍读,给事中金安节、权工部侍郎张阐并兼侍讲,共四人①。宁宗即位初年,即绍熙五年(1194年)八月,增置讲读官至十员,其中有给事中黄裳,中书舍人陈傅良、彭龟年,焕章阁待制朱熹,起居郎黄由,起居舍人沈有开,侍御史章颖等。总的来说,宋代讲读官"自来""并不限员",即没有十分固定的编制②。

宋朝主管经筵的机构,最初称"说书所",宋仁宗庆历初年改称"讲筵所",寓资善堂(皇太子讲读的场所)③。说书所或讲筵所的长官称管勾说书所或管勾讲筵所,由内侍充任。哲宗元祐二年,一度准备改至延义阁讲读,"令管勾讲筵所经度,如得宽凉,以备夏讲"④。南宋初年,因避御讳,改称主管讲筵所。高宗绍兴二年(1132年),命铸"绍兴经筵"印,作为讲筵所的官印。绍兴五年,建成资善堂,命主管讲筵所邵谔为该堂的提点官⑤。绍兴二十五年四月,高宗因讲读官读《周易》终篇,特召宰执听讲,接着派主管讲筵所李存约将所赐礼物送往太师秦桧的第宅⑥。说书所或讲筵所负责安排经筵官讲读、值宿的日程,供进"讲义"或"故事",代表皇帝向经筵官和宰执、记注官等颁赐礼物,发放三大"节料"⑦等。

二、经筵官的人选和委任

宋朝经筵官的人选,大致有一定的标准。原则上必须是"贤德之士"、"通经行修之士",或"名儒宿德,极天下之选",官阶一般为京朝官⑧。

①⑥ 《宋会要》职官 6 之 61。
② 《玉海》卷 26《帝学·绍熙晚讲》;《宋史》卷 37《宁宗一》;(清)王懋竑:《朱子年谱》卷 4 上;《宋会要》崇儒 7 之 1《经筵》。
③ 《宋会要》方域 3 之 21,1 之 6。
④ 《资治通鉴长编纪事本末》(以下简称《长编纪事本末》)卷 92《哲宗皇帝·讲读》。
⑤ 《要录》卷 52;《宋会要》方域 3 之 24。
⑦ 《宋会要》职官 6 之 59、61;周必大:《文忠集》卷 164《龙飞录》。
⑧ 《长编》卷 393;赵汝愚:《国朝诸臣奏议》卷 50《百官门·经筵》,刘挚:《上哲宗乞于两制以上选择讲读官》;《长编纪事本末》卷 29《讲筵》天圣四年九月乙卯诏。

李心传《建炎以来朝野杂记》甲集卷 10《庶官兼侍讲》记载:"故事,经筵官自两省台端以上,并兼侍讲;若大卿监以下,则止兼崇政殿说书。"《宋史》卷 162《职官志二》也记载:"元丰官制,废翰林侍读、侍讲学士不置,但以为兼官。然必侍从以上,乃得兼之。其秩卑资浅,则为说书。"以上是神宗元丰改制前后的规定。两省官是指附属于门下省和中书省班籍的官员,包括门下省的起居郎和中书省的起居舍人(称"小两省官")以及两省的散骑常侍、给事中、谏议大夫等(称"大两省官")。台端是御史台的副长官殿中侍御史的别称。大卿监乃指各寺、监的正长官,即大卿和大监①。侍从的涵义前后有较多的变化,从寄禄官而言,在北宋前期,侍从以上的寄禄官包括左右正言、二史、给事中、谏议大夫、吏礼部郎中②。元丰改制后,改为自金紫光禄大夫至太中大夫,共九阶。太中大夫即旧制的左、右谏议大夫阶③。从职名而言,"每阁皆置学士、直学士、待制,谓之侍从官"。从孝宗淳熙间(1174—1189年)起,为自观文殿大学士至敷文阁待制或华文阁待制④。从差遣而言,宁宗时,"以在京职事官自尚书至权侍郎及学士、待制均为侍从"⑤。到理宗时,在侍从中又出现小侍从和在外侍从的区别。凡翰林学士和给事中、六部尚书、侍郎是"侍从",中书舍人和左、右史称小侍从,在外带诸阁学士、待制者称在外侍从⑥。概括以上各种情况,可知兼任侍讲者,必须要寄禄官在谏议大夫或太中大夫以上,职名在待制以上,差遣在六曹侍郎以上。兼任崇政殿说书者,其寄禄官必定在大卿监(含大卿监)以下,即旧官秘书监、新官中大夫以下。

　　但具体情况是相当复杂的。第一、翰林侍读学士或兼侍读,一般由翰林学士承旨、翰林学士、六部尚书以上官员兼任。这就是说,只有翰

①　拙作:《宋代官署、官职的简称和别称》,《上海师范大学学报》1985 年第 4 期。

②　王明清:《挥麈后录》卷 2《国朝侍从以上自有寄禄官》。

③　岳珂:《愧郯录》卷 4《执政阶官封爵》。

④　徐度:《却扫编》卷上;王益之:《职源撮要》;《庆元条法事类》卷 4《职制门一·官品杂压》。

⑤　洪迈:《容斋三笔》卷 12《侍从两制》。

⑥　赵昇:《朝野类要》卷 2《称谓·侍从》。

林学士承旨、翰林学士和宰执才能兼任。但随着时间的推移,又有几类官员可以兼任侍读。一是台谏官。北宋前期,台谏官如不担任本职,而任另外的差遣,便只是一种寄禄官而已。在仁宗庆历二年(1042年)前,"台丞"即御史中丞"无在经筵者"。到庆历二年,仁宗认为权御史中丞贾昌朝"长于讲说",特命他"侍讲迩英阁"。庆历七年,又命御史中丞高若讷兼经筵官。从此,御史中丞如"入侍经筵"则兼侍读或侍讲。如哲宗元祐元年,命御史中丞刘挚兼侍读。元祐三年,又有李常任御史中丞兼侍读①。但至元祐四年,傅尧俞任御史中丞时仅兼侍讲,在迁为吏部尚书时才兼任侍读②。宋室南渡后,御史中丞仍必定兼侍读或侍讲。高宗建炎元年,御史中丞王宾"建请复开经筵,遂命兼侍讲",此后御史中丞王师古、徐师川、万俟卨、魏师逊也兼侍讲③,李文会则兼侍读④。绍兴二十五年(1155年)秦桧死后,御史中丞兼经筵官者就甚少。到宁宗庆元(1195—1200年)后,御史中丞就必预经筵,不兼者也极少⑤。

《宋史·职官志二》记载:"自庆历以来,台丞多兼侍读,谏长未有兼者。绍兴十二年春,万俟卨以中丞、罗汝楫以谏议始兼侍读。自后每除言路,必兼经筵矣。"此说基本正确,但也有一些失误。绍兴十二年(1142年)春,万俟卨以御史中丞所兼经筵官是侍讲,不是侍读⑥。此其一。谏长即谏议大夫兼任经筵官并不始于绍兴十二年春罗汝楫以左谏议大夫兼侍读。早在哲宗元祐四年(1089年),著作郎范祖禹迁为右谏议大夫,依前兼侍讲。绍兴十二年后,左、右谏议大夫大都兼任侍读或侍讲。如孝宗乾道八年(1172年),右谏议大夫姚宪兼侍读。孝宗隆兴

---

① 《长编》卷135,卷160,卷385,卷419。
② 《长编》卷434。
③ 《要录》卷11,卷144,卷165。
④ 《宋会要》职官6之60。
⑤ 《建炎以来朝野杂记》(以下简称《朝野杂记》)乙集卷13《祖宗时台谏不兼经筵》。
⑥ 《要录》卷144。

元年(1163年),以右谏议大夫王大宝兼侍讲①。此其二。

二是宫观官。神宗元丰八年(1085年)四月,诏资政殿大学士、银青光禄大夫吕公著兼侍读,提举中太乙宫兼集禧观公事。七月,资政殿学士韩维兼侍读,仍提举中太乙宫兼集禧观事。元祐元年,端明殿学士范镇落致仕,宫观官同上。元祐六年,冯京兼侍读,充太乙宫使。南渡后,前宰执如朱胜非、孟庾、秦熺、张浚、谢克家、赵鼎、万俟卨皆以提举醴泉观或万寿观兼侍读。孝宗隆兴元年,张焘以万寿观、汤思退以醴泉观皆兼侍读;乾道元年(1165年),提举万寿观钱端礼兼侍读;乾道五年,刘章则以提举佑神观兼侍读②。

三是封驳官。封驳官,即在朝专司封驳的门下省给事中和中书省中书舍人。给事中一般只能兼侍讲,但有时也特命兼侍读。如哲宗元祐元年,孙觉由右谏议大夫除给事中,依旧兼侍讲。元祐四年,范祖禹由右谏议大夫除中书舍人兼侍讲。绍圣四年(1097年),起居郎充崇政殿说书沈铢为中书舍人,则兼侍读。高宗绍兴三十二年(1162年),中书舍人史浩也兼侍读。孝宗隆兴二年,给事中兼侍讲金安节升侍读③。这当然属于破格特别委任的。

四是六部侍郎。六部侍郎一般只能兼任侍讲,但到南宋时,也不乏兼侍读的例子。如隆兴二年,起居郎兼侍讲胡铨除权兵部侍郎,升侍读;乾道六年,以权兵部侍郎王之奇兼侍读;乾道八年,诏权礼部侍郎郑闻除刑部侍郎兼侍读;乾道九年,诏权礼部侍郎李彦颖兼侍读④。显然,这些官员也是破格除授的,但有逐步增多的趋势。

第二、翰林侍讲学士或侍讲,一般由六部侍郎以上官员兼任。但随着政治实践的需要,又有以下几类官员也可兼任。一是台谏官。前述从仁宗在庆历二年特命御史中丞贾昌朝兼侍讲。此后,其他台谏官如

① 《长编》卷426;《要录》卷144;《宋会要》职官6之61、62。
② 《长编纪事本末》卷92《哲宗皇帝·讲读》;《宋史》卷162《职官志二》;《宋会要》职官6之61、62。
③ 《长编》卷373,卷430;《长编纪事本末》卷92《哲宗皇帝·讲读》;《宋会要》职官6之61。
④ 《宋会要》职官6之61、62。

左右正言、左右司谏、殿中侍御史、侍御史、监察御史等也陆续可以兼任侍讲。本来这些台谏官不属侍从官,只能兼任崇政殿说书。哲宗元祐四年,著作佐郎司马康除右正言兼侍讲。高宗绍兴二十五年二月,命殿中侍御史兼崇政殿说书董德元和右正言王珉"并兼侍读"。董德元实际由崇政殿说书擢为侍讲①。李心传和《宋史·职官志二》都认为"非台丞、谏长而以侍讲为称,又自此始"。作为殿院(殿中侍御史)而兼讲从此时董德元开始是准确的,但作为正言而兼侍讲则应提前至元祐四年司马康开始。李心传和《宋史·职官志二》又说:"其后,犹或兼说书。""台官自尹稽隆兴二年五月,谏官自詹元宗乾道九年十二月后,并以侍讲为称,不复兼说书矣。"据《宋会要辑稿》记载,隆兴二年五月,殿中侍御史尹稽兼侍讲;乾道九年十二月,左司谏詹亢宗兼侍讲②。此后,台谏官兼侍讲者更多。

二是宫观官。从神宗时设置宫观官以来,宫观官都兼侍读。至绍兴三十二年十二月(时孝宗已即位),以敷文阁待制、提举万寿观钱周材兼侍讲③。应该说,以宫观官而兼侍讲是从此开始的。随后,隆兴二年、乾道元年有敷文阁待制、提举佑神观吕广问、周执羔先后兼任侍讲。乾道六年,又以集英殿修撰、提举佑神观胡铨兼侍讲④。

三是修注官。修注官指起居郎(左史,属门下省)和起居舍人(右史,属中书省)。从元丰改制起,真正成为记录皇帝言行的专官。至高宗绍兴五年闰二月,特命秘书少监朱震兼侍讲,四月迁守起居郎依旧侍讲⑤。从此,"修注官多得兼侍讲"。如绍兴十年,以起居舍人张嵲和中书舍人王铢并兼侍讲。孝宗隆兴元年,起居郎胡铨兼侍讲;司封郎中兼崇政殿说书王十朋除起居舍人,升兼侍讲;起居舍人马骐兼侍讲。宁宗

---

① 《长编》卷434;《要录》卷168。
② 《朝野杂记》乙集卷13《非台丞谏长而兼侍讲》;《宋会要》职官6之70—73。《宋史》卷162《职官志二》标点本此处有误。
③ 《宋会要》职官6之61。同书6之62《詹》作"兼",误。
④ 《宋会要》职官6之61、62。
⑤ 《宋史》卷435《朱震传》;《要录》卷85,卷88。

嘉泰二年(1202年),林采自殿中侍御史除起居郎,邓友龙自右正言除起居舍人,皆仍兼侍讲。类似事例甚多,不一一枚举①。

四是其他庶官,如各司郎中、员外郎、少卿监等。如仁宗嘉祐间(1056—1063年),钱象先以龙图阁直学士、左司郎中兼侍讲。元丰八年四月,哲宗命朝奉郎、秘书少监孙觉兼侍讲。元祐元年,范祖禹以著作郎兼侍讲;元祐四年,司马康时以著作佐郎兼侍讲。高宗绍兴五年,范冲以宗正少卿、直史馆,朱震以秘书少监皆兼侍讲。孝宗隆兴二年,王佐以检正诸房公事兼侍讲;乾道六年,张栻以吏部员外郎"入侍经幄,用公休(即司马康)故事,亦兼侍讲焉";乾道七年,林机以宗正少卿兼侍讲②。李心传提出:"自改官制后,庶官非二史而兼侍讲者,才数人",列举了范祖禹和司马康、张栻三人。《宋史·职官志二》认为,"盖中兴后,庶官兼侍讲者,惟此三人",指范冲和朱震、张栻③。其实,至少还有钱象先、孙觉二人未计在内。

第三、崇政殿说书,一般由庶官兼任,有时也直接委任"布衣"、"隐逸"中的著名学者充任。仁宗景祐元年初设崇政殿说书,即以"秩卑资浅而可备讲说"的贾昌朝等四人充任,贾昌朝等此时的官阶为员外郎或太常博士、国子博士。神宗熙宁初(1068年),以"隐逸"召蔡密、吕权为崇政殿说书,"诏以士服随班朝谒入侍"。熙宁四年,又以王安石之子、前旌德县尉王雱为太子中允、崇政殿说书。太子中允是升朝官的最低阶。哲宗元祐元年,以宣德郎程颐为通直郎、崇政殿说书。此前,程颐是布衣,因受荐赴京担任经筵官,故先除宣德郎。宣德郎系京官的最高阶,通直郎系升朝官的最低阶。说明担任崇政殿说书者要求最少达到升朝官的最低阶④。徽宗崇宁间(1102—1106年)"以隐逸命蔡密、吕璯"为崇政殿说书;宣和间(1119—1125年),又以著作郎杨时为迩英

①　《朝野杂记》乙集卷13《修注官以史院易经筵非故典》;《要录》卷137;《宋会要》职官6之61。

②　《长编》卷196;《长编纪事本末》卷92《哲宗皇帝·讲读》;《宋史》卷337《范祖禹传》;《长编》卷430;《要录》卷86;《宋会要》职官6之61、62。林机,《宋史·职官志二》作"林宪"。

③　《朝野杂记》甲集卷10《庶官兼侍讲》。

④　《长编》卷226,卷373;《古今合璧事类备要》后集卷23《经筵门·崇政殿说书》。

殿说书①。南渡后,高宗绍兴七年(1137 年),尹焞首先由左宣教郎(原宣德郎)迁秘书郎兼崇政殿说书。此后"多以命卿、监、察官",如右正言史才和郑仲熊,殿中侍御史余尧弼、监察御史陈襄等皆曾兼此职。其间王十朋和范成大、王师愈"皆以郎官兼",这是出于"殊命"。而高宗绍兴间(1131—1162 年)陈鹏飞以博士兼说书,孝宗乾道末(1173 年)崔敦诗以正字兼说书,"此则国朝所未有也"②。

宋朝对经筵官的出身最初有比较严格的要求,后来逐步放松了。吴充之子吴安诗以父荫入官,哲宗元祐七年(1092 年)除天章阁侍讲,改直集贤院兼侍讲。李心传认为"国朝非进士出身……除讲官自吴传正(案即吴安诗)始"。南渡后,"非科目出身而侍讲、读者",从徐俯开始。高宗绍兴二年,靠父荫得官的徐俯特赐进士出身兼侍读。此后,陈渊、苏符、孙道夫、尹穑、王之奇、姚宪、苏峤相继兼任侍读或侍讲、崇政殿说书,他们原非进士出身,或入仕后才获赐进士出身。故当时"议者谓亦不无滥吹"即讥为滥竽充数的③。

经筵官一般由皇帝亲自遴选,有时由朝廷大臣或其他经筵官推荐,经过试讲,再正式任命。仁宗天圣四年(1026 年)九月,下诏命翰林侍讲学士孙奭和龙图阁直学士兼侍讲冯元在京朝官中荐举"通经术者"三至五人。孙奭后因年高视昏出知兖州,仁宗问他"谁可代讲说者",孙奭推荐都官员外郎贾昌朝和赵希言、王宗道、杨安国,仁宗即命贾等赴中书门下试讲《尚书》,至景祐元年正式任命贾等为崇政殿说书。皇祐元年,仁宗登延和殿,召虞部员外郎卢士宗讲《周易·泰卦》,仁宗感到满意,当场授卢士宗天章阁侍讲。卢士宗是讲读官杨安国推荐的④。经筵官的升迁或免职也由皇帝裁决。如哲宗绍圣元年(1094 年),翰林学士缺人,左相章惇三次推荐林希,哲宗不予理睬,反而问:"钱某岂不

---

① 《宋史·职官志二》。《玉海》卷 26《帝学》吕瑄作"吕注"。
② 《要录》卷 16,卷 165;《朝野杂记》乙集卷 13《非台丞谏长而兼侍讲》;《宋史·职官志二》。
③ 《宋史翼》卷 6《吴安诗传》;《朝野杂记》甲集卷 9《非进士除为外制、台谏、经筵、史馆事始》,乙集卷 13《非科目而兼侍读者滥吹》;《宋史》卷 372《徐俯传》。
④ 《长编》卷 104,卷 114,卷 167。

堪为翰林学士?"于是当天除钱勰为学士、知制诰兼侍读。绍圣四年，擢起居郎、充崇政殿说书沈铢为中书舍人兼侍读。哲宗以为沈"讲说极佳"，"近讲《南山有台》，极通畅有理"，因此"中批"特命①。光宗绍熙末年，嘉王府翊善黄裳、彭龟年相继在光宗面前推崇朱熹为"天下第一等人"。宁宗即位后，立即召朱熹入京任焕章阁待制兼侍讲。朱熹先后为宁宗进讲七次，但不久就受到权臣韩侂胄的排挤，由宁宗颁降"内批"除宫观官②。从而罢免了朱熹侍讲之职。由于政见的歧异等原因被免去侍讲的，还有哲宗初年的陆佃和蔡卞。元丰八年十月，侍御史刘挚上疏说："兼侍讲、给事中陆佃、蔡卞皆新进少年，越次暴起，论德业则未试，语公望则素轻，使在此官，众谓非宜。"要求免除他们的兼职。同时，请求太皇太后高氏"于内外两制以上官内，别选通经术、有行义、忠信孝悌、淳茂老成之人，以充其任"。于是免除陆、蔡的讲筵，另委龙图阁待制赵彦若兼侍读，秘书监傅尧俞兼侍讲③。说明二十多岁的"新进少年"是不适宜提拔为侍讲的。

三、经筵开讲的时间和场所

　　宋朝经筵的开讲时间，包括在一年中的日程安排和具体时间安排。经筵在一年中的日程，范镇《东斋记事》记载，仁宗时安排在"春以二月中至端午罢，秋以八月中至冬至罢"。又据《神宗正史·职官志》记载，安排为"岁春二月至端午日，秋八月至长至日，遇只日，入侍迩英阁，轮官讲读"④。《宋史·职官志二》记载与此相同。这就是说，为了避开严寒和酷暑，每年经筵分成两个学期，第一学期从二月至五月初五日，第

①　李纲:《梁溪集》卷167《钱勰墓志铭》;《长编纪事本末》卷92《哲宗皇帝·讲读》。
②　《续宋编年资治通鉴》卷11《宋光宗》;李心传:《道命录》卷7上《晦庵先生罢待制仍旧宫观诰词》。
③　《长编》卷360。
④　范镇:《东斋记事》卷1;江少虞:《宋朝事实类苑》卷26《官职仪制·礼遇讲读官》误作《渑水燕谈录》文。《宋会要》职官6之58。

二学期从八月至冬至。有些皇帝好学，便在这两个学期以外，另安排时间讲读。如仁宗在天圣四年七月，因炎暑暂停讲筵，但仍不时召孙奭等入宫读《尚书》①。

经筵开讲的具体时间，分为每逢双日或单日两种。仁宗以前，都是逢双日"一讲一读"。到仁宗即位的第二个月，即下诏"双日虽不视事，亦当宣召近臣入侍讲读，冀不废学也"。数月后，宰相王曾等以仁宗"新即位，宜近师儒"。"虽只日亦召侍臣讲读"②，实际变成了每日开讲。英宗在嘉祐八年（1063年）四月即位，十月，宰辅提议依仿仁宗"乾兴故事"，"双日召侍臣讲读"③。哲宗在元丰八年十二月十五日开讲筵，下诏"以双日讲读"④。高宗在建炎二年（1128年）三月甲午（十日）"初御经筵"，正逢双日。绍兴二年二月二十一日恢复讲读，则逢只日。绍兴三年九月，又记载为"双日讲读"。绍兴五年闰二月二十五日再次开讲，又逢只日⑤。看来逐渐改为每逢单日开讲。孝宗淳熙间，正式确定单日"御经筵"的制度。有一次，宰执史浩、周必大等奏申："陛下日御前、后殿，大率日旰方罢朝，□日又御讲筵，过是恐劳圣躬。"孝宗答道："朕乐闻祖宗谟训，日尽一卷，亦未为多。虽双日及休假，亦当特坐。"从此，每次讲读，孝宗必定至"漏下十刻而无倦"⑥。此处空缺的字，据上下文意，估计即"只"字。这说明孝宗好学，不仅坚持单日开讲制，而且逢双日、假日也照常开讲。宁宗即位初年，侍讲朱熹奏札说："臣伏见近制，每遇只日，早晚进讲。及至当日，或值假故，即行权罢。"朱熹建请"今后除朔、望、旬休及过宫日外，不以寒暑、双、只月日、诸色假故，并令逐日早晚进讲"。得到宁宗批准。之后规定：凡只日开讲，"早一讲，晚两讲一读"；如双日开讲，则"两读两讲"。朱熹任侍讲期

---

① 《长编》卷104。
② 《长编》卷98，卷99；《宋会要》崇儒7之26《经筵》。
③ 范祖禹：《帝学》卷7。
④ 《长编纪事本末》卷92《哲宗皇帝·讲读》。
⑤ 《要录》卷14，卷51，卷68，卷86。
⑥ 《皇宋中兴两朝圣政》卷58《孝宗皇帝十八》。

间，曾有两天是双日进讲，有四天是单日进讲，其中一天早、晚讲了两次。理宗时，徐经孙为讲读官，据其《讲章》所载开讲的时间为九月初一、初十、十一日、十三日、十九日。另一位讲读官徐元杰，据其《进讲日记》所载开讲的时间大都为单日，且多晚讲①。

　　宋朝各位皇帝经筵讲读的日程安排，往往取决于当时国内的政治环境、本人年龄和健康状况。仁宗在位四十二年，基本坚持经筵讲读，范禹祖赞誉他"以尧舜为师法，待儒臣以宾友，迩英讲学，游心圣道，终身未尝少倦"②。惟在庆历初（1041 年）后，因西夏主元昊反叛，仁宗暂罢讲筵近二年，至庆历四年二月恢复③。英宗即位初年，即嘉祐八年十月，知谏院兼侍读司马光上疏要求"不可但循近例，以寒暑为辞"，不应延至来年春季开讲。治平元年（1064 年）九月，司马光又上疏说，"圣旨"下令从九月初五日起，"逐日开讲筵，至重阳节住讲，候将来开春，别选日开讲筵。"近年"因圣体不安，遂于端午及冬至以后盛寒、大暑之时，权罢数月"。现在"陛下始初清明，方且精锐学问之时，而五日开讲，八日已罢"，实际仅讲三天时间。司马光提议，"既开讲筵，则恐数日之间，未宜遽罢"④。神宗即位后，始终"间日御经筵，风雨不易"⑤。哲宗元祐元年六月，崇政殿说书程颐也曾上疏说，自四月末开始"以暑热罢讲，以至中秋"，差不多超过三个月。希望在"初秋渐凉"之时，"召见当日讲官，俾说道义"⑥。催促哲宗抓紧时间开讲。南渡初年，高宗率领部分官员和军队南迁，建炎二年三月，在扬州"初御经筵"。四月，高宗对大臣们说，按照"故事，端午罢讲筵，至中秋开"。"朕以寡昧，遇兹艰难，知学先王之道有益"，故决定"勿罢"。但不久因金军追击，高

---

①　朱熹：《朱文公文集》卷 14《乞不以假故逐日进讲札子》；《朱子年谱》卷 4 上；徐经孙：《矩山存稿》卷 2《讲章》；徐元杰：《楳埜集》卷 1、卷 2《进讲日记》。

②　范祖禹：《帝学》卷 6。

③　《长编》卷 146。

④　《国朝诸臣奏议》卷 50《百官门・经筵》，司马光两篇奏疏。

⑤　范祖禹：《帝学》卷 8。

⑥　《长编》卷 381。

宗辗转江南沿海,被迫停止。至绍兴二年二月,高宗在临安重临讲殿。绍兴四年十月至次年闰二月,高宗又因"视师"抗金,再度暂辍讲读。随后,立即恢复①。

有时,皇帝的国务活动频繁,影响了听讲,便有大臣或经筵官提醒皇帝补足缺读的时间。如孝宗淳熙三年(1176 年),适遇当年举行郊祀典礼,加上册立皇后。到九月十八日,侍读周必大估计当年秋讲九月下旬仅三四次而已,"其间又有开启并习仪日分,止是二十一日可御经筵",因此提议延长讲读的时间。二十日,孝宗"令添讲筵日分,至十一月五日止"②。同年九月,礼部侍郎兼侍讲李焘也曾"以经筵少开,录赵师民《劝讲箴》以讽"③。

经筵开讲的场所,直至仁宗前尚未固定。宋太祖建隆三年(962年),一次召宗正丞赵孚到后殿,令讲《周易》。开宝元年(968 年),在便殿召见布衣王昭素,令讲《周易·乾卦》。太宗曾数次去国子监视察,命学官李觉、孙奭讲《周易》、《尚书》④。真宗时,有时在后苑开讲,有时在景福殿或便殿、宣和门北阁、龙图阁开讲,还有几次去国子监召学官讲读。⑤仁宗在乾兴元年(1022 年)十二月,始赴崇政殿西阁开讲筵。至景祐二年(1035 年),设迩英和延义二阁。仁宗最初"多御延义阁","其后不复御延义,专御迩英"。迩英阁后来成为仁宗和仁宗以后北宋各朝皇帝开讲筵的主要场所。但仁宗有时也在迎阳门开讲筵,有时在延和殿或去国子监⑥。神宗和哲宗时,主要在迩英阁讲读。哲宗即位初,曾命经筵官依旧每天赴资善堂讲读,但很快转移至迩英阁⑦。元祐元年六月,崇政殿说书程颐上疏提出:"汉、唐命儒士讲论,亦多在

①　《要录》卷 14,卷 15,卷 51,卷 81。
②　周必大:《文忠集》卷 139《论开讲札子》。
③　《玉海》卷 26《帝学》。
④　范祖禹:《帝学》卷 3。
⑤　《长编纪事本末》卷 21《真宗皇帝·圣学》;《玉海》卷 26《帝学》;范祖禹:《帝学》卷 3。
⑥　江少虞:《宋朝事实类苑》卷 26《官职仪制·礼遇讲读官》;《长编纪事本末》卷 29《仁宗皇帝·讲筵》;《长编》卷 116,卷 146;范祖禹:《帝学》卷 5。
⑦　《长编纪事本末》卷 92《哲宗皇帝·讲读》。

殿上,盖故事也。"但"迩英(阁)迫狭,讲读官、内臣近三十人在其中。四月间尚未甚热,而讲官已流汗,况主上气体嫩弱,岂得为便!"他建议"今后只于延和殿讲读,后槛垂帘,前置御座","太皇太后"可"时至帘前观讲官进说"①。次年三月,程颐针对给事中顾临所持延和殿不可讲读之说,上疏说:"臣本谓迩英热,恐于圣体非宜,今闻修展。迩英苟得宽凉,则臣志愿遂矣。"说明朝廷决定修建迩英阁,同时,采纳了程颐的建议,临时"移讲读就延和"②。经过扩修的迩英殿,"多置轩窗",通风较好,"御坐比旧近后数尺,门南北皆朱漆,钓窗前帘设青幕障日,殊宽凉矣"③。同时,又修建延义阁,"以备夏讲"④。此后,迩英阁就成为哲宗经常听讲的场所。

　　南渡初年,高宗"就内殿讲读"。不久,又曾就便殿讲读。所谓内殿或便殿,实际只是一殿,即高宗的临时居所。在定居临安后,便在宫中专建讲筵阁,或称讲殿,成为南宋各朝皇帝经筵开读的主要场所。理宗时,扩建讲殿,称"缉熙殿"。至度宗即位,改建其东宫新益堂为"熙明殿","以为讲读之所"。有时,皇帝也专程去太学,在敦化堂听大臣和学官讲古代经史⑤。

四、讲读的方式和方法

　　宋朝经筵讲读的方式和方法,经过不断地摸索和改进,日趋完善并制度化。讲读的方式,包括经筵官坐讲或立讲,旁听官坐听或立听;经筵官轮流值日讲读和值宿;为讲官设搁书策的架子;史官到场记录;宰执等大臣旁听。讲读的方法,主要采用主讲官讲解,皇帝提问质疑,主

---

①　《长编》卷381。
②　《国朝诸臣奏议》卷50《百官门·经筵》,程颐:《上宣仁皇后辩顾临所言非是》。
③　《河南程氏外书》卷12。
④　《长编纪事本末》卷92《哲宗皇帝·讲读》。
⑤　《宋会要》职官6之59;《要录》卷52;《乾道临安志》卷1《行在所·经筵》;《要录》卷151;潜说友:《咸淳临安志》卷1《宫阙一》。

讲官回答等。此外,还使这些讲读的方式和方法成为制度。

宋太祖开宝间(968—976 年),召王昭素至便殿谈话,"赐坐,令讲《易·乾卦》"。真宗天禧间(1017—1021 年),形成制度:"凡侍臣讲读,皆赐坐。讲者设本于前,别坐而听"。这种主讲官坐讲和其他"讲读官皆坐侍"的讲读方式,到仁宗初年才有所改变。仁宗即位初年,即乾兴元年,年龄尚幼,在迩英阁,"跂案以听之",较为费劲,翰林侍讲学士孙奭为"便于指示","因请立讲",乃由刘太后作主,决定"当讲读者,立侍敷对,余皆赐坐侍于阁中"。具体方式为"每说书日,侍臣皆先就座,赐茶讫,彻席立讲;讲毕复坐,赐汤。"于是形成了讲读官"皆立侍"的制度。这就是说,主讲官和其他旁听的讲读官在开讲时全部站立。到皇祐三年,仁宗见到旁听的讲读官们一直毕恭毕敬地侍立,疲惫不堪,多次"面谕以经史义旨须详悉询说,卿等无乃烦倦否?"杨安国等人回答说:"不敢。"仁宗乃下诏规定:"迩英阁讲读官,当讲读者立侍敷对,余皆赐坐侍于阁中"。从此,主讲官站立讲读,其余官员坐侍的方式成为"永制"。这时的讲读方式大致为"讲读官谼门上赐食,俟后殿公事退,系鞋以入,宣坐赐茶,就南壁下以次坐,复以次起讲读。又宣坐赐汤。"然后告退。"谼门"即内宫东华门直北的东向门,西与内东门相直①。到神宗熙宁元年(1068 年),朝廷上还曾就立讲和坐讲问题进行了一场争论。翰林学士兼侍讲吕公著、王安石等提议:按照"故事,侍讲者皆赐坐。自乾兴以后,讲者始立,而侍者皆坐听。臣等窃以谓侍者可使立,而讲者当赐坐。"要求"付礼官考议"。仁宗下诏送太常礼院"详定以闻"。于是判太常寺韩维和刁约等奏申:"祖宗以来,讲说之臣多赐坐者,以其敷畅经艺,所以明先王之道。道之所存,礼则加异。"支持吕、王等人的提议。另几位判太常寺龚鼎臣和苏颂、周孟阳等则提

---

① 《长编》卷 3;《宋会要》职官 6 之 57;范祖禹:《帝学》卷 7;程大昌:《考古编》卷 10《立讲》;范镇:《东斋记事》卷 1。《长编》卷 171,皇祐三年九月丁丑条云:"天圣以前,讲读官皆坐侍,自景祐以来皆立寺。"据以上史籍,讲读官自乾兴元年起立侍,至景祐间(1034—1038 年)仁宗已二十四至二十八岁,无需"跂案以听之",且刘太后已死,故《长编》载景祐间始立讲,实误。

出：“侍从之臣见于天子，若赐之坐，有所顾问，犹当避席立语。况执经人主之前，本欲便于指陈，则立讲为宜。”他们以这种方式经历仁宗和英宗两朝，行之五十年为理由，认为“讲官侍立，伏请仍旧施行”。从以后的实行情况考察，仁宗采纳了龚、苏等人的意见。熙宁初，有一次王安石“因讲赐留”，神宗“面谕”说：“卿当讲日可坐。”王安石“不敢坐，遂已”①。可见依旧实行主讲官的立讲制。《神宗正史·职官志》还具体规定讲读官到迩英阁中，“率以履见”皇帝，“列墩命之坐，赐茶”；“讲读毕，赐汤，乃退”②。对主讲官立讲的方式，到哲宗元祐元年，崇政殿说书程颐又提出异议。他说：“经筵臣僚，侍者坐而讲者独立，于礼为悖。”要求“今后特令坐讲，不惟义理为顺，以养主上尊儒重道之心。”他进一步提出，因为主讲官“在御案旁以手指书，所以不坐”，不妨“别令一人指书”，主讲官便可“稍远御案立讲”。程颐的建议显然没有得到采纳，因为给事中顾临加以反驳说：“延和（殿）执政得一赐坐啜茶，已为至荣，岂可使讲读小臣坐殿上！”同时，程颐后来也夸奖范纯仁“经筵坐睡”，是“胸中无事如此”③。说明依然是主讲官立讲，其他讲读官坐听。

南宋孝宗时，似乎又恢复北宋初讲读官皆赐坐的制度。乾道四年（1168 年），前四川制置使汪应辰说：“凡经筵官侍讲、侍读皆赐坐，而独记言动者皆立。”④替修起居注官侍立抱不平。宁宗在绍熙五年八月十七日亲自规定，讲官分为早讲和晚讲，“早讲殿上，晚小衫坐讲”。但十九日又下诏“复罢经筵坐讲”。到嘉定二年（1209 年），侍读章颖等重提此事说：“前此未有晚讲坐讲，自陛下始行之，书之国史，为法来世。”⑤但依然不清楚此时是否又恢复了晚讲坐讲的制度。

宋朝经筵官还实行轮流值日讲读和值宿制。太宗时，命翰林侍读

① 范祖禹：《帝学》卷 7；苏颂：《苏魏公文集》卷 16《驳坐讲议》。
② 《宋会要》职官 6 之 58。
③ 《长编》卷 373；《河南程氏外书》卷 11，卷 12。
④ 《宋会要》职官 6 之 62。
⑤ 《玉海》卷 26《帝学·绍熙晚讲》；《宋史》卷 37《宁宗一》。

吕文仲"寓直禁中"御书院,"以备顾问"①。约从仁宗即位那年设置四名崇政殿说书开始,规定"日以二人入侍讲说"②。因为有了正式编制,经筵官固定,便能实行轮流值日讲读制。由于当时实行隔天开讲一次,每名经筵官实际每四天入讲一次。直到哲宗即位之初,年尚幼,经筵官依旧在资善堂轮流宿值。至元祐元年三月,下诏"讲读官更不轮资善堂宿直"。元祐六年,规定每次经筵结束后,留讲读官各一员,在迩英阁"奏封"③。南宋时,讲读官改在学士院值宿。孝宗隆兴元年八月,直学士院刘珙"以直宿位次屋宇窄狭,乞行展盖"。取得孝宗同意。十一月,正式恢复"真宗故事,轮讲筵学士院官直宿禁林,每夕两员,以备宣引咨访"。但是,其中也有一些困难:"两人难独召,若同召,则议论难尽。"故至乾道八年,下诏只派一人轮流值宿。如遇朝廷有新的任命而学士院"宣锁",经筵官已入值,往往闻命"苍黄而出"。如值宿者正是学士院的官员,"就留锁院,则不系当日与否,往往特宣",便起草制词。经筵官每次值两宿,称为"头直"和"末直"。度宗时,重申经筵官轮流宿值的制度,"以便访问"④。

宋仁宗初年,特地设置"象架庋书策外向,以便侍臣讲读"。这种"象架"近乎现今的讲台。又因主讲官孙奭"年高视昏",遇天色阴晦,看书不清,"即为徙御坐于阁外"⑤。

从仁宗至和元年(1054 年)起,规定开讲筵时,要史官即记注官到场记录。此年八月,知制诰贾黯上疏说:"陛下日御迩英阁,召侍臣讲读经史,……而史臣不得与闻,臣窃惜之。欲乞令修起居注官入侍阁中,事有可书,随即记录。"仁宗赞同,下诏"赐坐于御坐西南"⑥。但不

① 《宋会要》职官 6 之 56;范祖禹:《帝学》卷 3。
② 《长编纪事本末》卷 29《仁宗皇帝·讲筵》。
③ 《宋会要》方域 3 之 21,《长编纪事本末》卷 92《哲宗皇帝·讲读》。
④ 周必大:《淳熙玉堂杂记》卷下;《玉海》卷 26《帝学》;潜说友:《咸淳临安志》卷 2《宫阙二·学士院》。
⑤ 《长编纪事本末》卷 29《仁宗皇帝·讲筵》。
⑥ 《长编》卷 176。

久,修起居注石扬休认为自己"坐远,不尽闻,虑记录或有所遗",提出"史官记言动,当立以侍"。于是仁宗又"命侍立于讲读官之末"①。哲宗元祐元年,崇政殿说书程颐上疏说,"间日讲读,则史官一人立侍",但"史官之职,言动必书,施于视政之时则可,经筵讲习之所,乃燕处也,主上方问学之初,宜心泰体舒,乃能悦怿"。他认为这反而会使皇帝感到拘束,所以他建议今后宰臣一月两次赴经筵,到时"因令史官入侍"②。孝宗淳熙八年(1181 年),重申"讲筵记注官侍立,并以所闻退书其实"③。

宋仁宗时,开始将经筵活动编纂成书。景祐三年(1036 年),崇政殿说书贾昌朝上言,经筵因"事在双日,杳隔严宸,时政记、史馆日历及起居注莫得纂述"。他已将自景祐元年春至二年冬,"凡书筵侍臣出处升黜、封章进对、燕会赐与,皆用存记,列为二卷,乞送史馆"。仁宗将此书命名《迩英、延义二阁记注》,又命翰林学士承旨章得象等继续修纂④。此后,不断编修,整个仁宗朝就有《迩英、延义二阁记注》六十余卷。哲宗元祐六年(1091 年),翰林学士范百禄等请仿仁宗朝"故事","专一纂录""讲读之事"。哲宗乃令讲读、记注官"同共编修"。南渡后,继续编纂此类专书。如高宗绍兴二十八年(1158 年),采纳起居舍人洪遵"以经筵官进对、讲读、问答等事,悉行编录,以《迩英记注》为名"的请求⑤,讲筵记注得以不致终断。

在经筵开讲时,宋朝皇帝鼓励宰辅们旁听。仁宗即位初,要求辅臣们一起旁听侍讲学士孙奭讲《论语》⑥。中书门下和枢密院大臣听讲时,即在侍读官前设座⑦。到哲宗初年,已经形成宰辅每十天一至

---

① 《宋史》卷 299;范祖禹:《帝学》卷 6。
② 《长编》卷 381。
③ 《皇宋中兴两朝圣政》卷 59《孝宗皇帝十九》。
④ 《长编》卷 118。
⑤ 《长编》卷 464;《长编纪事本末》卷 92《哲宗皇帝·讲读》;《续宋编年资治通鉴》卷 6《宋高宗六》。
⑥ 《长编纪事本末》卷 29《仁宗皇帝·讲筵》。
⑦ 《宋会要》职官 6 之 57。

经筵听讲的制度,但"止于默坐而已"。崇政殿说书程颐针对这一现象,提议改为一月两次同赴经筵①。南渡后,常常在经筵官讲某一古代经典或政书结束的那天,特召宰执听讲。如高宗绍兴二十三年十一月、绍兴二十五年四月,讲《尚书》、《周易》终篇,皆"特召宰执听讲"。孝宗淳熙八年四月,也曾诏丞相赵雄等赴经筵听读《正说》"终篇"②。

　　经筵讲读主要采用主讲官讲解,皇帝提问质疑,主讲官再回答的方法。仁宗在庆历四年在迩英阁经筵上出示"御书十三轴",共三十五事,有"遵祖宗训"、"奉真考(案即真宗)业"、"祖宗艰难,不敢有坠"、"守信义"、"不巧诈"、"好硕学"等。翰林侍读学士丁度等当即表示愿"注释其义"。十数天后,丁度等将所撰《答迩英圣问》一卷进呈,仁宗读后,指出其中"体大者六事,付中书、枢密院令奉行之"③。庆历五年(1045年),有一次在迩英阁讲《诗·匪风篇》"谁能烹鱼,溉之釜鬶。"仁宗问:"《老子》谓'治大国若烹小鲜',义与此同否?"丁度答道:"烹鱼烦则碎,治民烦则散,非圣学深远,何以见古人求治之意乎!"神宗元丰六年(1083年)四月,由蔡卞讲《周礼》至"司市"。神宗问:"先王建国治市,独如此其详,何也?"蔡卞答道:"先王建国,面朝而后市。朝以治君子,市以治小人,不可略也。"神宗又问:"市,众之所聚,详于治众故也。后世治市之法缺略,今可求而复乎?"蔡卞答道:"先王之时,有乡有遂,有朝有市,有事相须也。"④这两则记载都较简单,但已可见君臣之间问答的大概。如果皇帝在讲筵经常沉默不语,无所询问,讲读官就要提出意见。如英宗治平二年(1065年)十月,侍讲司马光看到英宗自"御迩英阁,未尝发言,有所询问",上疏说:"学非问辨,无由发明。今陛下若皆默而识之,不加询访,虽为臣等疏浅之幸,窃恐无以宣畅经

---

① 《河南程氏文集》卷6《上太皇太后书》;《长编》卷361。
② 《宋会要》职官6之60、61;《玉海》卷26《帝学》。
③ 《长编》卷147。
④ 《长编》卷155,卷334;范祖禹:《帝学》卷8。

旨,裨助圣性。"他希望英宗"自今讲筵,或有臣等讲解未尽之处,乞赐诘问。或虑一时记忆不能详备者,许令退归讨论,次日别具札子敷奏,庶几可以辅稽古之志,成日新之益。"英宗"嘉纳之"①。哲宗元祐六年,右仆射刘挚也敦劝哲宗在经筵"宜频有询问"。理宗时,真德秀在经筵卷子中更明确要求理宗在"经筵讲读之际,有切于身心、关于政治者,时发玉音,质问所疑,俾臣等得以悉心以对;如有未谕,即乞再三诘难,必圣心洞然无疑而后已"②。这种君臣之间切磋琢磨的讲读方法无疑会取得较好的效果。

有时在经筵上,讲读官之间允许争论,各抒己见。如哲宗元祐初,有两位讲读官论诸葛亮一生的事业,说:"战伐所丧亦多,非'杀一不辜而得天下不为'之事。"程颐反驳说:"二公语过矣。'杀一不辜而得天下不为',谓杀不辜以私己。武侯以天子之命讨天下之贼,何害?"徽宗时,侍读曾肇和温益也曾在经筵争论,曾肇读《史记》至"尧崩三年之丧"毕,阐释说:"尧、舜同出黄帝,舜且为尧丧三年者,舜尝臣尧故也。"温益表示异议说:"《史记》世次不足信。若尧、舜同出,则舜娶尧女,为娶从祖姑。"曾肇"以《史记》世次,《礼记》祭法大傅之说,质于上前。"温益因而"语塞"③。这些争论仅局限于学术范围,还没有涉及当时现实政治。

以上经筵讲读的方式和方法,经过不断地摸索和改进,逐步完善,并且日趋法制法。到元丰二年(1079 年)制定《诸司式》时,其中包括《经筵式》在内。神宗审阅到此式中规定"开讲、罢讲申中书"时,提出异议,说:"此非政事,何预中书? 可刊去之。"④从而使《经筵式》变得更加合情合理。《经筵式》的制订说明有关讲筵的活动皆有法式可依。

---

① 范祖禹:《帝学》卷 7。
② 《长编》卷 455;真德秀:《西山真文忠公文集》卷 18《经筵卷子》。
③ 《河南程氏遗书》卷 3;杨时:《龟山集》卷 29《曾文昭公行述》。
④ 范祖禹:《帝学》卷 8。

五、经筵讲读的内容和"讲义"、
"故事"等教材的编写

宋朝经筵讲读的内容较为广泛,可以分为数类,第一类是古代经典,如《周易》、《尚书》、《周礼》、《毛诗》、《春秋》、《孝经》、《左氏春秋》、《孟子》、《大学》、《论语》、《五经精义》(仁宗时讲读官编)、《四书集注》(朱熹编)等。第二类是前朝史书和政书,如《前汉书》、《后汉书》、《旧唐书》、《资治通鉴》、《史记》、《陆贽奏议》、《稽古录》等。第三类是本朝的史书和政书,如《正说》(十卷,共五十篇,宋真宗编。记所读经史中"可为后世法者",《序》"备言监古为治之意")①、《三朝宝训》(三十卷,吕夷简编,记宋太祖、太宗、真宗的"宝训")②、《祖宗圣政录》、《三朝经武圣略》、《五朝宝训》(吕夷简、林希编)、《神宗宝训》(五十卷)、《高宗宝训》(七十卷,国史实录院进)③。第四类是有关专书。如《帝学》八卷、《续帝学》十卷等。《帝学》系哲宗元祐五年给事中兼侍讲范祖禹所编,纂录古代贤君至宋神宗的务学事迹,主旨为劝讲,每条后附论断。自上古至汉、唐二卷,自宋太祖至神宗六卷,"于宋诸帝叙述独详,盖亦本法祖之意,以为启迪也"④。至宁宗嘉定十一年(1218年),记注官李埴仿此书体例编成《续帝学》一书,纂录神宗后五朝皇帝的务学事迹⑤。

宋朝皇帝即位时的年龄大都在十九岁以上,太祖和太宗、孝宗、光宗皆三十四岁以后才即位,即位年龄最小的是哲宗(十岁)和仁宗(十三岁)。在即位前,他们大都已经受到了良好的皇储教育,具有一定的文化修养和政治才干。但因为年龄层次和各人兴趣爱好的不同,他们

---

① 《玉海》卷29《圣文·天禧正说》。
② 《长编》卷111。《宋史·艺文志二》作《三朝太平宝训》三十卷。
③ 《宋史》卷203《艺文志二》。
④ 《长编》卷447;范祖禹《帝学》四库提要。
⑤ 《玉海》卷26《帝学》。

需要学习的内容不免有些差别。如仁宗十三岁即位,开始时除学习古代经典外,还有的学者专门编绘如同现今连环图一样的画册。如李淑依据《三朝宝训》,编绘成《三朝训鉴图》十卷①。到仁宗十五岁时,由讲读官马宗元讲解《孝经》。十六岁时,由侍讲学士孙奭讲解《曲礼》。十七岁即天圣四年(1026 年),由侍读学士宋绶等读《(旧)唐书》。是年,刘太后命选择"前代文字可资孝养、补政治者,以备帝览"。于是大臣们录进了唐朝谢偃《惟皇诫德赋》、《孝经》和《论语》"要言"以及唐太宗撰《帝范》三卷、唐玄宗臣僚所献《圣典》三卷、《君臣政理论》三卷,供仁宗学习②。这标志着仁宗开始学习统治国家的理论和方法。从明道元年(1032 年)起,仁宗在讲筵上学习《三朝宝训》、唐诗、《春秋》、《(旧)唐书》列传(限于"义切于规戒者")、《正说》、《左氏春秋》、《周易》、《经史规鉴事迹》(丁度、李仲容编)、《祖宗圣政录》、《三朝经武圣略》、《五经(周易、尚书、礼记、春秋等)精义》等③。

宋太祖和太宗、真宗以"而立"之年黄袍加身,他们在讲筵所学的内容就由自己亲自选定,太祖主要读《周易》;太宗也读《周易》,晚年读《尚书》;真宗先读《尚书》,后读《周易》、《礼记·中庸篇》等。此后,形成惯例:凡新皇帝"初御经筵",必由讲筵所"具奏请点定讲读经史"。

宋神宗即位时二十岁,血气方刚,在王安石等人的支持下进行变法。讲筵最初读《礼记》,王安石提出"《礼记》所载多驳杂,乞令讲《尚书》",神宗即命改讲《尚书》。随后又由司马光读《资治通鉴》。再读《诗》、《史记》④。至熙宁十年(1077 年),侍读邓润甫和陈襄进读《史记》,顺便请示:"司马迁载秦、汉以来君臣事迹,有不可陈于君父之前者,如《吕不韦传》之类是也。"神宗说:"类此者,皆缺之勿读。"侍读沈季长和黄履奏申:"讲《诗》毕,请讲何经?"神宗说:"先王礼乐法度莫详

---

① 《宋史》卷 203《艺文志二》。
② 《长编纪事本末》卷 29《仁宗皇帝·讲筵》;《长编》卷 104。
③ 范祖禹:《帝学》卷 4;《长编》卷 116,卷 120,卷 124,卷 146;《长编纪事本末》卷 29《仁宗皇帝·讲筵》。
④ 范祖禹:《帝学》卷 7,卷 8。

于周,宜讲《周礼》。"①此后,讲《周礼》和《后汉书》等书②。

宋室南渡后,有鉴于国破家亡的惨痛教训,高宗尤其推崇《春秋》一书,旨在尊王攘夷,动员全国力量来抵御金朝军队的南侵。绍兴二年(1132年),高宗命侍读胡安国读《春秋》,要求胡安国"随事解释,不必作义,朕将咨询"。数月后,命经筵官轮流供进《春秋》口义一篇。至绍兴八年,还由侍讲张九成讲《春秋》。由于高宗的倡导,许多学者纷纷从事《春秋》的研究,写出了不少专门的著作。当时供进的《春秋》学专著,有杜谔《春秋传》、徐俯《春秋解义》、邓名世《春秋四谱》、环中《春秋年表》、文旦《春秋要义》、柴翼孟《春秋尊王聚断》等③。高宗还爱读《左氏春秋》、《论语》、《孟子》、《三朝宝训》等。如绍兴五年,命侍讲朱震和范冲讲《左氏春秋》。绍兴八年,命讲读官读《三朝宝训》、《孟子》、《春秋左氏传》、《尚书》。其中《孟子》一书,至绍兴十六年(1146年)才讲毕,而《尚书》至绍兴二十三年(1153年)讲完,《三朝宝训》至绍兴二十七年(1157年)讲完④。显然,高宗从头至尾系统地学习了这些书籍。

理宗时,程、朱理学被定为官方哲学,朱熹的《四书集注》被视为经典著作。二程、朱熹的著作必然进入讲殿,成为经筵官讲读的教材。如端平元年(1234年),理宗下诏:进士何霆分类编纂朱熹的注解文字,"有补经筵,授(上州)文学"⑤。同年,真德秀在讲筵多次为理宗读《大学章句》,包括《康诰》、《汤之磐铭》、《格物致知》章、《诚意》章、《修身在正其心》章、《齐家在修其身》章、《治国必先齐其家》章、《絜矩》章、《平天下》章等。真德秀在读《大学》正文后,阐释时必定说明"朱熹之说已尽之矣",或"朱熹之说当矣","尝闻朱熹之说","故朱熹尝言"等。偶尔也说"程颐尝谓"⑥。淳祐间(1241—1252年),徐鹿卿和徐元

---

① 《长编》卷285。

② 范祖禹:《帝学》卷7,卷8。

③ 《要录》卷56,卷59,卷121,卷63,卷90,卷104,卷150。

④ 《要录》卷87,卷121,卷155,卷165,卷178。

⑤ 《宋史》卷41《理宗一》。

⑥ 真德秀:《真文忠公文集》卷18《经筵讲义》。

杰都在讲筵多次为理宗读朱熹《通鉴纲目》①。

综观宋朝经筵的各种教材,可知有些是用以充实皇帝的经、史等文化基本知识,有些是传授政治理论和统治方法、统治经验,还有一些则是指导自我修养的理论和方法。至于某一时期学习某种教材,则决定于皇帝当时的年龄、政治成熟程度、国内外环境以及个人的爱好等。对于政治上已较为成熟的皇帝,往往偏重于学习可供自己"鉴戒"或"规戒"的内容,从中吸取经验和教训。如庆历四年(1044年),一次讲读《诗》,从《鸡鸣》讲到《南山》篇。此前,讲官不打算读《新台》,仁宗发现后,对曾公亮说:"朕思为君之道,善恶皆欲得闻,况《诗》三百,皆圣人所删定,必存劝戒,岂当有避也!"乃命"自今讲读经史,毋得辄遗。"侍讲贾昌朝在读《春秋左氏传》时,"每至诸侯淫乱事,则略而不说"。仁宗问其原因,贾昌朝如实回答。仁宗说:"《六经》载此,所以为后王鉴戒,何必讳?"②仁宗希望通过所读内容知道善和恶两方面的情况。但仁宗并不总能如愿以偿。嘉祐五年(1060年),右司谏赵抃发现"今经筵侍讲者,讲吉不讲凶,讲治不讲乱;侍读者,读得不读失,读存不读亡,臣愚以谓非所以广聪明之义也。"他认为"人主之御天下也,其聪明必欲广,聪明广,则祸福之鉴远矣;其尊威必欲重,尊威重,则天下之理明矣。"所以他提醒仁宗"命经筵臣僚临文讲诵无有隐讳,至于吉凶、治乱、得失、存亡之所由兆,尤宜详究铺陈之,使祸福之鉴日闻,宗庙社稷无穷之福也。"③赵抃希望统治者充分了解正、反两方面的情况,从而获得借鉴的经验和教训。

讲读的内容往往是由皇帝亲自选定的,而具体计划则由经筵官拟定,再申报皇帝批准。如前述熙宁十年,侍读沈季长、黄履问神宗在讲《诗》完后应读何经,神宗决定读《周礼》。又如淳熙七年,讲读官史浩和周必大为孝宗订出学习计划,准备读《三朝宝训》,该书共十五卷,每

---

①　徐元杰:《楳埜集》卷1《进讲日记》;徐经孙:《清正存稿》卷4《讲章》。

②　《长编》卷141;欧阳修:《归田录》卷1。

③　《国朝诸臣奏议》卷50《百官门·经筵》,赵抃:《上仁宗乞命臣僚等讲无隐讳》。

次进读一卷,至四月内读完①。实际情况是到这年五月才读完此书②。

讲读官在经筵上讲解古代经史时,一般都要事先写好"讲义"或"口义"。神宗元丰元年(1078 年),命崇政殿说书陆佃在讲读前一日供进讲义,从此成为惯例:"经筵前一日进讲义"。至哲宗元祐五年(1090年),改为"今后具讲义次日别进"③。今存宋人文集中保存了许多《经筵讲义》,有时称"迩英进读"、"讲筵进记"、"讲筵卷子",有时称"口义"、"讲章"等。这些讲稿一般先列古代经史书名,后摘引该书的相关段落,再以"臣闻"或"臣谓"二字开头,解释这段文字的内容,结合当时实际加以阐发。如周必大的《经筵讲义》,内容是讲《周礼》,"周礼"二字下注明"乾道七年九月二十五日",为讲读的日期。该讲义的第一段为《周礼》的原文"岁终则会,唯王及后之膳禽不会",接着是周必大的解释:"臣谓岁终则会,欲知多寡之数也。王及后尊矣,故不会其数。虽然节以制度,固自有要,特有司不以常法会之耳。恭闻真宗皇帝西幸巩、洛,得生鲤,不忍食而纵之;悯羔羊叫号,即诏尚食自今勿杀。当是时,民安其业,家给人足,固已追三代之盛,乃犹因庖厨而寓好生之德。所谓本末并举,诚可为万世法。彼梁武帝者,岂足以知此哉!不法先王之仁政,而区区于释氏之教,宗庙之祭不用血食,太官之膳下同僧道,及信侯景之奸,则视生灵肝脑涂地而弗恤,倒置如此,盖周官之罪人也。"④类似例子颇多。

从哲宗元祐二年(1087 年)起,规定侍读官遇不开讲的日子,轮流撰汉、唐时"故事""有益政体者"两条进入⑤。同年,采纳侍读苏颂的建议,命史官、学士每日抄录新、旧《唐书》数事缴进⑥。这也属于"故事"范围。南渡后,从高宗建炎四年(1130 年)起,要求讲读官及翰林学士、

---

① 史浩:《鄮峰真隐漫录》卷 8《经筵论进读"宝训"札子》。
② 《皇宋中兴两朝圣政》卷 58《孝宗皇帝十八》。
③ 《玉海》卷 26《帝学》;《长编纪事本末》卷 92《哲宗皇帝·讲读》。
④ 周必大:《文忠集》卷 154《经筵讲义》。
⑤ 《长编》卷 407。
⑥ 《玉海》卷 26《帝学·经筵进故事》。

两省官每日轮流录进前代和本朝"涉治体"的"故事"三条。绍兴元年，又要求侍从官与讲读官等一样"日进故事"①。直到孝宗至理宗朝，"进呈故事"的制度照常执行。洪适、史浩、方大琮、徐鹿卿等诗文集均还保存所进"故事"的原文，其内容和书写格式基本与"讲义"相同，但数量一般为两条，有时仅一条②。为了督促和检查以上有关官员能按规定撰进"故事"，哲宗元祐二年规定侍读官每旬一次将所进"故事"录申三省。高宗建炎四年，又令讲筵所置历，统计有关官员进"故事"情况。从绍兴十三年（1143年）起，讲筵所胥吏"辄违旧制，取索（故事）副本，称讲筵要用"。至绍兴二十六年（1156年），御史中丞汤鹏举上疏指出，这必定是"怀奸之人自为朋党，惟恐臣下献忠背违其意，故令吏胥取索"。他建议今后不许取索副本，"只乞令就通进司进入，庶几臣下得以输密勿之忠"。高宗依从③。汤鹏举所暗指"怀奸之人"自然是刚死不久的秦桧。

六、经筵官的待遇

宋朝经筵官由于作为皇帝的教官，得以经常亲近皇帝，在社会上享有较高的地位。真宗时，侍读的"班秩次翰林学士，禄赐如之"，"日给尚食珍膳"，"中谢日赐与如翰林学士"④。按照"建隆以后合班之制"，翰林侍读、侍讲学士立班在翰林学士和资政殿学士之后，在龙图阁学士和天章阁学士之前⑤。翰林侍读、侍讲学士的俸禄、衣赐与翰林学士相同，而翰林学士的每月俸禄、衣赐按其本官领取，另春、冬各给绫五匹、

---

① 《宋会要》职官6之59。
② 洪适：《盘洲文集》卷64《经筵故事五篇》；陈傅良：《止斋先生文集》卷28《右史进故事》；张孝祥：《于湖居士文集》卷17《奏议·进故事》；史浩：《鄮峰真隐漫录》卷11《进呈故事》；方大琮：《铁庵集》卷4《进故事》；徐鹿卿：《清正存稿》卷2《己巳进故事》、《三月壬辰进故事》。
③ 《玉海》卷26《帝学·经筵进故事》；《要录》卷173。
④ 《宋会要》职官6之57；《长编》卷45。
⑤ 《宋史》卷168《职官八》。

绢十七匹、罗一匹、绵五十两。如太常卿、宗正卿、左右丞、侍郎兼侍读、侍讲，各给绫七匹、绢二十匹。在领取月俸时，全部领取现钱，不需部分折支实物①。神宗元丰改制后，据《神宗正史·职官志》记载，侍读和侍讲正七品，崇政殿说书从七品②。其月俸、衣赐按各自的寄禄官领取，另每月支取职钱十贯文（比太子侍读、侍讲的职钱二十五贯至二十贯低得多），元丰八年十二月特增侍讲、侍读官的职钱至三十贯③。哲宗元祐元年，程颐任崇政殿说书，数月后"尝质钱使"，其他经筵官以为"必是俸给大段不足"，问后才知"供职后不曾请俸"。其他经筵官"遂牒户部"，诘问不支俸钱给程颐的原因。户部索取程颐前任的历子（俸历），程颐说："某起自草莱，无前任历子。"朝廷遂命户部发给程颐俸历，并给予每月职钱二十贯。户部"初欲折支"，执政奏请馆阁官皆请现钱，"岂有经筵反折支"？于是户部规定今后崇政殿说书一例支现钱④。元丰改制后，经筵官大都属于兼职，只有程颐以布衣任崇政殿说书，为专职，所以出现了一时领不到月俸的情况。

南渡后，经筵官的实际经济收入有所提高。高宗绍兴十五年冬，命今后增给讲读官寒食、端午、冬至三大节的"节料"：观文殿大学士以上，钱一百五十贯、酒十瓶；资政殿大学士、学士以上，钱一百贯、酒八瓶；待制以上，钱五十贯、酒六瓶；"未系两制"的其他官，钱三十贯、酒四瓶⑤。绍兴三十二年十一月，据周必大记载：讲筵所例赐冬至"节仪"，讲读官钱五十千、酒六斗；修注官钱三十千、酒四斗⑥。基本上与绍兴十五年冬所定三大"节料"一致。

有时，皇帝特赐讲读官一笔铜钱，以示奖励。如仁宗至和元年

---

① 《宋史》卷171《职官十一》。
② 《宋会要》职官6之58。
③ 《长编纪事本末》卷92《哲宗皇帝·讲读》；《宋会要》职官6之58。
④ 《河南程氏遗书》卷19《伊川先生语五》；《长编》卷385，卷376。
⑤ 《朝野杂记》甲集卷9《中兴讲读官节料》。瓶酒数，据《宋会要》职官6之60。
⑥ 周必大：《文忠集》卷164《龙飞录》。

（1054年），赐翰林侍读学士杨安国铜钱五百贯①。

有关经筵官的俸禄制度，哲宗元祐元年已有"请给令"，详细规定了侍讲、侍读、说书的俸禄情况②。

经筵官在每次按计划讲读一部书结束时，按照"故事"首先是"皆迁一官"。孝宗淳熙七、八年间，史浩因讲读《三朝宝训》终篇，按例升转一官③。淳熙十三年冬，谏议大夫陈贾提出每次经筵讲读一书完毕，"自儒臣、修注，下至中人、吏士，皆迁一官。虽篙工、厮卒，无不沾被"，显见"酬赏泛滥"。孝宗采纳其说，加以裁减，"于是吏辈易转官为磨勘者，无虑三数百人。"淳熙十四年春，陈贾又奏申最近经筵读书终篇，"经筵转官者三十二人"，"冗滥极矣"。于是又行"省汰"④。但不管怎样"省汰"，经筵官得以升转官阶是不会减少的。其次是有些经筵官因读完一书或在讲席多年，特赐三品或五品官服。仁宗时，马宗元、马龟符、杨安国、曾公亮都曾因此被赐三品服，赵师民被赐五品服⑤。第三是在讲完一书或其他情况下，分赐经筵官礼物。如仁宗初，翰林侍讲学士孙奭与冯元讲《老子》三章，各赐帛二百匹。高宗时，一次赐侍读、侍讲新茶和复古殿墨各二十铤。又有一次，因讲《孟子》终篇，特赐当讲官鞍马、牙笏、金砚、水瓶、墨等⑥。直到度宗时，在经筵进讲《孟子》终篇时，仍赐侍讲、说书金带、牙简以及鞍马、香、茶等⑦。第四是在读完某书后，或在其他情况下，赐给经筵等官员"御宴"。如真宗景德四年（1007年），宴饯侍讲学士邢昺于龙图阁。仁宗嘉祐七年（1062年），以读《后汉书》终篇，赐讲读官宴于资善堂⑧。真宗和仁宗时，更多时间

①　《宋会要》职官6之57—58。
②　《长编》卷376。
③　史浩：《鄮峰真隐漫录》卷30《辞免"三朝宝训"终篇转官札子》。
④　《朝野杂记》甲集卷5《经筵转官裁省》。
⑤　《长编纪事本末》卷29《仁宗皇帝·讲筵》；《长编》卷147，卷160。
⑥　《长编纪事本末》卷29《仁宗皇帝·讲筵》；《宋会要》职官6之60。
⑦　王应麟：《四明文献集》卷3《代侍讲、说书官为经筵进讲"孟子"终篇……》。
⑧　范祖禹：《帝学》卷3；《长编纪事本末》卷29《仁宗皇帝·讲筵》。

"宴讲读官于崇政殿"①。宋室南迁,在经筵制度恢复正常的情况下,从高宗绍兴二十三年(1153年)十一月起,经常在读某书终篇后,赐侍读、侍讲、修注官御筵,有时包括宰执在内②。第五是将皇帝的墨宝赐给经筵官。如仁宗初年,在一次讲筵上,将亲书唐代名贤诗分赐讲读官和旁听的辅臣们。不久,召辅臣观冯元讲《论语》,分赐官员们"御飞白书"。皇祐(1049—1054年)后,每年端午节,必赐经筵官"飞白书扇"。高宗时,也常将自己的墨宝分赐经筵官。有一次,特赐"御书杜诗扇面"③。

　　宋朝在委任经筵官时,还必定在官诰上写皇帝的训词(又称"赞书")。如曾巩草拟过《侍读制》:"盖用儒学之臣,入阁侍读,所以考质疑义,非专诵习而已。其列于分职,始自开元,而朕尤意向之。某博通今古,服在从官。兹选甚高,属尔惟允。朕以未闻于史者,究观前世之变,而至夫理乱兴坏之际,未尝不反复焉。其悉所知,以辅朕志。是为尔守,其往钦哉!"周必大受命兼任侍讲后,在《谢侍讲表》中说:"考朝廷之制,凡兼文馆之官,虽宰司提领之尊,无内史训词之宠,惟陪经幄,必领赞书。"即使宰相兼领国史实录院、敕令所、玉牒所,仅"降敕而已"。"惟讲读官,下至说书,皆命词给告。"④这说明对经筵官确实优宠有加,"其礼数甚优渥,虽执政大臣,亦莫得与也"⑤。

　　经筵官由于时常接近皇帝,千载难逢,因此作为思想家便向皇帝阐述自己的思想体系,作为政治家便向皇帝宣讲自己的政治主张,极力施加影响。但如果急于求成,或被卷入政治漩涡,就难免受挫甚至招来杀身之祸。哲宗初,程颐在经筵,"专以正君心为本"。程颐"以师道自居,侍上讲,色甚庄,以讽谏,上畏之"。他设想了许多教育少年天子的办法,如建议"皇帝左右扶持祗应宫人、内臣,并选年四十五已上厚重

---

①　《河南程氏文集》卷6《又上太皇太后书》。
②　《要录》卷165。
③　《长编纪事本末》卷29《仁宗皇帝·讲筵》;范祖禹:《帝学》卷5;《宋会要》职官6之59。
④　《曾巩集》卷25《侍读制》;周必大:《文忠集》卷122《谢侍讲表》;《古今合璧事类备要》后集卷23《经筵门·侍讲》。
⑤　范镇:《东斋记事》卷1。

小心之人"；"择内臣十人充经筵祗应，以伺候皇帝起居，凡动息必使经筵官知之"；择十至十二岁的臣僚子弟三人作为陪读，"侍上左右"；等等。最初，在程颐讲读时，内侍、宫嫔们皆携纸、笔在后面记录，后来见程颐说到防"佞人"之类，"皆恶之"。所以，后来遭到了右谏议大夫孔文仲的攻击，说程颐的"陈说，凡经义所在，全无发明，必因藉一事，泛滥援引。"又说："上德未有嗜好，而常启以无近酒色；上意未有信向，而常开以勿用小人。"御史中丞胡宗愈也弹劾程颐，说"不宜使在朝廷"。于是罢程颐经筵，任权同管勾西京国子监①。程颐离开经筵的次年（元祐三年），侍读苏轼"每日进读之间，事有切于今日者，辄复尽言，庶补万一。"因论黄河等事，很快得罪了宰臣，监察御史王彭年指责苏轼"每当进读，未尝平易开释，必因所读文字，密藏意旨，以进奸说。闻轼言者，无不震悚。"又说苏轼"所进汉、唐事迹，多以人君杀戮天下，及大臣不禀诏令，欲以擅行诛斩小臣等事为献。若此言者，殊非道德仁厚之术，岂可以上渎圣聪！"还说："其在讲读，即非议论政事之所。"苏轼被迫辞去经筵，出知杭州②。宁宗初年，即召"倾心已久"的朱熹任侍讲，命读《大学》。一次晚讲，朱熹与理宗对话，相得甚欢，理宗谈读《大学口义》的体会说："看来紧要处，只在求放心耳。"朱熹顿首说："圣学高明，宜谕极是。老师宿儒，穷日竟月，不曾见得此意，说得此语。"但不久朱熹因卷入右丞相赵汝愚与权臣韩侂胄（汝州防御史）的斗争，朱熹得罪了韩侂胄，导致宁宗对朱熹的厌烦，说："始除熹经筵耳，今乃事事欲与预。"又说："朱熹所言多不可用。"于是突然下诏罢朱熹经筵③。理宗时，徐元杰深得信任，在经筵上积极出谋献策。右丞相史嵩之之父（弥忠）病死，理宗命其"起复"，继续任相，这一违反传统的做法激起了士大夫的激烈抗议，纷纷上书指斥史嵩之的种种劣迹，要求罢免史嵩之的

---

① 《古今源流至论》前集卷5《圣学》；《河南程氏外书》卷12；《河南程氏文集》卷6《论经筵第二札子》，《上太皇太后书》；《河南程氏遗书》卷19《伊川先生语五》；《长编》卷404。
② 《长编》卷419，卷422，卷424，卷431。
③ 《两朝纲目备要》卷3《光宗》。

相位。此时,徐元杰也上疏论史的起复,提出"宜许其举执政自代","令其终丧"。理宗不听,徐元杰"求去",理宗说:"经筵赖卿规益,何事引去耶?"但由此史嵩之对徐元杰颇为"憾之"。淳祐五年六月;徐元杰"轮当侍立","以暴疾谒告",半夜去世。"时谓诸公皆中毒,堂食无敢下箸"①。以上说明经筵官虽然社会地位较高,俸禄尚厚,但必须深得皇帝的信任、宰执的支持,方能立足;否则,引起皇帝的反感和宰执们的猜疑,就会被迅速撤换,甚至招来杀身之祸。

七、经筵制度的历史作用

在两宋三百二十年的漫长历史上,经筵制度得到不断的完善。由于各朝皇帝比较能够自觉地遵守制度、坚持讲读,因此促使经筵制度充分发挥了积极的作用。

第一、提高了最高统治者的素质。宋朝大多数皇帝经过皇储阶段的培养,即位后大都具有较高的文化素养,通晓古代经书,能书会画,有的还擅长赋诗谱曲。尤其重要的是,大都具备管理军国大事的才干。宋太祖和太宗出身武将,在黄袍加身后,在四出征战、处理政事以外,重视学习古代经史。如太祖"晚好读书,尝读《二典》⋯⋯"太宗也"性喜读书","讲学以求多闻"②。他们为以后历朝皇帝树立了勤学博闻的良好榜样,从而保证两宋大多数的最高统治者成为博学多才、处事干练的政治家。

第二、为最高统治者的正确决策提供了一个信息渠道和许多颇有价值的意见。宋朝皇帝拥有最终裁决权,他们除了假日和其他原因休息外,定期或不定期地坐殿视朝听政,召开不同范围的御前会议,审阅士民的奏章,作出决策。为了保证最高决策的及时性和正确性,深居宫苑的宋朝皇帝的信息传递渠道,大致有二府分班或合班奏事、臣僚章

---

① 《宋季三朝政要》卷2《理宗》;《宋史》卷43《理宗三》,卷424《徐元杰传》。
② 《宋史》卷3《太祖三》,卷5《太宗二》赞;范祖禹:《帝学》卷3。

疏、大臣留身奏事、台官的"月课"、监司和帅司以及走马承受的奏报、士民的上书、皇城司的探报等。经筵官的议论也是其中的渠道之一。

经筵官的职责原来只是替皇帝讲读经史和政书，并没有议论当朝政事的任务，更不需要替皇帝出谋献策。但是，对于皇帝而言，他们首先希望通过经筵讲读，"每见前代兴废，以为鉴戒"①。但并不以此为满足，他们还希望从经筵官了解朝廷和民间的一些情况，并且在某些重要问题的处理上征询这些饱学之士的意见，真正发挥这些皇帝私人顾问的作用。对于经筵官而言，他们期望向皇帝宣讲自己的思想理论和政治学说，反映朝廷和民间的各种情况，提出解决的种种办法。因此，在经筵上，讲读古代经史所用时间越来越少，议论当前政事所用时间越来越多。此外，经筵官还能在经筵外奏事、留身奏事等，为皇帝献计献策。

宋真宗时，在讲筵除听经筵官读《周易》以外，多次"访大臣能否"，了解朝廷大臣的才干和其他官员的反映②。理宗端平元年，在经筵官真德秀读完《大学》中的一章后，理宗问："有所闻否？"真德秀答道："臣无所闻。"因言及"财用窘匮"等。又有一次，理宗问："曾见丞相札子否？"真德秀答道："臣未之见，不知论何事？"理宗说："论虏使朝见事。"随后又一起讨论理宗接见蒙古使臣的仪式等事③。淳祐四、五年（1244—1245 年），崇政殿说书徐元杰入宫讲读。有一次晚讲，赐茶后，理宗问徐元杰："边头无他警否？"回答说："臣颇问人言，今岁未有警急之报。况陛下已戒饬将帅，严固备御，以防叵测。此其责全在边臣，惟时谨饬之，幸甚！"理宗说："是。"理宗又问："外间士论有何说？"奏云："但见士论惊喜，陛下一朝而易四台谏，恰在百僚行香艺祖殿之时，皆曰陛下英明，即艺祖之复见也。"理宗说："缘此曹积欺之深。"接着，又谈到"边患"和"边备"问题，理宗问："为今之计何先？"徐元杰答道，首次要像太祖"安制三边"那样，军队皆归枢密院统率，应该"增重枢庭之

①　范祖禹：《帝学》卷 3。
②　《长篇纪事本末》卷 21《真宗皇帝·圣学》。
③　真德秀：《真文忠公文集》卷 18《〈十六日〉讲筵进读手记》、《〈十二月十三日〉讲筵进读手记》。

选"，"举任边阃有声望之重臣，为缓急之倚仗"。其次是要立即下诏"开谕将帅、士卒与义勇、土豪之心，欠缺者补之，怨望者慰之，流离者招之。"藉此"以感动兵民之心，保境安边"。理宗"首肯"。又有一次"进讲"，理宗问："日来楮愈轻，无（何）策可救？"徐元杰答道："此在陛下与大臣商略，且如住造官会"，同时要"严伪造之禁"。理宗说："伪造之禁不严，则真伪莫辨，其直愈损。"徐元杰说："臣意正谓此。"理宗进一步问："内地钱绝少，如何？"答道："正缘人间不肯放楮，故楮无所归，而钱日以匿。况乎钰销漏泄，禁亦甚弛。"在其他时间的讲筵上，理宗还向徐元杰了解雨水、蚕麦生长、敌情、各地米盐价、楮价、监司郡守是否得人、和买、经界法实施情况等①。通过徐元杰，理宗打听宋蒙战争形势、士大夫议论、备边政策、会子、雨水、农事、物价等情况。可见经筵官的议论成为皇帝的信息渠道之一。

经筵官在讲读时，允许随事发表意见；统治者也鼓励经筵官结合"时事"讲读或另外表示意见。真宗时，翰林侍读学士邢昺讲说《尚书》十三次，《论语》十次，《孝经》和《礼记》、《易》各二次，他"据传疏敷引之，多及时事为喻"，"真宗甚嘉奖之"②。哲宗元祐三、四年（1088—1089 年），翰林学士兼侍读苏轼在开讲时，"每因进读之间，事有切于今日者，辄复尽言，庶补万一"。在读《三朝宝训》时，"因及时事"，"历言今赏罚不明，善恶无所劝沮。又黄河西方流，而强之使东；夏人寇镇戎，杀掠万余人，帅臣不以闻，朝廷亦不问，恐或衰乱之所"。但这些议论得罪了宰执，"当轴者恨之"③。神宗熙宁二、三年（1069—1070 年），因为各项新法的陆续实行，变法派和反对派展开了激烈的争论。尤其是反对派利用经筵讲读在神宗前屡次发表不同意新法的意见，而变法派则当场加以反驳。如熙宁二年十一月，侍读司马光在迩英阁，读《资治通

---

① 《宋史》卷 426《徐元杰传》；徐元杰：《楳埜集》卷 1《进讲日记》。
② 王偁：《东都事略》卷 41《邢昺传》。
③ 《苏轼文集》卷 29《论边将隐匿败亡，宪司体量不实札子》；《长编》卷 422；《古今合璧事类备要》后集卷 23《经筵门》。

鉴》汉纪至曹参代萧何为相国，一遵何之"故规"。司马光说："参不变
何法，得守成之道，故孝惠、高后时，天下晏然，衣食滋殖。"神宗问："汉
常守萧何之法，不变可乎？"司马光答道："何独汉也！使三代之君常守
禹、汤、文、武之法，虽至今存可也。……由此言之，祖宗之法不可变
也。"数天后，轮到崇政殿说书吕惠卿进讲，乘机阐述"法不可不变"的
理论说："先王之法，有一年一变者，正月始和、立法象魏是也。有五年
一变者……前日司马光言汉守萧何之法则治，变之则乱，臣窃以为不
然。"说明了他的理由。神宗回头问司马光："惠卿言如何？"司马光又
反复说明他的观点。"惠卿不能对，则诋"司马光说："光为侍从，何不
言？言而不从，何不去？"司马光说："是臣之罪也。"神宗急忙制止，说：
"相与论是非耳，何至是？"讲毕，赐坐阁外。随后，又命回阁内坐下。
神宗问大家说："朝廷每更一事，举朝士大夫汹汹皆以为不可，又不能
指名其不便者果何事也。"王珪说自己不了解情况。司马光说："朝廷
散青苗，兹事非便。"随后他谈了"非便"的理由，最后说："臣恐细民不
聊生矣。"吕惠卿反驳说："光不知此事彼富室为之则害民，今县官为
之，乃所以利民也。"也讲了青苗法的优点。司马光又谈了青苗法的种
种弊病，还说他陕西老家来人"皆言去岁转运司擅散青苗钱与民，今夏
麦不甚熟，而督责严急，民不胜愁苦。"吕惠卿说："光所言者，皆吏不得
人，故为民[患]耳。若使转运司、州县皆得其人，安有此弊！"司马光抓
住吕惠卿承认青苗法实行有弊，立即指出："如惠卿之言，乃臣前日所
谓有治人，无治法，国家当急于求人、缓于立法者也。"[①]这次争论涉及
该不该变法的根本理论问题和新法的重要措施之一青苗法的利弊问
题，司马光和吕惠卿的争论是十分激烈的。神宗正是鼓励双方畅所欲
言，从而衡量利弊，作出自己的判断。

　　由于经筵讲读的时间毕竟有限，经筵官难以尽抒政见。至神宗元
丰间（1078—1085年），规定经筵开讲时，在所进读的书内，"或有所见，

---

① 《宋会要》食货4之18;《三朝名臣言行录》卷7《丞相温国司马文正公》;范祖禹:《帝学》卷8将此
论争列在熙宁三年十一月,疑误。

许读毕,具札子奏陈"。仍将札子降付讲筵所,"载之注记"①。哲宗元祐五、六年,又规定"经筵陈三札"②。允许在讲读完毕后奏事,就是"留身"奏事,这是对经筵官的一种特殊的优待。南渡初,即高宗建炎元年,曾采纳翰林学士朱胜非的建请,准备重行此制③。至绍兴二年,依从侍读李弥大的建议,宣布今后"讲筵官不许留身奏事"④。大约在绍兴三年八月允许执政官如宰臣例留身奏事⑤后,又恢复了经筵官留身奏事的制度。绍兴二十八年(1158年),起居郎兼中书舍人洪遵要求依照"经筵官讲读毕,许留身奏事"的规定,允许记注官也依此施行⑥。这说明经筵官已获准留身奏事。孝宗淳熙二年,侍讲周必大在一次经筵留身时,递呈奏札一道,论两淮守将事。淳熙六年(1179年),已升为侍读的周必大在又一次经筵留身时递呈三份奏札,论述朝政⑦。宁宗即位初,即绍熙五年十月十九日,朱熹遇讲筵留身,奏疏要求罢修东宫,回大内居住;过宫向太上皇帝(光宗)请安,使之释怒;深诏左右勿干预朝政,振肃朝纲;改选寿皇(孝宗)山陵⑧。

通过经筵官在讲读时的议论和留身奏札,皇帝掌握了许多重要的信息和处置各种问题的方法,然后及时作出正确的决策。据现存资料,可知经筵官的议论和留身奏札直接影响皇帝决策的有以下一些方面:第一、用人方面。熙宁二年,神宗在经筵上问侍读司马光:"近相陈升之,外议云何?"司马光答道:"陛下擢用宰相,臣愚贱,何敢与?"神宗说:"第言之。"司马光说:"今已宣麻,诞告中外,臣虽言何益?"神宗说:"虽然,试言。"司马光答道:"闽人狡险,楚人轻易。今二相皆闽人,二参政皆楚人,必将援引乡党之士充塞朝廷,天下风俗何以更得淳厚?"

---

① 《宋会要》职官6之59。
② 牟巘:《陵阳集》卷8《咸淳辛未十二月初一日转对札子》。
③ 《宋会要》职官6之59。
④ 《要录》卷53。
⑤ 《要录》卷68。
⑥ 《宋会要》职官6之61。
⑦ 周必大:《文忠集》卷137《讲筵留身札子一首》,卷142《讲筵留身札子三首》。
⑧ 《朱文公文集》卷14《经筵留身面陈四事札子》。

神宗说:"然今中外大臣更无可用者,独升之有才智,晓民政、边事,它人莫及。"司马光随后推荐富弼。神宗"因历问群臣",问到吕惠卿,司马光说:"惠卿险巧,非佳士,使(王)安石负谤于中外,皆惠卿所为也。近日不次进用,大不合众心。"司马光随后还向神宗推荐苏轼、王元规、赵彦若可为谏官①。尽管神宗后来没有采纳司马光的建议,但说明神宗有意识地通过讲筵官了解在朝大臣们的情况,以便调整宰辅的人选。熙宁间(1068—1077年),天章阁侍讲陈襄向神宗举荐司马光、韩维、吕公著、苏颂等三十三人,指出司马光等三人"皆股肱心膂之臣,不当久外,乞诏还词苑,或居经帏,日侍燕闲,论思献纳"。神宗"不能尽用",但"其后皆为名卿贤相"②。孝宗乾道间(1165—1173年),太上皇后吴氏之妹夫张说除签书枢院。侍讲张栻在经筵"力言"张说"不宜执政",孝宗因而"感悟",即罢张说新的任命,改除提举万寿观。史浩在经筵荐举石𪢙等人,说"朝奉郎、福建路安抚司干办公事石𪢙器质纯静,不求闻知……"结果"皆召赴阙"。史浩再兼侍读,又荐薛叔似等十五人,"叔似召用,余以次收擢"③。理宗淳祐间(1241—1252年),徐鹿卿在经筵推荐太学上舍生黄时若,指出黄是理宗"登极以前住学之人,住学已四十一年,今年逾六十,几绝荣望,更无一人似此可以援例者"。建议理宗特准黄"赴淳祐十年殿试,留之监学,以劝多士"。徐元杰在讲筵读其奏札的"贴黄"说:"用人置籍,纪姓名,书其功过。"理宗说:"近日亦令置簿矣,庶有稽考。"徐元杰说:"用人常视其所举,如举主贤,则必引其类,此犹不可不考。"理宗说:"此尤有补于人心风俗之大者,朕皆当付外施行。"理宗还询问外朝对近日任命官员的反映,赞成徐元杰所提出的"自今须广咨访"的建议④。经筵官的建议当然不可能全被皇帝采纳,但可以肯定会产生影响。

---

① 《三朝名臣言行后录》卷7《丞相温国司马文正公》(引自司马光《日录》)。
② 陈襄:《古灵集》卷1《熙宁经筵论荐司马光等三十三人章稿》;《宋史》卷321《陈襄传》。
③ 《宋史》卷429《张栻传》,卷470《张说传》;史浩:《鄮峰真隐漫录》卷8《经筵荐石𪢙等札子》;《古今合璧事类备要》后集卷23《经筵门·侍读》。
④ 徐鹿卿:《清正存稿》卷2《经筵奏己见》之二;徐元杰:《楳埜集》卷1,卷2《进讲日记》。

　　第二、对外政策方面。理宗端平元年，真德秀进读《大学章句》毕，理宗问："虏（案指蒙古）使来议和，闻外间议论颇纷纷。"真德秀答道："臣却不闻外间议论。但自古兵交，使在其间，纵使虏人已犯边，若有使来，犹当礼接，况未尝犯我乎？或谓欲却而绝之，或谓宜拘留勿遣，此皆不可行，但当以礼遣之。万一露欲和之意，切不可轻信。盖金人昨以和误我，后来虏人又祖其故智，以误金人。今日虽不可沮其善意，亦不可堕其奸谋；边面之备，一事不可缺略，一日不可稽缓。"理宗又问："彼欲来朝见，如何？"真德秀反问："彼有国书否？"理宗答道："无之。"真德秀说："如无国书，何名引见？要之，只合就镇江发遣；必不得已，都堂接见可也。"后来，蒙古使臣"奉币来朝"，朝廷决定由理宗"临轩"接见使臣。理宗又在经筵多次与真德秀研究此事，真德秀提醒理宗："鞑使之来，不容不以礼接，边臣切不可恃此缓于修备。"又建议理宗手书叮咛之语分赐边臣，理宗"首肯"。①淳祐四、五年间，理宗与侍读及徐元杰在讲筵边读边议，徐元杰提议催促赵葵回京，以便了解对蒙战争情况，理宗当即赞同，说："是，是。当促召其来。"赵葵到临安后，徐元杰又提议：一是留赵葵在朝，因为"赵葵毕竟久在边间，与将帅士卒颇相谙。若阃外之事，专留其人于庙朝，以备咨访。臣知其家世忠实可托。"二是命人专探敌情，五日一次报告理宗。理宗皆予采纳②。

　　第三、抑制外戚方面。仁宗时，天章阁待制兼侍读张揆进读汉代《马后传》"至服大练、抑止外家"，"因言今妃族太盛，不可不裁损，使保其家"。"帝嘉纳之"。孝宗时，外戚钱端礼任参知政事，"窥相位甚急，馆阁之士上疏斥之"，皆为钱所逐。吏部侍郎兼侍读陈俊卿在进读《宝训》时，"适及外戚"，乘机说："本朝家法，外戚不预政，有深意，陛下宜谨守。"孝宗"首肯"，"久之，端礼卒不相"③。

　　第四、理财方针方面。哲宗元祐六年，在迩英阁读《三朝宝训》至

① 真德秀：《真文忠公文集》卷18《讲筵进读大学章句手记》、《讲筵进读手记》。

② 徐元杰：《楳埜集》卷2《进讲日记》。

③ 《宋史》卷294《张揆传》，卷383《陈俊卿传》。

"节费"，吕大防提出"浮费固当节，至于养兵以御患，而民不劳，故养兵之费不可节。"王岩叟也认为："大凡节用，非谓偶节一事便能有济，须每事以节省为意，则积日累月，自然有余。"哲宗颇为赞同。理宗端平元年，真德秀在讲筵"言及财用窘匮"，说："今日当此空匮之极，别无方法，只有撙节一事可行。"理宗说："近来既不出兵，省得生券一项费。"真德秀说："生券一项所费甚多，今不出兵，所省不少。"又说："若欲撙节费用，须陛下力行节俭，以为群臣之倡。"理宗说："然。"①这显示统治者赞成经筵官提出的节财方针。

　　第五、钞法、会子政策方面。哲宗元祐七年（1092 年），侍读顾临读《仁宗宝训》至钞法时，左仆射吕大防告诉仁宗钞法的本末，说北宋初运输香、药、茶、帛等至陕西变易粮食，一年不下二百四十万贯。从实行钞法后，"始令商贾于沿边入中见钱、粮草，却于京师或解池请盐，赴沿边出卖"。吕大防列举了钞法的五大利处。仁宗"甚善之"。端平初年，理宗在讲筵对真德秀说："外路会（子）价尚未能登，皆是监司、郡守不留意。"真德秀说："会价所以不登，固缘监司、郡守不留意，然其间亦有留意者。大率常物之情少则贵，多则贱。自故相在时印造多了，今又边事方动，未能减印造之数，所出太多，故贱。"他提议"朝廷专委版曹一二员，讨论利害而推行之，大抵必须少减印造。"理宗"欣然听纳"。徐元杰在讲筵也曾提议停止发行官会，严禁伪造，以控制会子价格②。说明吕大防和真德秀、徐元杰在钞法和提高会价方面的主张被统治者所采纳。

　　第六、救灾政策方面。仁宗时，在迩英阁讲《易·无妄卦》，杨安国联系到黄河水患问题，说："今河水圮决历五十年，役天下兵民，耗天下财用，未尝息大河，亦未尝复故道也。而兵民顿敝，何啻百千万计；地财委尽，何啻亿万万计，恐民不堪，国力不继。臣以为大河、犬戎自古为灾，当如尧、舜务顺民心，顺时修德，其灾自息，亦勿药有喜也。"主张从

---

① 《长编纪事本末》卷 92《哲宗皇帝·讲筵》；真德秀：《真文忠公文集》卷 18《讲筵进读手记》。
② 《长编》卷 471；《真文忠公文集》卷 18《讲筵进读大学章句手记》。

大的方针上"顺民心,顺时修德"。四年后,经筵讲《周礼》"大荒大札,则薄徵缓刑"。杨安国提出:"所谓缓刑者,乃过误之民耳。当岁歉则赦之,闵其穷也。今众持兵仗劫粮廪,一切宽之,恐不足以禁奸。"主张对抢粮的饥民实施严刑峻法。仁宗对此不以为然,说:"天下皆吾赤子也,一遇饥馑,州县不能存恤,饿莩所迫,遂至为盗,又捕而杀之,不亦甚乎?"认为饥民被迫"为盗",情有可原,应予宽大处理。哲宗初年,侍读苏轼在读《宝训》至太宗雍熙、淳化间事后,指出朝廷近四年由于赏罚不明,举措不当,导致"非水即旱,日月薄蚀,五星相凌,淫雨大雪"以及黄河泛滥。但"水旱虽天数,然人君修德,可以转灾为福"①。理宗时,徐经孙在进读太宗关于救灾的两次谈话后说,今年两浙、两湖、闽广遇旱,台州、处州、温州等地大水,"陵谷变迁,民生荡析,可为哀痛"。臣最近在进讲时曾请求"及时赈贷","蒙玉音,谕以速下施行",但"侧听月余,未见施行"。臣愿明诏大臣"检举见今州县水旱去处","选差清廉官吏,即与检放,仍急行赈济之实",或者调发常平义仓或丰收地区桩积的粮食,"以活饥民",免使流亡或沦为盗贼②。这些意见大都提醒统治者要及时调查灾情、落实救济措施,对灾区的安定和恢复生产起到一定的作用。

第七、边防方面。理宗时,徐元杰在经筵多次与理宗讨论边防机事。有一次,理宗问:"边境莫少动否?"徐元杰答道:"臣不知其如何。闻朝廷见措置备御,陛下宜常告戒将帅,严备要害。"理宗说:"当如此。"又有一次,理宗夸奖徐元杰说:"前日故事说得极是,中间亦甚切今日,边防国用,正是紧要。"徐元杰说:"诚如圣谕,但边防国用皆要得人,皆要责实。"理宗表示赞同说:"今日全要得人、责实。"接着,徐元杰谈到要培养和选择"文武知勇之士"和"才艺有计划之士","此却全要大臣逐节商量,把作课程,日日理会"。理宗完全同意,说:"要日日理会。"徐元杰补充说:"边防、国用,二者实相脉络,今不可以敌人少退,

---

① 《长编》卷169,卷177,卷414。
② 徐经孙:《矩山存稿》卷2《讲章·崇政殿经筵尚书讲义》。

而不疾速讲究,以为备御之重事。"理宗说:"此诚不可缓。"①徐元杰的
建议完全被理宗所接受,这不能不对理宗的决策产生影响。

此外,通过讲筵,经筵官还在盐课、茶引、牙契、商税、田赋征收、度
牒、学校、科举等方面发表意见,有助于统治者采取相应的对策。

总之,宋朝的经筵制度在提高最高统治者的素质和保证最高统治
者及时作出正确决策方面起了积极的作用。宋朝之所以能够维持三百
二十年的统治,社会经济和科学技术获得如此高度的发展,文化思想取
得如此显著的成就,是与最高统治者保持信息渠道畅通,及时作出正确
决策密切有关的。而经筵制度的不断完善和坚持执行,正是最高统治
者保持信息渠道畅通和正确决策的有力保证之一。诚然,北宋末年,徽
宗和蔡京等人推行"联金灭辽"政策,导致国破家亡,这显然是最高统
治者错误估计形势,作出荒谬决策的结果。这段时间统治者的讲筵情
况,由于文献不足,不甚明了。

（载《中华文史论丛》第 55 辑,上海古籍出版社,1996 年 12 月。
又载《第二届宋史学术研讨会论文集》,台北中国文化大学,1996 年版）

---

① 　徐元杰:《楳埜集》卷 1,卷 2《进讲日记》。

宋代的"借偺"

"借偺"是宋代封建官府强加于百姓的苛捐杂税名目之一,又是社会经济生活中借贷关系内容之一。对此,以往史学家未予足够的重视,因此,对它的内容不甚了了,同时在一些古籍中还常常随意把它改成别的字,以致影响我们对宋代赋税制度和借贷关系的全面了解。

"借偺"的原意本来很简单,就是借。明代宋濂《篇海类编》释:"偺,同借。"在宋代以前,还没有"偺"字,所以也还没有出现"借偺"一词。《后汉书·李充传》记载,李充"迁侍中,大将军邓骘贵戚倾时,无所下借(原注:下音假,借音子夜反),以充高节,每卑敬之"。《晋书·五行志》也记载:"借假不廉,淫侈逾制。"直到宋神宗时,封建官府向百姓借取钱物,仍用"强借"来表示。熙宁三年(1070年)二月二十七日,制置三司条例司说:"至有非泛用度,或不免就上等户强借钱物,百姓典卖田产物业,以供暴令,此亦可谓国用乏矣。"①说明这时在封建官府借用民间钱物的场合,仍未使用"借偺"之词。

大约最迟在宋徽宗时期,开始出现和使用"借偺"一词。《宋史》卷157《选举志三》记载,崇宁三年(1104年),"始定诸路增养县学弟子员,大县五十人,中县四十人,小县三十人。凡州、县学生曾经公私试者复其身,内舍免户役,上舍仍免借偺如官户法。"章如愚《山堂先生群书考索》记载,崇宁四年三月戊戌(初一日)诏书,对州、县学的三舍生在

---

① 《宋会要辑稿》食货4之23《青苗》。

捐免税役方面也作了上述规定,不过内容略为详细,其中内舍生升入上舍,即"免本户役外,仍免诸般借借"。表明州、县学的上舍生,除可免除本户的役外,还可免除各种"借借"。同年四月壬子的诏书,稍稍改变了上述规定:"诸州县学生试补入学,经试终场及自外舍升内舍者,免身丁;内舍仍免借借;升上舍,即依官户法。其三月八日指挥勿行。"①州、县学的内舍生原来可以免除本户的役,现在改为可以免除"借借",而上舍生则可以享受官户那样减免税役的优待。大观元年(1107年),创立"八行取士科",开始以孝、悌、睦、姻、任、恤、忠、和等"八行"为标准来考察士人,将上舍生分为三等:上等者,其家可以享受跟官户一样的减免税役的优待;中等和下等者,都可以免除本户名下的支移、折变、借借、身丁。又规定内舍生可以除本户名下的支移和身丁②。显而易见,这是宋代学生所享受免除税役的最优厚的待遇。但是,好景不常,宣和二年(1120年)再次颁诏,规定州、县学生"见(现)免身丁、揩(借)借、依官户法者,依元丰进士法施行"③。所谓元丰进士法中有关举人减免税役的规定,现已无从查考。但从宋神宗熙宁四年得解举人获免本人丁役和以后得解或免解举人及太学生免除丁役的情况④考察,宣和二年的这一诏书无非是取消了州、县学生在减免各种税役包括借借方面的待遇,而最多只予免除丁役的优待。因此,入南宋后,便不再见到有关学生免除借借的记载。

　　社会上一部分人一度得以免除借借,另一部分人则加重了借借的负担。宋徽宗时,封建国家规定各级官府,只能在"圣节"即宋徽宗的生日(十月初十日,称"天宁节"),对城镇的各行"市户"即商人和手工

----

① 《山堂先生群书考索》后集卷28《士门·学法类》。《通鉴长编纪事本末》卷126《徽宗皇帝·州县学》,"壬子"作"壬午","借借"作"借"。
② 王昶:《金石萃编》卷146《大观圣作之碑》,作"借借"。《通鉴长编纪事本末》卷126《八行取士》,作"借借"。《山堂先生群书考索》同上卷作"借"。
③ 《宋会要辑稿》崇儒2之30《郡县学》。
④ 《续通鉴长编》卷128,熙宁四年十一月丁酉条;《建炎以来系年要录》卷64,绍兴三年四月甲午条。

业主进行"借借"。宣和七年（1125 年）十二月十九日的诏书："市户，非圣节，不许假借，自有定制。比来贪吏以和雇、和赁为名，须索无厌，不为给还，仰诸路监司觉察。"①各地官吏常在"圣节"以外的时间，用"和雇"或"和赁"等名义，向"市户"进行勒索，不再归还原主。这里的"假借"当即"借借"的另一写法。宋钦宗靖康元年（1126 年）五月十二日手诏，重申前一诏书，内容更为详细："一、州县市户，非圣节不许借惜（按："惜"当为"借"字之讹，下同），自有定制。比来贪吏以和雇、和赁为名，须索无厌，或经隔年岁，不为给还，又容纵公吏典卖、使用，以致民户供应不前，穷困失业。仰诸路提（刑）、转（运司）觉察，除借惜依法断罪外，其借惜市户以和雇、和赁为名者，依借惜法；雇人船、乘车准此。"②这一手诏透露：一、封建国家订有"借借法"。此法的内容之一，是在圣节时，各级官府可向市户借借。二、各级官府平时以其他名义像和雇、和赁等，不断向市户勒借物品，长期不予归还，还纵容吏人将这些物品典卖使用，使市户无力继续供应，最后穷困破产。所以手诏规定，今后官府以和雇、和赁为名而向市户借借物品者，就依照借借法；官府雇佣百姓的船只、车辆，也照此办理。

南宋时，借借仍然是封建国家苛捐杂税的一个主要项目。宋孝宗隆兴元年（1163 年）曾任参知政事的贺允中以台州天台县（今属浙江）兴化院为本家坟寺，按照规定，这一寺院可"依例免州县非时诸般科率、差使、借借"。与此约略同时，天宁万寿寺在改赐报恩光孝寺敕额后，也得以"免非时借借、科配"③。这两所寺观虽然获得了免除借借的特权，但在当时毕竟是少数，大多数寺院仍然不能摆脱这一负担。

从以上史实可以看出，自宋徽宗到宋孝宗时期，借借跟科配、支移、折变、身丁钱等一样，属于封建国家的苛捐杂税的一个项目。不过，它跟苛捐杂税的另一个项目"预借"又有区别，各级官府通过借借向百姓

---

① 《宋会要辑稿》刑法 2 之 94。
② 《靖康要录》卷 7，丛书集成初编本。
③ 阮元：《两浙金石志》卷 9《宋苍山资福寺敕牒碑》、《宋桐柏崇道观尚书省帖碑》。

勒索的只是财物,诸如车、船之类,而且在时间上只限于当年;预借的内容则一般都是二税、免役钱、坊场课利钱、和买绸绢等①,不仅可以预借次年的,还可以预借以后三年、四年甚至六七年的②,所以预借有时也称为"预征"③。

在社会借贷关系中,大约最迟从宋徽宗时期开始,也使用了"借借"此词。孟元老《东京梦华录》卷4《皇后出乘舆》(中华书局,1981年版)记载:"士庶家与贵家婚嫁,亦乘檐子,只无脊上铜凤花朵,左右两军自有假赁所在,以至从人衫帽、衣服、从物,俱可赁,不须借借(原案:借即措)。余命妇、王宫、士庶,通乘坐车子……亦可假赁。"同书卷5《民俗》还记载:"或有从外新来邻左居住,则相借借(原案:借即措)动使,献遗汤茶,指引买卖之类。"这说明在都城汴京,民间流行着两种租借法,一种是"假赁",即士庶婚嫁所需服装、用具都可向专门的店铺租赁,交纳一定的租金;另一种是借借,即邻居间暂借生活用品,一般不必交纳租金。顺便指出,《东京梦华录》的"案"语把"借"当作"措"是不对的。此书一九五六年版,本来没有这一"案"语,不知新版添加的"案"语以何为据?

南宋时,在民间彼此借用器物和钱币方面,仍然使用"借借"此词。早在北宋哲宗元符元年(1098年)"续定"的苏州范氏义庄规矩中,就有一条规定:"义庄人力、船、车、器用之类,诸位不得借用。"这时还只用"借用"一词。到南宋宁宗嘉定三年(1210年)再次"续定"义庄规矩时宣布:"天平功德寺……多有疏远不肖子弟,请过义米归己,却返蚕食于寺中,至有欺诈住持,逼逐僧行,借借舟船,役使人仆。"④同样是借船,这时就改用了"借借"。当然,"借借"跟"借借"实际上是一个意思,不过用"借借"则更准确一些。在民间借贷钱币方面,南宋后期的《名

---

① 《三朝北盟会编》卷101,建炎元年五月一日庚寅条;《建炎以来系年要录》卷95,绍兴五年十一月丁酉条。
② 真德秀:《真文忠公文集》卷15《申尚书省乞拨降度牒添助宗子请给》。
③ 黄溍:《黄文献公集》卷10下《格庵先生赵公阡表》。
④ 范仲淹:《范文正公集》附《义庄规矩》,四部丛刊初编本。

公书判清明集·库本钱》载胡颖所撰《质库利息与私债不同》判词,引用了宋孝宗淳熙十四年(1187 年)的"申明之敕"而加以阐释说:"若甲家出钱一百贯,雇倩乙家,开张质库营运。所收息钱,虽过于本,其雇倩人系因本营运,所得息钱既系外来诸色人将衣物,金帛抵当之类,其本尚在,比之倩借取利过本者,事体不同,即不得与私债一例定断……"这说明民间借借钱财,债主可以收取利息,有时还可将利息率提高到本钱的一倍以上。

以上所述,"借借"的原意是借。由于"借"即借字,宋人有时也把"借借"写作"借借"或"借借",偶尔写作"假借"。但以"借借"为最准确。中国封建社会的不断发展,使各种经济关系变得更加复杂。单纯一个"借"字,已经不足以表达各种租借关系,于是出现了与"借"有关的一些词语,诸如"差借"(封建官府差借民夫)、"借倩"(雇人办事)、"预借"(如官员预支俸禄)以及"借借"等。在赋税制度上,苛捐杂税的名目中除"预借"以外,在北宋后期也增添了"借借"一项。封建国家制定"借借"专法,规定了各级官府向民间索借物品的具体办法,又准许某些人户、寺观可以免除这方面的负担。从此,借借成为北宋后期和南宋时期封建官府压榨广大人民的又一个手段。

(载《中国史研究》1983 年第 4 期)

论宋代商人的社会地位
及其历史作用

人们在研究漫长的中国封建社会历史时,大都注目于历代商业的盛衰情况,而极少去探讨当时专门从事商品交换的社会阶层即商人的社会地位的演变及其历史作用。这是因为长期以来,人们受传统的重农轻商思想的影响,尽管对某些朝代商业的繁荣景象给予高度的评价,但对商人在商品交换过程中的积极作用却往往不置一词。所以,在一些通史著作或断代史专著中,商人的社会地位及其历史作用不是不受重视,就是被完全忽略掉的。其实,随着社会生产的发展,商人的社会地位呈现出逐步提高的趋势,商人在推动社会进步方面也起了积极的作用。

本文将探讨唐、宋之际社会变革的定型时期即两宋时期商人的社会地位的变化情况,并说明宋代商人对当时社会经济、文化等方面所起的作用。

一、宋代商业的兴盛

宋代商人社会地位的变化是与商业的兴盛密切相连的。

宋代农业和手工业的发展,尤其是一些地区商品生产的发展,以及人口大幅度增长带来的消费市场的扩大和国外市场的进一步开辟,促使商业的兴盛达到了一个新的水平。虽然就全国范围而言,自给自足的自然经济依旧占据主导地位,但与宋以前各朝相比,商品经济有了较大的发展。

商业的兴盛,首先表现为城市经济更加繁荣。唐代前期实行坊市制度,居民区和商业区保持较为严格的区别。唐代后期,这种制度开始有所突破。唐德宗贞元十三年(797年),在都城长安,除法定的以东、西两市为专辟的商业区而面积不过四坊之地外,在热闹坊曲之处也出现了销售货物的商贩①。天门街上出现了卖鲜鱼的商人,宣平坊出现了"张帽驮桶"的卖油郎,亲仁坊也经常有"负贩之人"出入②,延寿坊甚至有人开起了金银珠玉铺③。到宋代,由于商业的发展和城市生活需要的变化,这一限制完全消失,都城开封的基本布局不再沿袭唐代前期都城的封闭式的坊里制度,商人可以随处开设店铺,因而出现了一些新的商业街道和场所,与住宅区的坊里互相交错。孟元老《东京梦华录》所记述的汴京,是以大街为干线,联接各官衙、住宅、商铺、庙宇、坊巷等各点的大城市。值得注意的是,这里的坊巷不再是都城整个布局中的一个"面",而是被降格为一个"点";作为干线的街道两旁,官衙、住宅、商店等鳞次栉比。如州桥曲转,大街面南,称为左藏库,靠东为郑居中太宰宅、青鱼市内行、景灵东宫。又如州桥往西的大街,是果子行,街北是都亭驿,相对为梁家珠子铺。再如百钟圆药铺也与都进奏院贴邻④。这些现象说明,前代严格的坊市制度至此完全消失。宋代以前,商业区还有一定的营业时间,城门、坊门入夜关闭,也有严格的限制。北宋的开封和南宋的临安突破这一限制,夜市营业时间允许延长到三更甚至四更⑤。在城市周围的广大地区,也突破了以前的"市"制,逐渐兴起了新的商业区——镇市和草市,有些镇市和草市还因贸易发达和人口增加,发展成为州县城厢的一部分,或者成为独立的小工商业城市。这些

① 《资治通鉴》卷235。
② (清)徐松:《唐两京城坊考》卷4、3。
③ (唐)高彦休:《唐阙史》卷下《王居士神丹》。
④ 《东京梦华录》卷2《宣德楼前省府宫宇》。
⑤ 《东京梦华录》卷2《州桥夜市》;吴自牧:《梦粱录》卷13《夜市》。

事实表明,在都城里,从事商业的空间,由前代几个坊的面积扩大到皇宫以外的各条街巷,甚至扩大到城郊广大地区;经营商业的时间,由白天延长到夜间,甚至通宵营业。

唐代商店被限制在固定的街区,同一行业集中在一条街上,形成一个行列。宋代突破这一限制,同一行业不一定聚居一处,"行"的组织逐渐严密,数量也增加很多。唐代长安东市有二百二十行。北宋开封据不完全统计,至少有一百六十多行①,南宋临安有四百十四行②,比唐代长安东市增加近一倍。虽然宋朝官府常常利用"行"的组织来勒索商铺,但"行"仍有一定的商业独占权。

北宋时商品流通和支付手段主要是铜钱,南宋时主要是纸币"交子"或"会子",绢、布等生产品所起辅助货币的作用在逐步缩小,金、银等金属的货币机能则在不断增大。北宋铜钱的每年铸造额比唐代要多几倍到十几倍,宋真宗初年还发行了"交子"。这些事实也在一定程度上反映了宋代商品经济的发展,商品流通领域需要越来越多的货币。

罗盘的发明和海舶制造技术的提高,使海上交通比前代更为发达,海外贸易更加兴盛。唐代沿海的通商口岸仅有登州和广州两处,海船航程最远达波斯湾一带③。宋代沿海的通商口岸陆续增加,前后有广、泉、明、杭、密州等十多处,海舶的航程延伸到红海口的亚丁和东非诸国。大批农产品、手工业产品包括矿产原料、铜钱等,运往海外各国。铜钱还成为亚洲一些国家欢迎的硬通货。这些事实表明,当时存在着由泉州、广州等海港,通往东南亚各地、印度、波斯湾海湾国家和东非各国的"海上丝绸之路",从而开辟了比以往更加宽广的国际市场。

唐代城市商业既然主要限于"市"中,官府对商品交易征收"市税"。宋代城市中到处可以开设店铺,所以改市税为住税和过税。住税率为货物售价总额的千分之三十,过税率为千分之二十。对于大量

---

① 《续资治通鉴长编》卷262,熙宁八年四月癸未。
② 佚名:《西湖老人繁胜录》。
③ 《新唐书》卷43下《地理志七下》。

次一等的草市、镇市或墟集,官府允许商人包税。通过征商,宋代的商税由宋初的一年四百万贯,增加到仁宗时的二千二百万贯①。一般保持在每年一千万贯左右,成为国家财政的重要收入。虽然商税中有部分来自地方征商官吏的非法收入,但不能否认其主要部分还是征自商人的商品交易。

大商业所必须配备的一些辅助机构,在宋代也大都出现了。北宋开封、南宋临安以及其他城镇中,开设了柜坊、解库(质库)、金银铺、钞引交易铺、塌房、房廊等机构②,商业上交换和分工所必要的除法口诀、简易乘除法、算码(商业会计和数学演算所用数字)、算盘也在这时陆续发明和应用。

二、宋代的商人阶层

从广义而言,宋代商人本身并不构成一个独立的阶级,它是一个成分较为复杂的社会阶层。南宋末黄震曾经为"商贾"下了一个定义,他说:"行者为商,坐者为贾,凡开店铺及贩卖者皆是"③。但是,这跟实际情况还有一定的距离。由于商利所在,人们趋之若鹜,社会上从事贸易的不仅有单纯的商人,还有各级封建官府、各级官员、宗室、僧尼、举人、地主以及手工业主,甚至还有一部分农民。因此,比较准确地说,宋代单纯的商人仅包括在城、镇开设店铺或从事贩卖并且加入"行"的组织的人户。从居住地域考察,这些商人大都居住在城、镇内,一般属于坊郭户。

早在西汉时,已经出现了官僚经商的现象,但当时只占次要地位。此后,贵族、官僚经商谋利之事日益增多。北宋前期,可能因为国家安定未久,官僚经商者较少。据记载,当时士大夫中"粗有节行者"还能恪守祖训,"皆以营利为耻",虽然有的人经不住商业利润的诱惑,去

---

① 《宋史》卷186《食货志下八·商税》;龚鼎臣:《东原录》。
② 吴自牧:《梦粱录》卷19《塌房》;周应合:《景定建康志》卷41《田赋志二·酤赋杂录》等。
③ 黄震:《黄氏日抄》卷78《词诉约束》。

"逐锥刀之资",但还要悄悄地进行。从北宋中期开始,社会风气显著变化:"仕宦之人","纡朱怀金,专为商旅之业者有之,兴贩禁物、茶盐、香草之类,动以舟车,贸迁往来,日取富足"①。一般官员如此,大臣们也极少例外,甚至身居相位者,还"专以商贩为急务"②。宋仁宗时,王安石在《言事书》中指出:"方今制禄,大抵皆薄,自非朝廷侍从之列,食口稍众,未有不兼农商之利而能充其养者也。……故今官大者,往往交赂遗、营资产,以负贪污之毁;官小者,贩鬻乞丐,无所不为。"③大臣夏竦"性贪,数商贩部中。在并州,使其仆贸易,为所侵盗,至杖杀之。积家财累巨万,自奉尤侈……"④前知桂州萧固,差人去两浙"商贩私物"⑤。宋徽宗时,汴京"万姓交易"之所相国寺佛殿后资圣门前,各路罢任官员带来的土特产、香药之类都集中在此出售⑥。汴京大街上还开设了"盖防御药铺"、"仇防御药铺"、"孙殿丞药铺、靴店"⑦。南宋末临安也开设了"楼太丞药铺"、"徐官人幞头铺"、"杨将领药铺"、"傅官人刷牙铺"、"张官人诸史子文籍铺"、"张省干金马杓小儿药铺"等⑧。这些公开以"防御"、"将领"、"官人"、"殿丞"、"太丞"等文武官称命名的店铺,其店主人必定具有这些官衔,一般平民是不敢在京城冒牌的。值得注意的是,在这些以官称命名的店铺中,以药铺居大多数,可见官员们在开设店铺经商时,也要顾及舆论,尽量去从事名义上是救死扶伤、造福社会的药品买卖。

宋代宗室日益繁多,散处各地。他们很多人在地方上"逐什百之利,为懋迁之计,与商贾皂隶为伍"⑨,"或酤造酒,兴贩私物"⑩。宋孝

---

① 蔡襄:《蔡忠惠公文集》卷15《国论要目·废贪赃》。
② 《宋史全文》卷33《理宗三》。
③ 《王临川集》卷39《上仁宗皇帝言事书》。
④ 《宋史》卷283《夏竦传》。
⑤ 《续资治通鉴长编》卷194,嘉祐六年七月己亥。
⑥ 《东京梦华录》卷3《相国寺内万姓交易》。
⑦ 《东京梦华录》卷3《大内西右掖门外街巷》、《寺东门街巷》;卷2《潘楼东街巷》。
⑧ 《梦粱录》卷13《铺席》。
⑨ 《宋会要辑稿》帝系6之13《宗室杂录》。
⑩ 《庆元条法事类》卷7《监司、知通按举》。

宗时,宗室赵善弍在池州"以酤酒为生,亦复间椎牛供客馔"①。宋宁宗时,一名宗室在岳州"扑买"了洞庭湖畔大小湖泊的大半,"擅其利,鱼鲜之入不赀"②,几乎垄断了当地的渔业。

由于统治者的提倡,宋代各地不断兴建佛寺和道观。很多寺僧和尼姑也经营起商业,追逐利润。宋徽宗时,开封很多师姑公然到相国寺的两廊,销售绣作、领抹、珠翠、头面、生色销金花样幞头、帽子、特髻、冠子、绦线等货物。靠近佛殿,孟家道院的王道人也到此经销煎蜜③。广南路的僧侣,公然充当坐贾经商谋利。庄绰《鸡肋编》记载:"广南风俗,市井坐估,多僧人为之,率皆致富。"④江西瑞州的寺僧与茶园户"竞取他山茶",假冒名茶"黄蘖"出售,"以眩好事者"⑤。更多的僧寺则附设质库,又称"长生库",从中取利。

有不少举人在赴都城参加省试和殿试,或在游历的旅途中,来回贩卖货物。如宋徽宗时,湖州六名士子,"入京师赴省试,共买纱一百匹,一仆负之"⑥。这些纱运到京城去,当然是为了售出而赚钱的。这类事例很多。

宋代乡村人户参与商业活动的现象也极为普遍。朱熹在知南康军任上,曾规定了对各乡遭遇旱灾人户赈济的标准,其中"各乡有营运店业兴盛之家,其元给历头,合行追收;若虽有些小店业,买卖微细,不能赡给,已请历头,不合追回"⑦。这里的乡户分为"营运店业兴盛之家"和"买卖微细"的"些小店业"两种,前者可能是兼营商业的上户地主,更可能是脱离了农业而专营商业的上户,后者可能是兼营商业的中、下户自耕农或半自耕农,更可能是脱离了农业而专营商业的中、下户。有

①　洪迈:《夷坚志补》卷3《赵善弍梦警》。
②　《夷坚志》辛集卷下《岳州湖泊》。
③　《东京梦华录》卷3《相国寺内万姓交易》。
④　《鸡肋编》卷中。
⑤　朱彧:《萍洲可谈》卷2。
⑥　《夷坚丁志》卷11《霍将军》。
⑦　《朱文公文集·别集》卷10《审实粜济约束》。

些官员对当时弃农经商者日益增多的现象忧心忡忡,他们害怕影响农业生产。宋仁宗时,官员夏竦警告朝廷,要防止弃农经商,他说:"众以为法贱稼穑、贵游食,皆欲货末耡而买车舟,弃南亩而趣九市。臣窃恐不数十年间,贾区夥于白社,力田鲜于驵侩。"①宋宁宗时,官员戴栩也提出不应听任农民兼营工商,他说:"田既不种矣,虽有数亩之产,安所得食? 乡里既皆贫乏矣,虽为工、为匠、为刀镊、为负贩,谁其用之? 且既有数亩之田,则不得不谓之田产;既为工、为匠、为刀镊、为负贩,则不得不谓之艺业。"②官员们从保持农业的正常生产出发,主张限制乡村人户包括上户和中、下户离田从商。这正反映当时乡村地主和农民弃农经商或兼为商贩者为数众多。如宋孝宗时,陈州人焦务本"名田足谷,而于闾里间,放博取利,积之滋多。"乾道初年,"帅仆隶货金、帛于颍昌,道由万寿"③。这名地主出外经商,还带领了一批仆隶,可见其运输的货物数量不是一小批,而是大宗的。

　　自上所述,不难看出,宋代商人的成分较为复杂,其中在城、镇中被组织成商"行"的店铺和小贩毫无疑义属于单纯的商人之列,此外,还有具有官员、宗室、僧尼、举人、地主、农民等身份的众多经商者,这些经商者算不算作商人呢? 回答是应该具体分析,不可一概而论。关键在于看他们究竟以何种职业为主。一般地说,在任官员而经营商业者,并非连续不断地参加商业活动,或者不以商业利润为主要的谋生手段,便不能归属于商人之列。即使像宋孝宗时知台州唐仲友,他在婺州家中开设了采帛铺、鱼鲞铺和书坊,还在官衙召集匠人刻印书籍出售④,但他的职业主要是朝廷命官,所以不能算做商人。只有像在汴京和临安开设的以某"官人"、某"防御"、某"太丞"等命名的店铺,这些"官人"、"防御"等实际都不是现任的官员,或者父、祖辈曾担任过这种官职,所

①　夏竦:《文庄集》卷13《进策·贱商贾》。
②　戴栩:《浣川集》卷4《论抄札人字地字格式札子》。
③　《夷坚三志》己卷3《颍昌赵参政店》。
④　《朱文公文集》卷18《按唐仲友第三状》。

以应该算做带有官员身份的商人。散居各地的宗室,平时领取不多的俸禄,如果主要以经商谋生,则应该算做带有宗室身份的商人。广南路的僧侣充当市井坐贾,显然属于带有僧侣身份的商人。至于一般僧寺都附设质库,则不能把这些僧寺都说成是商铺,只能说它们附带经商。举人们在应试的路途中带些货物贩卖,只是临时参与商业活动,所以不能算做商人。乡村人户中的有些上户或中、下户,如果已经脱离农业,专门从事商铺营运,应该划为商人;有些上户或中、下户尚未脱离农业,则只能算做地主或自耕农、佃农兼营商业。

此外,宋代还可根据不同的标准,划分为几大类。如果按照商人在商品流通过程和生产过程中的地位和作用,就可以分为坐贾、行商、牙人、海商、承包商等。如果按照商人经营的商品种类,又可以分成盐商、茶商、酒户、米商、珠宝商等。如果按照商人营运的商品数量,又可以分为大商或豪商、中小商人、小贩等。由于篇幅的限制,不再赘述。

三、宋代商人的社会地位

清代人沈垚说过:"封建之世,计口授田,处四民各异其所,贫富无甚相悬。周末兼并,而货殖之术以兴。魏晋后,崇尚门第,九品士庶之分,而杂流不与清班并,仕者禄秩既厚,有功者又有封邑之租,以遗子孙,故可不与小民争利。唐时封邑始计邑给绢,而无实土。宋太宗乃尽收天下之利权归于官,于是士大夫始乃兼农桑之业,方得赡家,一切与古异矣。仕者既与小民争利,未仕者又必先有农桑之业,方得给朝夕,以专事进取。于是货殖之事益急,商贾之事益重,非兄老先营事业于前,子弟即无由读书,以致身通显。是故古者四民分,后世四民不分。古者士之子恒为士,后世商之子方能为士,此宋元明以来变迁之大较也。"①生活在封建时代的沈垚,能够最早看到自宋代开始商人的社会

---

① （清）沈垚:《落帆楼文集》卷24《费席山先生七十双寿序》。

地位发生变化,是难能可贵的。他明确指出宋代士人在科举中第和做官以前,必须经商谋利,因此他的结论是宋代"商之子方能为士",换言之,即"天下之士多出于商"(同上)。当然,这一结论不尽准确,但他提出从宋代开始商人的社会地位发生"变迁"和商人的子弟可以应举、做官的结论则是正确的。所以,对沈垚的这段话不可等闲视之。

随着宋代商业的逐步发展,社会上各阶层竞相追逐商业利润,因此人们稍微改变了以前把商业视为"末业"的传统观念。虽然直到宋仁宗宝元二年(1039 年),李觏仍然坚持这种传统观念。他说:"所谓末者,工商也。"①但是,毕竟为数已经不多了。到了南宋,陈耆卿和郑至道完全突破了这种旧观念。他们都说过:"古有四民,曰士,曰农,曰工,曰商。士勤于学业,则可以取爵禄;农勤于田亩,则可以聚稼穑;工勤于技艺(一作技巧),则可以易衣食;商勤于贸易,则可以积财货。此四者,皆百姓之本业,自生民以来,未有能易之者也。"②商业与士、农、工等行业一样成为社会的"本业",从而把商业在国民经济中的作用提到前所未有的高度。伴随着商业在人们心目中地位的提高,社会上也稍微改变了以前视商人为"杂类"或"贱类"而动辄加以抑制的传统观念。宋仁宗时,曾经提出过"欲诱商而通货,莫若与之共利"③主张的欧阳修说:"至于通流货财,虽三代至治,犹分四民(按即士、农、工、商),以相利养。"④宋神宗时,陈舜俞说:"古之四民,而农民其一;今之民,士、农、工、商、老、佛、兵、游手,合为八……"⑤南宋度宗时,黄震也指出:"国家四民,士、农、工、商。""士、农、工、商,各有一业,元不相干……同是一等齐民。"⑥商人成为封建国家法定的"四民"之一,跟士、农、工一样取得了"齐民"的资格。

---

① 《李觏集》卷 16《富国策第四》。
② 陈耆卿:《嘉定赤城志》卷 37《风俗门·土俗·重本业》;郑至道:《琴堂谕俗编》卷上《重本业》。
③ 欧阳修:《居士集》卷 45《通进司上书》。
④ 《欧阳修奏议集》卷 16《论茶法奏状》。
⑤ 陈舜俞:《都官集》卷 7《说农》。
⑥ 黄震:《黄氏日抄》卷 78《词诉约束》、《又晓谕假手代笔榜》。

　　不仅如此,商人尤其是富裕的商人还通过各种途径提高自己的社会地位,想方设法巩固和扩大自己的商业资本。

　　首先,是商人可以送其子弟进入官办的州县学就读。宋代明文规定九类人"不得与士齿",不准进入官学,其一为"工商杂类"①。不过,实际情况并非完全如此。商人既然在法律上取得了"齐民"的资格,而"齐民"最晚至唐代后期已经获得了入州县官学读书的权利②。因此,到宋代,商人及其子弟求学于地方官学的事例很多。宋理宗时,汤千曾担任过南剑州和嘉兴府两地郡学的教授,他招收学生的标准是不论门第和官位,"虽吏胥、市人子,有可教者,亦收置黉舍中,为亲授经史,其所成就居多"③。表明商贾子弟进入地方官学者不在少数。

　　其次,是商人被允许参加科举考试和出任官职。宋初,封建法律依然沿袭前代,禁止"工商杂类"本人参加科举考试和做官。但是,不久便略为放宽尺度,允许商贾中的"奇才异行者"应举④,也允许商贾的子弟应举。宋真宗时,茶商侯某"家产甚富赡",其子在大中祥符八年(1015 年)进士及第,后授真州幕职官⑤。大约宋仁宗时,曹州"市井人"于令仪之子伋、侄杰和仿皆进士登第⑥。宋徽宗宣和六年(1124年)殿试,宦官梁师成接受一百多名富商豪子的贿赂,每名所献至七八千缗,皆予登第⑦。宋高宗时,建州建安人叶德孚"买田贩茶,生理日富",绍兴八年(1138 年)"假手获乡荐",后授将仕郎⑧。宋宁宗时,福州闽清士人林自诚原初"业儒",后来"捐弃笔砚,为商贾之事"。其弟林子元,在庆元元年(1195 年)参加乡试,"以词赋居首选"⑨。兴化军

① 施宿等:《嘉泰会稽志》卷 1《学》。
② 《文献通考》卷 46《学校考七》。
③ 真德秀:《真文忠公文集》卷 42《汤武康墓志铭》。
④ 《宋会要辑稿》选举 14 之 12《锁厅》;14 之 15《发解》。
⑤ 聂田:《徂异志》,载《永乐大典》卷 13139《梦字》。
⑥ 王辟之:《渑水燕谈录》卷 3《奇节》。
⑦ 《宋史》卷 468《梁师成传》。
⑧ 《夷坚丁志》卷 6《叶德孚》。
⑨ 《夷坚支丁》卷 4《林子元》。

莆田王育卿最先也开设酒店,后来读书为士人,参加过乡试①。最典型的是饶州鄱阳士人黄安道屡试落榜而为贾客、最后应举登第的例子。黄安道应举失败后心灰意懒,决定"罢举为商",往来贩卖,"小有所赢,逐利之心遂固"。后来又在不得已的情况下参加乡试,最后参加礼部试,终于中榜②。这些事例说明宋代尤其到南宋时,商贾及其子弟可以参加各级科举考试,如果省试或殿试及格,还能获得官职。

第三,是商贾可以通过向官府进纳钱粟而跻入仕途。从宋初开始,朝廷在各地遇到天灾兵祸时,允许"有物力户"即富室助粮纳官,授予本州助教、文学至殿直、太祝等官衔③。这些"有物力户"自然也包括富商大贾在内。宋徽宗大观四年(1110年),有人指出,当时"豪猾兼并之徒、屠酤市贩之辈"用三千二百贯买一个假将仕郎,四千五百贯买一个三班借职,六千贯买一个三班奉职。这些买到官做的富商大贾"约以千计",而赴吏部等待注拟差遣者也不下三百人,于是形成了"此流遍满天下,一州一县,无处无之"的局面④。花石纲的策划者之一朱勔,在专权后,也大肆卖官鬻爵,"所卖尤多,富商家子往往得之"⑤。南宋时,商人买官现象更为普遍。宋高宗绍兴十七年(1147年),有人说:"今日官户不可胜计,而又富商大业之家,多以金帛窜名军中,侥幸补官,及假名冒户,规免科须者比比皆是。"⑥这类具体事例也很多,各地称为"某某助教"、"某某将仕(郎)"者,有相当一部分是商贾进纳钱粮而买到官职的人⑦。

第四,是商贾交结宗室、贵戚、官员,甚至与之联姻,借此猎取官位。宋仁宗初年,开封府尉氏县茶商之子马季良,因为娶了一名得宠外戚的

---

① 《夷坚支戊》卷2《阮秀才酒钱》。
② 《夷坚丁志》卷16《黄安道》。
③ 《宋会要辑稿》职官55之29。
④ 《宋会要辑稿》职官55之39—40。
⑤ 佚名:《靖康要录》卷7,靖康元年五月二十五日。
⑥ 《宋会要辑稿》食货6之1—2《限田杂录》。
⑦ 《王临川集》卷55《宿州临涣县柳子镇市户进纳斛斗人朱亿弟杰本州助教制》。

女儿,授光禄寺丞,并由皇帝召试馆职①。仁宗时,在京酒店户孙氏女嫁给官员凌景阳②。宰相梁适"留豪民郭秉在家卖买,奏与恩泽"③。英宗时,有些"贵戚"在享受恩荫优待时,甚至奏荐"高赀商贩之徒"荫补官职④。很多京城里的富商,还每逢省试年份,选择中第士人,"不问阴阳吉凶及其家世",以高价为诱饵,使士人就范,称为"榜下捉婿"。一婿有的高达一千多贯,称"系捉钱"⑤。朱勔之父朱冲本是一名"常卖人",朱勔因交结权臣童贯、蔡京而得官⑥。英州茶商郑良,交结宦官,得官至秘阁修撰、广南转运使⑦。北宋末年的福建提举市舶张佑,原来也是泉州的大商人,因为"交结权幸,以猎取名位"⑧。宋孝宗时,泉州大海商王元懋,积财数百万贯,"其富不赀",留丞相、诸葛侍郎"皆与为姻家",王元懋也取得从义郎的官位,"隶重华宫祗应"⑨。还有一些官员在注调京官阙后,立即找到部下的富商巨贾,向他们"预贷金以为费",等上任后再予偿还⑩。得到权贵、高官的庇护,商贾不仅可以在商业上大展宏图,而且还能为自己捞到一官半职。

第五,是商贾通过接受官府的招募,为国家管理税收,充当出使随员,以及立军功等等而进官加爵。宋太宗时,"上以榷课未均,遣使分诣诸州与长吏同裁定,及募高资人主人"⑪。宋仁宗时,泉州海商邵保因泛海至占城国,捉获"军贼"鄂邻返国有功,被封为下班殿侍、三班差使,监南剑州顺昌县酒税⑫。宋高宗初年,洪州靖安"屠儿"张保义,因

① 《续资治通鉴长编》卷98,乾兴元年四月壬寅。
② 《欧阳修奏议集》卷1《论凌景阳三人不宜与馆职奏状》。
③ 《续资治通鉴长编》卷176,至和元年七月戊辰。
④ 《续资治通鉴长编》卷208,治平三年九月庚辰。
⑤ 朱彧:《萍洲可谈》卷1。
⑥ 陈东:《少阳集》卷1;曾敏行:《独醒杂志》卷10。
⑦ 王明清:《挥麈后录》卷8《陈述并治郑良,俱死而旅攒并室》。
⑧ 李光:《主简集》卷8《论曾纡等札子》;《靖康要录》卷3。
⑨ 《夷坚三志》己卷6《王元懋巨恶》。
⑩ 欧阳澈:《欧阳修撰集》卷2《上皇帝第二书》。
⑪ 《续资治通鉴长编》卷18,太平兴国二年正月壬申。
⑫ 《续资治通鉴长编》卷137,庆历二年七月己巳。

"捍寇功得官,资产甚富",其"保义"乃由官衔保义郎而来①。绍兴二十六年(1156年),进士单锾上书说:"比年以来,奉使官属,不问贤否,惟金多者备员而往,多是市廛豪富巨商之子"②。数年后,左正言何溥也说:"比岁奉使,所辟官属,多募人代行。市井狡狯之徒,冒法私贩,有伤事体。"③据高宗时人沈作喆记述,富商们甘心充当出使随员,一是因为"赏给丰腴",二是因为回国后可享受"迁官恩例",所以争先恐后地不惜用重金来买取这些职位④。这些接受官府招募、为国家管理税收和充当使者的随从以及立下军功的商贾,事成后都能获得官职,从此进入仕途。

商贾们为了捞取一官半职,或者使自己的子弟跻身于官僚的行列,使尽了以上各种手段,包括非法的和合法的手段。他们以干进求仕为最高目标,无非是为了抬高自己的政治地位,同时,他们还要借此进一步增加财富,使自己成为腰缠万贯的富翁,以提高经济地位。确实,随着宋代国内外贸易的不断发展和商人政治地位的提高,他们的资本与日俱增,出现了许多拥有巨额财富的商人。宋真宗时,据宰相王旦等人说,汴京资产达百万贯的"兼并之民"极多,超过十万贯者"比比皆是"⑤。其中有著名的"大桶张氏","以财雄长京师"。张氏贷钱给他人,收取高利,视贷钱者如"部曲"⑥。宋徽宗时,汴京的"界身"巷,"并是金银采帛交易之所,屋宇雄壮,门面广阔,望之森然,每一交易,动即千万,骇人闻见"⑦。这种数额巨大的交易,若非家累千金的富商便不可能进行。宣和末年,还有一名"巨商",一次施舍给泗州普照塔装饰

---

① 《夷坚支乙》卷9《张保义》。
② 《宋会要辑稿》职官51之18—19《国信使》。
③ 《建炎以来系年要录》卷180,绍兴二十八年十一月戊午。
④ 沈作喆:《寓简》卷6。
⑤ 《续资治通鉴长编》卷85,大中祥符八年十一月己巳。
⑥ 廉布:《清尊录》。
⑦ 《东京梦华录》卷2《东角楼街巷》。

之金达三万贯①。南宋时，富商裴氏委托另一名商人申师孟贩卖货物，第一次付给本钱十万贯，第二次又增加了三十万贯②。徽州大商祝氏，"其邸肆生业，有郡城之半"，号称"半州祝家"③。临安"珠子吴员外"，"以蠔珠为业，累资数百万"④。临安自融和坊北至市南坊，称为"珠子市"，其买卖也"动以万数"。自五间楼北至官巷南御街，两边多是"上户金银钞引交易铺"，约一百多家，门前堆叠称做"看垛钱"的金银和现钱，以准备榷货务算清盐钞引⑤。泉州诸蒲姓的大商，经营海外贸易达三十年，每年贩运商品价值一千万贯，获利五分⑥。

宋代商人政治和经济地位的提高情况已如上述。这些情况的出现有其历史的原因。当然，首先是社会经济的发展。宋代农业和手工业的不断发展，促使生产品不断增加，进入流通领域的商品数量也相应增加。与此同时，全国人口逐步加多，远超过前代。宋徽宗大观四年（1110 年），共二千零八十多万户、四千六百多万口⑦。这些口数一般只包括男丁，如果按每户实际大约五口计算，这时达一亿零四百多万人。这是北宋户口的最高额，超过了盛唐时的一倍多。南宋时最高也达六千三百多万人。人口的成倍增长，一般地说也意味着对商品需求量的成倍增长和商人队伍的成倍扩大；加之，国内交通发达，城乡市场扩大，海上交通的发展也开辟了航程更长的"海上丝绸之路"。即使在广大农村，虽然自然经济仍旧占据统治地位，商品经济也取得了较多的发展。据南宋末年人方回记载，他在嘉兴府魏塘镇，"望吴侬之野，茅屋炊烟，无穷无极，皆佃户也"。"予见佃户携米或一斗，或五七三四升，至其肆，易香烛、纸马、油盐、酱醯、浆粉、麸面、椒姜、药饵之属不一，皆

---

①　陆游：《老学庵笔记》卷 8。

②　《夷坚三志》辛卷 8《申师孟银》。

③　《朱文公文集》卷 98《外大父祝公遗事》。

④　叶绍翁：《四朝闻见录》丙集《慈明（太后）》。

⑤　《梦粱录》卷 13《铺席》；耐得翁：《都城纪胜・铺席》。

⑥　方回：《桐江集》卷 6《乙亥前上书本末》。

⑦　《宋史》卷 85《地理志序》。

以米准之。"米肆"整日得米数十石,每一百石舟运至杭、至秀、至南浔、至姑苏粜钱,复买物货归售"①。在地主残酷剥削下,佃农终年辛劳,所剩无几,为了换取一些自己不能生产的生活必需品,不得不售出一些粮食。尽管所卖不多,但由商铺积少成多,再运销附近几个州城,然后购回货物。由此可见,连广大贫苦的佃农也卷入了商品流通领域,他们成为一部分商品(粮食)的生产者和销售者,又成为另一部分商品(香烛、纸马等)的购进者和消费者。频繁的交换,活跃了各地的商品经济,促使商人在社会生活中的地位显得更加重要。

其次,是社会阶级结构的重新组合。物质生产是一切社会生活的经济基础,随着物质生产的发展,人们逐步改变自己的生产方式,并且相应地改变自己的社会关系。唐代中期以后,正因为社会生产获得不断发展,社会关系的各个方面都随着发生了变革,从社会阶级结构一直到思想领域、风俗习惯等都出现了一些新的内容。在社会阶级结构方面,由唐代中期以前的门阀士族和部曲、奴客、贱民、番匠、奴婢等旧的社会阶级结构,转变为唐代中期以后到宋代的官僚地主和佃客、差雇匠、和雇匠、人力、女使等新的社会阶级结构,这是中国封建社会内部阶级关系的一次重大的变化。这一变化从宋仁宗时期开始,逐步由封建法律加以肯定下来。这一变化的总的趋势,就统治阶级而言,是血缘身份性基本消失,世袭固定特权基本取消;就被统治阶级而言,是超经济强制大为减弱,经济剥削大为加重。在这一变化过程中,由于商业在社会经济中所发挥的通有无、调余缺功能的增大,商人阶层的不断扩大和复杂化,商人的社会地位遂得到了相应的提高。

四、宋代商人的历史作用

宋代商人的社会地位虽然得到了一些提高,但这种提高毕竟是有

---

① 方回:《续古今考·初为算赋·附论班固计井田百亩岁入岁出》。

限度的。在封建国家看来,商人排列在"士、农、工、商"的"四民"之末,在封建法庭上,官员优先处理士、农、工的词诉,然后轮到商贾,再后是"杂人"即伎术、师巫、游手、末作、牙侩、岐路、干人等①。在士大夫们看来,富商大贾恃其多财,过着豪华阔绰的奢侈生活,甚至武断乡曲,是可嫉可恨的。在改革家们看来,封建国家之所以出现财政困难,是因为商人夺去了国家的许多利益,主张采取"摧抑兼并"的措施。因此,在宋代,人们对商人作用的评价总是贬多于褒,甚至有贬无褒的。在今天,如果继续用这种观点来评价宋代商人,就未免与历史唯物主义背道而驰了。历史唯物主义要求我们以历史的态度来考察问题,把问题提到一定的历史范围之内,对具体情况进行具体分析。我们知道,在封建时代,贱买贵卖是商品交换的规律。"商业就是一种合法的欺诈。"②要求商人进行等价交换,无异是否定当时的商业。因此,对于宋代商人的评价应该坚持一分为二的方法,恰如其分地分析他们对社会发展所起的消极的和积极的作用。

第一,宋代商人承担了商业贸迁有无、调节余缺的责任,联系城乡经济,联系生产和消费,促进了全国经济的发展。即使商人中的富商大贾,他们对社会的发展毫无疑义有消极的一面,这就是说,他们投机倒把,操纵市场,兼并土地,放债取利,剥削直接生产者和商业劳动者,但是也不能忽视他们积极的一面,即向中小商人投资、经营货物的批发、进行大宗货物的长途运输等。秦观说过:"大贾之室,敛散金钱,以逐什一之利;出纳百货,以收倍称之息"③。这就是说,富商大贾在"逐利"、"收息"的同时,也做了"敛散金钱"、"出纳百货"的有益社会的事情。欧阳修更加明确地说:"夫大商之能蓄其货者,岂其锱铢躬自鬻于市哉?必有贩夫小贾就而分之。贩夫小贾,无利则不为,故大商不嫉贩

---

① 黄震:《黄氏日抄》卷78《词诉约束》。
② 《马克思恩格斯全集》第一卷,第601页。
③ 秦观:《淮海集》卷13《进策·安都》。

夫之分其利者,恃其货博,虽取利少,货行流速,则积少而为多也。"①表明大商和贩夫小贾在整个商品流通过程中,各自发挥作用:大商经营大宗货物的批发,贩夫小贾负责推销货物给消费者。批发和零售是商品流通中两个必不可少的环节。李昭玘也指出:"某闻万金之贾,陆驾大车,川浮巨舶,南穷瓯越,北极胡漠,龙皮、象齿、文犀、紫贝、夜光之珠、照乘之玉,一旦得之,则深居大第,拱手待价。"②富商大贾深入到天南海北采购货物,表明他们也花出了一些劳动,这种劳动不仅体现在贩运货物方面,而且体现在精细盘算,积极经营,寻找货物和买主等方面。由此可见,富商大贾在商业上也不完全是坐收渔利的。

第二,宋代商人还把一部分商业资本用来购买土地,这些土地资本在一定限度内仍能促进商品经济的发展。在自然经济占统治地位的宋代,土地是最重要的生产资料。加之,土地私有化程度加深,土地买卖盛行,土地进一步商品化,商人只要交纳田契税,就能大量占田,而被视为合法。因此,商人在积累大量财富的同时,一般都还购置土地,把部分多余的商业资本退出流通领域,转变为土地资本,自己则变成单纯的地主或商人兼地主。南宋海商张勳多年远航交趾和渤泥诸国贸易,"其货日溙",后来在婺州城外购买大批田地③。张勳弃商从农,其资本暂时退出流通领域。更多的商人在农村添置土地后继续在城内经商。北宋后期人李新说,陆、海商贾"持筹权衡斗筲间,累千金之得,以求田问舍"④。南宋中期人朱熹在泉州同安县,见到"市户"跟官户等一样"典买田业,不肯受业"⑤。平江府麸面商周氏,买陂泽围裹成田,因而致富⑥。在魏晋南北朝,普通商人因为土地大都被门阀士族占有,有钱

①　欧阳修:《居士集》卷45《通进司上书》。
②　李昭玘:《乐静集》卷11《代四兄求荐举书》。
③　吕祖谦:《吕东莱文集》卷7《大梁张君墓志铭》。
④　李新:《跨鳌集》卷20《上王提刑书》。
⑤　《朱文公文集》卷43《答陈明仲》之九。
⑥　《夷坚三志》己卷7《周麸面》。

也难以买到土地,同时也没有权势来荫庇农业直接生产者。宋代的情况就不是这样,即使普通的商人也能购进土地,并且可以随意招佃收租,或者采取另外的方法来经营这些土地。比如有些地区的商人在购置土地后,利用这些生产资料种植茶树等经济作物,再行加工出卖。宋徽宗时,提举荆湖南北路盐香茶矾事司状:"访闻产茶州县在城铺户、居民,多在城外置买些地土,种植茶株,自造茶货,更无引目收私茶,相兼转般入城,与里外铺户私相交易,或自开张铺席,影带出卖。"①有些商人在买田后,雇仆种植蔬菜,再将剩余产品出卖。据洪迈《夷坚志》记载,抚州临川"市民"王明,"居廛间贩易,赀蓄微丰,买城西空地为菜园,雇健仆吴六种植培灌,又以其余者俾鬻之。受佣累岁,绍熙辛亥,力辞去,留之不可,王殊恨恨。……他日诣圃,见佣耕者,言数夜前犬生两子……"②有些商人长期出外贩卖货物,亲属继续经营田产,借以养家。宋高宗时,知岳州范寅龄说:"本州农民,自来兼作商旅,太平在外,欲出榜招召,务令疾速归业;如贪恋作商,不肯回归,其田权许人请射,候回日,理今限给还。……"于是户部提出:"商人田产,身虽在外,家有承管,见今输送二税,难许人请射,如因作客抛弃田产,即依所乞施行。"③还有一些商人占有土地的目的,在于以此为立足点,开展贸易。据李焘记载,宋仁宗时,"商贾之徒,各务求属于新城(按:水洛城)内,射地土居住,取便与蕃部交易"④。这些商人对土地的投资,并没有使自己变为单纯的地主,而是成为兼营工商业的工商地主。他们对土地的投资,固然加速了土地的集中,但也不能说这些土地资本从此跟商品流通完全绝缘了,事实相反,这些土地资本还能在一定限度内促进商品经济的发展;同时,这些资本并非完全凝固于土地,在"贫富无定势,田宅无定主"的情况下,地权转移频繁,这些资本还可能重新回到流通领

① 《宋会要辑稿》食货 32 之 12《茶盐杂录》。
② 《夷坚支甲》卷 5《灌园吴六》。
③ 《宋会要辑稿》食货 69 之 50《逃移》。
④ 《续资治通鉴长编》卷 149,庆历四年五月壬戌。

域中去。

第三，宋代许多商人其中有一些富商大贾远涉重洋，经营海外贸易，客观上促进了中国与亚、非各国和地区的经济文化交流。在宋代，海商数量之多是空前的。如到高丽去贸易的海商，据《高丽史》等典籍记载，几乎年年不断，有时同一时候有好几批、数百人到达高丽。宋朝海商运销海外的货物，以瓷器、米、麦、漆器、丝织品、凉伞、草席、铁、铝、锡、酒、糖、金、银、铜钱、中草药、建本书籍等为大宗①。其中刻印精致的宋朝书籍的外销，对传播文化最有意义。如北宋时泉州商人徐戬，专门为高丽在杭州雕印《新注华严经》板，然后运往该国②。江南商人李文通等也贩运过近六百卷宋版书籍到高丽。这些货物以其领先于世界的水平，提高了宋朝在国际上的声誉，同时，对于进口国家的经济和文化的发展也带来了深远的影响。同样，宋朝海商从海外各国运回了大批硫磺、木材、香料、药材、木棉布、吉贝纱、吉贝花、生铁、红花、蜡、糖霜、书籍等③，这些货物的输入，便于宋朝人民从外国的文化中汲取营养，促进了当时中国经济、科学技术和文化的发展。除此以外，有些海商还充当了宋朝派往海外各国的友好使者。如宋朝的海船到达加里曼丹岛上的渤泥国，第四天，国王带领眷属、大臣前来参观、"问劳"，海商们在跳板铺上织锦迎接，设宴款待，最后分送礼物④。充分表达了宋朝和渤泥人民的友好情谊。又如宋神宗时，密州商人平简连续三次经海路去高丽"通国信"⑤。还有很多海商留居外国，如高丽国京城"有华人数百，多闽人因贾舶至者，密试其所能，诱以禄仕"⑥。高丽显宗时，宋朝泉州商人欧阳征入高丽，被封为"左右拾遗"官。文宗时，又一泉州

---

① 赵汝适：《诸蕃志》卷上。
② 《苏东坡奏议集》卷8《乞禁商旅过外国状》。
③ 《宋会要辑稿》职官44之17—22《市舶司》；罗浚等：《宝庆四明志》卷6《叙赋下·市舶》。
④ 赵汝适：《诸蕃志》卷上《渤泥国》。
⑤ 《续资治通鉴长编》卷349，元丰七年十月癸未。
⑥ 《宋史》卷487《外国三·高丽》。

海商肃宗明被封为"权知阁门祗候"①。宋神宗时,福建、广南海商"因商贾至交趾,或闻有留于彼用事者"②。南宋时,据近人张星烺《中西交通史料汇编》第六册记载,留居印度、斯里兰卡的华侨"甚众"。这些人大都是搭载海商的船只前去,或者本人就是海商而在那里定居的。这些海商更是增进宋朝与外国联系的使者。在宋朝人民中流传的关于海外各国情况的一些著作,如宋徽宗时朱彧撰《萍洲可谈》,孝宗时周去非撰《岭外代答》,理宗初赵汝适撰《诸蕃志》,其中很多内容毫无疑义是海商们提供的。这些著作的流传,开阔了宋朝人的眼界,增长了宋朝人的知识,其影响也是深远的。

第四,宋代商人发行了世界上最早的纸币——"交子",促进了商品经济和货币经济的进一步发展。宋真宗初年,川峡地区在王小波、李顺起义后,因为宋朝官府停止在益、邛、嘉、眉等州铸钱,"民间钱益少",不便于贸易;同时,川峡地区流通铁钱,分量太重,携带困难,所以益州的十六家富商联合起来自己用"楮券"发行了"交子"③。交子用同一式纸张印造,票面印有屋、树、人物等图案,交子铺在上面押字并写上隐秘的题号,朱墨相间,作为私记;票面的金额随时填写,不限数额;不限地里远近,都可使用。凡遇买卖,需用交子兑换现钱,交子铺就在每一贯上收取手续费三十文作为利钱。交子最初是不定期发行的,但大致上也有一定的时间:每年逢到丝、蚕、米、麦即将成熟,市场上需要大量流通和支付手段,交子铺便聚集起来,印造交子一两次④。到大中祥符四年(1011年),开始定期发行,每三年一界,以新换旧⑤。他们利用收进的现钱,买进"蓄积"和邸店、田屋、宝货。富商们发行交子,是得到益州官府认可的,他们必须承担一定的义务,即每年夏、秋提供官仓

① 郑麟趾等:《高丽史》卷4《显宗》;卷8《文宗》。
② 《续资治通鉴长编》卷273,熙宁九年三月壬申。
③ 《建炎以来朝野杂记》甲集卷16《四川钱引》;戴埴:《鼠璞·楮券源流》。
④ 李攸:《宋朝事实》卷15《财用》。
⑤ 江少虞:《宋朝事实类苑》卷45《休祥梦兆·张乖崖》。

盘货的劳力以及修筑塘堰的劳力和材料。后来，因为出现伪造的交子，交子铺资金亏损，不能保证及时兑现，于是"争讼数起"①。交子逐渐失去信用，持有交子者纷纷来交子铺挤兑现金，交子铺闭门停业，引起人们"聚众争闹"，官府不得不派出官员前去维持秩序。交子出现贬值，每一贯最后只能兑取铁钱七八百文，贫民大吃其苦。天禧四年（1020年）十一月，寇瑊知益州，劝谕交子户王昌懿等人关闭交子铺，封存印记，不再发行。次年春天，王昌懿等人兑现交子完毕，各县交子户也都将印记毁弃。私人交子从开始发行到停止使用，前后大约流通了二十多年。直到宋仁宗天圣元年（1022年），知益州薛田等人奏请朝廷，提出"交子之法，久为民便"，"自住交子后来，市肆经营买卖寥索"，建议改由官府主持发行交子。经过宋仁宗的批准，决定派遣京朝官正式在益州设立交子务，依照原来私人交子的规格来印造新的官交子②。

宋代的交子是商品经济发展到一定程度的必然产物。商业、货币流通和信用关系的发展，需要大量轻便的货币。益州虽然商业发达，但官定贱金属货币使用尤其不便，因此首先发行了纸币。益州十六家富商在创办交子铺和发行交子时，不会知道他们所做的事业正是对人类文明作出的一大贡献。交子户王昌懿可能就是最早发行交子的益州十六户富商的首领，作为纸币的创始人，他的名字应该与科学家沈括、发明活字印刷术的毕昇等人一样载入史册。

第五，宋代商人在纺织业中开始采用包买的方式，使商业直接参与了生产的过程。我们知道，不与相应的生产相结合的商业资本，在封建社会里，能够以货币流通作为条件单独地发展起来。在这种情况下，商业资本被封闭在流通领域中，只是通过不停地贱买贵卖活动来增殖自身的价值，它对社会发展所起的积极作用总是有限的。唯有与商品生

---

① 《续资治通鉴长编》卷101，天圣元年十一月戊午。
② 李攸：《宋朝事实》卷15《财用》；（元）费著：《楮币谱》，载《全蜀艺文志》卷57。

产相结合的商业资本,不仅使商业直接参与生产,而且还支配生产,才促使它开始走上向产业资本转化的阶段。宋孝宗时,包买商陈泰的事例最能说明商业开始与生产相结合的事实。据洪迈《夷坚志》记载:"抚州民陈泰,以贩布起家。每岁辄出捐本钱,贷崇仁、乐安、金溪诸织户,达于吉之属邑,各有驵主其事。至六月,自往敛索,率暮秋乃归,如是久矣。"乐安县"驵"曾小六"初用渠钱五百千,为作屋停货,今积布至数千匹"[①]。这一记载说明,陈泰作为包买商,每年拿出大批本钱,贷给抚州和吉州各县的织户。陈泰与织户之间,有一些牙人主持其事。牙人除了负责将本钱分发给织户并从织户收取纺织品以外,还负责为陈泰造库存货。陈泰每年六月开始,亲自带人往各处催索纺织品,到深秋乃归。陈泰采用这种经营方式已经好多年了,而且经营的规模也不小。仅牙人曾小陆一人,在淳熙五年(1178 年)就为陈泰收集到布几千匹。在这里,陈泰已经不是单纯的经营布匹的买卖,而是预先把资金贷给织户,再从织户取得作为生产品的布匹;作为直接生产者的织户,实际上按照陈泰的订货制造或加工布匹,从中获得雇值。陈泰的事例,说明宋代有一些富裕的商人并不热衷于投资土地,而是把资本投资于手工业的生产过程,亦即投资于商品生产;同时,也说明商业不再局限于流通领域,而已经开始与手工业的生产相结合,参与了手工业的生产过程。商人将商业资本投资于商品生产,必然促使商品经济的发展,这对社会的发展是极为有利的。由于陈泰事例的资料过于简单,无法断定陈泰与织户双方就是资本家和工人,因此不能肯定这就表示产生了资本主义生产关系的萌芽。

　　第六,宋代许多中、小商人为了争取贸易的自由,而反抗封建官府垄断人民生活必需品如茶、盐等的买卖,或者反对地方官府的敲诈勒索,进行了各种形式的斗争。有宋一代,盐贩和茶商的武装斗争从

---

① 　洪迈:《夷坚支癸》卷 5《陈泰冤梦》;《永乐大典》卷 13136《梦字,梦夫令诉冤》。

未停止过。淮南、福建、江西、两浙等路都有大批"盐子",数十百人,携带武器和旗鼓①,贩卖私盐,遇到缉捕的官军,即群起格斗,甚至"杀害官吏"②。宋太宗时,川峡地区王小波、李顺因贩茶失业,举行暴动,后来酿成规模巨大的农民起义③。宋高宗时,江西瑞昌、兴国之间,茶商失业,"聚为盗贼"④。建州范汝为的父辈范黑龙、范黑虎,也"以盗贩为事,群不逞附焉。每数百人负盐,横行州境,官不能捕"。后来范汝为发动起义,连饥民也纷纷加入⑤。宋孝宗时,由于地方官对茶商"严行捕捉",湖北贩茶"商人相与角敌。已而杀伤太甚,自知抵宪,与为盗等死",遂"鼓众横行"⑥,"相挺为盗,推荆南茶驵赖文政为首"⑦。起义军转战湖北、湖南、江西、广东,队伍多达几千人⑧。在起义军活动的地区,"民、贼通情,互相交结",起义军的踪迹"诡秘莫测",而"官军动息,毫发必知"⑨。以上只是一些较为典型的事例。这些事例反映宋代中、小商人加入了被统治阶级反抗封建官府的斗争,并且通过这些斗争表达了他们发展自己经济的要求。同时,由于宋代的官茶和官盐质量低劣而价钱高昂,中、小商人经营的私茶和私盐则质量较高而价钱较低,而且他们在"平时贱买贵卖于乡村,往往家至户到"⑩,因而使广大贫苦人民能够买到一些比较价廉物美的茶、盐,其功劳可谓不小。

　　总之,宋代商人对社会起了双重的作用,一方面,他们通过不等价交换,残酷剥削直接生产者和消费者,对社会起了消极的作用;另一方

---

① 《续资治通鉴长编》卷196,嘉祐七年二月辛巳。
② 《宋会要辑稿》兵11之26《捕贼二》。
③ 苏辙:《栾城集》卷36《论蜀茶五害状》。
④ 《建炎以来系年要录》卷181,绍兴二十九年四月辛亥。
⑤ 熊克:《中兴小纪》卷9。
⑥ 舒璘:《舒文靖集》卷下《论茶盐》。
⑦ 罗大经:《鹤林玉露》甲编卷2《盗贼脱身》。
⑧ 《朱文公文集》卷88《观文殿学士刘公神道碑》。
⑨ 赵善括:《应斋杂著》卷1《茶寇利害札子》。
⑩ 刘一止:《苕溪集》卷11《论私贩茶盐》。

面,他们顺应历史的发展,按照社会的分工做了一些有益的必要的事情,对社会起了积极的作用。因此,可以这样说,在促进宋代社会经济和文化的发展中也有商人阶层贡献的一份力量。

（载《历史研究》1986 年第 2 期）

宋代佃客法律地位再探索

二十年前,笔者曾对宋代佃客的社会地位作过初步的探索,撰成《试论唐代中期以后佃客的社会地位问题》一文,发表在《史学月刊》1965 年第 6 期。该文从佃农阶层的形成过程,指出佃客的法律地位,从宋哲宗元祐五年(1090 年)开始比较全面而详细地规定低于地主一等,宋高宗绍兴初年规定低于地主二等,至元代又被降低数等,几乎与奴婢或奴隶的地位相同。这一见解至今还是可以成立的。但是,该文没有从中国封建社会发展的阶段性,即唐宋之际的社会阶级结构的变动来阐述佃客的法律地位问题,同时,没有搞清宋朝明确规定佃客法律地位的整个过程。此外,该文对束世澂等先生有关文章的评论,也未能跳出当时的陈规俗套的窠臼,用了一些不甚恰当的言词。二十年后的今天,有必要对宋代佃客的法律地位再作深入的研究,以期得出比较科学的结论。一管之见,谬误在所难免,祈望专家学者不吝指正。

一、宋仁宗景祐、宝元间颁行的“新制”

研究宋代佃客法律地位问题的学者,总是把注意力集中在探讨宋神宗元丰间或宋哲宗元祐间开始降低佃客的法律地位上,而忽略了在此以前宋朝颁布的有关“新制”等。如日本学者宫崎市定先生撰《读史札记》,认为南宋绍兴时起居舍人王居正所说“(地主殴杀佃客)至元丰始减（罪）一等"①，乃指"至元丰始"，即"元丰初年"②。周藤吉之先生撰《中国土地制度史研究》③，提出这一"元丰"大约是指"元祐五年之事"。仁井田陞先生撰《中国法制史研究·刑法》④，主张"至元丰始"的"元丰"是指元丰八年。地主殴杀佃客可以减罪一等，究竟是从元丰初年或元丰八年开始规定，还是从元祐五年开始规定，两者孰是孰非，笔者将在后面进行探讨。这里首先考察比元丰或元祐间上述规定至少要早四十年的"新制"。

据《宋史》卷312《王琪传》记载，王琪知复州（治今湖北天门）时，朝廷颁布了"新制"，凡地主殴杀佃客，均可免予判处死刑。原文是这样的：

> 〔王琪〕知复州，民殴佃客死，吏论如律。琪疑之，留未决。已而新制下，凡如是者听减死。

宋高宗时郑克编《折狱龟鉴》卷8《矜谨·王琪》（《墨海金壶》本）有更详细的记载：

> 王琪侍郎知复州，民有殴佃客死者，吏将论如法。忽梦有人持牒叩庭下，曰："某事未可遽以死论也。"琪疑之，因留狱未决。有司曰："无足疑者。"琪曰："第留之。"后十余日，果有新制下，凡主人殴佃客死者，听以减死论，吏民莫不神服。

由知复州王琪这一政绩可以知道，第一、在朝廷颁布"新制"以前，凡地主殴杀佃客，地方执法官都按照"律"或"法"判处凶手死刑。跟后来的

---

① 原文见李心传：《建炎以来系年要录》卷75。
② 宫崎市定：《读史札记》，《史林》第二十一卷第1号；《アヅア史研究》第一。
③ 周藤吉之：《中国土地制度史研究》，1971年11月版，第689页。
④ 仁井田陞：《中国法制史研究·刑法》，1959年版，第295页。

"新制"相比,这一"律"或"法"可以称作"旧制"。王琪在知复州任上,遇到了地主殴杀佃客的人命案件,吏人和执法官都决定按照"旧制"论处。这说明"旧制"规定,地主殴杀佃客,必须以命抵命,而不能减罪。第二、"旧制"实行已久,使地方官王琪引起了怀疑,他故意将案件搁下,不予审理。果然,在十多天后,朝廷颁行了"新制",凡是地主殴打佃客致死者,允许减刑,即不再判处死刑。显而易见,"新制"开始规定在地主和佃客之间发生刑事诉讼时,在量刑上地主获得从轻的优待,而佃客则从重论处。这实际上提高了地主在法律上的地位,而降低了佃客在法律上的地位。当然,笔者以为这一"新制"与其说开始降低了佃客的法律地位,毋宁说开始酝酿着规定佃客的法律地位。顺便提及,《折狱龟鉴》"王琪"条最后注明:"见王珪丞相所撰墓志。"王珪是王琪的从弟。王珪的著作《华阳集》,原本一百卷,"自明以来,久已湮没。"清初纪昀等编《四库全书》时,由《永乐大典》中辑出,共六十卷,附录十卷①。今查四库全书本和武英殿聚珍本《华阳集》,均未见收录王珪所撰王琪墓志,可见这一墓志已经失传。幸而《宋史》本传和《折狱龟鉴》等文献还保留了这一重要记载。

现在,必须进一步弄清宋朝这一"新制"颁行的时间。如果能够确定王琪担任复州知州的时间,这一问题也就迎刃而解了。据有关文献,王琪知复州的时间有三种记载:一是《(乾隆)大清一统志》卷262《湖北汉阳府二》,记述王琪在"仁宗时知复州,民殴佃客死,吏论如律。琪疑之,……"表明王琪在宋仁宗时知复州。二是《湖北通志》卷118《职官志十二》和卷110《职官志四》,明确记载王琪在宋仁宗宝元年间知复州。三是明代人童承叙《嘉靖沔阳志》卷16《良牧传》,也明确记述王琪在宋仁宗景祐年间知复州。但同书卷3《秩官表》又作仁宗宝元时,前后颇不一致。这三种记载哪一种比较可信呢?宋庠《元宪集》卷23《制词》中,收录了"殿中丞、集贤校理、知复州王琪可太常博士"的制词。

---

① 《四库全书总目》卷152《集部·别集类五》。

说明王琪任复州知州时的本官阶是殿中丞（元丰官制改革，改为奉议郎），并由此迁为太常博士（元丰改制，改为承议郎）；职是集贤校理。王琪在宋仁宗天圣八年（1030 年）正月十四日，曾以馆阁校理的身份充任省试的点检试卷官①。同年二月十九日，已经升任集贤校理，因赴后苑观花，受命赋诗，得到仁宗的褒奖②。明道二年（1033 年）九月，曾被山园使张士逊奏举，随行管勾章表③。直到康定二年（即庆历元年，1041 年）九月，受命赴荆湖路提举相度制置盐酒，此时任祠部员外郎、集贤校理④。以上记载显示，王琪在天圣八年二月到康定二年九月任集贤校理的十一年内，前一段时间即自天圣八年二月到明道二年九月系在朝任职，后一段时间即康定二年九月稍前也在朝任职，唯有中间一段时间即景祐元年（1034 年）到宝元三年（即康定元年，1040 年）情况不明。但据《宋史·王琪传》，王琪出朝做地方官，第一任是舒州通判，第二任是复州知州。宋庠《元宪集》说，王琪曾以集贤集理知复州。又据《湖北通志》和《嘉靖沔阳志》，王琪知复州是在宋仁宗景祐年间或宝元年间。宋制，知州一般任期为三年。由此判断，王琪在景祐元年至三年任舒州通判，而任知复州的时间必定在景祐四年（1037 年）到宝元元年（即景祐五年）、二年这三年内；《湖北通志》和《嘉靖沔阳志》所载的时间并没有大错，只是尚欠准确。因之，笔者可以断言，宋朝颁行"新制"是在宋仁宗景祐四年到宝元元年、二年这段时间里。

二、宋仁宗"嘉祐法"

"新制"颁布后，实行了多长时间呢？宋仁宗嘉祐二年（1057 年）发生的又一桩地主殴杀佃客案件，回答了这个问题。这一年四月癸丑，朝

---

① 《宋会要辑稿》选举 19 之 9《试官》。
② 《宋会要辑稿》礼 45 之 39。
③ 《宋会要辑稿》礼 32 之 12《凶礼》。
④ 《宋会要辑稿》职官 52 之 10《遣使》。

廷"贷随州参军李抃父阮死罪"。李阮因为"殴佃客死,而其子抃愿纳所受敕告,以赎父罪,上矜而许之,仍免决,送湖南编管"①。郑獬《郧溪集》卷12《荐李抃状》(四库全书本)更详细地记录这一案件的始末:

> 伏见前随州司理参军李抃,皇祐中进士及第。嘉祐二年,因父阮殴杀佃客,于时抃请纳出身及所居官以赎父罪,朝廷遂减阮罪,免其决,编管道州。后来累逢赦令,已放逐便,而抃至今废官已十五年,不得齿仕路。臣窃谓阮之杀佃户,其法当谳奏,亦得减死,而所赎之罪止免真决。今来又已逐便,则抃之纯孝亦宜襃贷,不可遂废终身。抃见居襄州,履行益修,乡里高其义,前后近臣及本路转运、提刑、知州累有荐论,惜其沉废,未见收采。如陛下复抃一官,不惟振举淹滞,兼足以厚风化于天下。臣今同罪保举,堪充牵复升擢任使。

嘉祐二年,地主李阮打死了佃客,已被地方官府依法定成"死罪"。其子、随州司理参军李抃向朝廷提出申诉,愿意交回自己科举考试登第所获得的出身文字即敕牒和任官后所得官诰,用它们来赎父亲的死罪。宋仁宗"矜而许之",宽贷了李阮,不仅免除死罪,而且免予刺面,仅仅发送湖南道州编管。后来,李阮屡经朝廷赦令,被释放后准许任便居住。可是,李抃却因此失去了进士及第的出身和官职,长达十五年"不得齿仕路"。直到宋神宗熙宁五年(1072年),官员郑獬才为他的"不幸"遭遇大鸣不平,向朝廷递交推荐状,要求恢复他的一官。

通过李阮殴杀佃客一案的处理结果,不难看出,最迟到嘉祐二年,"新制"已经停止实行。因为按照"新制",地主殴死佃客,凶手完全可以"减死"。如果嘉祐二年依然实行"新制",李抃就无需用自己的出身

---

① 《续资治通鉴长编》卷185。

敕牒和官诰来赎其父的死罪。因此,笔者可以肯定,"新制"实行的时间并不长,充其量也不过十几年而已;在李阮案件发生的嘉祐二年,朝廷又恢复了"旧制"。

值得注意的是,郑獬在推荐李抃的奏状中提到,李阮杀死佃客,"其法当谳奏,亦得减死",而李阮经过赎罪,却"止免真决"。是否李阮当时并没有获得法定的宽贷呢? 否。李阮之子李抃身任随州司理参军,作为一州的司法长官,必然洞悉朝廷现行的法度。他决不会糊涂到连父亲没有受到宽贷,而自己却无缘无故地丢了官职。实际情况是这样的,郑獬所谓"其法",乃指嘉祐法。宋高宗时,起居舍人王居正在一份奏状中说:"臣伏见主殴佃客致死,在嘉祐法,奏听敕裁,取敕原情。"①所谓"谳奏",宋代又称奏谳②,是指遇有疑难重要案件,尤其是大辟案件,奏请朝廷复审。一般请谳者,"多得减死"③。由此可见,郑獬所说的"其法当谳奏,亦得减死",是指嘉祐法。那末,"嘉祐法"是在哪一年制定并颁行的呢? 笔者认为,"嘉祐法"就是嘉祐年间朝廷编纂的法典,称《嘉祐编敕》。宋代皇帝在一定时间对一定的人和事发布的诏敕,称为散敕或敕条④。散敕日增,便选择其中可以长期适用的敕文,经过编纂成书,便称"编敕"。《嘉祐编敕》是嘉祐二年八月因枢密使韩琦的建请而开始删定的,至七年成书,共一千八百三十四条⑤。《嘉祐编敕》或"嘉祐法"的特点是"条目省"而"易行","立文详"而"易晓","立法重"而"民不轻犯",南宋时被士大夫们视为"祖宗之大法"的主要内容⑥。由此可见,在《嘉祐编敕》中规定,遇到地主殴杀佃客时,准许地方官府"奏听敕裁,取敕原情"。因此,在量刑时,殴杀佃客的凶手往往得到宽贷而免予一死。

---

① 《建炎以来系年要录》卷75,绍兴四年四月丙午。
② 《宋史》卷199《刑法一》、卷201《刑法三》。
③ 《宋史》卷199《刑法一》。
④ 《玉海》卷66《太平兴国编敕》。
⑤ 《玉海》卷66《嘉祐编敕》;《宋史》卷199《刑法一》。
⑥ 王洋:《东牟集》卷9《后论今日之法当然札》、《初论修法之意札》。

三、宋神宗“元丰法”和宋哲宗“元祐法”

　　“嘉祐法”只是规定地主殴杀佃客时，地方官府可以奏报朝廷复审，使该地主得以免死，但并没有从法律上明确规定该地主一定要免除死罪。宋神宗元丰年间（1078—1085 年），开始规定地主殴杀佃客，地主可以减罪一等，仅配隶邻州。宋高宗绍兴四年起居舍人王居正，在论述对地主殴佃客致死立法时指出，“嘉祐法”“初无减等之例”，“至元丰始减一等，配邻州，而杀人者不复死矣”（同前）。元丰编敕，是元丰七年（1084 年）三月由崔台符等编成的，称《元丰敕令式》，共七十一卷①。笔者认为，王居正所说的“元丰法”，正是《元丰敕令式》中的内容之一。因此，这一“元丰法”是在元丰七年颁行全国的。此外，官员郑獬曾在熙宁五年推荐李抃的奏状中，为李抃父子鸣冤叫屈，很可能就是宋朝制定这一“元丰法”的直接原因。

　　在王居正的奏状里，“元丰法”只是简单地提及，如今已难以窥见其全貌了。“元祐法”则留下了比较详细的内容。据《续资治通鉴长编》记载，宋哲宗元祐五年（1090 年）七月乙亥，刑部言：

　　　　佃客犯主，加凡人一等。主犯之，杖以下勿论，徒以上减凡人
　　一等。谋杀、盗、诈及有所规求避免而犯者，不减。因殴致死者，不
　　刺面，配邻州本城，情重者，奏裁。

宋哲宗批示：“从之。”②《宋史·刑法志》和《文献通考·刑法考》也全文照录《长编》“刑部言”，皆系于元祐五年纪事之后，“刑部言”写作“刑部论”，“配邻州本城”则省略“本城”二字，作“配邻州”。元祐五年刑部所定条法，不妨称为“元祐法”。但这一“元祐法”并非《元祐敕令

---

① 《玉海》卷 66《元丰诸司敕式、编敕》。
② 《续资治通鉴长编》卷 445。

格式》的一个内容,因为《元祐敕令格式》早在元祐二年十二月(一作元祐三年闰十二月)便编定并颁行了①。

对照"元丰法"和"元祐法",就不难发现两者之间的区别和联系。"元丰法"仅规定地主侵犯佃客一个方面,即地主殴打佃客致死,减罪一等,配隶邻州;"元祐法"则规定了地主侵犯佃客和佃客侵犯地主两个方面。对前者,"元祐法"详细地规定地主侵犯佃客,杖以下罪不予追究,徒以上罪比平民减轻一等,唯有在地主对佃客谋杀、盗、诈及有所"规求避免"而加以侵犯的情况时,不予减罪。这些内容都是"元丰法"所没有的。至于地主因殴打佃客致死,不须刺面,仅配隶邻州本城;情节严重者,奏听朝廷裁决。这一规定也比"元丰法"更详细得多。对后者,虽然条法比较简单,只是规定佃客侵犯地主,要比平民加重一等定罪,但这更是"元丰法"所没有的。由此可见,"元祐法"是在"元丰法"的基础上进一步补充、完善的产物。

四、宋高宗"绍兴法"和元代条法

南宋初年,金军不断南侵,以宋高宗为首的宋朝统治者只图苟安江南,对外一昧屈辱妥协,对内加强对人民群众的控制。建炎三年(1129年)四月,宋高宗在平定苗傅、刘正彦等人发动的兵变的过程中,下诏"遵用嘉祐法度",并命敕令所将嘉祐与政和条法对修,凡"嘉祐法有与元丰不同者,赏格听从重,条约听从宽"。绍兴元年(1131年)八月,《绍兴重修敕令格式》编修完毕,共七百七十卷,于次年正月一日颁行②。绍兴四年四月丙午,起居舍人王居正向朝廷上奏状,全文如下:

> 臣闻杀人者死,百王不易之法。先王非不知死者已不可复生矣,而杀人者又必死,盖以谓杀人而不死,则人殆无遗类矣。此先

---

① 《玉海》卷66《元祐编敕令格式》。
② 《玉海》卷66《绍兴重修敕令格式》。

王之深仁厚泽,万世而不匮者也。臣伏见主殴佃客致死,在嘉祐法,奏听敕裁,取赦原情,初无减等之例。至元丰,始减一等,配邻州,而杀人者不复死矣。及绍兴又减一等,止配本城,并其同居被殴至死,亦用此法。侥幸之途既开,鬻狱之弊滋甚,由是人命寖轻,富人敢于专杀,死者有知,沉冤何所赴诉? 伏望陛下深轸至怀,监古成宪,断自渊衷,俾从旧制,用广祖宗好生之德,成陛下全活之恩。

宋高宗下诏,责成刑部"看详"后申报尚书省,但后来不曾实行①。从时间顺序推测,王居正所说的"绍兴法"当即绍兴二年初颁行的《绍兴重修敕令格式》的内容之一。

王居正的奏状,扼要地叙述了从宋仁宗嘉祐间到宋高宗绍兴初年宋朝对地主殴杀佃客定罪的变化过程,是一篇难得的重要文献。更可贵的是王居正出于对佃客的同情,而要求恢复"嘉祐法""旧制"的。因此,本文多次引用过其中的一些语句。至于"绍兴法",跟"元丰法"或"元祐法"相比,显然有两点已作了修改:一是地主殴打佃客致死,地主再减一等定罪,量刑时仅配隶本州本城;二是与佃客同居者,如被地主殴打致死,地主也依此定罪量刑。根据"绍兴法",佃客的法律地位又下降了一等,实际上被降到低于平民两等,同时,佃客的家属也与其本人受同等的对待。

南宋时期,"绍兴法"一直得到贯彻执行,它的原则即佃客在法律上低于平民两等,还被扩大到社会生活的许多方面。诸如宋宁宗时的重要法典《庆元条法事类》规定:"诸强奸者,流三千里,配远恶州……诸旧人力奸主者,品官之家,加凡奸二等,民庶之家,加一等;即佃客奸主,各加二等。"②佃客侵犯地主,仍加重两等定罪,这无异是说佃客的法律地位低于地主两等。

---

① 《建炎以来系年要录》卷75。
② 《庆元条法事类》卷80《杂门·诸色犯奸》。

到元代,佃客的法律地位更为低下,地主视佃客如奴隶,佃客的生命越发不受保障。正如元代人所说:"亡宋已前,主户生杀视佃户不若草芥,自归附以来,少革前弊。"①说明元初沿袭南宋地主贱视佃客和恣意屠戮佃客的恶习,并未稍加改革。不仅如此,据《元史·刑法志》记载,元代佃客的法律地位又大为下降,"诸地主殴死佃客者,杖一百七,征烧埋银五十两"。佃客之妻被地主"误杀",地主仅被罚杖七十七。按照宋、元的刑法,其刑罚基本为笞、杖、徒、流、死五等,南宋"绍兴法"虽然规定佃客的法律地位低于平民两等,但地主殴打佃客致死毕竟仍要被发配本州本城(属流刑),受罚劳役之苦。但到了元代,变为仅罚杖一百零七下,可以说佃客的法律地位又被降低了两等。这时,"诸良人"杀死奴婢或奴隶,也不过是责杖一百零七下或数十下,并输纳转交苦主的抚恤银五十两,即可了结这桩人命案件而安然无事。可见佃客的法律地位已经被降低到几乎跟奴婢或奴隶相同了。

五、佃客的迁徙、控诉等权所反映的法律地位

宋代佃客的法律地位主要体现在封建刑法的各项规定上,除此以外,还体现在佃客的迁徙、控诉权等方面。

如所周知,大致以淮河、汉水为界,在此界以南的地区亦即江南、两淮、两浙、福建、广南、荆湖等路,封建法律对佃客迁徙权的规定在宋仁宗天圣五年(1027年)前后有所变化。这一年十一月下诏:

> 江淮、两浙、荆湖、福建、广南州军旧条:"私下分田客非时不得起移,如主人发遣,给与凭由,方许别住。"多被折(抑)勒,不放起移。自今后客户起移,更不取主人凭由,须每田(年?)收田毕日,商量去住,各取稳便,即不得非时衷私起移;如是主人非理栏

---

① 《大元圣政国朝典章》卷42《刑部四·诸杀一·杀奴婢娼佃·主户打死佃客》。

占,许经县论详①。

这就是说,在天圣五年以前,上述诸路的"私下分田客"即民间的分租制佃客,法令即所谓"旧条"规定其无移徙的自由,如要移徙,必须取得地主的同意并由地主发给证明文件。但从天圣五年起,法律规定佃客起移无需地主证明,唯在每次收获完毕后,与地主商量去就,各取情愿;同时,佃客在平日不得随便起移,以免影响地主土地的耕作,而在佃客该迁移之时,地主也不得无理阻拦,否则,佃客可赴县衙"论详"。北宋在太平兴国三年(978年)最后统一南方各地,此前不可能颁发地域如此辽阔的法令。所以,"旧条"只能在太平兴国三年到天圣五年十一月前颁布和实行。天圣五年的法令又稍稍改变了"旧条",给予佃客一定的迁徙权。

在夔州路,宋朝制定一路的专法,完全剥夺了一部分佃客的迁徙权。宋仁宗皇祐四年(1052年)敕:"夔州路诸州官庄客户逃移者,并却勒归旧处,他处不得居停。"又敕:"施、黔州诸县主户壮丁、寨将子弟等、旁下客户,逃移入外界,委县司画时差人计会所属州县追回,令著旧业,同助祇应,把托边界。"这是说,禁止夔州路的官庄客户自由移徙,否则即被追回;同时,规定施、黔二州的旁户如其逃移,即勒归旧处,俾使守御边界。宋孝宗淳熙十一年(1184年)六月,夔州路转运司为了禁止豪强"偷搬地客",将皇祐四年对本路官庄客户和施、黔州旁户的"专法",扩大到全路的民间地客,规定客户私自移徙他乡不到三年者,都须连同家属"追归旧主";移及三年以上,已经安居,不愿归还者,"即听从便"。今后,客户如被搬移,"不拘三年限,官司并与追还"②。这一法令限制了客户的移徙自由,但并没有有效地阻止地主偷搬客户。宋宁宗开禧元年(1205年)六月二十五日,夔州路转运判官范荪说:"本路

---

① 《宋会要辑稿》食货1之24《农田杂录》。

② 《宋会要辑稿》食货69之66—67《逃移》。

施、黔等州界分荒远,绵亘山谷,地旷人稀,其占田多者须人耕垦",故"富豪之家争地客,诱说客户,或带领徒众,举室般徙。"因此,范荪建议对"皇祐法"稍加校定,以缓和地主之间争夺客户的斗争,并严禁客户逃移。经过范荪校定后的"新法",其内容主要有四:(一)"诸凡为客户者,许役其身,而毋得及其家属妇女皆充役作";(二)"凡典卖田宅,听其从条离业,不许就租以充客户,虽非就租,亦无得以业人充役使";(三)"凡借钱物者,止凭文约交还,不许抑勒以为地客";(四)"凡为客户身故,而其妻愿改嫁者,听其自便;凡客户之女,听其自行聘嫁"①。"新法"的内容较为广泛,不仅涉及佃客的迁徙,而且涉及佃客及其家属的劳役、婚姻,还包括禁止田宅典卖者充当买主的佃客以及禁止债主强迫负债人充当佃客。从条文上看,"新法"对地主无限的权力稍加限制,从而稍为松弛了佃客对地主的隶属关系。

在中国封建社会中,控告权是居民的基本权利之一。一个居民是否有控告权或者有多少控告权,也能反映他在法律上所处的地位。宋仁宗天圣五年的诏令,允许淮、汉以南的民间分租制佃客在地主"非理拦占"时,赴县衙控告,给予这部分佃客以控告权。但此后各级官府又从许多方面剥夺佃客的这一权利。南宋时,一名佃客向官府控告地主周竹坡违法私自造酒,地方官经过审讯,作出如下判决:"私酿有禁,不沽卖者其罪轻,然告主之罪大,此风不可长。周某杖八十,赎铜;佃者杖一百。"②无罪的佃客因为控告地主而被判有罪,受到重罚;犯法的地主却仅受轻罚。宋光宗绍熙元年(1190年),有官员向朝廷建请,凡"诡名挟户之家,除人力、佃客、干当掠米人不许告首外,四邻并受寄人亦许"③。"诡名挟户"者一般都是乡村上户地主和官户,宋朝禁止佃客充当"告首"去揭发他们主人的违法行为。宋理宗端平二年(1235年),吴潜反对宋朝官府向官户按亩征收官会,指出:"彼(按:指官户)无所从

---

① 《宋会要辑稿》食货69之68—69《逃移》。
② (元)盛如梓:《庶斋老学丛谈》卷下。
③ 《宋会要辑稿》食货66之24《役法》。

出,不过均诸佃户耳。今又为之法,许其越诉,是教佃户以诉主家也。其害四也。"①依然不准佃客控诉主人。

不难看出,宋朝地主阶级通过立法,从天圣五年起给予分租制佃客一定的迁徙权和控诉权;从皇祐四年起,剥夺了夔州路官庄客户的迁徙权,后来又扩大到该路所有的佃客。各级官府还从各方面禁止佃客控诉地主。

六、宋代佃客法律地位明确规定的历史意义

综上所述,宋代佃客在法律上所处的地位,经历了一个由不甚明确而逐步酝酿到明确规定,由规定某一方面到许多方面,由地位较高到逐渐降低的历史过程。这一过程大致可以划分成三个阶段:第一阶段,自北宋初到宋仁宗景祐四年或稍后一二年以前,佃客和地主在服刑上,封建法律本身尚未作出不平等的规定;地主殴打佃客致死,凶手必须偿命而被判死罪。由于在服刑上的待遇最能反映社会各阶级、阶层的法律地位,因此这一阶段是佃客法律地位不甚明确而又比较高的时期。但是,也应看到,在北宋初到宋仁宗天圣五年以前,封建法律的"旧条"规定,淮、汉以南的民间分租制佃客没有迁徙的自由。宋太宗时,建州两名"田家客户",因在地主家池塘内,用锥刺到鱼一斤半,被地主捕送官府,受到杖脊、刺面的惩罚,最后又被发送到京城。据说,这是"循习"五代旧制的结果②。说明这一阶段佃客法律地位比较高是相对的,佃客在法律上并没有与地主完全处于平等的地位。第二阶段,自宋仁宗景祐四年或稍后一二年到宋哲宗元祐五年,是佃客的法律地位由逐步酝酿到明确规定的时期。景祐四年或稍后一二年颁行的"新制",首次规定地主殴死佃客,可以减死,这无异是肯定佃客的法律地位低于地主。但"新制"实行未久,很快就恢复了前一阶段的"旧制"。宋仁宗嘉

---

① 吴潜:《宋左丞相许国公奏议》卷2《奏论计亩官会一贯有九害》。
② 洪迈:《容斋四笔》卷13《国初救弊》。

祐七年颁行的"嘉祐法",再次规定地主殴杀佃客,地方官府可奏申朝廷,"取赦原情"。宋神宗元丰七年颁行的"元丰法",进一步规定地主殴杀佃客,可减罪一等,实际上将佃客的法律地位比平民降低了一等。宋哲宗元祐五年,更进一步明确规定地主和佃客互相侵犯时定罪和量刑的等级,佃客在法律上低于平民一等。第三阶段,自宋高宗绍兴元年直至元代,佃客的法律地位被再度降低。绍兴元年,佃客的法律地位又被降低一等,变为低于平民两等。到元代,佃客的法律地位再被降低一等至两等,几乎跟奴婢或奴隶相同。

宋代佃客法律地位的确定,是唐、宋之际的社会变革到宋代定型化的必然产物之一。笔者在《宋代社会研究》①一书中提出,从唐代中叶开始,中国封建社会进入了新的发展时期即中国封建社会中期,直到明代后期出现资本主义萌芽为止。这一时期与前期相比,社会阶级结构出现较大的变化,官僚地主代替了门阀士族,佃客代替了部曲、奴客,和雇匠、差雇匠、兵匠代替了贱民、番匠,人力、女使代替了大部分带有奴隶制严重残余的奴婢,商人的社会地位也大有提高。佃客作为一个新起的农民阶层,由地主豪强的"私属"变成封建国家正式的编户齐民,封建国家承认了佃客的户籍权;同时,佃客阶层日益壮大,已经成为农民阶级的主要组成部分。

社会阶级结构的变化,必然会反映到封建国家的立法上来。法律作为一种政治上层建筑,是一定的社会关系在统治阶级的意志和意识中的反映,并且反过来积极地维护统治阶级的利益。但这种反映总是落后于现实生活的。品官之家的"官户",虽然北宋初年就已存在,但当时仍然沿袭晚唐、五代的旧制,称为"衣冠户"或"形势户"。大约要到宋仁宗初年,社会上才逐渐使用"官户"之称,而当时更经常使用的还是"衣冠"、"命官形势"户等名称。直到宋神宗熙宁年间实行免役法,"官户"正式在封建法律上有所反映。此后,"官户"一词就成为品

---

① 朱瑞熙:《宋代社会研究》,中州书画社1983年版。

官之家的法定户名。无独有偶,宋代的家内服役者"人力"和"女使",也要到宋仁宗制订"嘉祐敕"时,才见诸法律。最有意思的是,在宋太祖建隆四年(963年)依照《大周刑统》为蓝本而编纂成书的重要法典《重详定刑统》(即《宋刑统》)中,仍旧把一种类似官奴婢的人户称为"官户",同时继续沿用前代的"奴仆"、"随身"等词。在此书中,也还没有关于佃客的法律条文。当然,这种状况不可能永远维持下去,因为在封建社会中,地主阶级的国家总会利用立法,替每个阶级确定在社会上的特殊法律地位,借以巩固地主阶级对于土地的垄断权和加强对于直接生产者的人身隶属关系,从而保证地主对直接生产者的无情榨取。因此,经过宋代前期长时间的酝酿,终于在宋仁宗时先后为官户、人力、女使、佃客等明确规定了他们各自的法律地位,而佃客在法律上的地位更经历了逐步酝酿、明确规定和多次降低的复杂过程。可以这样说,宋代佃客法律地位的明确规定,正是唐宋之际社会变革的一个基本方面即社会阶级结构重新组合过程最后完成的标志之一。这就是宋代佃客法律地位明确规定的历史意义。

（载《历史研究》1987年第5期。又载邓广铭、徐规主编:《宋史研究论文集》,浙江人民出版社,1987年版）

十至十三世纪湖南经济开发的
地区差异及原因

十至十三世纪是湖南地区经济开发迅速发展时期,但湖南各地由于开发的自然条件和历史基础不同,存在着较大的差异和显著的地方特点,根据各地的开发水平,湖南大致上可分成四个地理区,即湘北区,含南宋末年常德、澧、岳一府二州,在自然地理上包括洞庭湖沿岸及沅、澧二水的下游,面积约三万八千平方公里;湘中区,含南宋末年宝庆、潭、衡、武冈、茶陵一府二州二军,在自然地理上包括资水流域和湘水中下游,面积八万二千二百平方公里;湘南区,含南宋末年的郴、永、道、桂阳三州一军,在自然地理上包括湘江上游,面积约四万八千平方公里;湘西区,含南宋末年的辰、沅、靖三州,在自然地理上包括沅水中游、澧水上游,面积约四万七千平方公里。

一

人口密度是衡量经济发展水平的标志之一,人口的分布和迁移方向是和区域开发过程相互照应的。

1. 人口的分布。

宋代各区人口数和密度如下:

		湖北	湘中	湘南	湘西
太平兴国	户　数	42 232	77 472	42 700	—
	户/公里²	0.95	0.94	0.97	—
元　丰	户　数	196 523	635 108	201 721	29 953
	户/公里²	4.44	7.73	4.57	0.73
崇　宁	户　数	237 761	706 944	210 790	39 081
	户/公里²	5.37	8.60	4.77	0.95
(元)至元	户　数	589 922	946 756	260 000	158 449
	户/公里²	13.33	15.52	5.88	3.87

资料:《太平寰宇记》、《元丰九域志》、《宋史·地理志》、《元史·地理志》。

从上表分析,除湘西因资料阙如无法统计外,北宋初湖南各区户口稀少,分布趋于均衡,湘南区户口密度最高,可能是矿业的兴盛吸引了一定数量的非农业人口。历经大约一百年的人口自然繁殖和人口流动,到元丰年间,湘中区户口密度远在其他地区之上。元丰后,资水流域的梅山蛮、武冈蛮及诚徽蛮纳土归籍,使该地区户口继续猛增,崇宁时已达每平方公里八点六,到元至元二十七年(1290年)更高达十五点五二户,显见湘中区是这一时期开发的重点。湖北区自崇宁以后成为次于湘中区的第二大人口分布区,这和当地粮食种植业和茶叶等经济作物的发展密切相关。而同时期湘南的户口密度一直持续上升,但上升速度缓慢,到元至元间户口密度仅每平方公里五点八八户,远低于湘中、湘北区。这一方面与当地可耕地少,南宋后矿业萎缩、人口外流有关;另一方面也和当地税收政策有一定的关系。从五代楚国开始,直到南宋绍兴十四年(1144年)的二百二十多年,湘南区民户除二税之外,尚纳丁身钱绢米麦,至使"民有嫁老母、不举子以规析户免进丁者"[1],户口逃亡、隐匿当不在少数。

2. 人口的迁徙。

从上表我们已粗知不同时期各地区人口分布的疏密状况。人口密

---

[1]　薛季宣:《浪语集》卷33《先大夫行状》。吕祖谦:《东莱集》卷3《为张严州作乞免丁钱奏状》。

度的大小,和各区人口基数的大小,人口的自然增殖率高低关系密切,也和各区接受的外来移民多寡有关。

终唐之际,南迁湖南人口络绎不绝,唐末诗人韦庄《湘中作》诗:"楚地不知秦地乱,南人空怪北人多。"①五代时期,时有避难的移民移居湖南,据《宋史·周渭传》记载,广西昭州恭城县人周渭曾率同乡六百多人逾岭,计划迁往永州零陵县,后因途遇盗贼,改居道州。除少数记载明确外,大多数移民的迁居点很难确知。唐后期迁入湖南的移民,至五代以后其后裔已成为土著,因年代久远,世系失传,明、清人所修的地方志中,于唐代移入族姓的记载寥寥无几,现在我们已无法探索唐代移民散居湖南的确切地区。值得庆幸的是,湖南现存的方志中,如道光《宝庆府志》、光绪《靖州乡土志》、光绪《会同县志》、光绪《湘阴县图志》、民国《醴陵县志》、民国《嘉禾县志》、民国《汝城县志》等,于五代、南宋时迁居上述数县的外籍移民族数的记载较详细。从各地所接受的有原籍可考的移民族数的统计,可见湖南境内人口流动的地区差异及由此显示的地区开发的先后顺序。总计五代时迁入的族数仅二十七族,北宋和南宋迁入的族数分别为六十五、八十四族,共计一百七十六族,其中迁自江西的一百三十六族,占迁入总数的百分之七十七点三。即十世纪以后,迁入湖南的主要为江西人。这和十世纪以前北方人大量涌入湖南的情形迥异。北方人迁居湖南的政治因素较多,或因战乱避祸于此,或因为宦从征,卸职、退役后留滞不去。江西移民迁居湖南的政治因素较少,多为经济目的,即因江西人稠地狭,迁居外乡寻求可垦耕地。因此,从江西移民迁居湖南的路线,大致可见各地区开发的先后。

五代,迁入湖南的江西人共二十四族,其中十八族迁入湘阴,一族迁入醴陵。此虽指湘阴、醴陵二县,实可表示当时江西人集中涌入潭州及湘北区情形。光绪《湘阴县图志》引《益阳县志》云:"唐同光二年

---

① 《全唐诗》卷698。

（924年），高安蔡邦领洪州三百户来潭州开垦。"北宋和南宋时期，江西人仍不断迁居上二县，迁入族数共二十二族。《宋史·地理志四》荆湖南、北路后序："荆湖南、北路，……其土宜谷稻，赋入稍多，而南路有袁、吉壤接者，其民往往迁徙自占，深耕溉种，率致富饶，自是好讼者亦多矣。"潭、衡及其以北皆地邻江西，故为江西移民最早的迁徙地。江西人的风习赋性染于土著，传于后裔。

北宋后，江西人以迁居潭、衡以西的邵州和以南的郴州、桂阳军为多。两宋时期，邵州所属邵阳、新化二县共迁入江西人四十一族；桂阳军属县汝城及平阳（嘉禾县置于明崇祯间，宋时地属平阳、蓝山二县，此姑作平阳计）共迁入江西人四十族。可能潭、衡二州及湘北区自五代和北宋的大力垦伐，人稠地狭，可资垦殖荒地不多，导致江西人迁向荒地较多的邵州、郴州、桂阳军一带。

南宋时，江西人由北宋时迁居武冈军、靖州一带的二族上升到七族。显见这时期，江西人仍以开发邵州及其以东地区为主，但已逐渐扩展到邵州以西、以南地区。

二

劳动力的增加，生产经验的提高，生产工具的改进，促进了湖南农业的迅速发展。粮食种植业和茶、桑、麻等经济作物的种植面积有所扩大，并在全国据有重要地位。

1. 粮食种植业。

湖南属于亚热带季风，温湿气候，四季分明；热量充足，雨水集中；春温多变，秋旱明显；严寒期短，暑热期长。地形复杂，土壤多样，适宜于水稻、小麦、粟、茶、桑等多种植物的生长。

十至十三世纪，鼎、澧、潭、永等州成为主要产粮区，最根本原因是这一带有着发展粮食种植业的优越地理条件。湘北区石门、桃源二县以东地貌类型主要是湖泊、平原、阶地和丘陵、低山。潭州境内多红岩丘陵和盆地,发育着红壤和紫色土。永州境内有零陵——祁阳石灰岩丘陵盆地。这些丘陵盆地被更有效地利用是在北宋以后。

北宋以前,湖南粮食品种以水稻为主,这种水稻对土壤膏腴程度及水利灌溉要求更高,只能在平原、河谷和地近水源的山冈平地种植。北宋真宗年间,将占城稻由岭南引向岭北,一经引进,其种植面积迅速扩大,占城稻即籼稻,又称早禾,耐旱、粒饱、成熟早,不择地而生,到南宋嘉定年间,"潭之冈土,多种早稻,其视晚禾居什之七"①。永、道州也普遍种占城稻②。这样,原不适种植水稻的旱土栽种占城稻,粮食亩产量有了一定的提高。

和占城稻引进的同时,真宗诏令将北方粟、麦、黍、豆等旱粮作物推广到南方,以防水旱灾害。南宋以后朝廷仍多次诏令南方旱土种植旱粮。历任地方官也劝民垦种。《宋史·李允则传》记载,真宗咸平间,李允则知潭州,时"湖湘多山田,可以艺粟,而民惰不耕。乃下令月所给马刍,皆输本色,由是山田悉垦"。北宋张淏《云谷杂记》卷4云:"沅湘间多山,农民惟植粟,且多在冈阜,每欲播种时,则先砍林木,纵火焚之,俟其成灰,即播种于其间,于是所收必倍"。北宋后期,水力不及的山田,所种"粟米妙天下"③。

湖南地区麦的种植区域远少于粟。直到南宋淳熙间,"湖南一路唯衡、永数郡宜麦,余皆文具"④。

粮食新品种的引进,耕作制度的改变,对湖南盆地、丘陵的开发具有重要意义。使宋代湖南粮食种植业的发展有着明显的地区差异。鼎、澧、潭、衡、永五州成为主要产粮区。两宋时期,以潭、衡、永为主的荆湖南路(包括全州)漕粮上供额在六十万到六十五万石之间,以鼎、澧为主的荆湖北路漕粮上供额在三十万至三十五万石之间⑤。其中,

① 真德秀:《西山文集》卷10《申朝省借拨和籴米状》。
② 《西山文集》卷9《申尚书省乞拨米赈恤道州饥民》。
③ 张舜民:《画墁录》。
④ 《宋史·食货志》。
⑤ 沈括:《梦溪笔谈》卷12;《中兴小纪》卷38。

北宋时的澧州因"承平日久,户口滋蕃,岁输米以斛计者十五万"[1],南宋淳熙间,"湖北惟鼎、澧地接湖南,垦田稍多,自荆南、安、复、岳、鄂、汉、沔,污莱弥望,户口稀少"[2]。荆襄、鄂州等处驻屯大军,耗粮巨大,当地产粮不多,无力支付军粮,需从湖南、江西及常德府、澧州等处调入粮食。湖南粮食的另一个重要流向是南宋都城临安。南宋隆兴初,"又籴洪、吉、潭、衡军食之余,及鄂商船,并取江西、湖南诸寄积米,自三总领所送输,以达中都"[3]。嘉定兵兴,军粮"皆调于湖北鼎、澧等处"[4]。又"输湖南米于襄阳,凡五十万石"[5]。

北宋时,湖南粮食种植业在全国的地位虽还不算很高,但土旷人稀,消费有限,耕作粗放,成本低廉,粮价比其他地区低贱[6]。常用来调剂邻区。真宗年间,江州饥荒,运荆湖南路漕米数十舟至江州,发以赈贫[7]。哲宗元祐七年,浙江水灾,运荆湖北路米百余万石,赈济饥民[8]。

南宋时期,湖南的粮食种植业在全国(指南宋疆域)地位有了很大提高。两浙地区粮食种植业远比湖南发达,但人口众多,其中军队、官僚等非生产性人口所占比重大,故粮食消费量大。福建山多田少,粮食不能自给。湖北地接金国,战火迭起,田荒地芜。四川地区成都府路虽土地肥沃,生产发达,但土地面积不大,人烟稠密,粮食供不应求。夔州路田少贫瘠,刀耕火耨,粮食产量很低,最好的情形也只是勉强维持自给。四川地区与湖北一样,须维持庞大的军队。广南东、西路粮食种植业虽极有起色,但也仅是自给,少有外销。因此,湖南的粮食种植业也和江南东、西路一样,越来越显重要。

---

[1]　楼钥:《攻媿集》卷54《澧阳楼记》。
[2][4]　《宋史·食货志》。
[3]　朱熹:《晦庵集》卷94《李公墓志铭》。
[5]　《宋史·吴猎传》。
[6]　《宋会要》职官58之37。
[7]　《宋史·马亮传》。
[8]　《苏东坡奏议集》卷12《乞锡五谷力胜税钱札子》。

　　南宋绍兴十三年（1143 年），"荆湖岁稔，米斗六七钱，乃就籴以宽江、浙之民"①。常德府、澧、潭、衡州商人兴贩粮食前往鄂州籴场，"籴在岸常有万石"。鄂州米市的盛衰，全赖于上述诸处，一遇诸处干旱，所产米仅足当地食用，加之水枯港汊绝流，舟楫不通，鄂州米市的粮食，不及常年的十分之二②。永州亦为产米处，朝廷多次征集永州粮食，"湘南名郡，旧称甲永乙邵"③。邵州农业生产水平次于永州，粮食有一定的外销，常接济武冈军。

　　上述五府、州、军虽是湖南产粮区，其生产能力不宜估计过高。粮食大量外流，严重影响民间生计。孝宗时彭龟年《乞权住湖北和籴疏》言："去年，朝廷以淮、浙并饥，江、湖小熟，遂下和籴之令，严遏籴之禁，……然州县急欲集事，未免敷籴于民；商贾竞起趋利，又复争籴于下；而江、淮、两浙帅仓，以至总司戎帅，皆散遣官吏，多赍钱物，四处收籴，其所差人争先趋办，迭增价值，以相侵夺。米价既长，害及细民，细民日要添钱籴米，富家愈觉闭粜自丰。遂使江湖小熟之地，反有饥饿不给之民。臣自江西入湖南，所到去处皆病于此，及到湖北，愈觉益甚。"④遏粜之风遍及荆湖南、北路。"州县各顾其私，听信城市之民，妄言不可放米出界"⑤。"及遇米船到州郡，强行拘留，更不令向下前来"⑥。州县拘留的只能是米商的船只，而漕船和官船是无法滞留的，高斯得曾说，"湘中粒米狼戾之区，民生其间，本易以得食，乃自近岁有司和籴之令甚严，舳舻相衔，竭九郡之产而北"⑦。

　　湖南粮食之所以能够大量外流，除了消费人口少，消费人口中军人和官员所占比重小外，气候温湿，客观上不允许大量储粮，不可能出现

---

① 《宋史·食货志》。
② 蔡戡：《定斋集》卷 3《乞免增籴二十万石桩管米札子》。
③ 《诚斋集》卷 119《张公行状》。
④ 《止堂集》卷 6。
⑤ 《宋会要》刑法 2。
⑥ 袁说友：《东塘集》卷 9《又申乞禁止上流州郡遏籴疏》。
⑦ 《耻堂存稿》卷 4《永州续惠仓记》。

像京西北路金州民间有积粟支三十年者的例子①。民间没有丰富的储备，丰收时，"民计每岁种食之外，余米尽以贸易。大商则聚小家之所有，小舟亦附大舰而同营，辗转赈粜，以获厚利。父子相袭，老于风波，以为常俗"②。歉收或兵灾时，则饥殍遍野。因此粮食生产总是维持在一般水平上。

　　与盛产粮食的鼎、澧、潭、衡、永五州相比，岳、武冈、郴、桂阳、道诸州军农业发展水平较落后。岳州东部山地，西临洞庭湖，平原狭小，发展粮食种植业的自然地理条件较差。其属县华容自北宋中叶始筑堤，捍水为民田，有耕种之事③。绍兴间，岳州屡遭兵火，版籍不存，以至"逐年不以田亩收税，唯以种石纽税，以种一石作七亩科敷"④。至绍兴二十五年改为"以丁完税"。绍兴三十年，平江县改为以实耕田亩纳税⑤。农业生产渐有起色。乾道间，临湘县"一市百家无十金之肆，一乡千户无百种之藏"。粮食严重不足，所来的米贩，不过是从鄂州通城县而来的小米商⑥。至宁宗时，岳阳、临湘被认为是荆湖北路最穷之乡⑦。邵州、武冈军境内隆回——邵阳和新化——涟源盆地石灰岩丘陵较发育，旱土比重大，粮食少有外销，武冈军财计仰于永、邵二州。南宋初胡寅曾建议，武冈军宜废为县⑧。郴、桂、道三州军，地处南岭山区，可耕地少，可耕地中水田少，旱田多。加之当地从事矿冶的人较多，粮食不能自给。绍兴末，"衡州税米十五万斛，……郴州税米三万三千余斛，……道州税米三万三千余斛"⑨。郴、道二州粮食种植业远在衡州之下。杨万里评价郴州"厥土沙砾，厥田硗瘠，厥民窭啬，氛厉浊蒸，

---

① 《说郛》卷1《清尊录》。
② 叶适：《水心集》卷1《上宁宗皇帝札子二》。
③ 光绪《华容县志》卷14，明王国祐《华容田赋文》。
④ 《宋会要》食货70。
⑤ 《宋会要》食货5之3。
⑥ 《双溪类稿》卷20《上卢岳州》。
⑦ 程珌：《洺水集》卷11《黄公行状》。
⑧ 《斐然集》卷25《先公行状》。
⑨ 《建炎以来系年要录》卷186。

旱暵重仍"。稍遇水旱，则"仰哺于衡"①。桂阳军地瘠民贫，"全藉步担客米充日粜，往往颓肩负重，运至极限"②。米商多来自郴州，以至桂阳军"仰米于郴，每郴闭籴，则桂人坐困"③。道州也被认为"民之穷乏莫甚此邦"④。湘西农业生产水平与湘南相差无几。朝廷非望其赋入。沅州卢阳县地居盆地，农业生产水平稍高于辰州、靖州，税米二万二千余斛，"视辰所入率皆五倍"。辰州财政费用长期依赖于转运司，每年"钱缗七万，帛匹八千一百，绵两一万七千，一郡岁计粗可了办"⑤。靖州财用由"鼎、澧应付，岁费二十七万"⑥。每年广西还拨钱三万予靖州⑦。开禧间，知靖州魏了翁说，靖州"城中不满四十家，气象萧条"，"五溪，天下夯处，靖又五溪之穷"⑧。

2. 茶树的种植。

早在十世纪以前，湖南已是著名的产茶区，唐时岳州所产溟湖含膏茶名重全国，远销吐蕃。衡山所产团饼茶、石廪茶，遐迩闻名，远自交趾之人亦常食之。⑨限于史料不足，无法探知全湖南十世纪前茶叶生产规模和主要产区。但湖南茶叶生产的大发展始自五代马楚，这是肯定的。楚国实行"听民售茶北客，收其征以赡军"的政策，官府也在"汴、荆、襄、唐、鄂、复诸州置回图务，运茶河之南北，以易缯、纩、战马，仍岁贡茶二十五万斤"。每年楚国内茶税数十万，国用因之充足⑩。

入宋，茶叶是湖南出口的大宗商品，茶税是地方财计的重要利源。茶叶生产有着明显的地区差异。

───────────────

① 《诚斋集》卷74《郴州仙居转般仓记》。
② 《永乐大典》卷7513《桂阳府创通惠仓省札》。
③ 《止斋集》卷37《与王谦仲参政荐郴守丁端叔》。
④ 《建炎以来系年要录》卷186。
⑤ 《宋史·蛮夷传》;《昌谷集》卷11《辰州议刀弩手及土军利害札子》。
⑥ 《斐然集》卷25《先公行状》。
⑦ 《水心集》卷19《方公神道碑》。
⑧ 《鹤山集》卷35《答湖广陈总领》;卷36《答苏伯起》。
⑨ 杨晔:《膳夫经手钞》,见《十万卷楼丛书》三编。
⑩ 《十国春秋》卷67。

潭州是全湖南主要产茶区,据曾巩说,北宋天圣初,潭州茶课视"旧课岁增九百万斤"①。元祐后,潭州岁课茶中,仅大方茶一项就达一百三十五万斤②。大概潭州产茶额从北宋中期以后,开始由极盛走向衰减。据《宋会要》食货 29,现将南宋绍兴末和乾道间各州、军课茶额列表于下(斤):

地　区	岳　州	常德府	澧　州	潭　州	衡　州	邵　州
绍兴末	501 240	130 182	11 500	1 034 800	1 675	6 250
乾道间	500 960	129 900	11 500	1 025 300	5 449	6 250

地　区	武冈军	郴　州	桂阳军	永　州	辰　州	沅　州
绍兴末	46 615	10 994	1 325	20 310	2 339	371
乾道间	9 823	1 994	1 125	20 310	—	—

南宋以后,潭州年课茶在一百万斤以上,为全国产茶超过百万斤的七府、州之一。占全湖南产茶额的百分之五十八。岳州岁课茶高达五十万斤,占全湖南产茶额的百分之二十八,次于潭州,为第二大产茶区。常德府和武冈军亦为重要产区。

茶树的种植范围受到地形的限制。湘北区和潭州、武冈军、邵州等境多丘陵、低山,分布红壤黄壤,气候温湿,适于多年生、根系深、喜弱酸性土壤的茶树生长。安化县内山高雾重,光线散漫,降雨量大,茶产量很大。县东伊溪、东坪一带茶"不种而生,味稍佳,民趋其利",宋时于县境置龙塘寨,统兵戍守,以防茶民聚集闹事③。湘西多"蛮徭",故茶课额很少,实际产茶量远超过史籍所载。湘南山多地少,可资种粮的耕地已不多,故茶树种植范围小。南宋淳熙前,桂阳军每年应卖茶引二十二道,每道一百斤,一年计二千二百斤。该军"非产茶地分,又非商旅孔道,自旧准买引价钱均敷于民",淳熙元年后,每年卖茶引四十五道,

---

① 《元丰类稿》卷 47《陈巽神道碑铭》。
② 华镇:《云溪居士集》卷 26《小贴子》。
③ 《天下郡国利病书》第十四册,湖广长沙府。

于民不便①。可见桂阳军因地少产茶,茶商不至。

茶树的广泛种植,使不适宜栽培水稻、粟、麦等粮食作物的地区,有可能获得较高的土地利用价值,促使地区开发向纵深发展,极大地影响了十世纪以后湖南地区经济地理格局,此后,茶叶成为湖南地区占优势的经济作物。

三

湖南矿藏丰富,矿种繁多,类型复杂,随着采矿技术的不断提高和人们对矿藏资源利用范围的不断扩大,湖南矿冶业在唐代兴盛的基础上,继续保持着较高的发展水平。十世纪以后勘查到的矿源基本集中在湘中、湘南区。湘北区几乎无矿冶业可言。湘西区开发迟,因民族复杂,基本无官营冶铸业,私人开采可能不少。

湘中区坑冶少,开采期短,但开采量大,主要产品是铜、铅、锡。湘南区矿藏分布广,矿种多,开采期长,但大型坑冶少。主要产品是锡、铅、银。《宋会要》食货33记载了全国各地坑冶业。据此制表如下:

地　区	元丰（银）	元丰（铜）	乾道（铜）	元丰（锡）	乾道（锡）
湘　中	29 013	1 082 600	3 414	—	1 531
湘　南	4 048	84	—	248 354	7 326

地　区		元丰（铅）	乾道（铅）	元丰（铁）	乾道（铁）
湘　中		—	123 921	5 981	—	13 095
湘　南		—	81 234	61	504	

元丰时,湘中区浏阳县永兴场为大型综合型矿场,产铜、铁、银、铅、矾等,与信州铅山场、韶州岑水场号称天下三大场②。湘南区除锡外,

---

① 《止斋集》卷19《桂阳军乞划一状》。
② 《宋会要辑稿》食货34之20。

各种矿的产量均在湘中区之下。

两宋时期,湘南区冶铸业落后于湘中区,还可从铸币中心的北移显示出。唐元和年间,郴州因地产铜、锡,朝廷遂建桂阳监置炉鼓铸,年铸钱五万贯,占当时全国年铸钱十三万五千贯的百分之三十七①。为全国铸币中心。同时期的潭、衡、岳等州私人铸币成风。五代时楚国专设桂阳监负责铸币,湘南区继续为全湖南冶铸中心。同时湘中区铜官渚亦为铸钱地之一。及至北宋熙宁间,湘中矿冶业发展水平超过湘南,朝廷遂于衡阳县置熙宁监,年铸钱二十万贯②,为全湖南唯一的铸钱监。湘南区铸币业中心地位不复存在。

湘南区矿产品中,铜产量极低恐怕是导致铸币中心北移的主要原因。而锡产量之丰富也是其他地区难以比拟的。元丰间,湘南锡产量占全国产量的百分之十点七,南宋乾道间随着全国锡矿的沦陷或停废,湘南区锡产量虽只有七千三百二十六斤,不及元丰时产量的零数,却占全国产量的百分之三十六。

南宋以后,湘中区坑冶停多兴少,矿业衰退,由于缺乏有价值的史料,很难窥视出矿业停滞的原因。湘南区的无业矿民多次要求重新开矿,开禧间知郴州赵彦谈,嘉定间知州罗克开,端平间知州蔡籥等皆阻挠开矿,至景定间本区矿冶业几乎全部禁闭。郴县葛藤坪方圆百里,永兴人邓雷玉等请在葛藤坪开矿,未获准,邓雷玉又集合二百余人擅开绍兴时停废的兴宁县浦溪、东思洛、黄岭、白石等坑。知郴州王櫨上书请禁停。此后,湘南区矿冶业基本停废。知平阳县汪纲和知郴州王櫨的《封坑冶疏》、《申禁坑冶碑记》总结了矿冶停废的原因:

其一,政治经济因素。矿区集居矿民、农民、蛮徭,成分复杂,"郴田硗确,郴民匮穷,岁荒姑置未言,年丰亦仅自足。今乃集千百辈游手,日增千百升粮食,籴价骤长,细民阻饥,势使然也。烹淘恶水,损人田亩而不问,穿求苗脉,坏人坟墓而不顾,群聚恶少率皆外乡无赖之徒,连结峒

---

① 《新唐书·食货志》。
② 《文献通考》卷9《钱帛二》。

苗,便成不测之变"。主持开矿者多为富家,互招坑丁,两相杀害,以至当地"居民为之流徙,行旅为之退避"。地方官以坑冶致祸,力主罢之,"郴安,湖南九郡始可奠枕"①。

其二,湘南区矿冶开采期长,唐时以产银为主,宋代锡、铅、银、铁均有一定的开采量,在当时采矿技术条件下,开采已相当不易,矿源已告枯竭。淳熙间,知平阳县汪纲已指出:"向者银矿坌发,故可勉应。今地宝已竭,力请蠲省。"②景定间王櫶也指出:"境内故有坑,大率多产铁,岁解经课者是矣。昌黎所谓白金之产者,今乌有之。贪夫嗜利,刮摩抉剔,指银之镏铢以眩于有司",银矿藏量减少,铁、锡也不多,"所得者不过镏铢,是以累朝独置郴之坑利而勿取者,为此也"③。矿源的减少,是导致湘南区矿业废除的直接原因。

四

十至十三世纪是湖南农业经济、手工业生产发展的重要时期,也是城镇商业发展的高潮期。唐元和前,湖南境内存在着"丰年贸易不出境,邻部灾荒不相恤"的自给自足、自我封闭的旧法,元和末年,崔倰为湖南观察使,削去这种落后习俗,从此商贾流通④。五代马楚实行免税政策,四方商旅辐辏,楚国所铸铅铁钱只流行于境内,商人出境无所用之,皆购买货物而去⑤。于贸易中处有利地位。

宋代,随着农产品和手工业产品的日益丰富,商品经济渗入农村,联系城乡经济的镇市蓬勃兴起,地区性的商业中心不断涌现。从《宋会要》食货15载熙宁十年(1077年)湖南全地区税务的商税额,和《元丰九域志》所载镇的分布,我们可以明了北宋中期湖南城镇和商业发

① 《文献通考》卷9《钱帛二》。
② 《宋史·汪纲传》。
③ 《古今图书集成》郴州部艺文引。
④ 《旧唐书·崔倰传》。
⑤ 《资治通鉴》卷274。

展的地区差异。

湘中区,本区商业繁华,城镇密布。商税额超过五千贯的税务多集中在潭州、衡州。衡山、湘潭、湘乡、醴陵、耒阳等县城商税额皆很高。本区十四个镇中,十二个镇分布在潭州、衡州,这些镇多未设税务(永兴镇除外),估计这些镇规模尚小。

湘北区,商业繁盛程度仅次于湘中区。鼎、澧、岳三州州城及临湘县税务的税额超过五千贯,除华容、沅江二县税额低外,一般县城税额均在千贯以上。洞庭湖东部三镇皆设税务,其中公田镇商税高达四千八百一十二贯,超过大部分县城税务的商税额。而洞庭湖西部的四个镇无一设税务。

湘南区,商业经济较落后。本区东部郴州、桂阳军境内税务密,有十九个之多,但税额低,除郴州城、桂阳军超过五千贯,永兴县及浦溪坑税务超过千贯外,其余多不足百贯,最低的板源银坑税额仅七百五十六文。本区西部情况截然相反,税务少但税额高。永州三个税务税额均在千贯以上,道州仅州城一税务,商业活动较集中,故其税额超过永州城。湘南区仅有香风、永明二镇,而后者原为县,熙宁五年省为镇,元祐元年复为县。即实际上湘南区仅一镇而已。

湘西区,商业城镇经济落后,辰州城为全区商业中心,税额为二千六百一十六贯。沅州境内税务多至七个,但税额总计只有三百九十四贯。没有较大的地区性商业城市。诚州(后改名靖州)境内无一税务,溆浦县属下有长律镇,此镇的军事意义大于经济意义。

商业和城镇经济的繁荣程度,既取决于其经济腹地的开发水平,也取决于交通位置的优劣与否。

十世纪前,唐朝都城长安和东都洛阳,与岭南的交通,不外东、西二路:东路由汴河、江淮和江南运河经杭州,由浙江至衢州,改经陆路至洪州下赣水达虔州,越大庾岭,到达广州。西路由长安经武关,或由洛阳经方城路,并南下襄阳、江陵,经洞庭湖,下湘水,分道入岭南。二路之中,汴河与江淮、江南运河,是漕运江南地区粮食、物资的运输要道,行旅者亦较安适,但径往岭南,水陆二途迂远,而武关和方城路直下长江中游至岭南,道路比较近捷,所以朝廷官员和商人行旅取道此路者为多。

北宋建都开封,南宋都临安,赣江水陆交通地位上升,成为朝廷官员和商旅通往岭南的便捷之途,经大庾岭,"下真水者十七八"①。湘江水运地位的降低,影响或决定了其流域内商业和城镇经济的发展。

十世纪前,洞庭湖西部因地近繁华的经济大都市江陵,其城市经济远高于东部地区。十世纪以后,鄂州的经济地位取替江陵,商贾米船,泝江而上则聚于鄂渚,沿江下则先经由华容、巴陵②。岳州地近鄂州,北通巫峡,南极潇湘,经济腹地十分广阔,故其商业极盛,熙宁十年商税额高达二万五千六百八十四贯,为全湖南第二大商业城市。临湘县虽被认为是最穷之乡,因其濒临长江而征收到较多的商税。洞庭湖西部开发水平远高于东部,但当地的商业活动是难与岳州比拟的。

潭州城地处南北、东西水陆交通枢纽,一直是全湖南经济都会和商业中心。潭州城北的桥口镇,湘潭县境湘江东岸的储洲市的兴起,就是因交通繁盛的缘故。

永州,地处通往广西的湘江沿线上,十世纪前后,商业活动发生巨变。在唐代,由于湘水是联系岭南的主要通道,永州江面上"巨舰时遭迴","商筏逶迤"③,商业最为繁华,"浪里争迎三蜀货,日中喧泊九江船"④,宋代,随着湘水交通地位的下降,永州商业活动、逐渐失去往日的气派。熙宁十年(1077年)商税额仅四千七百二十七贯,不及郴州的一半。南宋理宗时高斯得说:永州"市民为户不过三千"⑤。郴州,宋代时交通地位虽有所下降,仍不失为湘、粤交通要冲。加之其较发达的矿冶业,矿民集中,百货汇集,交换发达,熙宁十年商税额高达万贯以上,

①　余靖:《武溪集》卷5《韶州真水馆记》。
②　《双溪类稿》卷20《上章岳州书》。
③　光绪《湖南通志》卷265《艺文》引唐李凉《湘中记行》。
④　《全唐诗》卷276,卢纶《送从叔牧永州》。
⑤　《耻堂存稿》卷4《永州续惠仓记》。

为湘南最大的商业城市。

　　湘西僻居西部,酉水以北为羁縻蛮区,东以雪峰山与商业城镇不发达的宝庆府、武冈军为邻,西接开发程度十分低下的川、黔蛮区。高山深谷,交通不便,经济落后,产品不丰,因而商业和城镇经济均无足道。

　　十至十三世纪湖南的开发,在湖南地区开发史上占重要一页,其后直至今天,农业和矿冶业仍是湖南主要的发达的经济部门。与全国发达经济区相比,这一时期湖南的开发程度还不可过高估计,但毕竟为十三世纪以后的进一步开发奠定了基础。

　　(本文与徐建华女士合撰,载杨渭生主编:《徐规教授从事教学
　　科研工作五十周年纪念文集》,杭州大学出版社 1995 年版)

十至十三世纪湖南地区的经济开发

十世纪以前的湖南,是长江流域开发较早,但发展十分迟缓的地区。从十世纪开始,湖南经济迅速发展。根据自然地理和历史发展水平,全区大致可以分成四个地理区:湘北区,含有南宋末年常德、沣、岳一府二州,在自然地理上包括洞庭湖沿岸及沅、沣二水的下游,面积约38 000平方公里;湘中区,含有南宋末年宝庆、潭、衡、武冈、茶陵一府二州二军,在自然地理上包括资水流域和湘水中下游,面积82 200平方公里;湘南区,含南宋末年郴、永、道、桂阳三州一军,在自然地理上包括湘江上游,面积约48 000平方公里;湘西区,含南宋末年辰、沅、靖三州,在自然地理上包括沅水中游、沣水上游,面积约47 000平方公里。

一、湘 北 区

本区分为常德亚区(含南宋末常德府、沣州)和岳州亚区(含南宋末岳州)。

(一)常德亚区是十世纪初湖南开发较好的区域。人口的增殖,是地区开发的重要条件。宋太宗太平兴国间,本亚区有27 637户。到神宗元丰间,有99 839户。徽宗崇宁初,增至近140 000户①。南宋户口数失载,但据《元史·地理志》,至元二十七年(1290年)所载,总数达

---

① 以上所引户数,出《太平寰宇记》、《元丰九域志》、《宋史·地理志》。后文所引该时期户数皆据此。

410 000 户。至元二十七年上距南宋灭亡 14 年,因此这一数字也能部分地说明南宋后期本亚区户口的增长情况。

随着人口的不断增长,洞庭湖周围平原的农垦区逐渐扩大了规模。神宗元丰六年(1083 年),"令鼎、沣等州开沟洫、置斗门,以便民田"。徽宗崇宁间,又"迁仓部员外郎沈延嗣提举开修青草直河"。这时,"洞庭湖地已多占为民田,若今围垸之类"。地主豪强"侵占湖沼淤地,筑垸围田,广袤百里","比比皆是"①。农田的开垦,使这一带成为主要产米区之一。南宋初,本亚区的生产遭到空前的破坏,"无问郡县与村落,极目灰烬,所至残破,十室九空"。溃兵孔彦舟部屠杀武陵县城居民,使"民死十八九,余悉黥为兵"②。嗣后,经过 50 多年的恢复,到孝宗淳熙间,沣水下游"垦田稍多"。沅水下游"人民生齿,安居乐业,繁夥熙熙。至如龙阳县上、下沚江乡村,民户无虑万家,比屋连帘,桑麻蔽野,稼穑连云,丁黄数十万"③。所产粮食大量外销,"自湖南至于鼎、沣,苟非歉岁,则商贾兴贩,舻舳如云"。知南康军朱熹曾在《与漕司画一札子》中说:"闻得赣、吉诸州及湖北鼎、澧诸州皆熟,得湖南詹宪书云:'湖北米船填街塞巷,增价招邀,气象甚可喜。'"④

本亚区的低山丘陵地带,唐中叶后,因茶树的广泛种植得到较好的利用。入宋后,茶叶品种增多,产量扩大。南宋绍兴末、乾道初,茶的课额达 141 680 斤⑤。茶树的种植,使不适宜栽培水稻的地区获得了较高的土地利用价值。

本亚区的重要城镇,有沣州治所沣阳县城和常德府治所武陵县城。在十世纪前后,它们交替盛衰。唐代柳宗元曾说:"自汉而南,州之美

---

① 光绪《湘阳县图志》卷 22、20;《钟相、杨幺佚事》。
② 《建炎以来系年要录》卷 41;熊克:《中兴小纪》卷 8。
③ 《宋史》卷 174《食货上二》;《金佗续编》卷 26《鼎、沣逸民叙述杨幺事迹二》。
④ 王炎:《双溪类稿》卷 20《上章岳州书》;朱熹:《朱文公文集》卷 26。
⑤ 《宋会要辑稿》(以下简称《宋会要》)食货 29《产茶额》,后文所引南宋绍兴末、乾道间产茶数均出此。

者十七八,莫若沣"。十世纪后,沣州的地位逐渐为同样具有水运之利,但其更居整个地区之中的朗州即常德所替代。五代后周时,朗州设置大都督府,一度成为高一级的行政中心①。宋徽宗政和间、高宗绍兴间,湖北路提刑司和提举司分别由沣州和荆南迁治本城。时人魏了翁说:"荆湖十有五州,常德实称于重镇"②。

常德还是十世纪后造船业较为发达的内河港市。五代时,马希萼为夺王位,短期内在此造战舰700艘,谋攻长沙。宋真宗天禧末,全国每年造漕船近3 000艘,其中常德为240艘③。南宋初,杨幺起义军伐木造船,所造船种类多,载重量大,技术先进,后为各地仿造。

（二）岳州亚区与常德亚区相比,经济开发的基础和发展速度相对要低。宋太宗太平兴国间,本亚区有14 595户。此后,人口增长速度大于常德亚区,到元丰间,已达96 684户,与常德亚区相近。元丰后,岳州户口增长速度减慢。到至元二十七年,有137 508户,每平方公里的户数比常德亚区要少得多。

本亚区户口密度偏低的原因有二,一是本亚区沿江湖平原,无法解决防涝抗旱问题,未能达到较好利用土地的根本目的。宋人范致明《岳阳风土记》记载:"君山,在洞庭湖中。……夏秋水涨,皆巨浸,不可以陆行往。近年冬深水落,渡江肩舁以行。"本亚区西北的华容县,因荆江南岸"堤防数坏",洪流南凌,"寂无民居"。甚至县西"有田数千百顷,皆腴田也,而夏燥秋潦,民弃不耕"。至仁宗时,曾有县令迁移县治,筑堤置闸,"常为丰岁"④,终因该地当荆江洪水南泄之道,获益不多。"夏秋霖潦,秋水时至,建宁南堤（即今调弦口）决,即被水患。中民之产不过五十缗。多以舟为居处,随水上下,渔舟为业者十之四五,所至为市,谓之潭户,其常产即湖地也"。县城附近的堤防,"仅可障官署,

---

①　《柳宗元集》卷23《送南涪州量移沣州序》;《旧五代史》卷133《世袭列传第二·刘言》。

②　《舆地纪胜》卷68《常德府》;魏了翁《鹤山集》卷24《辞免除集英殿修撰、知常德府状》。

③　吴任臣:《十国春秋》卷69《楚三》;《宋会要》食货46之1《水运》。

④　光绪《华容县志》卷14,明陈仕元《华容水利议》;刘挚:《忠肃集》卷13《侍御史黄君墓志铭》。

堤之外皆弃之鱼鳖"①。

本亚区东北部是宋太宗淳化后始设的临湘县,县城西北濒临长江,因境内缺乏坚固的堤防和耐用的排灌设施,常遭灾害的袭击。南宋绍兴三年和四年大水,五年和六年接着大旱,嘉泰二年、三年和嘉定十五年、十六年又大旱。乾道间,王炎任职该地,见到近江地区"下半乡边近江湖,被水浸荡,或弥望绝粒不收,贫民现已艰食"②。洞庭湖东岸州城附近形势也不太好。"荆江日漱而南,湘江日漱而东",江岸旧在"郡城西数百步,屡年湖水漱啮,今去城数十步即江岸。父老相传:今江心,旧阛阓也。濒江沙碛地,尚有税稍甚重云,云祖来宅税,今不曾除改。北津旧去城角数百步,今逼近石嘴"。直到仁宗庆历六年(1046 年),滕宗谅谪守岳州,始筑堤于县西。堤长千尺,高三十尺。从此,"舟之至者,皆泊堤下,有事于(岳)州者,近而且无患"③。可惜这样的堤防对于整个岳州亚区来说,毕竟太少了。

二是本亚区的丘陵、山地开发程度的高低相差悬殊。东南部平江、巴陵二县,自唐代起就是遐迩闻名的产茶区。到绍兴末、乾道初,岳州岁课茶达 500 000 斤,占全湖南产茶额的百分之二十八,次于潭州,为第二大产茶区。此外,这里还是唐代小有名气的麻产地和制瓷业中心。与之相反,东北部临湘县属的丘陵和山地,到南宋时还十分落后,"上半乡依傍山林,今岁虽云成熟,然土广人稀,开垦未遍,仅能自足"。更不用说地处偏僻的龙窖山一带了④。

值得注意的是,岳州的生产虽不甚发达,但商业却相当繁盛。熙宁十年,在城税务商税额达 25 684 贯,居湖南各税务的第二位。此外,其周围还散布着不少商业城镇,如临湘县治及公田镇等⑤。

---

① 范致明:《岳阳风土记》;光绪《华容县志》上引文。

② 见《湖南历代自然灾害年表》;王炎:《双溪类稿》上引文。

③ 范致明:《岳阳风土记》;欧阳修:《居士外集》卷 13《偃虹堤记》。

④ 《唐六典》卷 20 太府寺;陆羽:《茶经》;王炎:《双溪类稿》上引文;范致明:《岳阳风土记》。

⑤ 《宋会要》食货 16《商税杂录》。下文所引的商税额皆出于此。

二、湘 中 区

本区分为潭州亚区(含南宋末年潭、衡二州及茶陵军)和宝庆亚区(含南宋末年宝庆府、武冈军)。

(一)潭州亚区居湘水中游,历来是全湖南地区的政治和经济、文化的中心。十世纪前后,湖南地区不时发生战争,使得安史乱后形成的"襄、邓百姓,两京衣冠,尽投江湘"①的人口迁徙高潮趋于平缓。在此情况下,本亚区的人口增殖速度减慢。宋太宗太平兴国间,本亚区有67 400 户。到神宗元丰间,迅速增至 537 000 多户,徽宗崇宁元年(1102年),为 608 000 户。下及至元二十七年,更高达近 800 000 户,每平方公里平均有十五点零五户,跃居全湖南之首。

在行政区划方面,宋代在远离湘、资二水干流的丘陵区内及其边缘设置安化、善化等 4 县。新的政治和经济中心的出现,既是区域开发到一定程度的必然结果,又是区域行政管理的必需。

十世纪后,本亚区的农业发展较快。五代马氏曾于潭州东 20 里,"因诸山之泉,筑堤潴水,号曰龟塘,溉田万顷"。而衡山一带因人多地少,农民不顾官府的禁令,不断扩大耕地面积。僧人元泰作谣:"由道今年种不多,明年阔斫当阳坡,国家寿岳尚如此,不知此理如之何?"②

南宋初,潭州在金军"焚荡之后,孔彦舟、马友、李宏相继长据,残破尤甚"。衡州也经孔彦舟屯兵 50 余日,杀戮净尽,"城外三四十里间尚无耕种之民"③。但因基础较好,生产很快得到恢复,并超过以前的水平。自绍兴五年大旱后,潭州连续丰稔了 38 年,"斗米二三钱,县县人烟密,村村景物妍"。衡州属县茶陵,有耕地 5 000 顷,几"无遗莱旷

---

① 《旧唐书·地理志》。
② 《宋史》卷 173《食货上一》;《南岳总胜集》卷中。
③ 李纲:《梁溪集》卷 116《与吕相公第八书别幅潭州》;胡寅:《斐然集》卷 11《论衡州修城》。

土可寻"①。耕地的扩大,使粮食产量猛增。孝宗乾道间,潭州岁输租米 300 000 斛馈荆鄂、襄阳诸军。隆兴初和淳熙十四年(1187 年),两浙、江东因灾歉收,朝廷允许米商从丰稔的潭、衡州贩米前往灾区②。

除盛产稻米外,茶叶是本亚区的主要经济作物。孝宗乾道初,潭州年产茶叶 1 030 000 斤,虽较前锐减,但仍不失为全国产茶额超过 1 000 000 斤的 7 个府、州之一③。

十世纪后,本亚区还是湖南的手工业、商业和城镇最发达区。

(1)纺织业方面。当地原主要种植大麻,生产麻布,唐元和后,种桑养蚕逐渐增多,缫丝织布技术也有改进。十世纪后,本亚区丝织业发展迅猛。五代马殷采纳官员高郁的建议,以帛代钱输税,藉此刺激养蚕和丝织的发展。果然,这个政策颇有成效,"未几,民间机杼大盛"④。楚国向中原王朝进贡的物品中就有许多丝织品:绢、土绫、白罗、锦绮、茜绯等,数量十分可观。宋初沿袭楚国赋敛之法,潭州计屋纳绢,称"屋税"。宋人记载当地的景象为"男力蓄畬女课桑,陇上黄云机上雪"⑤。

(2)矿冶业方面。五代楚国自铸铅钱,以十当铜钱一;铅钱行于长沙城内,铜钱行于长沙城外。长沙北铜官渚为楚国铸钱处。北宋时,本亚区矿冶业进入兴盛阶段。从太宗太平兴国八年(983 年)起,陆续设置常宁县上、下糟场、荄源场、醴衡坑,浏阳县焦溪场、永兴场,衡山县黄孽场。其中永兴场为大型综合型矿场,产铜和铁、银、铅、矾等,与信州铅山场、韶州岑水场号称天下"三大场"⑥。此外,尚有许多由私人承包税额而开采的小矿。神宗元丰元年(1078 年),本亚区课银 2 913 两、铜

---

① 王阮:《义丰集·代胡仓进圣德惠民诗》;叶适:《水心文集》卷 11《茶陵军减苗置寨记》。

② 朱熹:《朱文公文集》卷 93《转运判官黄公墓碣铭》;《宋会要》食货 18 之 15。

③ 《宋会要》食货 29 载,产茶额超过 1 000 000 斤者有临安府、严州、宁国府、徽州、隆兴府、江州、潭州等 7 处。

④ 李肇:《唐国史补》卷下;《资治通鉴》卷 274。

⑤ 吴任臣:《十国春秋》卷 67—69《楚一、二、三》;《宋史》324《李允则传》;真德秀:《真文忠公文集》卷 1《长沙劝耕》。

⑥ 顾祖禹:《读史方舆纪要》卷 80;《宋会要》食货 33,34 之 21。

1 082 600 斤、铅 123 921 斤。在此基础上,神宗时曾在衡阳县设熙宁监,年铸钱 200 000 贯,为国家铸币中心之一。南宋初,本亚区矿冶业呈现萎缩趋势。孝宗乾道初,铜年产仅 3 414 斤、铁 64 480 斤、铅 1 716 543 斤、锡 4 531 斤。①

（3）制瓷业方面。唐后期以首创"釉下彩"新工艺而独步一时的潭州铜官窑,进入十世纪后,在生产规模、花色品种、制瓷技术等方面比前大为逊色,约至北宋中期停产。北宋的其他瓷窑,近年在益阳、湘阴、衡阳、衡山等地均发现了遗址②。

（4）造船业方面。宋真宗天禧末年,潭州每年造船 280 艘。造船点初设于潭州城内,后又分设于茶陵县③。

除以上四大项外,其他小手工业也堪称发达。湘潭县昌山"居者千室,寻常于竹取给焉。或捣为纸,或售其骨,或作篦,或造鞋,其品不一",而不留意"耕稼"。长沙县多墨工,"唯胡氏(景纯)墨'千金獭髓'者最著。州之大街西安业坊有烟墨上、下巷,永丰坊有烟墨上巷"。长沙工匠善造铜器和茶具,史称:"乌山铜炉之所六十有四,麻潭鹅羊山铜户数百余家"。"长沙茶具精妙甲天下",甚至连皇室"内院"的工匠也不会制作。醴陵县工匠也善造方响(乐器),铁工之家"比屋琅然"④。

本亚区是湖南城镇最为密集区。潭州则是本亚区最大的城市,也是湖南最大的城市。五代时,潭州一度"焚烧殆尽"。北宋初得到恢复,"长沙十万户,游女似京都"。"民俗殷富","千雉垣叠,万井喧阗"。神宗熙宁十年(1077 年),潭州城商税额达 33 939 贯,为全湖南最大的商业贸易中心。⑤

---

① 《宋会要》食货 11 之 8,33 之 20—25。
② 见《中国古代窑址调查发掘报告集》,文物出版社 1984 年版。
③ 《宋会要》食货 46 之 1,《续资治通鉴长编》(以下简称《长编》)卷 303,元丰三年四月甲寅。
④ 洪迈:《夷坚三志》辛卷 8《湘潭雷祖》;陆友:《墨史》卷下;周密:《癸辛杂识》前集《长沙茶具》;范成大:《骖鸾录》。
⑤ 《旧五代史》卷 133《世袭列传第二·刘言》;宋祁:《景文集》卷 12《渡湘江》;释德洪:《石门文字禅》卷 20《潭州开福转轮藏灵验记》;《宋会要》食货 16 之 12。

除州、县治城外,本亚区的市镇数量及繁荣程度也居全湖南之最。据《元丰九域志》载,神宗熙宁间本亚区有镇 12 个。著名的镇市有长沙县桥口镇、浏阳县永兴镇、湘潭县储州市、衡山县岳市、茶陵县船场镇。储州市在孝宗淳熙间年酒课高达 200 000 贯,而同期潭州城酒课仅 80 000 贯,可以想见储州市商业的繁盛①。

(二)宝庆(即邵州)亚区居资水上、中游,开发较晚。宋太宗太平兴国间,仅有 10 000 多户;神宗元丰、徽宗崇宁间,持续在 100 000 户上下。降至元至元二十七年,已有近 150 000 户。户口的增长,有相当部分是当地少数族居民汉化入籍的结果。北宋初,益阳以南,湘乡以北,宁乡以西,邵阳以东山区为"梅川蛮"居地。武冈一带为"武冈蛮"及"诚、徽蛮"聚居地。经过宋朝的"招谕"和"开拓",不少"蛮族""内附"。如神宗熙宁五年(1072 年),经章惇等人的"招纳","梅山蛮"中 14 809 户、19 089 丁归附②。同时,也是外地居民移入的结果。据清道光《宝庆府志》记载,五代和两宋时,移入本亚区者分别有 4 族、24 族、21 族,共计 49 族。其中除迁入邵阳县的 2 族来自今江苏外,余皆江西人。又载,在章惇开拓梅山时,"民皆逃奔宁、邵等县,而峒瑶拒险,多被屠戮,其投诚者又或随部分编伍而去。其后流亡渐复,而新著籍者强半江右吉安人。故今考民间谱牒,其世次犹可见,而土产反寥寥云"。

本亚区境内汉、"蛮"错居,经济开发水平一直较低。熙宁前,梅山"蛮""水耕火种,摘山射猎,不能自通于中华"。熙宁"开边"时,官府在梅山"蛮"地"给牛贷种使开垦,植桑种稻输缗钱"。将先进的生产技术和工具推广到这一带。熙宁后,武冈"蛮"还很少汉化,屡次"扰边,侵占省地"。光宗时,汪义和知武冈军,他"博访官僚,周知利害,财计日益充衍","溪洞八百余团,结以恩信"③。

———————————

① 陈傅良:《止斋文集》卷 52,蔡幼学撰《陈公行状》;《真文忠公文集》卷 9《潭州奏复税酒状》。

② 《宋史》卷 494《蛮夷二·梅山峒》。

③ 乾隆《长沙府志》卷 40 吴致尧《安化开远桥记》;《宋诗纪事》卷 22,章惇《梅山歌》;袁燮:《絜斋集》卷 18《侍御史、赠通议大夫汪公墓志铭》。

本亚区产金、银、朱砂等。宋仁宗嘉祐间,朝廷下令邵州置冶采金。湖南宽恤使者朱寿昌提出,邵州"近蛮,金冶若大发,蛮必争,自此边境恐多事,且废良田数百顷,非敦本抑末之道也"。随即下诏停罢。尽管如此,当地的银产量仍颇可观。孝宗时,采纳知邵州蔡必胜的建议,将邵州每年解给总领所的 80 000 贯,改为白银。南宋末年,武冈军每遇大礼,"例进奉银二千二百十一两"[①]。此时虽无官置银冶的记载,但由上引材料显示,地方官府税收中银的比重较大,私人开采活动还是比较兴盛的。

三、湘　南　区

从宋太宗太平兴国间到徽宗崇宁间的 120 多年,本区的户口无论基数或增长速度,都与湘北区接近。但自崇宁后到元至元二十七年,增长速度则低于湘北区,仅有 260 000 户。

在行政区划方面,从唐代开始,本区的建县密度,一直属全湖南之首。其原因是多方面的,既有经济因素,又有政治和军事因素,但大部分事例以前者为主。如北宋设东安县及南宋在深山地区分置资兴、桂东等县,其建立的原因都包含着以上的内容。

本区宋代开发效果较好的,是包括郴州、桂阳监的东半部,而开发本身多得益于外地居民特别是江西人的入居。据民国《嘉禾县图志》和民国《汝城县志》统计,五代始迁入嘉禾、汝城二县的江西人仅一族,北宋 21 族,南宋 19 族。这些掌握着较高生产技术的人口进入,促进了本地经济的发展。以嘉禾县为例,北宋中期的移民李文显"力田启宇,开垦山场,占业丰饶"。彭才聪迁入嘉禾,"务农,治生产,以立村基"。南宋末年大批江西移民迁入嘉禾,邓七千郎和邓五一郎等,"皆农家者流,高山荒作,火耕水耨,备极民生之勤"。刘通甫在蓝岭山麓开垦,

---

① 《宋史》卷 456《朱寿昌传》;牟巘:《陵阳集》卷 8《创大礼例库申省状》;《冰心文集》卷 17《蔡知阁墓志铭》。

"盛时可六七十家"。

本区的西部永、道二州开发程度比东部低。宋太宗时设置的永州东安县，到神宗元丰间仍是"鄙夷小邑"，"户不满千室，大半栖崖谷间，以故无吏事，夷人不知为学"。因此，这些地区不仅未能较多地吸引外来人口，反而出现本地人口外流现象。据载，神宗熙宁间，永、道二州的农民就有迁往沅州佃种的①。

本区宋代的开发程度，以从事开发者的情况，可分三个层次：一是外地移民。他们的土地使用率较高，经济效益也好。在他们的居住地，如郴州郴县一带，已经做到了"不分涓滴溉田畴"和"野无旷土"的水平②。二是土著汉民。由于落后习俗的影响，他们的生产方式还很落后。孝宗淳熙间，桂阳军的土著农民"祭事谨洁，至不敢粪瓜菜。……然拙而惰，农耕器绝苦窳，犁刀入土才三四寸；终岁置田勿问。及春耨，去陈草，曾不待破块，辄下种"。粮食亩产量仅一石③。三是土著瑶民。《宋史·蛮夷一》载："蛮瑶者，居山谷间"，"不事赋役。""蛮瑶"经济生活以种粟、黍、豆、麻等旱作物和狩猎为主。仁宗庆历后，当地瑶民与汉人常有摩擦，宋朝为保障地方安定，出下策下令禁止汉、瑶交往。孝宗隆兴间，又发布封山之禁④。这些禁令阻碍了瑶、汉人民的来往和先进技术的传播。

与十世纪前相比，总的来说，本区的进步还是显著的。标志之一是粮食生产的激增。宋仁宗皇祐间，侬智高反，运全、永、道三州米以饷广西。神宗元丰初，桂州增屯兵马，拨全、永等州粮 200 000 斛给桂州⑤。高宗绍兴末，鄂州兵岁用 450 000 余石粮，于全、永、郴、邵、道等州"科

---

① 沈辽：《云巢集》卷9《东安县尉王君墓铭》；《长编》卷274，熙宁九年四月庚寅。

② 阮阅：《郴江百咏·郴江》；《止斋文集》卷33《交割谢张运判》。

③ 《古今图书集成·方舆汇编·职方典》卷1252 衡州府部艺文，引陈良撰《龙渡庙记》；《止斋文集》卷44《桂阳军劝农文》。

④ 《宋会要》蕃夷5之99。

⑤ 《宋史》卷292《王尧臣传》；《长编》卷287，元丰元年闰正月壬寅。

拨"。除政府大量征集粮食外,外地商人也纷纷前来收购余粮①。标志之二是矿冶业的兴盛。本区的矿产品,尤以银为大宗。五代时,马楚在郴州采矿立炉,煎铅取银,首编烹丁,税利至厚。马楚一次向后汉进献银 15 000 两、银食器 68 件、真珠花银果子共 1 000 两,超过了唐宣宗时全国每年 15 000 两的银课额。平阳县自马氏税民丁身钱,每年纳银 28 000 两②。北宋时,本区银冶业进一步发展。据《宋会要》食货 33 和《元丰九域志》记载,从北宋初起,本区陆续设置郴县新塘场,桂阳县延寿、流江等 4 坑,平阳县大凑山等 11 坑,道州宁远县上下槽银场,永州鲁家源银场等。神宗元丰间本区银课额年 4 000 多两。南宋时银冶兴少废多,孝宗淳熙间桂阳军岁贡银 29 000 两,理宗绍定间降至 2 000两。宋人赋诗道:桂阳军"官中逐月催租银,不征谷粟只征银。"③

本区多共生矿,锡、铅、铁、水银、朱砂等矿种也较丰富。神宗元丰间本区课锡岁近 250 000 斤,占全国产量的 9.3%;课铅 80 000 多斤。南宋时矿冶多亭废,乾道间仅岁课锡 7 326 斤,但仍占全国产量的 36%。元丰间锡主要产在道州江华县黄富场和郴州桂阳县雷溪坑。乾道间锡主要产在平阳、临武、宜章三县④。

南宋中期后,本区坑冶多关闭,矿业衰退,坑冶户不断要求重新开采,但历任郴州知州如赵彦梭、罗克开等皆加以阻挠,至理宗景定间几乎全被禁闭。永兴县人邓雷玉等申请在方圆百里的葛藤坪开矿,被拒绝后,私自集合 200 余人重开绍兴时停废的兴宁县浦溪、东思洛、黄岭、白石等坑,知郴州王棣奏申朝廷请予禁停⑤。此后,矿业基本停废。

四、湘　西　区

唐末至五代,本区"土酋"首领的势力日渐扩大。除辰州外,原由

①　《宋史》卷 175《食货上三》;高斯得:《耻堂存稿》卷 4《永州续惠仓记》。
②　同治《桂阳直隶州志》卷 8《官师》;《十国春秋》卷 69《楚三》;《长编》卷 120,景祐四年七月辛酉。
③　祝穆:《方舆胜览》卷 26《湖南路・桂阳军》。
④　《宋会要》食货 33 之 9、17、15、4、25。
⑤　《古今图书集成・方舆汇编・职方典》卷 1293 郴州部艺文,引王棣《封坑冶疏》。

唐朝直接管辖的溪、锦等 4 州变为羁縻之区。后晋高祖天福四年(939年)马楚击败溪州"土酋"彭氏,于翌年改命大将刘勍为锦州刺史①。但不久,刺史一职仍落入"土酋"之手。北宋初,本区分布着三大"蛮族"居住区。

(一)北江"蛮"区。在西、沣水间。《宋史·蛮夷一、二》载:"北江蛮酋最大者曰彭氏,世有溪州,州有三,曰上、中、下溪。"又有龙赐、天赐等州,共 20 州,皆置刺史,而以下溪州刺史兼"都誓主",统辖其他 19 州,称之为"誓下"。本地的酋领主要有彭、向、田、覃、张诸姓。神宗熙宁间,北江"蛮"首领大都以土地归隶朝廷。宋朝以其地隶于辰州,置寨戍,征租赋。但元丰后,彭仕诚复为都誓主,私设保静、谓、吉等州,而以其子弟为长。从此,本区重为羁縻之地。

(二)南江"蛮"区。在沅、武水间。据《宋史·蛮夷一、二》,本区有 16 州,仅富、峡、叙州各有 1 000 户,其余不满 100 户。酋领主要有舒、向、田 3 姓。熙宁中,种、向二族相继降附,唯独居于最西的田元猛"颇桀骜难制"。章惇"进兵破懿州,南江州峒悉平,遂置沅州,以懿州新城为治所"。田氏虽纳土,仍世为溪峒土官。钦宗靖康后,卢溪县因无兵守御,迁县治于沅陵县的江口,"蛮酋"田仕罗等"遂雄据其地"。而其东的舒、向 2 族自熙宁后渐濡汉习,入籍为"王民"。理宗宝祐间,黔阳县的这 2 姓曾各出进士一人②。

(三)诚、徽"蛮"区。在旧叙州地。其豪酋姓杨。五代时,杨再思自署为诚州刺史,以其族姓分掌州、峒,号"十峒首领",雄据一方。熙宁间,杨光富率其族姓 23 峒归附,随后诚州刺史杨光僭亦降。元丰间,以徽州置莳竹县,隶邵州;又置渠阳县。元祐间,改诚州为渠阳军。会"蛮酋"杨晟台起兵,朝廷以其地予之。不久以渠阳军为诚州,命杨光僭两子同知州事。徽宗崇宁初复议开边,诚州杨晟臻等纳土,乃改诚州

①　《资治通鉴》卷 282。
②　谭其骧:《近代湖南人中之蛮族血统》,载《史学年报》第二卷,第 5 期。

为靖州,徽州为莳竹县①。

杨氏汉化程度较深。熙宁间,杨光僭为其子请建学舍,求名士教子孙。朝廷派潭州长史朴成为徽、诚等州教授。其孙杨晟政和间以岁贡入太学,登会选。曾孙杨立中绍兴间擢甲第。绍兴末,靖州又特置新民学以教养"溪洞归明子弟"②。

宋朝设置沅、靖两州后,在本区实行两种不同的征税制度。这多少反映出当地经济发展的不平衡:一、省民、熟户租赋,同于内地民户。熟户中包括汉化程度较高的诚、徽州杨氏。二、峒丁"皆计口给田","一夫岁输租三斗,无他徭役"。孝宗乾道三年(1167年),诏溪峒"瑶人岁输身丁米,务平收,无取羡余及折输钱,违者论罪"。即峒民只纳身丁米,免征田赋③。

随着土地买卖的开发,有相当数量"蛮"民所有土地逐渐转入善于经营的汉民之手。神宗时,荆湖路相度公事孙览上疏说:"徽、诚蛮多典卖田与外来户。乞立法,溪洞典卖田与百姓,即计直立税,田虽赎,税仍旧。不二十年,蛮地有税者过半,则所入渐可减本路之费。乞下诚、沅、邵三州施行。"朝廷"从之"④。政府期望在汉民与"蛮"人典卖土地中征收田税,藉以减少本路对上述三州的财政补贴。孝宗隆兴初,右正言尹穑提出,湖南州县多邻溪峒,"省民往往交通瑶人,擅自易田,豪猾大姓或诈匿其产瑶人,以避科差。内亏国赋,外滋边患"。朝廷乃命湖南安抚司"禁民毋质田瑶人;诈匿其产瑶人者论如法,仍没入其田,以赏告奸者"。此后"防禁日弛,山瑶、峒丁得私售田",但因"田之归于民者,常赋外复输税,公家因资之以为利,故谩不加省"⑤。这项禁令始终没有得到认真地执行。

---

① 《宋史》卷494《蛮夷二》;《宋会要》蕃夷5之86—93。
② 光绪《靖州乡土志》卷1引钟兴《作新书院记》,卷2《古迹·新民学》。
③ 《宋史》卷494《蛮夷二》。
④ 《长编》卷345,元丰七年五月己酉。《宋会要》食货70之16,"诚、沅、邵三州"作"辰、沅、邵三州"。
⑤ 《宋史》卷494《蛮夷二》。

汉、"蛮"居民的频繁接触和来往,使本区政府控制的户口大为增加。一方面,有部分"蛮"民演变为汉民;另方面,又给他乡人口的迁入创造了条件。北宋初,本区户数失载。元丰间近 30 000 户,崇宁间近 40 000 户,而到元至元二十七年达 160 000 户,比元丰时增加 5 倍多。人口的增长,与移民的迁入密切有关。据光绪《靖州乡土志》和光绪《会同县志》记载,北宋时移入上两县的外地人仅一族,南宋时达 22 族。

宋神宗熙宁间,沅州荒田甚多,招内地百姓往种。又在沅州置屯田务,因无军士应募,配隶罪人屯田。陶弼《寄沅州新守谢麟》诗云:"三千戍卒人无几,十万屯田古未耕。属县乞除防虎槛,生蛮愿献采砂坑。"短期内屯田收效很大,但到元丰元年(1078 年),屯田务因所收未尝敷额,改为募人租种纳课①。徽宗政和间,在辰、沅、靖等州置刀弩手,"分处要害,量给土田,训练以时,耕战合度"。辰州"山畲、陆田独多,水田独少。若水田不足,则合倍给陆田;陆田不足,则又倍给山畲"。孝宗淳熙间,申到"原旧刀弩手水田、山畲共三十万九千七百四十余亩"。沅州"地土平广,租入繁夥","视辰所入,率皆五倍"②。农业生产获得显著的发展。

本区商业也有发展。神宗熙宁七年(1074 年),在沅州、锦、黔江口三处置博易场,以达到"均平物价,招抚蛮獠,新附之人日渐驯熟,永息边患"的目的。熙宁十年,沅州有州城、麻阳县、黔江城、安仁寨等 7 个商税务,商税额共 367 贯③。虽然各个税务税额不高,但都有一定的经济影响。

南宋时,随着社会经济的发展,本区的风俗也出现变化。"居城市者衣服言语皆华人,而山谷间颇杂以瑶俗"。高宗绍兴末,知沅州李发

---

① 《长编》卷 274,熙宁九年四月庚寅;卷 258,熙宁七年十一月乙酉;卷 290,元丰元年六月丁卯。陶弼:《邕州小集》。

② 《宋史》卷 494《蛮夷二》;曹彦约:《昌谷集》卷 11《辰州议刀弩手及土军利害札子》。

③ 《长编》卷 254,熙宁七年七月己未;《宋会要》食货 16 之 15。

"抚以诚信,兴崇学校,使荒远悍戾之习浸淫教化,咸帖帖无事"①。靖州"蛮酋""争遣子入学……溪瑶向化"。汪藻《靖州营造记》说:"初,夷人散居溪谷间,各为酋长,及上版图职方氏为王民,与彼之山川壤比疆连,犬牙相入也。虽岁久,声教所覃,去椎髻之俗,而饰冠巾,转侏离之音,而通字画,奉官吏约束,一如中州。"②本区的瑶族不仅成为"王民",而且逐渐采用了汉族的习俗。

(本文与徐建华女士合撰,载田余庆主编:《庆祝邓广铭教授九十华诞论文集》,河北教育出版社 1997 年版)

---

① 《舆地纪胜》卷 75《荆湖北路·辰州》;周必大:《文忠集》卷 33《靖州太守李君发墓志铭》。
② 李光:《庄简集》卷 18《靖州通判胡公墓志铭》;汪藻:《浮溪集》卷 19。

两宋时期的台湾

——与张崇根同志商榷

台湾自古以来就是我国的神圣领土，这是无可争辩的历史事实。《人民日报》1971年10月23日曾经载文指出："台湾是我国东南沿海最大的岛屿。还在很古的时候，台湾与祖国大陆就有着文化上经济上的密切关系。早在公元230年，三国时孙吴派将军卫温、诸葛直率甲士万余人，航海到'夷洲'。'夷洲'就是现在中国的台湾省。澎湖在十二世纪南宋时已隶属福建晋江县，成为中国行政区的一部分。十三世纪中叶，当时的元朝政府在澎湖设立巡检司，管辖台湾等岛屿，隶属于泉州路的同安县。从此，台湾正式列入中国版图。"[1]我认为，这是概括了大量史料而得出的比较科学的结论，是符合历史事实的。这就是说，南宋时澎湖已经正式纳入我国大陆中央王朝的行政系统，成为我国行政区域的一部分；到元代，台湾等岛屿也正式纳入我国的版图。

不久以前，张崇根同志在《社会科学战线》（吉林）杂志，发表了《南宋已在台湾地区建立政权机构》一文，提出"至迟在南宋孝宗乾道七年（1171年），已在台湾地区设立政权机构"的新见，比目前通行的十三世纪中叶台湾归元朝管辖的说法"要早一百多年"[2]。我认为，张崇根同志撰写此文的用心是好的，但是，他没有拿出足够的可靠史料来证实他的新见，并且避而不谈两宋时期台湾本岛上的"流求"，因此，他的新见

---

① 《台湾自古以来就是中国的神圣领土》，载《人民日报》1971年10月23日第4版。

② 张崇根：《南宋已在台湾地区建立政权机构》，《社会科学战线》1979年第4期。

是值得商榷的。

我认为，根据现有资料，在两宋时期特别是南宋，今天的台湾地区存在三种不同的情况：

第一，彭湖或平湖，即今澎湖岛。南宋人赵汝适《诸蕃志》卷上《毗舍耶国》条说："泉（州）有海岛，曰彭湖，隶晋江县。"赵汝适撰此书《序》是在宋理宗宝庆元年（1225 年）九月，此时赵汝适任提举福建路市舶司官，他根据各国海商所述海外情况，并披阅《诸蕃图》，而撰成此书。所以，他的记载一般地说是比较可靠的。这说明，至少在公元 1225 年以前，澎湖已经直接归宋朝官府管辖。另一位南宋人楼钥，在《攻媿集》卷 88《敷文阁学士、宣奉大夫致仕、赠特进汪公（大猷）行状》中记述，宋孝宗乾道七年（1171 年）四月，汪大猷知泉州，"郡实濒海，中有沙洲数万亩，号平湖，忽为岛夷号毗舍耶者奄至，尽刈所种"。我们知道，今天的澎湖岛面积为六十四平方公里，土地瘠薄，以砂土为主①。从"平湖"所处方位、面积、土质等方面判断，可以肯定就是今天的澎湖。由于澎湖位于我国大陆和台湾本岛之间，距离大陆较近，尽管这里土地贫瘠，但宋代大陆汉族劳动人民仍然徙居于此，不辞辛劳地开辟农田，种植庄稼。为了控制徙居澎湖的汉族劳动人民，宋朝官府就将澎湖划归泉州晋江县辖理。以上史实说明，宋朝官府业已有效地管辖澎湖，使澎湖成为我国大陆中央王朝的行政区的不可分割的一部分。在澎湖这个问题上，我跟张崇根同志的看法基本一致，但张崇根同志通篇只讲澎湖，不讲两宋时期的台湾本岛，也没有明确指出南宋的彭湖或平湖即今天的澎湖，似乎想把澎湖与台湾本岛等同起来，这是我所不敢苟同的。

第二，"流求国"，即今台湾本岛。从隋代开始，我国大陆中央王朝称台湾本岛为"流求"。这一名称，历经唐、宋、元数代，相沿不改。直到明代初年，才开始用"大琉球"来称呼冲绳岛上的琉球国，而改称台

---

① 孙寿荫：《台湾地理讲话》，天津通俗出版社 1955 年 9 月版，第 117 页。

湾本岛为"小琉球"。

在两宋时期,台湾本岛上显然存在着一个"流求国"。这个"流求国"是宋朝人对台湾本岛的习惯称呼。虽然被称为"国",但实际上这时的高山族祖先可能比《隋书》所载处于原始社会新石器时代略为进步,但尚未达到建立一个阶级压迫的机器——国家的程度①。这跟宋代周邻各少数族建立的国家,为契丹族的辽国、女真族的金国、党项族的夏国、蛮族的大理国、羌族的吐蕃国等颇为不同。

在北宋,著名的书法家蔡襄撰有《荔枝谱》一书。此书记述福州的海商将当地的特产荔枝用船运销各地的情景:"其东南,舟行新罗、日本、琉球(原注:一作流求)、大食之属,莫不爱好,重利以酬之,故商人贩益广,而乡人种益多。"②蔡襄是北宋仁宗、英宗时人,治平四年(1067年)死。此书写于宋仁宗嘉祐四年(1059年)八月。他所记载的福州海商用船贩运荔枝到流求,并受到流求人的爱好,是完全可信的。这说明北宋时台湾本岛仍称流求,台湾本岛上的高山族祖先与祖国大陆的汉族商人有着频繁的贸易往来。

南宋宁宗嘉定十一年(1218年)十一月,知泉州真德秀在《申枢密院措置沿海事宜状》中说,泉州"永宁寨(地名水澳),去法石(引者按:寨名)七十里。初,乾道间,毗舍耶国入寇,杀害居民,遂置寨于此。其地阚临大海,直望东洋,一日一夜,可至彭湖。彭湖之人,遇夜不敢举烟,以为流求国望见,必来作过"③。这里,真德秀所说宋孝宗乾道年间"毗舍耶国"人"入寇"事件,正是楼钥《攻媿集》汪大猷行状所载乾道七年四月稍后"岛夷"毗舍耶人侵掠一事。这一记载说明,泉州与彭湖间相隔"东洋",从泉州到彭湖的航程(当指坐顺风船)为一日一夜;彭湖离流求更近,彭湖的居民每到晚上不敢生火,害怕"流求国"的人望见,

---

① 据元人汪大渊《岛夷志略》"琉球"条记载,元代高山族祖先的部落已"知番主酋长之尊,有父子骨肉之义"等,其社会形态比《隋书》所说略有进步,但仍未建立起一个国家。

② 蔡襄:《蔡忠惠公文集》卷30《荔枝谱》第二。《说郛》卷77(商务本)作"流求"。

③ 《真文忠公文集》卷8。

渡海前来扰乱。这正证明在南宋时，台湾本岛仍然存在一个"流求国"，虽然澎湖邻近台湾，但这时的彭湖尚未统辖流求，流求也尚未统辖彭湖。

赵汝适《诸蕃志》一书中，还列有"流求国"专条。虽然赵汝适写此条时，主要节录〈隋书〉卷81《东夷列传·流求传》的文字，但是，他在最后又增补了"流求国"在宋代出现的新情况，即："无他奇货。尤好剽掠，故商贾不通。土人间以所产黄蜡、土金、耗尾、豹脯，往售于三屿。旁有毗舍邪、谈马颜等国。"①这就是说，在赵汝适任提举福建路市舶司时，可能因为毗舍耶人的干扰，流求的"土人"即高山族的祖先，与大陆之间的商业不盛，他们有时拿黄蜡等物产跟三屿（一说在今菲律宾境）的居民互相贸易。《宋史》卷491，也有《流求传》。尽管此传绝大部分资料摘自《诸蕃志》中流求和毗舍耶国条，但说明两宋时期在台湾本岛上确实存在"流求国"及"毗舍耶国"。

宋代的福建路，农业方面已逐渐出现人口密集而耕地缺乏的现象。宋高宗绍兴五年（1135年），福建路共计一百三十三万多户、二百五十九万多口②。宋孝宗乾道九年（1173年），增为一百四十二万四千二百九十六户、二百七十一万六千七百九十二口③。宋理宗宝庆元年（1225年），更增为一百七十万四千一百八十六户、三百五十五万三千零七十九口，其口数比同一年的两浙路还多七十多万④。由于人口的激增，福建路"地狭人稠，虽无水旱，岁收仅了数月之食"，不得不靠舟船往来两广、两浙，搬运米谷，以补不足⑤。在这种情况下，势必会有一部分福建沿海居民渡海谋生，到达澎湖和台湾。明代末年有人说过："台湾土番种类各异，有土产者，有自海泊（舶）飘来，及宋时零丁洋之败遁亡至此

① 《诸蕃志》卷上。
② 李心传：《建炎以来系年要录》卷96。
③ 《宋会要辑稿》食货69之77《户口》。
④ 《宋史》卷41《理宗纪一》。
⑤ 周必大：《周益国文忠公集·省斋别稿》卷2《代大兄奏札》。此札淳熙三年（1176年）撰。

者。聚众以居,男女分(婚)配,故番语处处不同。"①这就是说,台湾的居民中,有土著的高山族人,有从大陆驾船渡海而来的,还有一部分人是在南宋末年张世杰、陆秀夫等在海上进行抗元斗争失败后逃到台湾的。清代也有人说过:"相传台湾空山无人。自南宋时,元人灭金,金人有浮海避元者,为飓风飘至,各择所居,耕凿自赡,远者或不相往来,数世之后,忘其所自,而语则未尝改。"②说明在金代末年,我国北方有一部分人徙居台湾,数世以后,只能从所保持的故乡口音上知道他们的来历。除此以外,台南很早就曾发掘到唐、宋时期的瓦瓶和铜钱③。这些钱币和器物自然是唐、宋时期或者稍后,由汉族带到那里的。

以上这些情况表明,两宋时期的台湾本岛跟祖国大陆的关系,表现在:一、祖国大陆南方和北方均陆续有人迁到台湾;二、祖国大陆的商人贩运货物到台湾进行贸易。直到目前为止,尚未见到有关宋朝官府特别是南宋官府在台湾设官置治、建立政权机构的记载。

张崇根同志在文章中,避而不谈两宋时期的流求,似乎这时的台湾本岛并不存在一个"流求国"。事实上,所谓台湾地区,当然首先是指台湾本岛,其次才是指澎湖等岛屿,如果脱离台湾本岛而奢谈台湾地区的历史,怎么能够把台湾地区的历史搞清楚呢? 张崇根同志引用了《清朝续文献通考》编者的按语、《凤山县志》编者以及《台湾史纲》的作者近人汤子炳的话,比如台湾地区"自隋迄元,以琉球或澎湖统称之"。"或元以前,此地与澎湖共为一国";"历来台澎一体"等等,以此来证明自己的观点:"此时(按:指宋代)的澎湖也包括台湾在内","因此,对赵汝适关于澎湖'隶晋江县'之说,应理解为包括澎湖、台湾在内的整个地区。"言下之意,南宋时澎湖已经隶属泉州晋江县管辖,跟澎湖有"共为一国"或"一体"关系的台湾本岛也必然隶属于泉州晋江县管辖。我认为,《清朝续文献通考》、《凤山县志》和近人汤子炳的上述这些断言,

---

① (清)郝玉麟:《福建通志》卷 67《丛谈》,引明人沈文开《杂记》。
② (清)郁永河:《采琉日记》卷下。
③ (清)李元春:《台湾志略》卷 2《丛谈》,《台湾文献丛刊》第十八种;康熙《诸罗县志·杂记》。

至少跟宋代的史实不相符合；同时，他们的这些断言也没有什么事实作为依据，因此，张崇根同志在这些断言的基础上作出的所谓"理解"，同样也缺乏根据，实际上只是一种以点代面即以澎湖来代表整个台湾地区的做法，是违背历史事实的。

第三，"毗舍耶国"，即今台湾本岛西南部。赵汝适《诸蕃志》"毗舍耶国"条说："毗舍耶，语言不通，商贩不及，袒裸盱睢，殆畜类也。……彭湖……与其国密迩，烟火相望，时至寇掠，其来不测，多罹生噉之害，居民苦之。"又说："淳熙间，国之酋豪常率数百辈，猝至泉（州）之水澳、围头等村，恣行凶暴，戕人无数，淫其妇女，已而杀之。喜铁器及匙箸，人闭户则免，但刓其门圈而去。掷以匙箸则俯拾之，可缓数步。官军擒捕，见铁骑则竞刓其甲，骈首就戮而不知悔。临敌用标枪，系绳十余丈为操纵，盖爱其铁不忍弃也。不驾舟楫，惟以竹筏从事，可折叠如屏风，急则群异之泅水而遁。"前引楼钥《攻媿集》汪大猷行状，也谈到乾道七年四月后，"岛夷"毗舍邪（耶）人突然闯到平湖（澎湖），"尽刈所种"。"他日，又登海岸杀略，擒四百余人，歼其渠魁，余分配诸郡。初则每遇南风，遣戍为备，更迭劳扰。公（汪大猷）即其地，造屋二百间，遣将分屯，军民皆以为便，不敢犯境。"这表明毗舍耶人是一个居住在靠近澎湖的台湾西南岸的强悍部落，宋孝宗时，经常突然到澎湖抢掠，又曾由其"酋豪"率领，渡海到泉州沿海的水澳、围头等村庄抢掠。在此以前，宋朝人似乎并不知道隔海的岛屿上还有毗舍耶人，直到这时，因为他们多次出没于福建沿海，才使宋朝人有所了解。为了防备他们登岸杀掠，如同真德秀在《申枢密院措置沿海事宜状》中所说，宋朝官府在泉州水澳村设置永宁寨，派兵驻守。这就是汪大猷行状所说的"即其地，造屋二百间，遣将分屯"一事。可能正是由于他们从中作梗，使南宋大陆与流求的联系大为减少，以致达到了赵汝适《诸蕃志》所说的"商贾不通"的程度。

元代旅行家汪大渊曾经到澎湖和台湾游历过。他所撰《岛夷志略》一书中有《毗舍耶》条，此条记载：毗舍耶人"僻居海东之一隅，山平旷,田地少,不多种植。气候炎热。"又记载:"俗尚虏掠。男女撮髻,以墨汁刺身,至疏颈门,即缠红绢,系黄布。俗以国无酋长,地无出产,时常裹干粮,棹小舟,遇外番,伏荒山穷谷无人之境;遇捕鱼采薪者,辄生擒以归,鬻于他国,每一人易金二两重。盖彼国之人递相仿效,习以为业。故东洋闻毗舍耶之名,皆畏而逃焉。"说明到了元代,毗舍耶人仍然居住在台湾西南部,不过这时候他们已经不再抢掠铁器和粮食,而把人口作为掠夺的对象,以便卖给邻国。

根据以上史实,南宋乃至元代的毗舍耶人尚处于野蛮时代的低级阶段,比同一时期台湾本岛的"流求国"人要落后得多。这里便产生一个问题:毗舍耶人为什么跟"流求国"人不同? 他们是台湾高山族祖先的另一个部落或分族,还是从外边迁来的? 早在二十世纪初年,外国汉学家中就曾有人认为,在菲律宾西部有维萨雅(Visaya)岛,毗舍耶人就是该岛的居民;又有人认为,毗舍耶人是徙居台湾西南海岸的菲律宾人①。五十年代,我国学者即把毗舍耶人定为高山族②,还有人进一步认为,毗舍耶人是指台湾东部的阿眉(Ami)分族,阿眉人自称为Panchia③。张崇根同志在这篇文章中也曾提及,毗舍耶人是高山族。我认为,近代的台湾高山族,大致可以分为两部分,一部分称"平埔族",分布在平原及山麓地带,受汉族的影响较深;另一部分称"高山族"(即狭义的高山族),主要分布在高山地区,保留原来的民族特征较深。后者又可划分成七个至九个分族④。由此估计,两宋时期台湾高山族的祖先,也可能存在较多的部落或者分族,除了被当时大陆居民称为"流求国"人的一些部落以外,毗舍耶人则是居住在台湾西南部的高山族祖先的另一个部落,不一定是从菲律宾或维萨雅岛迁来的。

总之,我认为,两宋时期的台湾地区大体上分为三部分,一是南宋

①　李震明:《台湾史》,中华书局 1948 年版,第 11 及 12 页注三。
②　刘大年、丁名楠、余绳武:《台湾历史概述》,三联书店 1956 年版,第 8 页。
③　郭廷以:《台湾史事概说》,1954 年台北版,第 6 页。
④　吴壮达:《台湾地理》,三联书店 1957 年版,第 66 页 68 页。

时已经隶属福建路泉州晋江县管辖的澎湖,成为我国行政区域的一部分;二是北宋时与大陆保持贸易关系,南宋时贸易减少的台湾本岛的流求人,他们是高山族祖先的一些部落,这一时期大陆的南方和北方也陆续有一部分汉族或其他族的居民迁徙到那里;三是南宋时曾不断浮海到澎湖和泉州沿岸抢掠的毗舍耶人,他们居住在台湾西南部,可能是高山族祖先的另一个部落。现有史料尚不能证明南宋时期宋王朝已经在台湾本岛建立政权机构。台湾本岛正式列入我国版图,应该是在十三世纪中叶元代。

（载《中国古代史论丛》1981 年第 1 辑,
福建人民出版社 1981 年版）

大运河和唐、宋帝国的统一

　　大运河是中国人民在广阔无垠的中华大地上兴修的伟大的水利工程。全长近1 800公里，北起北京，流经天津和河北、山东、江苏、浙江四省，沟通海河和黄河、淮河、长江、钱塘江五大水系，其规模仅次于万里长城。唐、宋时期是大运河的鼎盛时期，其经济功能和政治功能都得到了淋漓尽致的发挥。本文将从大运河的开凿和连接，大运河的整治，通航情况及其对农业、手工业与环境的消极影响，与国家统一的关系等四个方面进行论述。

一、大运河的开凿和连接

　　大运河，是由多段运河连接而成的，它经历了一个漫长的沧桑变化的历史过程。各段运河最初大都由分裂时期的各个区域性政权独自修凿，其主要目的是巩固它们在本地区的统治。

　　汴河起源于鸿沟。战国魏惠王至襄王期间，开凿了鸿沟，自荥阳之北引黄河水东南流，经今淮阳东，南流入颍水；再东南流，至今安徽寿县西与淮水相接。约到西汉初，开凿蓄获渠，使鸿沟与获水相通，称为汳水（又称丹水）。东汉时，多称汴水或汴渠①。宋朝人认为汴水始凿于西汉元帝和成帝之间②，其实不过是指这时又加疏浚而已。

---

①　《水经·汳水注》；《史记·河渠书》；《汉书·地理志》梁国蒙县。
②　沈括：《长兴集》卷22《泗州龟山水陆禅院佛顶舍利塔记》。

　　江淮运河（邗沟）首凿于吴王夫差时期。夫差为北伐齐国，与晋国争霸中原，利用江、淮之间的水道，开凿了邗沟，沟通长江和淮河。至汉、魏时期，陈登等人又将原来连接博芝、射阳各湖的弯曲河道改变为由津湖径渡。

　　江南运河（今镇江至杭州）的南段和中段，也初创于春秋末年。《越绝书·吴地传》载："百尺渎，奏江，吴以达粮。"百尺渎，是从苏州往南经吴江、嘉兴等地直达钱塘江边的运河，以载运越国的粮食。北段（今丹阳至镇江）约在吴王夫差时期开通。三国孙吴末年，岑昏"凿丹徒至云阳，而杜野、小辛间，斩绝陵袭，功力艰辛"①，开辟了蜿蜒曲折的新河道。西晋末年，陈敏还开筑练湖，作为调剂运河水量的一个人工水库。

　　浙东运河约开筑于春秋末年。《越绝书》中"山阴故水道"，乃指今浙江上虞至绍兴的一段运河。至两晋之际，司徒贺循将东自上虞通明堰，西至钱塘江西兴堰的运河段连接起来②。

　　这些短程运河的作用在于增进了所在地区的活力，促进了经济和文化的发展，巩固了这些区域性政权的统治。同时，各区域性政权的统治者并不以此为满足，而是以此为基地，积极与境外开展交往，甚至向周邻用兵，藉以取代邻国。因此，在客观上这些运河又起着促进中国统一的作用③。

　　历史证明，要将这些短程运河贯通成为沟通南北的大运河，在更广的地域发挥效益，没有国家的统一和社会的稳定是不可能的。这些短程运河在初具规模后，这一历史使命便十分自然地落到隋代统治者的身上。隋炀帝大业元年（605年）开浚通济渠，从洛阳西苑引谷、洛水入黄河，又从板渚（今河南荥阳县泛水镇东北）引河入汴（东汉汴渠），至今开封近郊与东汉汴渠分流，折向东南，经今商邱县南，又经永城和宿

―――――――――――

① 《太平御览》卷170《州郡部一六·润州》引《吴志》。
② 施宿：《嘉泰会稽志》卷10《水·府城·运河》载《旧经》云："凿此以溉田"。
③ 唐宋运河考察队：《运河访古》，田余庆《前言》，上海人民出版社1986年。

县、灵璧、泗县,在盱眙之北注入淮河①。大业四年,又在黄河以北开永济渠。由今河南武陟县西北沁水北岸向东北开渠,至今淇县境利用曹操所开的白沟(大致今卫河)达今馆陶,馆陶以下另开新渠,流经今清河、德州、东光、沧州、青县、静海,至独流口折向西北,经信安镇、永清县与漯水(今永定河前身)相接,直达蓟城(涿郡治,今北京市)②。大业元年,还重开江、淮间的邗沟。大业六年,循秦以来故道开凿江南运河,从京口(今江苏镇江市)起,绕太湖之东,直达余杭(今浙江杭州市)。

　　隋代国运短促,但因建立了统一的国家,故能在不长的时间里,完成了中国古代的一大壮举,即初步建成了一条沟通南北的大运河。大运河以洛阳为中心,分成两大系统,一是通向东北的永济渠,一是通向东南的通济渠和邗沟、江南运河,从而将海河、黄河等五大水系连结起来,构成四通八达的水上运输网。大运河对国家的统一、南北的文化交流以及社会经济的发展带来了深远的影响,这些影响到唐、宋时期得到充分的反映。

二、唐、宋时期大运河的整治

　　对于那些区域性政权而言,因为不需要也不可能利用大运河运输漕粮,所以统治者们不关心大运河全线的疏浚,最多只去修治局部的河段。因此,当中国陷于四分五裂的时候,大运河往往湮废堵塞。但一旦分裂局面结束,新的统一王朝立刻会动用充分的财力和人力加以修浚,以确保全线或基本畅通。唐、宋两朝虽然没有再兴大规模的修凿工程,但改建和疏浚、利用隋运河仍然极其引人注目。唐代尤其是唐中叶以后至宋代,经济重心已不可逆转地移到了江南,唐的政治权力中心在长安,北宋的政治权力中心在开封,大运河就成为维系这两个政治权力中

---

① 《元和郡县图志》卷5《河南府》、卷7《汴州、宋州》、卷9《宿州、徐州、泗州》;李翱:《来南录》。

② 《元和郡县志》;《新唐书》卷39《地理志》;《隋书》卷3《炀帝纪上》。

心与江南地区的大动脉①。

大运河的北段，即隋、唐的永济渠，宋称御河，走向基本一致，向东北流至乾宁军（今青县）入界河，即北宋和辽分界的河北塘泺。御河是北宋向河北漕运军粮的主要供应线，但因黄河的泛滥和注入，河道相当紊乱。大运河的中段是汴河和邗沟。汴河引黄河为水源，黄河含沙量高，唐时已有人说"汴流浑浑，不修则淀"②。引黄河的汴口屡有变化，成为整治的重点。邗沟，到宋代称楚州运河，其水沙条件较汴河为佳，主要变化在北段，南段变化较少。汴河和邗沟是当时政府悉心整治、穷于应付的河段。大运河的南段即江南运河，基本流畅，疏浚之役不算太大，线路无甚改动。

一、汴河的整治：汴河的整治，大致分为调整汴口、疏浚河道、狭河工程、减水措施和济运水柜。

第一、调整汴口，即黄河之水进入汴河的口子。汴河在唐初因隋代板渚汴口之旧。至唐玄宗开元二年（714 年），河南尹李杰重开梁公堰（即汴口堰），恢复了汉魏汴口③。北宋大部分时间以此为汴河分水口，板渚口则不见记载。北宋时，"大河向背不常，故汴口岁易；易则度地形，相水势，为口以逆之"④。汴口难以固定一地，因而每年要预先制订"拟开"、"次拟开"、"拟备开"等四、五处"口地"的计划，轮换启用⑤。由于汴口易变，无法建筑水闸来控制水量，因此只能采用既简单又最费工的办法——人工控制汴口深浅和宽狭，藉以控制流量：汴水涨时，垫高和束狭汴口，减少进水量；汴水落时，挖深扒阔汴口，增加引水量。神宗熙宁四年（1071 年），创开訾家口，才三月即浅淀，乃复开旧口。熙宁

①　全汉昇：《唐宋帝国与运河》（《国立中央研究院历史语言研究所专刊》，商务印书馆印行 1944 年），较早指出运河"变为唐宋帝国的大动脉"，并提出"自隋以后，中国的经济重心……已经南移"。

②　《唐会要》卷 87《转运盐铁总叙》。

③　《旧唐书》卷 49《食货下》，卷 100《李杰传》。

④　《宋史》卷 93《河渠三》。

⑤　《续资治通鉴长编》（以下简称《长编》）卷 233，熙宁五年五月壬辰。

八年,同判都水监侯叔献建议因使用訾家旧口与迁左故道,每年减省上万人夫和物料①。熙宁十年,黄河在澶州曹村决堤,汴口上下黄河主流北移,退滩高阔。河水不能直接入汴,需开挖引河,将河水引入汴口。元丰初年(1078年),在王安石主持下,进行了北宋治汴中的最大工程即导洛清汴工程:从任村(巩县境)沙谷口至汴口开河50里,引伊、洛水入汴,水深一丈,水流清澈,故称"清汴";洛河旧口置水磑,通黄河,以泄伊、洛河暴涨的洪水;自氾水关北开河500步入黄河,上下建闸节制水量,需要时使黄河通舟②。清汴工程是宋代运河技术的一次重大尝试,对改善汴河航行起到一定作用。但洛河暴涨暴落,水量不稳定,时感不足以漕运,仍需引黄济运。新河凿于广武山北麓黄河退滩上,土质疏松,黄河水势南著,便冲啮新堤。于是,到哲宗元祐五年(1090年),堵塞洛口,重新导黄入汴③。汴口问题在北宋始终无法妥善解决。

第二、疏浚河道。唐代汴河泥沙淤积情况已较严重,在前期,每年正月组织民工疏浚整治河道④,"安史之乱"前航道基本畅通。"安史之乱"中,汴路受阻十年不通。代宗广德间(763—764年),转运使刘晏曾主持疏浚汴水,分段运输。德宗建中二年(781年),因藩镇叛乱,汴路阻绝,至兴元元年(784年)底恢复漕运。此后,汴河畅通,基本上维持到唐末。昭宗乾宁四年(897年),军阀朱温与杨行密大战于清口,以水代兵,自埇桥东南决汴堤,汇为污泽⑤。汴河漕运完全废止。北宋时,黄河结束了几百年安流局面,开始进入善淤、善决、善徙时期。受水于黄河的汴河也形成善淤、善决的特点,逐渐与黄河一样成为地上悬河。神宗熙宁五年,从东京东水门至襄邑的一段,"河底皆高出堤外平地一丈二尺余,自汴堤下瞰民居,如在深谷"⑥。东京城里相国寺一带,"积

---

① 《长编》卷266,熙宁八年七月甲戌。
② 《长编》卷297,元丰二年三月庚寅。
③ 《长编》卷449。
④ 《旧唐书》卷123《刘晏传》。
⑤ 《资治通鉴》卷292。
⑥ 沈括:《梦溪笔谈》卷25《杂志二》。

沙儿及屋檐"①。治理淤积的主要方法有二,一是人工开挖,二是狭河工程。真宗时,有些河段开挖中流,阔五丈,深五尺,以省修堤之费②。仁宗皇祐三年(1051年),设立河渠司,规定每年开浚汴河一次③。到北宋后期,岁浚制度逐渐松懈,以致"汴渠有二十年不浚,岁岁湮淀"④,一旦长久失修,河床迅速淤高。

第三、狭河工程。唐代汴河有些段落已经修堤,北宋则全线筑堤,且高大坚固。北宋还在较浅的河段,用木岸束狭河身;在特别浅的河段,改筑河堤成锯状,或修筑锯牙木岸,以束水势⑤,藉以增加汴河的水深和流速,利于清淤和通航,是运河技术上的一项创举。宋初已经采用木岸狭河法。至仁宗嘉祐元年(1056年),命三司从东京至泗州设狭河木岸⑥。嘉祐六年,再次下诏修置从应天府抵泗州的木岸,使河道平直,水势深驶⑦。神宗元丰三年清汴工程后,汴河"河道漫阔,多浅涩",纲船毁坏颇多,乃再修狭河600里⑧。

第四、减水工程和济运水柜。这是保证汴河水源的两个措施。减水工程主要有三,一是控制汴口。汴河暴涨,即将汴口垫高塞狭,减少黄河进水量。二是开减水河。真宗大中祥符八年(1015年),于中牟和荥泽各开减水河一道⑨。神宗熙宁六年,在京西北岸开新河⑩。三是开堤分洪。汴河沿线的陂塘、湖泺均储存一定的水量用以调剂汴河,称"水柜"。早在太祖建隆间(960—963年)已修建沿汴水柜,大规模兴建则在神宗元丰间(1078—1085年)导洛通汴以后⑪。

---

① 《长编》卷248。
②⑤ 《长编》卷85,大中祥符八年十二月。
③ 《长编》卷170,卷171。
④ 沈括:《梦溪笔谈》卷25《杂志二》。
⑥ 《长编》卷184。
⑦ 《宋史》卷93《河渠三》。
⑧ 《长编》卷302;《宋史》卷94《河渠四》。
⑨ 《长编》卷85,大中祥符八年十二月癸巳。
⑩ 《长编》卷247,熙宁六年十月。
⑪ 《宋史》卷94《河渠四》。

汴河的重要性,使宋廷不惜代价,保证160余年水运的基本畅通。宋室南迁,汴河归入金朝版图,由于失去漕运价值,任其逐渐淤淀。只在金章宗时,为防止汴水侵入汴城,一度填筑修补汴堤①。宋孝宗乾道五年(1169年),楼钥出使金朝,自泗州循汴水北行,这时"河益湮塞,几与岸平,车马皆由其中,亦有作屋其中",有些河段成为麦田②。上距北宋亡国不过40余年。联系南北水上运输的大动脉,在跳动500余年后,终于大段被泥沙所湮没。

二、江淮运河的整治:隋、唐邗沟的北口在楚州山阳县北末口,淮河在此形成一大河湾,称山阳湾,水势湍悍,漕船多罹覆溺。宋太宗雍熙元年(984年),淮南转运使乔维岳开凿沙河,长40里,自末口至淮阴县北磨盘口入淮,以避山阴之险③。这是江淮运河北口的第一次变迁。仁宗庆历间和神宗熙宁四年,在淮河南岸与淮河平行两次开修从磨盘口至洪泽镇的洪泽新河,元丰六年又开凿了从洪泽镇至盱眙县龟山的龟山运河。通过洪泽新河至磨盘口与沙河连接,于是江淮运河的北口从洪泽镇移至龟山脚下,上与汴口仅距30里,大大减少了漕船行驶中的风险。江淮运河的南口,隋和唐代前期在扬子(津、桥、亭、镇)。至唐玄宗开元间,由于长江主泓南冲,北淤南退,瓜洲北侧江汉堵塞严重,漕船难入扬子津。润州刺史齐浣在瓜洲沙碛上开凿伊娄河(又名新河),直达扬子津④,于是南运口南移到了瓜洲。江淮运河最初并不筑堤,至唐宪宗元和间(806—820年)淮南节度使李吉甫在高邮诸湖东部拦河置平津堰⑤,才开始陆续筑堤。北宋时,正式全线筑堤。如真宗朝制置江淮等路发运使李溥,在新开湖(高邮湖)中用石块筑成长堤。仁宗初,张纶在高邮北筑堤200里,"旁锢钜石为十磙,以泄横流"。光宗末年,淮东提举陈损之兴筑自扬州江都县至楚州淮阴县堤360里,又在

① 《金史》卷27《河渠志》。
② 楼钥:《攻媿集》卷111《北行日录上》。
③ 《长编》卷25,雍熙元年二月壬午朔。
④ 《旧唐书》卷190中《齐浣传》。
⑤ 《新唐书》卷146《李吉甫传》。

堤岸旁开一条新河,以通舟船;保留旧堤,以捍风浪①。运河两岸有堤,与诸湖仅一堤之隔,至此航道基本固定。仁宗天圣间(1023—1032年),运河上还设"复闸",省去了舟船过埭之苦②。复闸即今双闸,是解决河段间水位差的先进方法。

三、江南运河的整治:江南运河的入江口,隋以前在丹徒。唐玄宗开元间,齐浣开伊娄河时,又在京口塘下直趋渡江,缩短航程,于是运河的入江渡口从丹徒口移至京口。作为镇江至丹阳段运河蓄水库的练湖,唐、宋时疏浚频繁,"湖水放一寸,河水涨一尺"③。唐代宗时,刘晏、韦损之曾重开此湖,作斗门,能灌溉,河漕得以不涸④。宋哲宗、高宗和理宗时,都曾重加疏浚,或增设斗门、石磏等。宋代还在丹阳至镇江段,废堰为闸,先后置望亭和吕城、奔牛、京口四闸,分级蓄水⑤。望亭至平望间的河段,因受太湖泄水的影响,船只常遭汹涌波涛所覆溺。至唐宪宗时,在苏州和平望间筑吴江塘路,即今吴江运河西堤,从而阻断了太湖和运河的沟通。至宋仁宗朝,苏州通判李禹卿又筑太湖堤80里,"为渠益漕运"⑥。这一长堤筑在唐堤之东,成为运河的东堤。运河杭州段的南口,在今杭州市西南的大通桥下。每当钱塘江潮水不足济运时,即引西湖水为源。唐穆宗长庆二年(822年),杭州刺史白居易引西湖水北出余杭门外,流入运河⑦。懿宗咸通二年(861年),在杭州城南开凿沙河塘,直通钱塘江。当时钱塘江外涨潮退,运河口需要东移。五代吴越国在杭州上塘河南口挖茅山河通钱塘江,在引潮水口建龙山、浙江两闸,阻遏钱塘江泥沙进入运河。北宋初,两闸淤废。哲宗时,知杭州苏轼开浚茅山、盐桥二河,分受江潮和西湖水,公私舟船通利⑧。但江潮

---

① 《宋史》卷299《李溥传》,卷426《张纶传》,卷97《河渠七》。
② 《梦溪笔谈》卷12《官政》。
③ 《全唐文》卷871吕延祯《复练塘奏状》;《宋史》卷96《河渠六》。
④ 《新唐书》卷53《食货三》。
⑤ 《宋史》卷97《河渠七》。
⑥ 王鏊:《姑苏志》卷39《官绩三》。
⑦ 《新唐书》卷119《白居易传》。
⑧ 《苏轼文集》卷30《申三省起请开湖六条状》。

仍然不断淤浅运河,所以南宋时在运口(即通江桥)置板闸,水浅时"启板纳潮,继即下板,固护水势,不得通舟;若河水不乏,即收闸板,听舟楫往还为便"①。直到元代,钱塘江继续外涨,始与运河隔绝。

四、浙东运河的整治:浙东运河东与余姚江、甬江相接,于镇海县南入海。唐代孟简、陈亘曾在越州境开凿河道、修建运道塘和斗门。宋代屡次逐段疏浚,增设堰闸,还解决了钱塘江岸不断北移而运江闸被沙淤的问题②。

五、永济渠的整治:隋代永济渠引沁水向南抵达于黄河,又引清、淇二水为水源。沁水暴涨暴落,容易泛滥东向冲去,约至唐初,引沁会清的一段河渠已经淤塞,唐、宋均未再开凿沁、清之间的渠道。永济渠的上源原有清、淇二水,至宋代百门泉(百泉河)成为正源。百门泉原是清水的支流③。

唐太宗、高宗和玄宗时,均曾对永济渠进行整治,如筑石堰、永济北堤(在清池县南)。尤其是开元末,魏州刺史卢晖徙渠水,自石灰寨引流至贵乡城西注魏桥,以通江淮之货④。卢晖所开新道称为"西渠"。此后,渠水流经地区藩镇林立,彼此攻伐不已,渠道无以及时修治。如德宗建中三年(782年),朱滔为抵御官兵,在魏州附近"堰永济渠入王莽故河,绝官军粮道及归路,明日,水深三尺余"⑤。这种人为的破坏,加速了部分渠道的湮废。唐代后期,藩镇联合进行了永济渠唯一的一次大型水利工程,即宪宗元和九年(814年)春在卫州以南的魏滑分河工程,以分泄滑州境的黄河洪水⑥。北宋时流入御河的漳河、葫芦河、滹沱河等泥沙俱增,导致御河淤浅。庆历八年(1048年)河决澶州商胡埽,元丰四年(1081年)河决小吴埽,元符二年(1099年)河决内黄口,

① 《宋史》卷97《河渠七》。
② 《宋史》卷97《河渠七·东南诸水下》。
③ 《宋史》卷95《河渠五》。
④ 《新唐书》卷39《地理三》。
⑤ 《资治通鉴》卷227。
⑥ 沈亚之:《沈下贤集》卷3《魏滑分河录》。

三次北决的河道流向大致相同，即下合御河入海，成为黄河的北派。从此，御河的水沙条件明显恶化：上游虽仍为地中之河，但下游已近于半地中河了，依赖人工修治，免为悬河①。宋、元之际，御河失修，"清州之南，景州以北，颓阙岸口三十余处，淤塞河流十五里"②。后经整修，继续通航。

唐、宋时期大运河的整治情况表明，在它畅通无阻的时期，一般都是国家兴旺发达的时期；反之，一般都是国势衰颓，严重到了岌岌可危的紧急关头，甚至国家陷于四分五裂的时期。

三、大运河的通航情况及其对农业、手工业与环境的消极影响

唐、宋时运河的通航情况并不尽如人意。唐代江南漕船，每年正月或二月起程，至扬州入斗门，停留一个月以上，至三月或四月后，始渡淮入汴。遇汴河干浅，又要停航，至六、七月才到河口适逢黄河水涨，又须停驶一两个月，然后上河入洛。总之，从江南到东都，"停滞日多，得行日少，粮食既皆不足，欠折因此而生"。加上河南百姓不习黄河水性，皆转雇河师水手③。由于各河段地貌条件不一，河床宽狭深浅有异，同时连接处水位落差大，需筑堰置闸才能行船，而堰坝对航行颇为不便。到唐玄宗时，裴耀卿改革漕法，在河口设仓，江南漕粮运抵河口卸下入仓，漕船返回，以免在黄河水涨或洛河水浅时空等。肃宗后，刘晏进一步完善转搬法，将漕运中转点由开封以西向东南推进至扬州。"江南之运积扬州，汴河之运积河阴，河船之运积渭口，渭船之运入太仓"，由此江船不入汴，汴船不入河，河船不入渭④。初步解决了各河段因水文

---

① 《宋史》卷95《河渠五》。
② 《元史》卷64《河渠一》。
③ 《册府元龟》卷498《邦计部·漕运》。
④ 《新唐书》卷53《食货三》。

条件之异而造成的种种问题。

北宋时,因每年开闭汴口,加固堤防,汴河一年"通漕才二百余日"。为充分利用"通漕"期,进一步完善转搬法,增设真、楚、泗三州转搬仓。凡荆湖、江南漕米输入真州,两浙漕米输入扬州,淮南漕米输入泗州,避免漕粮过分集中扬州装卸的弊病。转搬法的优点在于,一、漕粮运至转搬仓,再视水情起运。每段河道由专门船只行驶,这些船只载重量适合水情,提高了运输效率。二、江南、荆湖每年漕米运至淮南,再从淮南真州或涟水军运盐回去①。这样,提高了漕船的使用率,刺激船工的积极性。但转搬法也有缺点,一是各仓皆须设官管理,派兵把守。漕粮的装卸动辄数百万石,漕丁不敷需要,另须征调民夫,付出数目可观的装卸费用。二是漕船停靠装卸,为官吏、梢工提供了舞弊之机。"作弊移易于交装之时,减缩斛面优量及当来籴纳米斛,多用湿恶,或米杂糠秕"②。虽有严刑峻法也不能阻止侵盗。三是江淮之地潮湿,粮食不易久储。北宋漕粮额大,如果漕粮不及时上供,便会变质霉烂,而转搬法增加了粮食库存的时间。针对转搬法的缺点,宋人逐步改用直达法。仁宗天圣间,改真、楚州堰为复闸,漕船不再靠推的方法过堰而进入另一河道。这时,仅直运东南地区的金帛、茶、布之类至汴京,而六路漕粮仍旧。至徽宗时,废除转搬法,规定六路州县各认岁额,即使湖南、湖北最远地区,也直抵京师,称"直达纲"。但直达纲法也有弊病,导致"河道日益浅涩",所以又部分恢复了转搬法③。神宗时,还设法延长"通漕"期,实行冬运,每年入冬后,在汴河派遣专人击冰,以通漕船。魏泰记载:"汴渠旧例,十月闭口,则舟楫不行。"王安石"欲行冬运",冬天开放汴口,"以脚船数十,前设巨碓,以捣流冰,而役夫苦寒,死者甚众"④。同时,又造筏堵截河面上的浮冰⑤。于是,过去发运司每年到清

① 《玉海》卷181《食货·盐铁·咸平江淮盐法》。
② 《宋会要辑稿》食货44之2。
③ 《宋史》卷175《食货上三》。
④ 魏泰:《东轩笔录》卷7;赵彦卫:《云麓漫钞》卷1。
⑤ 《长编》卷248。

明节才发头纲进入汴河,在导洛清汴后已提前至二月一日,而现在则冬天也照常通航了①。可惜此制实行未久,即告中辍了。

　　大运河对农业的消极影响,表现在一、漕运与农田灌溉争水。唐时每年春、夏漕运繁忙,正值农田用水高峰,汴河"多被两岸田莱,盗开斗门,舟船停滞"②。沿河的屯兵还决汴灌田,政府也不加阻止,致使汴河水位下落,"舟舻曝滞,相望其间,岁以为常,而木文多败裂,自四月至七月,舟佣食尽不能前"③。白居易曾审理过一起由漕运和营田灌溉引起的争讼,结果判转运使胜诉,因为漕运必须优先④。宋神宗时,一度取汴河清水注入水塘,以溉开封、陈留、咸平三县的稻田⑤。还掀起淤灌农田的高潮,且颇见成效,但不可避免地使漕运受阻。如熙宁六年(1073 年),有一次汴河水位突然大降,甚至断流,"其注下处才余一二尺许",原因是上游放水淤田,下游船只不知情况,因而皆搁折损坏,滞留很久⑥。漕运和灌溉之间的矛盾始终存在,只是视临时需要而定缓急。二是漕运与农业争田。宋仁宗时,江淮运河两岸的田土"多被权要之家请射","种作成田","却致湖塘渐成湮废,有妨灌溉民田,并运河因兹浅涩,阻滞官司舟船"⑦。沿汴的许多沼泽地早已被百姓垦为农田,北宋时将有些辟为水柜,以调节汴河的水量。至哲宗初年,决定退还原主,已为水占则还以官田,无田可还则给原值⑧。但至绍圣间(1094—1098 年),政府又在中牟、管城以西强占民田,潴蓄雨水,以备清汴乏水之用,最后中牟一县就被占 850 余顷⑨。徽宗时,镇江府练湖四周堤岸"多有损缺,春夏不能贮水,才至少雨,则民田便称旱伤。县

---

①　《长编》卷 302,元丰三年正月。
②　《唐会要》卷 87《漕运》。
③　《全唐文》卷 736 沈亚之《淮南都梁山仓记》。
④　《文苑英华》卷 529 白居易《请塞斗门判》。
⑤　《宋会要辑稿》食货 7 之 28。
⑥　《长编》卷 245,熙宁六年六月甲申;《宋会要辑稿》方域 16 之 6—7。
⑦　《宋会要辑稿》食货 7 之 15。
⑧　《宋史》卷 94《河渠四》。
⑨　苏辙:《栾城集》卷 38《乞给还京西水柜所占民田状》。

官又禁止民间不得引湖水灌田,且以益河为务,故丹阳等县民田失于灌溉,亏损税赋".①但地方政府对豪民侵耕则常常束手无策。南宋时,"兵火以后",练湖"多废不治,堤岸圮缺",再度"春、夏不能贮水",于是豪民乘机"专利","耕以为田",严重影响了江南运河的通航②。

　　大运河对手工业的消极影响,主要表现在与茶叶、粮食加工争水。大约晋代以后,中国的水磨有了发展,用来加工食品原料。宋太祖时,汴京已设水磨务,"掌水砣磨麦,以供尚食及内外之用"③。其中水磨西务的规模甚大,"将造其门,水声先出乎林间。行及其旁,则长槽泻波,巨轮激涛,雷轰电射,雪迸雨飞,若并谷帘,若临洪崖,使人毛发森然,语言不能相接"④。此情此景极其壮观。仁宗时,另设内茶汤步磨务,"掌砣末茶汤,供翰林司",由北排岸官兼领⑤。神宗元丰六年,始由政府在通津门外汴河沿岸设水磨100所,专磨末茶,供民间茶铺销售⑥。哲宗初年,右司谏苏辙上疏提出:"近岁京城外创置水磨,因此汴水浅涩,沮隔官私舟船。其东门外水磨,下流汗漫无归,浸损民田一二百里,几败汉高祖坟。"⑦于是政府决定停办水磨茶场。至绍圣初年,修复水磨,并推广到许多地区。徽宗时,再次禁止民户磨茶,改为"官用水磨",在长葛、郑州等处京、索、溟水河增设水磨260余所,"借用汴水",隶属都提举汴河堤岸司管辖⑧。这些水磨不免与漕运争水,妨碍汴河的正常通航。

　　大运河对沿岸自然环境的消极影响,在唐代和宋初尚不明显。到宋仁宗天圣前,汴河年年疏浚,"故河行地中"。后因长期失修,"日以

---

①　《宋会要辑稿》食货7之38。

②　《宋会要辑稿》食货8之28。

③　《宋会要辑稿》食货55之1。

④　杨杰:《无为集》卷10《西水磨记》。

⑤　《宋会要辑稿》食货55之48。

⑥　《长编》卷343,元丰七年二月癸酉;《宋会要辑稿》食货8之33。

⑦　《长编》卷370,元祐元年闰二月辛亥。

⑧　《宋史》卷184《食货下六·茶下》;《宋会要辑稿》食货8之34。

湮塞"①,终于变成了地上河,导致沿岸自然景观发生许多变化。王曾说:"汴渠派分黄河,自唐迄今,皆以为莫大之利。然迹其事实,抑有深害,何哉? 凡梁、宋之地,畎浍之水,凑流此渠,以成其深。隋炀帝将幸江都,遂将黄河之派,筑左右堤三百余里,旧所凑水,悉为横绝,散漫无所归。故宋、亳之地,遂成沮洳卑湿。"②王安石也指出,诸水不入汴,加速了汴河的淤积和汴堤的增高。他说:"旧不建都,即不如本朝专恃河水,故诸陂泽沟渠清水皆入汴。诸陂泽沟渠清水皆入汴,即沙行而不积。自建都以来,漕运不可一日不通,专恃河水灌汴,诸水不得复入汴,此所以积沙渐高也。"③沿岸诸水不能入汴,潴于汴堤脚下,形成许多陂塘,侵害民田。真宗时,郑希甫说过:"汴河两岸皆是陂水,广侵民田,堤脚并无流泄之处。"④土地趋于盐碱化。太湖平原的水患,唐以前并不严重。至宋仁宗庆历二年(1042年),筑吴江长堤。庆历八年,修吴江长桥,便于挽纤。其下设涵洞排泄太湖之水,日久涵洞泥沙淤积,葑蒿丛生,造成太湖经常决溢,侵灌苏、湖、常三州之田。每年五、六月间,在"湍流峻急之时","吴江岸之东水常低岸西之水不下一二尺",可见堤岸阻水之严重⑤。苏轼在向朝廷进呈《吴中水利书》时指出,以往苏州以东,官私船舫皆用篙撑,无陆地挽纤者。庆历后,开始大筑挽路,"自长桥挽路之成,公私漕运便之,日茸不已,而松江始艰噎不快。江水不快,软缓而无力,则海之泥沙随潮而上,日积不已,故海口湮灭,而吴中多水患"⑥。可见江南运堤的修筑,是宋、元以后太湖东部平原排水不畅而常闹水灾的重要原因。永济渠两岸筑堤,河北平原上的主要河流都被拦截入运,其中洪量大、含沙高的漳水和滹沱水等常因宣泄不畅而泛滥。唐代前期先后在沧、景州境开凿多条河道,作为永济渠的分

① 《长编》卷183,嘉祐元年八月癸亥;张方平《乐全集》卷23《论京师军储事》。

② 《王文正公笔录》;《长编》卷38,至道元年九月丁未。

③ 《长编》卷248,熙宁六年十一月壬寅。

④ 《宋史》卷95《河渠五》。

⑤ 单锷:《吴中水利书》。

⑥ 《苏轼文集》卷33《进单锷〈吴中水利书〉状》。

洪渠。但至宋仁宗庆历八年黄河夺御河入海,因泥沙日增而被堵塞。黄、御合流,"横遏西山之水,不得顺流而下,蹙溢于千里",致使河北"百万生齿居无庐,耕无田,流散而不复"。滹沱河也因无下尾,常泛滥于深州诸邑①。

综观唐、宋时期大运河的通航情况,可知并不尽如人意:春启秋闭,每年通航时间约 200 多天。对沿岸农业的破坏大于放淤带来的利益,促使沿岸土壤的盐碱化和洪涝旱灾的增加。显然,中国东部平原上洪涝碱灾不断发生,正是大运河带来的副作用②。

四、大运河与国家的统一

大运河对唐、宋帝国的统一作出了不可磨灭的贡献。这主要表现在以下几点:

第一、作为水上大动脉,大运河贯串了东部平原广大地区,沟通了首都与黄河下游、淮河和长江三角洲、浙东平原富庶地区的联系,向首都输送了无以计数的粮食和物资,成为唐、宋帝国赖以立国的经济基础。大运河的主要功能是漕运粮食和其他物资,而这些又是统一王朝所必不可少的。唐中叶以前,中国统一王朝的政治权力中心和经济重心地区基本保持一致,维持政府和军队的粮食等主要取给于附近,运输路程较短。王朝中央能够凭藉北方的雄厚财力、物力控制南方,并向西北和东北周邻民族地区开拓疆土。中叶以后,由于南方的经济发展迅速,经济重心逐步南移。然而,历朝的首都大都设在北方,政治权力中心和经济重心地区脱节。诸如唐初以长安为首都,显庆二年(657 年),高宗复建洛阳为东都,恢复了隋炀帝时代的东、西两都并建制,皇帝和百官常往返于两京之间。光宅元年(684 年),则天皇帝正式以洛阳为首都,号神都,长安成为陪都。神龙二年(706 年),中宗返都长安。直

---

① 　《宋史》卷 92《河渠二》,卷 95《河渠五》。
② 　邹逸麟主编:《黄淮海平原历史地理》,安徽教育出版社 1993 年版。

到天祐元年（904 年），昭宗被迫迁都洛阳，拆毁长安的宫室和官衙、民舍，驱民东迁。长安从此失去了首都的地位。此后，洛阳名为首都，其实政治权力中心在朱温的驻所汴州。五代时期，洛阳曾是后梁、后唐、后晋三朝的首都。天福三年（938 年），后晋定都汴州，改原东都为西京。从此，洛阳也失去了首都的地位，只是作为陪都维持到北宋末年。金代后期迁都开封后，也以洛阳为陪都。再如唐代"安史之乱"后，汴州成为宣武军节度使的治所。唐末朱温以汴州刺史、宣武军节度使起家，陆续兼并两河、关中诸镇。天祐四年（907 年），篡唐称帝，升汴州为东都开封府，定为大梁的首都。开平三年，迁都至西都洛阳。乾化三年（913 年），朱温之子均即位，还迁开封。龙德三年（923 年），后唐灭梁，又迁都洛阳。后晋天福三年（938 年），"以大梁舟车所会，便于漕运"，以汴州为东京开封府，定为首都①。此后，历后汉、后周至北宋相沿不改。

长安和洛阳、开封皆地处黄河流域，洛阳和开封还地当大运河的转运枢纽。唐代以长安为首都，"关中号称沃野，然其土地狭，所出不足以给京师，故常转漕东南之粟"。唐高祖和太宗时，朝廷开支较少，水、陆漕运每年不过 20 万石。自高宗后，"岁益增多"②。这时，洛阳开始显示出经济上的优越，东南可以通过汴河和邗沟，沟通与江淮的联系；东北取道永济渠，通向涿州。江淮和河北的租米直接输至洛阳城里的含嘉仓。唐高宗和则天皇帝、玄宗多次"行幸"洛阳，或者迁都洛阳，实际上有明显的经济原因。高宗七次"行幸"洛阳，是因为关中遇到旱灾，或因供求失调而引起粮荒，因此带领百官和军队从长安就食于江淮漕米容易运到的东都洛阳。这些统治者不惜做"逐粮天子"，是唐代前期解决漕米不足的一项无可奈何的措施。此外，他们改革漕运制度，保证江淮的粮食输往关中。玄宗开元二十二年（734 年），裴耀卿为避免

---

①　《资治通鉴》卷 281。

②　《新唐书》卷 53《食货三》。

三门砥柱湍险,采用分段运输法,三年内运入关中700万石①。直到天宝中,每年漕粮还达250万石②,保证了长安官员和军队以及百姓的粮食供应,从此,不再"行幸"东都。"安史之乱"使北方的经济遭到严重破坏,黄河流域变得满目疮痍,无力供应大量的漕粮和物资;加之,河北藩镇拥兵自养,贡赋不入中央,永济渠失去了漕运的功能。于是唐中央政府在经济上更加依赖于江淮地区,而汴河成了它的生命线。李敬方《汴河直进船》诗写道:"汴水通淮利最多,生人为害亦相和,东南四十三州地,取尽脂膏是此河"③。汴河的重要性,促使唐中央政府可以容忍河北藩镇的专横不法,而绝不坐视沿汴藩镇的叛乱。肃宗至德二年(757年),安禄山之子庆绪派兵13万围攻汴渠重镇睢阳,激战16日,唐军取得胜利。此战对维护汴渠、保有江淮起了决定性作用④。代宗大历十一年(776年),新任汴宋等八州留后李灵曜图谋效法河北诸镇,以汴州为中心进行割据,"公私物过汴者皆留之",汴渠漕运岌岌可危,代宗急诏周围淮西、淄青等军镇四面进击,杀死李灵曜⑤。德宗建中间(780—783年),唐中央与藩镇争夺汴渠漕运的斗争达到了高潮。唐中央提升汴州为宣武节度使,增广城郭规模,士兵多达10万人。首先是淄青节度使李正己派兵控制徐州埇桥、涡口,山南东道节度使梁崇义阻兵襄阳。埇桥在徐州南界汴水上,即今安徽宿县;涡口是涡水入淮之口,在今安徽怀远东北。于是"运路皆绝,人心震恐","江、淮进奉船千余艘,泊涡口不敢进"。接着是淮西镇李希烈遣兵袭取汴州,自称大楚皇帝,"东南转输者皆不敢由汴渠,自蔡水而上"。同时,长安发生泾原兵变,德宗逃奔奉天(今陕西乾县)。随后,副元帅李怀光率兵谋反,德宗率朝臣和将士狼狈逃往梁州(今陕西汉中东北)。梁州地薄民贫,租赋不多,德宗一行"粮用颇窘",形势极为严峻。两浙节度使韩滉"运米

---

① 《旧唐书》卷49《食货下》。
② 吴曾:《能改斋漫录》卷13《唐宋运漕米数》。
③ 《全唐诗》卷508。
④ 《资治通鉴》卷219。
⑤ 《资治通鉴》卷225,卷227。

百艘,以饷李晟"①,于是军心稳定。不久,官军收复长安,德宗重返都城。从兴元元年(784年)二月至唐末农民起义前夕,大运河基本畅通,江、淮漕米以每年50万斛的定额②,源源不断地运至长安,唐王朝又在风雨飘摇中廷续了一个世纪。诸如德宗贞元二年(786年),"关中仓廪竭",有的禁军"自脱巾呼于道"曰:"拘吾于军而不给粮,吾罪人也!"德宗愁肠百结,恰遇韩滉自江、淮运米3万斛至陕,德宗欣喜异常,"遽至东宫,谓太子曰:米已至陕,吾父子得生矣!"神策六军闻讯,"皆呼万岁"③。

五代时期,汴河基本断流。唐末汴河溃决,"自埇桥东南悉为污泽",不再有航运之利。至后周世宗显德二年(955年),为发兵攻打南唐,"因故堤疏导之,东至泗上"。当时"议者皆以为难成",世宗说:"数年之后,必获其利。"④显德五年,世宗又疏浚楚州西北鹳水及汴口,于是江、淮舟楫始通汴京⑤。

北宋的统一,结束了五代十国分裂割据的局面。宋太祖承袭后周之制,定都开封。但他一直有迁都洛阳之意,他说:"吾将西迁者无它,欲据山河之胜,而去冗兵"。如不迁都,"不出百年,天下民力殚矣"。然而若都洛阳,漕船需由汴河入黄入洛,漕运路线长,黄、洛风险大,难免有"军食不充"之虞⑥。真宗时,洛阳百姓曾联名恳祈"驻跸",真宗说出了不能建都洛阳的奥秘,是"但今艰于馈运耳!"⑦秦观在《安都》一文中指出:"本朝惩五季之弊,举天下之兵宿于京师,名挂于籍者号百余万,而衣食之给,一毫已上皆仰县官。又非府兵之制,一寓于农也。非都四通八达之郊,则不足以养天下之兵。"⑧所以,北宋在开封定都是当时可以选择的最佳方案。这样,大运河的重要性就更加突出了。有一

① 《资治通鉴》卷231。
② 《旧唐书》卷49《食货下》。
③ 《资治通鉴》卷232。
④ 《资治通鉴》卷292。
⑤ 《资治通鉴》卷294。
⑥ 《长编》卷17,开宝九年四月甲辰。
⑦ 《长编》卷65,景德四年二月乙酉。
⑧ 秦观:《淮海集》卷6。

次汴河在浚仪县决坏连堤，泛民田，太宗亲自坐步辇出乾元门，在泥淖中走了一段路，"从臣震恐"。太宗说："东京养甲兵数十万，居人百万，转漕仰给在此一渠水，朕安得不顾！"命令殿前都指挥使戴兴率兵数千堵塞决口①。张方平在《论汴河利害事》中说："今日之势，依兵而立。兵以食为命，食以漕运为本，漕运以河渠为主。""今仰食于官廪者，不惟三军，至于京师士庶以亿万计，大半待饱于军稍之余，故国家于漕事至急至重。"又说："京师有食则京师可立，汴河废则大众不可聚。汴河之于京师，乃是建国之本，非可与区区沟洫水利同言也。……大众之命，惟汴河是赖。"②既可避开黄河之险，又靠近江淮地区，运程较短，这些因素决定了开封作为首都的命运。但开封位于平川旷野，"并无险固，所谓八面受敌，乃自古一战场"③。故只能以兵士为营卫，在京师内外驻扎大批军队。为此，必须增加粮食的供应，极尽全力保持大运河的畅通无阻。北宋初，江、淮地区上供粮食尚未定下岁额，至太宗太平兴国六年（981年）始定汴河岁运江、淮粳米300万石、豆100万石；连同黄河等共550万石。淳化四年（993年），上供米岁额620万石。至道初（995年），汴河岁运米达580万石。真宗景德四年（1007年），规定"船般上供"600万石，"永为定额"。但次年便突破此额，达700万石。此后，岁漕东南米经常保持在600万石上下④，仅在仁宗某年汴运江淮米达到800万石⑤。著名画家张择端所绘《清明上河图》，描绘了开封境内汴河两岸的繁荣景象，正是汴河所起作用的真实写照。徽宗时，不惜民力，大搞花石纲，"拘占直达纲船，以应花石之用"⑥，加上漕船往来频繁，"启闭无节，堰闸率不存"，江南运河和汴河"河道日益浅涩"⑦，严

① 《长编》卷32，淳化二年六月乙酉。
② 张方平：《乐全集》卷27。
③ 《长编》卷143，庆历三年九月丁丑。
④ 《宋会要辑稿》食货46之1，42之2、3，64之1；程大昌：《考古编》卷7《发运司》。
⑤ 《宋史》卷331《孙长卿传》。
⑥ 《资治通鉴长编纪事本末》卷128《花石纲》。
⑦ 张邦基：《墨庄漫录》卷2；《宋史》卷175《食货上三》，卷337《向子埋传》。

重影响正常漕运,汴京迅速感到粮食不足,引起恐慌①。钦宗时,汴河上游多处决口,"塞久不合,干涸月余,纲运不通,南京及京师皆乏粮"。钦宗命立即采取措施,修复汴河,"纲运沓至,两京粮始足"②。

南宋严格说不是一个统一的帝国,因为北宋以来的淮河、汉水以北地区已被金军占领,大运河中段(汴河)和北段(永济渠)纳入了金朝的版图。南宋初年,"河口决坏,汴水湮塞,纲运不通",虽曾派官前去修治,但收效甚微③。绍兴四年(1134年),宋廷曾下令烧毁扬州湾头港口闸,开决江淮运河上的各堰,"务要不通敌船","无令走入运河,以资敌用"。次年,则又募民开浚瓜洲至淮口运河浅涩之处。此后,常年疏治江淮运河及江南运河,以确保舟船畅通④。宋朝的运输供给线变为主要是长江和连接长江与行在所临安府的江南运河。在长江和江南运河沿岸的镇江府、建康府、湖口、隆兴府分设转般仓,在平江府设百万仓。高宗绍兴二十九年(1159年),两浙、江、湖诸路岁上供米额达429万石,实征332万石⑤。直至南宋末年,江南运河仍然畅通无阻,发挥了重要的作用。曾有官员说:"水运之程,自大江而下,至镇江则入闸,经行运河,如履平地,川、广巨舰直抵都城,盖甚便也。"⑥

在现代交通兴起以前,水运是最经济、方便的运输方式。确实,大运河给唐、宋帝国带来了巨大的经济利益。唐代水路运输比陆路运输要便宜得多,车载1 000斤物,行100里,需运费900文,而汴河船载100斤,行100里,上、下水平均需运费10文⑦。两者的运费是9比1。低廉的运费是大运河在唐、宋时期被充分利用的主要原因,虽然当时有发达的陆路运输,但长途运输大宗物品仍主要依靠大运河。如果没有大运

---

① 龚明之:《中吴纪闻》卷6。
② 《宋史》卷94《河渠四》。
③ 《宋会要辑稿》方域16之18。
④ 《宋史》卷97《河渠七》。
⑤ 《建炎以来系年要录》卷183,绍兴二十九年八月甲戌。
⑥ 《宋史》卷97《河渠七》。
⑦ 《唐六典》卷3《度支郎中、员外郎》。

河,没有每年数百万石的东南漕粮,就很难想像会出现长安、洛阳、开封的繁荣和文明,很难想像会长期保持唐、宋帝国的稳定和统一。可见大运河成了决定唐、宋帝国兴亡盛衰的关键所在,是唐、宋帝国维持统一局面的物质保证。

　　第二、依靠大运河运送兵员、战船和给养,以进行统一南北的战争。唐、宋统治者极其重视汴河,且引为骄傲。北宋初,吴越国王钱俶进献宝带,宋太祖回答说:"朕有三条带,与此不同。"钱俶请求明示,太祖说:"汴河一条,惠民河一条,五丈河一条。"钱俶听后,既惭愧,又佩服①。宋太祖把汴河视作宝带,是因为一个在黄河流域择地为首都的国家,必须依赖大运河从经济发达的东南地区运输巨额的粮食和物资,以养活首都的大批军队和官吏,并利用汴河的水上交通,进行统一的战争。早在宋太祖之前,五代末年的周世宗有意统一中国。为了攻占南唐的江北州县,他首先疏浚汴河重要河段,以通陈、颍、青、郓等地漕运;接着在大梁城西汴河畔造战舰数百艘,训练水军,指挥水军由闵河(即琵琶沟、宋蔡河)沿颍水入淮,再由淮达于长江。为了收复北方契丹占据的关南故土,又疏浚沧州至独流口的永济渠河段,世宗还乘龙舟沿流而北,至瓦桥关(即雄州)而止②。宋太祖在开宝七年(924年)十月,派兵攻伐南唐,亲自赴迎春苑,登汴堤,"发战舰东下"。第三天,又登汴堤检阅诸军训练,然后到东水门,"发战棹东下"③。说明北宋水军是在汴河进行操练并由此出发攻灭南唐的。周世宗和宋太祖对大运河的疏浚和利用,说明一个新兴的政权,为了进行统一南北的战争,有时也依靠大运河输送给养、兵员和船只。

　　第三、大运河促进了沿岸地区商品的流通,形成了许多重要城市和经济都会,从而推动了整个唐、宋帝国社会经济的发展。大运河犹如一串光彩夺目的珍珠,沿岸的城市就是一颗颗明珠。大运河孕育了明珠,

---

① 　范镇:《东斋纪事补遗》。
② 　《资治通鉴》卷293,卷294。
③ 　《长编》卷15,开宝七年十月甲申、丙戌。

明珠烘托出大运河的繁荣,使它增添了无限的生机。自隋代开通大运河后,由于交通运输的发达,为城市和集镇的兴起和发展创造了条件。唐代的长安和扬州,是当时世界上最繁华的都市。长安既是政治中心,又是重要的工商业城市。长安东市工商业尤盛,市内店铺鳞次栉比,中外商贾云集,货财达 220 行,“四面立邸,四方珍奇,皆所积集”①。扬州位于大运河与长江的交叉口,是最繁华富庶的工商业城市,当时流行“扬一益二”的民谚②。史称“扬州地当冲要,多富商大贾、珠翠珍怪之产”③。唐诗中“十里长街市井连,月明桥上看神仙”,“夜市千灯照碧云,高楼红袖客纷纷”④,都生动地描绘了扬州的繁盛景象。北宋的开封和南宋的临安,也是当时世界上规模最大、人口最多的城市。仅开封的水路交通已是“舳舻相衔,千里不绝,越舲吴艚,官艘贾舶。闽讴楚语,风帆雨楫,联翩方载,钲鼓镗铃”⑤。临安的人口高达 100 万,即使外城,也是“南西东北各数十里,人烟生聚,民物阜蕃,市井坊陌,铺席骈盛,数日经行不绝”⑥。临安的繁荣程度更胜过开封 20 倍⑦。大运河沿岸的其他城市,如幽州(今北京)、魏州(宋北京,今河北大名)、宋州(宋南京,今河南商丘)、泗州(今江苏境)、楚州(今江苏淮安)、润州(今江苏镇江)、常州、苏州、秀州(今浙江嘉兴)、越州(今浙江绍兴)、明州(今浙江宁波)等,无不都是唐、宋时期的重要城市。这些城市主要以大运河为发展的杠杆,由此带动了大运河两岸广大地区的进步,出现了城镇林立,商业繁盛,商贾、游客,舟车往来,夜以继日的景象;同时还推动了一些落后地区的发展,促进了各地区人民的交往和了解。这一切使大运河及其沿岸城镇成为维系南、北方和先进地区、落后地区的重

① 宋敏求:《长安志》卷 8《东市》。
② 《资治通鉴》卷 259。
③ 《旧唐书》卷 88《苏瓌传》。
④ 《全唐诗》卷 511 张祜《纵游淮南》,卷 201 王建《夜看扬州市》。
⑤ 《宋文鉴》卷 7 周邦彦《汴都赋》。
⑥ 吴自牧:《梦粱录》卷 19《塌房》。
⑦ 耐得翁:《都城纪胜·序》。

要纽带,加强了唐、宋帝国统一的物质和精神的基础。

第四、大运河不仅促进了唐、宋帝国各地区经济和文化的交流,而且促进了唐、宋帝国与世界各国经济和文化的交流。大运河的贯通和东南终端的延伸,使传统的陆上丝绸之路与海上丝绸之路连接起来,有助于唐、宋帝国不断摄取外来文化的营养,同时把本国文化的硕果奉献给世界各国。唐代通过陆上和海上丝路,与西方各国的使臣和商贾保持密切的联系,又加强对亚洲各国和红海、波斯湾沿岸的交往。在这些交往中,大运河成为常用的渠道。运河的两岸城镇,都留下了胡商的足迹,带来了外国的物质文明。北宋时,陆上丝路因西夏的阻隔,不甚通畅,因而主要依靠汴河和江南运河衔接海上丝路,开展对外贸易和交往。南宋时,进一步依赖运河。又由于淮河以北的运河河段归入金朝,只能依赖淮南运河和江南运河,尤其是浙东运河。浙东运河自从北宋初在明州设置市舶司后,逐渐成为海外交通的通道之一,许多明州商人去高丽和日本、南海诸国贸易,高丽、日本等国的商人也来明州经商①。史称:明州“乃海道辐辏之地”,“南则闽广,东则倭人,北则高句丽,商舶往来,物货丰衍”②。陈造诗说,明州定海县“宦廨盐烟外,居人杂胡贾,听言须画字,讨海倚输租”③。浙东地区的米、盐、蔬果等,都由浙东运河转运到临安。福建和广东的米、海鲜、土产以及海外的奇珍异宝等,则主要由海路北上,再经浙东运河转运到临安④。总之,唐、宋大运河将陆上丝路和海上丝路连成一线,使东西方政治、经济、文化交流得以在较高的水平上实现⑤。

(载《中国历史上的分与合学术研讨会论文集》,

台北联经出版事业公司 1995 年版)

---

①　谢采伯:《密斋笔记》卷 4;张邦基:《墨庄漫录》卷 3。

②　张津等:《乾道四明图经》卷 1《分野》。

③　《江湖长翁文集》卷 11《定海四首》。

④　吴自牧:《梦粱录》卷 12《江海船舰》,卷 16《米铺》。

⑤　田余庆等:《唐宋运河在中外交流史上的地位和作用》,载《运河访古》,上海人民出版社 1986 年版。

《须江郎峰祝氏族谱》中的伪作

　　李庄临、毛永国同志《岳飞〈满江红·写怀〉新证》一文①,根据从浙江江山县收集到的《须江郎峰祝氏族谱》,"发现了一首岳飞在绍兴三年赠祝允哲大制参的《满江红》及祝允哲的和诗(词)"。作者据此认为,这对进一步探讨岳飞《满江红·写怀》的真伪,"提供了新的重要文献"。但是,结合北宋后期和南宋初期那段历史,我们发现,所谓祝允哲的和诗等等,其实都是后人的伪作。

　　由于作者没有介绍《须江郎峰祝氏族谱》的编者、版本,我们无法知道这一族谱的来龙去脉。所以,只能依据文章透露的一些事实加以评论。

一、宋代没有"祝臣"这名官员

　　我们认为,宋代历史上没有叫做"祝臣"的官员。文章提出祝允哲之父祝臣是"北宋绍圣年间兵部尚书、太子少保、都督征讨大元帅、上柱国、宣国公"。但查遍《宋人传记资料索引》以及《续资治通鉴长编》、《宋史》等宋代主要文献,宋哲宗绍圣年间根本没有"祝臣"这个人,更不存在这时任兵部尚书的"祝臣"。宋代规定,寄禄官在中散大夫以上的文官,"国史"皆予立传②。按照官员差遣即实际职务的高下,文臣自

①　《南开学报》1986 年第 6 期。
②　刘克庄:《后村先生大全集》卷 39《怀旧二首》。

少卿、监以上，武臣自诸州刺史以上，死后在"实录"中撰有"附传"，"国史"所附名臣列传即以此为依据①。这两者就官品而言，寄禄官中散大夫是从五品，职事官如太常少卿、秘书少监、各州刺史也是从五品。说明凡从五品以上官员，宋朝"国史"皆予立传。元代脱脱等编修现今的《宋史》列传，即以宋朝"国史"的列传为蓝本，当然还参照了其他一些文献。所以，除了南宋后期原来"国史"立传的一些官员而《宋史》失载或语焉不详外，其余够格的官员，《宋史》都有本传记载。如果宋哲宗绍圣年间真有"祝臣"其人，他的差遣之一兵部尚书是从二品官，《宋史》便不可能不为立传，此其一。即使《宋史》不为立传，作为这样身负重任的高级官员，"祝臣"的政治活动必然会在《宋史》、《宋会要》、《续资治通鉴长编》以及其他数百种宋代史籍、文籍中留下蛛丝马迹，不至于影踪全无，此其二。宋哲宗绍圣年间，国内尚未发生大规模的战事，根本不需要委任一名"都督征讨大元帅"，宋代也没有出现这样的官称。这时，有什么大规模的反叛活动需要"祝臣"去"都督征讨"呢？没有。至于"大元帅"一职，也要到北宋末年才出现。宋钦宗靖康元年（1126年）闰十一月，康王赵构出任"河北兵马大元帅"②。此前，北宋尚未出现过"大元帅"的官称。此其三。宋代官员的结衔有种种规定，宋哲宗绍圣年间，官衔前面一般是寄禄官，与文官兵部尚书相应的寄禄官是银青光禄大夫。如果这时果真有兵部尚书"祝臣"，他的官衔前面决不会漏缺这一寄禄官称（也可能比银青光禄大夫略高或略低）。同样，宋哲宗时的中、高级官员一般都带有馆职，俗称"带职"或"贴职"；如果带馆阁诸学士，就应排在结衔的最前面。像兵部尚书"祝臣"这样的高级官员，就应带龙图阁学士、端明殿学士之职，而且应放在兵部尚书衔之前。此其四。以上这些情况都反映"祝臣"这名官员，在宋哲宗绍圣年间并没有出现过。

---

① 黄溍：《黄文献公集》卷4《书叶信公年谱后》。
② 《宋史》卷24《高宗一》。

二、宋代没有"祝允哲"这名官员

宋代历史上也没有出现过叫做"祝允哲"的官员。文章提出祝允哲"曾随徽宗御驾亲征","靖康元年钦宗敕授大制参,督理江广粮饷,提督荆襄军务"。但是,与"祝臣"同样,查遍《宋人传纪资料索引》以及《续资治通鉴长编》、《宋史》、《宋会要辑稿》等宋代主要文献,宋徽宗、钦宗时也没名叫"祝允哲"的官员,更不存在担任过"大制参"等官职的"祝允哲",此其一。所谓大制参,按照宋代官称的习惯,当是制置大使司参谋军事或参议军事的简称,是制置大使的官属之一①。但宋代制置使司前面,都冠有某一路的名称,如"河东、河北制置使"司等,规定了制司的管辖地域。这里却含糊其词,在"大制参"前没有讲明属于哪一路。而且,北宋时只设制置使,尚未设置制大使司;制置大使司直要到宋高宗绍兴三年才开始设置②,此其二。宋代不曾用过"督理"这个官称。如果是催办地方粮饷的官员,宋代最初称"转运使"或"发运使",南宋初出现"总领某路财赋军马钱粮"。同时,一般使用"湖广"一词,以表示荆湖南、北路和广南东、西路,如"湖广总领所"等③,不使用"江广"此词,此其三。宋代也不曾使用"提督"这个官称。如果是带领军队的官员,就使用"都督"、"招讨使"、"钤辖"、"都监"、"统制"等官称,此外还有"提举"、"提点"、"提辖"等文武官员的官称,此其四。众所周知,宋徽宗从来没有"御驾亲征"过。宣和七年十二月,在金朝军队侵入河北、河东两路时,徽宗一面慌忙派遣使臣向金求和,一面提前退位,由皇太子赵桓即帝位。靖康元年正月三日,徽宗借口烧香,逃往亳州(治今安徽亳县)太清宫,随后又渡江逃到镇江(江苏今市)。直到四月三日,在金军北撤、汴京暂时太平的局面下,勉强从镇江回到汴京。

---

① 《宋史》卷167《职官志七》。
② 《宋会要辑稿》职官40之5。
③ 《宋会要辑稿》职官41之48。

宋朝人从来没有把徽宗的这次逃跑称为"亲征",最多称为"幸"或"巡幸",此其五。以上这些情况说明,在宋徽宗、钦宗时期根本没有出现过名叫"祝允哲"的官员。

三、所谓《允哲公和岳元帅述怀》词是一篇伪作

从《允哲公和岳元帅述怀》一词的题目看,岳飞此时应该是"元帅"。但据文章的作者介绍,岳飞在绍兴三年创作"赠祝允哲大制参的《满江红》",而祝允哲又写了一首和词。其实,岳飞直到绍兴三年九月充任镇南军承宣使、江南制置使、神武后军统制,"始能成军。"①当时人们还没有称他为"元帅",此其一。从词的内容看,其中"五国城中迎二帝"一句最值得怀疑。所谓二帝,是指被金军俘虏北去的宋徽宗和宋钦宗。他们什么时候被金人拘囚在五国城呢? 宋朝人又要到什么时候才知道徽、钦二帝被拘囚在五国城呢? 据《宋史》卷 22《徽宗纪四》记载,徽宗在宋高宗绍兴五年四月甲子"崩于五国城,年五十有四"。《金史》卷 4《熙宗纪》记载,徽宗死于天会十三年(1135 年)四月丙寅。又据佚名人撰《南渡录》卷首《大略》,二帝在宋高宗建炎四年自西汗州移囚五国城,从此,凡居五年。绍兴五年,又移居均州。绍兴六年,宋徽宗五十四岁,死,比《宋史》和《金史》所载略晚了一年。宋朝人直到绍兴七年正月二十五日,才从金朝右副元帅宗弼(兀术)的信中知道徽宗已经死去,但不清楚究竟死在何处。宗弼的信是由宋朝的阁门祗候、问安使何藓等人从金国带回的②。《张浚行状》还记载,何藓等人出使金国,是张浚和赵鼎"当国时"议定的,他们"议徽宗在沙漠,当遣信使通问"③。而张、赵二人决定派何藓出使金朝是在绍兴五年五月。是月,"胡寅为中书舍人,适遇朝廷议遣何藓等使于金国,祈请和好。"胡寅乃

---

① 《三朝北盟会编》卷 155。
② 《建炎以来系年要录》卷 108。
③ 《三朝北盟会编·炎兴下帙七十七》。

上疏"论当复仇不当讲和",其中谈到南京朝廷"自建炎丁未至绍兴甲寅以来,所谓卑辞厚礼,以问安迎请为名而遣使者,不知几人矣,知二帝所在者请欤？见二帝之面者谁欤"。随后,胡寅又上疏论"遣使有害无益",奏疏中指出"自建炎改元以来,使命屡遣,无一人能得两宫起居之状、声咳之音者。况今岁月益久,虏必重闭,惟惧我知之"①。显而易见,直到绍兴五年,宋朝的宰相张浚和赵鼎只知道徽、钦二帝被囚在北方遥远的沙漠,而胡寅又明确指出当时宋朝没有人知道二帝的确切所在。甚至直到绍兴八年十二月,尹焞在反对与金讲和的奏疏里说:"比者,窃闻主上以父兄未返,降志辱身于九重之中,有年矣,然亦未闻虏人悔过,还二帝于沙漠,继之梓宫崩问不详,天下之人,痛恨切骨(《同上·炎兴下帙八十九》)。依然不清楚二帝在金国的下落。回过头来,《南渡录·大略》所载最晚时间为绍兴三十一年(1161年)。据说,这部书是宋朝在金国的遗民写下的,后又由遗民张氏"自虏中南渡携来"(见该书卷首),那末,宋朝人读到此书,知道徽、钦二帝曾囚禁在五国城,也要到绍兴三十一年以后,此其二。王若冲《北狩行录》记载二帝在五国城被囚的详细情况,其截止时间为绍兴四年。王若冲跟随二帝亲身经历了作为阶下囚的惨苦日子,如果他的《行录》在写完后马上传入南宋,也要到绍兴四年以后。所以,南宋人要知道二帝在五国城的行踪,最早也不会在绍兴四年,此其三。以上这些情况说明,早在绍兴三年,"祝允哲"甚至岳飞不可能知道徽、钦二帝被囚在五国城的消息。因此,我们认为,仅仅依据这两点,就足以否定《允哲公和岳元帅述怀》词的真实性。

四、所谓祝允哲《乞保良将疏》也是一篇伪作

由于论文作者未曾介绍此疏的原文,我们只能根据所示影印原件

---

① 《三朝北盟会编·炎兴下帙七十八》。

之(四),知道此疏中的两段。第一段是"为乞保良将,以复二帝,以驱中原事。臣闻国余三户,可以亡秦;田有一成,卒能"①。第二段是"陛下有疑乎飞,臣哲甘以七十口家眷,投入大理狱,代飞父子出征。使飞而能立功,则赦臣无罪;若飞而败绩,则诛臣家七十口,肆诸市朝。臣亦快然无憾。伏乞陛下照察愚悃,颁恩诏,以臣代飞缧绁之禁,钦飞出师"。分析这两段不完整的文字,可以看出其中的一些作伪迹象。第一段"为乞保良将,以复二帝"云云。我们知道,岳飞父子是在绍兴十一年十月被捕,押入大理寺狱,十二月二十九日被害。此时,徽宗已死去多年,南宋方面只知道钦宗还活着,但行踪不明。官员们不会再笼统地提出迎回"二圣"或迎还"两宫",而是改为迎回梓宫(徽宗棺枢)和渊圣(钦宗)。如绍兴八年六月十七日,殿中侍御史张戒奏论"和议不可成",提出"故地、梓宫及渊圣必无可归之理",又说"复中原,还梓宫,归渊圣,臣子之心孰不愿"②。所以,如果到绍兴十一年时继续提出要"复二帝",显然是不熟悉这段历史的人随意编造的结果,此其一。有关宋高宗时期历史的重要文献,如《宋史》、《三朝北盟会编》、《建炎以来系年要录》、《金佗粹编》等,记载岳飞父子被捕后,有几个人曾经用各种方式加以营救,如赵士㒟、范澄之、和㳸(一作智㳸)、刘允升、韩世忠等。当时凡公开替岳飞鸣冤叫屈者,都受到不同程度的迫害。如果"祝允哲"确有其人,而且敢冒宋高宗和秦桧的大不韪,以全家七十口保举岳飞父子,必然不仅成为当时的新闻人物,而且要备受迫害,以上文献便不可能不作记录。但是,有关记载却皆付阙如。这不能不使人怀疑"祝允哲"其人其事纯属子虚乌有。当时,曾经以家眷担保岳飞的是宗室赵士㒟。赵士㒟身为齐安郡王、判大宗正事,竭力为岳飞辩护。他说:"中原未靖,祸及忠义,是忘二圣不欲复中原也。臣以百口保飞无他。"还准备写奏疏解救岳飞。但事机不密,泄漏于外。秦桧得悉后大怒,指使御史中丞万俟卨弹劾赵士㒟

"交通飞,踪迹诡秘","有不轨心",于是赵士㒟被罢官,拘管在建州,一直到死①。像赵士㒟这样的高级贵族,在没有正式上奏章的情况下,尚且因营救岳飞而受迫害,而公开上奏疏保救岳飞的"祝允哲"却平安无事,以致史无明文记载,这是不可能的。我们觉得,"祝允哲"以全家七十口保救岳飞,似乎是套用了赵士㒟以百口保岳飞父子的事迹,此其二。《乞保良将疏》还提到要"代飞父子出征","钦(?)飞出师",也值得怀疑。岳飞父子被捕下狱后,如要营救他们,首先应该说明他们无罪,洗清不白之冤,使他们保全性命和获得自由,根本谈不上再让岳飞父子带兵出征。岳飞死后,和涘曾上书"辩岳飞之冤",就是一个明证②。可见所谓让岳飞父子"出征"或"出师",完全不符合当时的历史背景,此其三。《乞保良将疏》的文字读时颇不顺口,也不像宋代官员奏疏的写法。如果与绍兴年间官员们的各种奏疏进行比较,便不难发现这个问题,此其四。以上情况使我们可以断定,这一奏疏不过是后代人的一篇伪作。

五、所谓岳飞《调寄满江红·与祝允哲述怀》也是一篇伪作

只要分析这首词的内容,就不难发现它不过是根据《满江红·写怀》改写而成的。论文作者也曾将它与《满江红·写怀》加以对照,但分析时推测的成分太多,结论未免离奇。事实上,所谓《允哲公和岳元帅述怀》词,也是从《满江红·写怀》脱胎而出的,词中搬用了"万世功名"、"朝天阙"等词句,此其一。如果"祝允哲"真有其人,而且如同论文作者所说与岳飞"不但过往甚密,而且是志同道合的主战派",那末岳飞不会在词的标题中直呼其名。因为这完全违反了宋代的习惯。我们知道,宋代文人为了表示尊重对方,不能直呼对方之名,而只能称其

① 《宋史》卷247《宗室四》;《三朝北盟会编》卷206。
② 《三朝北盟会编》卷208。

字。如果双方关系亲密,就可称其行第,或者在行第后加一"丈"字。后来,发展到文人们对前辈也称呼其字。宋理宗时人赵与时《宾退录》卷2记载:"近时后进称前辈之字,人多非之。余谓不然……又有父祖既没,子孙不忍称其字者,亦古之所无。"朱弁《曲洧旧闻》卷10指出:"近岁之俗,不问行辈年齿,泛称必曰'丈',不知起自何人,而举世从之。"如黄庭坚在一首诗的序中称苏轼为"东坡二丈"①。即是一例。由此可见,岳飞不可能直接称呼"祝允哲"之名而写入词中,此其二。以上这些情况说明,《与祝允哲述怀》并不出自岳飞之手,而是一篇十足的伪作。

六、作伪者是明代或清代的祝氏后人

我们这里不想就《满江红·写怀》一词的真伪问题发表意见,只是指出论文作者根据《须江郎峰祝氏族谱》所提供的那些"新证"不过是后人的伪作。如果说这些"新证"对于《满江红·写怀》一词真伪的考订有些微帮助的话,那末就是借此确定《满江红·写怀》传诸于世的时间早晚,可惜论文作者没有介绍《祝氏族谱》的编写经过和版本情况,因而无法推测。

人们或许要问:《须江郎峰祝氏族谱》所提供的那些"新证",是哪一个时代的好事者编造的呢?我们认为,这位好事者,除了参加祝氏族谱编写的祝氏族人而外,是不会有其他人的。这位祝氏后人在诗词上有一定的修养;粗通宋代历史,又不怎么深入,因此他的这些作品似是而非,略有破绽。我们可以肯定:一、他是生活在《满江红·写怀》流传于世以后的人。因为只有这首脍炙人口的词传世后,他才可能模而仿之,析而为两首。二、他是在明代《精忠传》小说、《岳飞破房东窗记》等出现以后的人,因为这些书中称岳飞为"元帅"。三、他是明代人,也可

---

① 《豫章黄先生文集》卷26《跋子瞻送二侄归眉诗》。

能是清代人。因为，他给"祝允哲"加上的"督理江广粮饷"、"提督荆襄军务"这两个官衔，要到明代才使用。尤其是"提督某某地区军务"一衔，最为明显。明代文臣巡抚地方者，或兼"提督军务"之名；总兵的官衔上，也有加"提督"两字者。这些都不是固定官职的名称。到万历年间，李如松为"提督陕西军务总兵官"，事权渐重，此后始以"提督"为总兵以上的武官。到这时，"提督"的职位相当于宋代的武官"都统制"①。"督理"的官称也开始于明代，这时有"督理钱法侍郎"等官称②。明代宗景泰后，逐渐定为"总督漕运"兼"提督军务巡抚凤阳等处兼管河道"，到清代又规定漕运总管"掌督理漕务"③。由此不难看出，这位祝氏后人虽然编造得有些乱真，但总难以超越时代的局限，不免使用了他当时才有的"提督军务"、"督理"等官称，终于露出了马脚。

总之，《须江郎峰祝氏族谱》奉献给我们的不是真实的文献，而是明代或清代文人模仿《满江红·写怀》等编造的一批伪作，它们无助于辨别《满江红·写怀》的真伪，反而增加了不必要的混乱。从《须江郎峰祝氏族谱》这一事例，使我们更加懂得对于各种族谱提供的资料，尤其是时代较早的资料，都应该加以严格认真的鉴别，切不可轻信。

（载《学术月刊》1988 年第 3 期）

---

① 黄本骥：《历代职官表·历代职官简释》。
② 《历代职官表》卷 2。
③ 黄本骥：《历代职官表·历代职官简释》。